리눅스에서 하는
스위프트 개발

리눅스에서 하는 스위프트 개발

기본 문법부터
클로저, 프로토콜, HTTP 통신까지

존 호프만 지음

권석기 옮김

Packt> i!i 에이콘

| 지은이 소개 |

존 호프만^{Jon Hoffman}

20여 년의 정보통신 분야 경력이 있다. 20년 이상 시스템 관리, 네트워크 관리, 네트워크 보안, 애플리케이션 개발, 설계 분야에서 일했다. 현재 Syn-Tech Systems에서 시니어 소프트웨어 엔지니어로 재직 중이다.

2008년부터 iOS 플랫폼 기반 앱 개발에 깊이 관여했다. 그중 몇 가지는 앱스토어^{App Store}에 등록된 앱들과 써드파티 및 수많은 기업용 애플리케이션을 포함한다. 정보통신 분야의 도전이야말로 이끌어주는 원동력이며, 도전을 이겨내는 것보다 더 신나게 하는 일은 아무것도 없다.

두 개의 블로그에서 팔로우할 수 있다. http://masteringswift.blogspot.com과

http://myroboticadventure.blogspot.com이다.

또한 야구(Go Sox)와 농구(Go Celtics)를 즐겨본다. 태권도를 정말 즐기는데, 장녀 케일리와 함께 2014년 초에 검은 띠를 땄다. 아내인 킴도 2014년 겨울 검은 띠를 땄다. 막내딸도 현재 검은 띠를 따기 위해 열심히 노력 중이다.

내 멋진 아내 킴에게 감사를 표한다. 그녀의 도움, 격려, 인내, 이해가 없었더라면 이 책은 결코 출간되지 못했을 것이다. 태어난 그날부터 줄곧 나에게 영감과 활력을 줬던 사랑스런 두 딸 케일리와 카라에게도 감사의 말을 전한다.

| 기술 감수자 소개 |

안드리아 프리로 ^{Andrea Prearo}

15년 경력의 소프트웨어 엔지니어다. 이탈리아에서 살면서 약 십년간 C/C++와 C#으로 소프트웨어를 작성하다가 2011년, 모바일 앱 개발을 위해 베이 에이리어^{Bay Area}로 이주했다. 수년간 스위프트와 오브젝티브C, iOS, 작은 서비스, 그리고 안드로이드 플랫폼에 대한 짧은 경험도 가졌다.

현재 Capital One 사의 iOS 개발 팀 멤버로 있으며, 사내 플래그십 모바일 뱅킹 앱 개발을 맡고 있다.

독서와 영화 감상, 등산이 취미다. 시간 날 때마다 Medium(https://medium.com/@andrea.prearo)에 글을 기고한다.

내 모든 노력에 대해 한없이 지지해주는 멋진 아내 니콜에게 감사한다.

더그 스파링^{Doug Sparling}

앤드류 맥길 유니버설^{AMU, Andrews McMeel Universal}의 테크니컬 아키텍트이자 소프트웨어 개발자 직함을 갖고 있다. AMU는 캔자스시티에 위치하며, 출판 및 신디케이션 사다. AMU에서 Go 언어로 웹 서비스를 개발하고, 파이썬으로 백엔드 서비스를 개발했다. 그리고 루비온레일즈와 워드프레스로 웹사이트를 개발하고, 오브젝티브C와 스위프트, 자바를 사용해 네이티브 iOS와 안드로이드 개발을 하고 있다. AMU의 사이트로는 www.gocomics.com과 www.uexpress.com, www.puzzlesociety.com, dilbert.com 이 있다.

또한 『Instant Perl Modules』(McGraw-Hill, 2001)의 공동 저자며, 팩트출판사 책의 기술 감수자다. 관련서로는 『Swift Data Structure and Algorithms』(2016), 『jQuery 2.0 Animation Techniques』(2013), 『WordPress Web Application Development』(2013) 등이 있다. 또한 Manning Publications에서 감수자, 기술 개발 편집자, 교정 등의 다양한 업무를 하고 있다. 관련서로는 『Go in Action』(2015)과 『The Well-Grounded Rubyist 2nd Edition』(2014), 『iOS Development with Swift』(2017), 『Programming for Musicians and Digital Artists』(2015)가 있다.

| 옮긴이 소개 |

권석기(hallomuze@gmail.com)

하드웨어 및 모바일 소프트웨어 엔지니어로 십여 년간 일했고, Pantech USA 주재원으로 미국 Verizon Wireless, NEC 등과 함께 일했다. RayWenderlich.com 한국어 번역 공식 멤버로 활동했다. 코딩과 납땜으로 밤샘하던 시절, 센세이셔널했던 아이팟을 발견한 순간부터 앱스토어에 습작을 하나둘 올리기 시작했다. 요즘은 머신 러닝과 블록체인도 건드려보고 있다. 언제나 흥미로운 기술들이 넘쳐나서 고민이다.

피아노 연주와 클라이밍이 취미다.

hallomuze.github.io에 비정기적으로 기술 글이나 번역물을 올린다.

트위터는 @ever8greener로 팔로우하면 된다.

| 옮긴이의 말 |

이제는 스위프트가 애플 생태계를 벗어나려 몸부림치는 것이 절실히 느껴집니다. 이미 오픈소스화된 것도 있겠지만 IBM에서도 리눅스와 스위프트를 함께 쓸 수 있는 기술을 적극적으로 개발하고 있습니다. 스위프트로 개발된 IBM 웹 서버만 보더라도 스위프트는 이제 애플이라는 회사에서만 다루는 폐쇄적인 언어가 아님을 보여줍니다.

이 책을 통해 애플 플랫폼에서의 개발 경험과 아무런 상관없이 리눅스에서 애플리케이션 및 서버 개발의 기초를 다질 수 있기를 바랍니다.

번역하면서 가능한 한 원문의 의도를 곡해하지 않으려 많은 노력을 기울였습니다. 특히 번역하면 오히려 이상해지는 문장은 원문을 병행 표기했습니다. 이 책은 백과사전식 나열을 지양하고 필요한 핵심을 정리해준 느낌입니다. 읽는 데 큰 어려움이 없겠지만, 종종 한 번에 이해되지 않는 부분도 있을 것입니다. 그런 내용은 반드시 코딩해본 후 읽어볼 것을 권합니다. 크게 어려운 개념은 아니지만 코딩해보지 않으면 감이 오지 않는 부분도 있을 것입니다. 저자도 언급한 사항이지만 특히 옵셔널 부분은 더욱 실습이 필요한 부분입니다. 코딩 없이 정독을 하는 것은 피아노 교본만 읽고 연주를 해보지 않는 것과 비슷하다고 생각합니다.

사실상 이 책은 입문서에 해당하지만 원제의 'Mastering'이 뜻하는 것처럼 얕은 지식 전달에만 그치지는 않습니다. 1장부터 순서대로 읽어나가도 큰 무리는 없을 것입니다. 하지만 스위프트를 처음 접하는 경우나 전체적인 느낌을 알고 싶다면 우선 빠르게 일독하고 흥미가 가는 내용부터 다시 읽어보길 권합니다. 특히 옵셔널, 제네릭, 클로저를 처음 접하는 개발자도 있을 것인데, 이 주제는 먼저 읽어보고 처음부터 진도를 나가는 것도 하나의 방법이 될 수 있을 것입니다.

모쪼록 스위프트를 시작하는 독자들에게 많은 도움이 되기를 바랍니다.

영서야, 도현아! 아빠 너희들에게 항상 큰 힘을 얻고 있어!! 같이 많이 놀아주지 못해 정말 미안해. 그래도 언제나 항상 사랑해!!

| 차례 |

| 들어가며 |

2015년 12월, 애플은 스위프트를 깃허브^{GitHub} 페이지에 오픈소스 프로젝트로 릴리스했다. 이 릴리스를 통해 애플은 리눅스를 위한 스위프트 버전도 함께 릴리스했다. 스위프트는 범용 프로그래밍 언어로서 현대적인 개발 방향을 지향한다.

█ 이 책의 구성

1장, 스위프트 첫걸음에서는 스위프트 언어를 간략히 소개한다. 기본 스위프트 언어 문법과 적절한 언어 스타일도 알아본다.

2장, 변수, 상수, 문자열, 연산자에서는 변수와 상수 사용법을 알아본다. 스위프트의 여러 가지 데이터 타입과 연산자 사용법도 다룬다.

3장, 스위프트 컬렉션과 튜플에서는 관련 데이터를 저장하기 위해 컬렉션 타입의 사용법을 알아본다. 컬렉션에는 딕셔너리와 배열, 집합이 있다.

4장, 흐름 제어와 함수에서는 흐름 제어와 함수에 대해 알아본다. 이후 내용들을 이해하기 전에 4장의 개념을 이해하는 것은 필수적이다. 간단한 Hello World 예제가 이 책의 목표는 아니다. 이 책에서 작성할 모든 애플리케이션은 흐름제어문과 함수에 매우 크게 의존한다.

5장, 클래스와 구조체에서는 클래스와 구조체를 비슷하게 만들거나 차이 나게 만드는 것이 무엇인지 알아본다. 또한 접근 제어와 객체지향 디자인에 대해서도 살펴본다. 마지막으로 스위프트의 메모리 관리에 대해 다룬다.

6장, 프로토콜과 프로토콜 확장에서는 프로토콜과 프로토콜 확장을 매우 자세히 알아본다. 프로토콜 관련 개념이 스위프트에서 매우 중요하기 때문에 확실히 이해하면 유연하고 재사용 가능한 코드를 작성하는 데 도움이 된다.

7장, 프로토콜 지향 설계에서는 스위프트로 작성하는 프로토콜 지향 설계 모범 사례를 알아본다. 또 다른 저서 『Swift 3 Protocol-Oriented Programming』(Packt, 2016)도 간략히 소개한다.

8장, 에러 처리 기능을 가진 안전한 코드 작성에서는 스위프트의 에러 처리 기능을 알아본다. 이는 안전한 코드를 작성하기 위해 매우 중요한 부분이다. 에러를 처리하고 대응할 때는 일관된 방식이 중요하다. 단, 사용자 타입^{custom types}에서는 이 기능을 반드시 사용하지 않아도 된다. 애플 또한 자체 프레임워크에서 에러 처리 기능을 사용하기 시작했다. 여러분의 코드에서도 에러 처리를 사용하길 강력히 추천한다.

9장, 커스텀 서브스크립팅에서는 클래스, 구조체, 열거문에서 커스텀 서브스크립트 Custom Subscript를 사용하는 방법을 알아본다. 스위프트 서브스크립트를 사용해 컬렉션 요소를 액세스할 수 있다. 클래스와 구조체, 열거형에서 커스텀 서브스크립트를 정의하는 방법도 다룬다.

10장, 옵셔널 타입에서는 옵셔널의 정의와 옵셔널을 벗기는 방법, 옵셔널 체이닝에 대해 알아본다. 초보 스위프트 개발자가 처음 만날 가장 혼란스러운 개념 중 하나가 바로 이 옵셔널일 것이다.

11장, 제네릭에서는 코드 중복을 피하면서도 매우 유연하고 재사용 가능한 코드를 작성할 수 있는 제네릭에 대해 알아본다.

12장, 클로저에서는 코드에서 클로저를 정의하고 사용하는 방법을 알아본다. 스위프트의 클로저는 오브젝티브C의 블록과 비슷하지만 훨씬 깔끔하고 문법이 쉽다. 클로저 사용 시 강한 참조 사이클을 피하는 방법도 다룬다.

13장, C 라이브러리에서는 스위프트 애플리케이션에서 표준 C 라이브러리를 링크하고 사용하는 방법을 알아본다. 이를 통해 스위프트 개발자는 리눅스 개발자가 사용할 수 있는 동일한 라이브러리를 모두 액세스할 수 있다.

14장, 동시성과 병렬성에서는 GCD^{Grand Central Dispatch}를 사용해 애플리케이션에 동시성과 병렬 처리 기능을 추가하는 방법을 알아본다. 앱에 동시성이나 병렬성을 추가하면 사용자 경험이 매우 향상된다.

15장, 스위프트 코어 라이브러리에서는 파일 읽고 쓰기 및 네트워크 기본 요소, JSON 파싱을 포함하는 라이브러리에 대해 알아본다.

16장, 싱글보드 컴퓨터와 스위프트에서는 IoT 디바이스와 로봇 개발에 스위프트를 적용하는 방법을 알아본다. 이때 싱글보드 컴퓨터를 이용한다.

17장, 스위프트 형식과 스타일 가이드에서는 스위프트 언어 스타일 가이드를 정의하고 사용하는 방법을 알아본다. 이는 스타일 가이드가 필요한 엔터프라이즈 개발자를 위한 템플릿을 만드는 데 도움이 될 것이다. 기업 대부분은 자체 개발한 다양한 언어에 대한 스타일 가이드를 갖고 있기 때문이다.

18장, 스위프트에서 디자인 패턴 적용에서는 스위프트에서 구현하는 좀 더 일반적인 디자인 패턴을 알아본다. 디자인 패턴은 일반적인 소프트웨어 개발 문제점을 파악하고, 이에 대한 대처법을 제공한다.

▌ 준비 사항

이 책의 예제들을 실습해보려면 스위프트를 지원하는 XCode 8.0 또는 그 이상이 설치된 맥^{Mac} 컴퓨터가 필요하다(원서는 스위프트 3와 XCode 8.0을 기준으로 쓰여졌지만, 모든 예제는 스위프트 4와 XCode 9.0 이상에서 컴파일 시 문제없음을 확인했다 - 옮긴이).

이 책의 예제들을 실습해보려면 우분투^{Ubuntu} 14.04 또는 15.10, 16.04, 16.10이 설치된 컴퓨터가 필요하다. 16장의 예제를 따라 해보려면 비글본 블랙이나 비글본 그린 싱글보드 컴퓨터와 언급된 추가 부품이 필요하다.

▌ 이 책의 대상 독자

스위프트는 애플이 만든 현대적이고 빠른 오픈소스 언어다. 이 책은 리눅스 개발자가 데스크톱과 서버, 임베디드 리눅스 플랫폼용 애플리케이션을 빠르게 만들기 위해 스위프트 사용법을 배울 수 있다. 읽고 코딩하면서 배우는 데 익숙하다면 이 책은 당신을 위한 책이다. 모든 주제는 예제 코드를 통해 실력 향상을 도모할 수 있다.

▌ 편집 규약

이 책에서는 독자의 이해를 돕고자 다루는 정보에 따라 글꼴 스타일을 다르게 적용했다. 이러한 스타일의 예제와 의미는 다음과 같다.

텍스트에서 코드 단어와 데이터베이스 테이블 이름, 폴더 이름, 파일 이름, 파일 확장자, 경로, 더미 URL, 사용자 입력, 트위터 핸들은 다음과 같이 표시한다.

"speedOfLightKmSec 상수를 변경하려고 하면 에러가 발생한다."

코드 블록은 다음과 같이 표시한다.

```
var x = 3.14      //Double type
var y = "Hello"   //String type
var z = true      //Boolean type
```

코드 블록에서 유의해야 할 부분이 있다면 다음과 같이 굵은 글꼴로 표기한다.

```
<head>
<script src="d3.js" charset="utf-8"></script>
   <meta charset="utf-8">
   <meta name="viewport" content="width=device-width">
```

```
    <title>JS Bin</title>
  </head>
```

커맨드라인 입력이나 출력은 다음과 같이 표기한다.

```
sudo mkdir swift
```

새로운 용어나 중요한 키워드는 고딕체로 표시한다. 애플리케이션의 메뉴나 대화상자에 나오는 텍스트는 다음과 같이 표시한다.

"새 모듈을 다운로드하기 위해 Files ❯ Settings ❯ Project Name ❯ Project Interpreter로 이동한다."

 경고나 중요한 내용은 이와 같이 나타낸다.

 팁이나 요령은 이와 같이 나타낸다.

█ 독자 의견

독자로부터의 피드백은 항상 환영한다. 이 책에 대해 무엇이 좋았는지 또는 좋지 않았는지 소감을 알려주길 바란다. 독자 피드백은 앞으로 더 좋은 책을 발행하는 데 매우 중요하다.

일반적인 피드백을 우리에게 보낼 때는 간단하게 feedback@packtpub.com으로 이메일을 보내면 되고, 메시지의 제목에 책 이름을 적으면 된다.

여러분이 전문 지식을 가진 주제가 있고, 책을 내거나 책을 만드는 데 기여하고 싶다면 www.packtpub.com/authors에서 저자 가이드를 참고하길 바란다.

▌ 고객 지원

팩트출판사의 구매자가 된 독자에게 도움이 되는 몇 가지를 제공하고자 한다.

예제 코드 다운로드

이 책에 사용된 예제 코드는 http://www.packtpub.com의 계정을 통해 다운로드할 수 있다. 다른 곳에서 구매한 경우에는 http://www.packtpub.com/support를 방문해 등록하면 파일을 이메일로 직접 받을 수 있다.

코드를 다운로드하려면 다음과 같이 한다.

1. 팩트출판사 웹사이트(http://www.packtpub.com)에서 이메일 주소와 암호를 이용해 로그인하거나 계정을 등록한다.
2. 맨 위에 있는 SUPPORT 탭으로 마우스 포인터를 이동한다.
3. Code Downloads & Errata 항목을 클릭한다.
4. Search 입력란에 책 이름을 입력한다.
5. 코드 파일을 다운로드하려는 책을 선택한다.
6. 드롭다운 메뉴에서 이 책을 구매한 위치를 선택한다.
7. Code Download 항목을 클릭한다.

파일을 다운로드한 후에는 다음과 같은 압축 프로그램의 최신 버전을 이용해 파일의 압축을 해제한다.

- 윈도우   WinRAR, 7-Zip

- **맥** Zipeg, iZip, UnRarX
- **리눅스** 7-Zip, PeaZip

코드는 https://github.com/PacktPublishing/Mastering-Swift-3-Linux에서도 다운로드할 수 있다.

다음 주소에서 팩트출판사의 다른 책과 동영상 강좌의 코드도 다운로드할 수 있다.

https://github.com/PacktPublishing/

또한 에이콘출판사의 도서정보 페이지인 http://www.acornpub.co.kr/book/swift-linux-master에서도 예제 코드를 다운로드할 수 있다.

컬러 이미지 다운로드

책에 사용된 컬러 이미지나 스크린샷/다이어그램이 들어있는 PDF 파일도 제공한다. 컬러 이미지는 책의 내용을 더 잘 이해하는 데 도움이 된다. https://www.packtpub.com/sites/default/files/downloads/MasteringSwift3Linux_ColorImages.pdf에서 다운로드할 수 있다.

에이콘출판사의 도서정보 페이지인 http://www.acornpub.co.kr/book/swift-linux-master에서도 컬러 이미지를 다운로드할 수 있다.

정오표

내용을 정확하게 전달하기 위해 최선을 다했지만, 실수가 있을 수 있다. 팩트출판사의 도서에서 문장이든 코드든 간에 문제를 발견해서 알려준다면 매우 감사하게 생각할 것이다. 그런 참여를 통해 그 밖의 독자에게 도움을 주고, 다음 버전의 도서를 더 완성도 높게 만들 수 있다. 오탈자를 발견한다면 http://www.packtpub.com/submiterrata

를 방문해 책을 선택하고, 구체적인 내용을 입력해주길 바란다. 보내준 오류 내용이 확인되면 웹사이트에 그 내용이 올라가거나 해당 서적의 정오표 부분에 그 내용이 추가될 것이다. http://www.packtpub.com/support에서 해당 도서명을 선택하면 기존 정오표를 확인할 수 있다.

한국어판은 에이콘출판사의 도서정보 페이지 http://www.acornpub.co.kr/book/swift-linux-master에서 찾아볼 수 있다.

저작권 침해

인터넷에서의 저작권 침해는 모든 매체에서 벌어지고 있는 심각한 문제다. 팩트출판사에서는 저작권과 사용권 문제를 매우 심각하게 인식한다. 어떤 형태로든 팩트출판사 서적의 불법 복제물을 인터넷에서 발견한다면 적절한 조치를 취할 수 있도록 해당 주소나 사이트명을 알려주길 부탁한다.

의심되는 불법 복제물의 링크는 copyright@packtpub.com으로 보내주길 바란다. 저자와 더 좋은 책을 위한 팩트출판사의 노력을 배려하는 마음에 깊은 감사의 뜻을 전한다.

질문

이 책과 관련해 질문이 있다면 questions@packtpub.com으로 문의하길 바란다. 최선을 다해 질문에 답하겠다. 한국어판에 관한 질문은 이 책의 옮긴이나 에이콘 출판사 편집 팀(editor@acornpub.co.kr)으로 문의해주길 바란다.

01

스위프트 첫걸음

나는 12살 무렵 BASIC 언어로 첫 프로그래밍을 했다. 그때부터 프로그래밍을 향한 나의 열정은 시작됐다. 심지어 프로그래밍을 직업으로 삼은 이후에도 프로그래밍은 일이라기보다는 항상 열정으로 남아 있었다. 그런데 이후 몇 년간 그러한 열정이 사그라졌는데, 열정이 식어버린 이유를 정확히 몰랐다. 별도의 프로젝트^{side project}를 통해 그 열정을 다시금 되찾으려고도 해봤다. 하지만 그 어떠한 것도 이전에 느꼈었던 흥분을 가져다주지 못했다. 그러던 와중에 경이로운 사건이 발생했다! 애플에서 스위프트^{Swift}를 발표한 것이다. 스위프트는 그야말로 신나고 혁신적인 언어였는데, 그것이 나에게 열정을 다시 가져다줬고, 다시금 프로그래밍을 즐겁게 할 수 있게 됐다.

그리고 애플은 리눅스용 스위프트^{Swift for Linux}를 릴리스하기에 이르렀고, 내가 진행하던 프로젝트에 사용할 수 있게 됐다.

1장에서는 다루는 내용은 다음과 같다.

- 스위프트 소개
- 스위프트의 주요 특징
- 스위프트 시작 방법
- 스위프트 기본 문법

▌ 스위프트 소개

스위프트는 2014년 WWDC^Worldwide Developers Conference 개발자 컨퍼런스에서 발표된 애플의 새로운 언어인데, XCode 6 통합 환경 및 iOS 8과 함께 소개됐다. 스위프트는 WWDC 2014의 가장 중요한 발표였는데, 그 전까지는 애플의 내부 관계자들을 포함해 이 프로젝트의 존재에 대해 아는 이는 극소수에 불과했다. 스위프트의 첫 릴리스 버전은 애플 플랫폼에서만 개발이 가능했다.

긴 시간 동안 스위프트가 비밀에 부쳐질 수 있었던 것은 애플의 기준에서 봤을 때조차도 굉장한 것이었고, 누구도 애플이 새 개발 언어를 발표할 것이라 생각하지 못했다. 2015년 WWDC에서 애플은 또다시 XCode 7과 스위프트 2를 크게 다뤘다. 스위프트 언어는 스위프트 2에서 크게 향상됐다. 컨퍼런스 동안 크리스 라트너^Christ Lattner가 언급하길 스위프트 2에서의 수많은 개선 사항은 애플이 개발자 커뮤니티로부터 직접 받은 의견을 바탕으로 한다고 했다. 또한 2015년 WWDC에서 애플은 스위프트를 오픈소스로 릴리스할 것이고 리눅스 포팅을 지원할 것이라 발표했다.

2015년 12월, 애플은 공식적으로 스위프트를 오픈소스 프로젝트로 릴리스했다. 즉, 오픈소스 스위프트 커뮤니티 swift.org 사이트에 헌정됐다. 스위프트 저장소^repository는 애플 깃허브^GitHub 페이지(http://github.com/apple)에서 찾을 수 있다. 스위프트 에볼루션 저장소(https://github.com/apple/swift-evolution)는 스위프트 발전사를 기록한 곳인데, 스위프트에 제안된 변경 사항이 기록돼 있다. 에볼루션 저장소에 가보면 어떤 제안이 수락 혹은 거절됐는지 찾을 수 있다. 스위프트의 발전 방향에 대해 관심이 있는 독자라면 이 저장소를 꼭 확인하기 바란다. 이 저장소 커뮤니티에서 제안된 사항들 몇 가지가 스위프트 3에 포함됐다는 것을 알면 흥미로울 것이다.

스위프트는 버전 3가 되면서 크게 개선됐는데, 이전 릴리스 버전과 소스 호환이 되지는 않는다. 스위프트 3는 언어 자체의 근본적인 부분과 스위프트 표준 라이브러리 Standard Library에 대한 변경 사항까지 포함한다. 스위프트 3의 주요 목표 중 하나는 모든 플랫폼에 걸친 소스 호환성이다. 따라서 하나의 플랫폼에서 작성된 코드는 스위프트가 지원하는 다른 모든 플랫폼과 호환된다. 이는 맥 OS에서 개발된 코드가 리눅스에서도 작동된다는 의미다.

스위프트는 2010년, 크리스 라트너에 의해 개발이 시작됐다. 그는 소수의 인원과 함께 스위프트 기본 골격 대부분을 만들었다. 2011년 말이 돼서야 다른 개발자들도 스위프트에 크게 기여하기 시작했으며, 2013년 7월경에는 애플 개발 툴 그룹 내에서도 주목을 받기 시작했다.

스위프트와 오브젝티브C Objective-C는 매우 비슷하다. 스위프트는 오브젝티브C 방식의 파라미터명명법과 동적 객체 모델 dynamic object model 방식을 채택했다. 스위프트에서의 동적 객체 모델이란 런타임에서의 타입 변경 기능을 말하는 것이다. 이는 새로운 사용자 타입은 물론 기존 타입의 변경 및 확장을 포함한다.[1]

스위프트 기능

애플이 스위프트를 소개할 때 C가 빠진 오브젝티브C라고 했는데, 사실 애플은 절반 정도만 알려준 것이다. 오브젝티브C는 C 언어의 슈퍼셋으로, C 언어에 객체지향 기능

---

1. 이 책을 번역할 시점에는 스위프트 4가 릴리스됐으며, 이 책의 모든 소스는 스위프트 4 버전 기준으로 검증됐다. - 옮긴이

과 동적 런타임 기능을 제공해준다. 즉, 애플은 C 언어와의 호환성을 유지할 필요가 있기 때문에 오브젝티브C에 적용할 수도 있었던 확장성을 제한하고 말았다. 이를테면 애플은 switch 구문이 작동하는 방식을 변경할 수 없었고, 아직까지 C 언어와의 호환성을 유지하고 있다.

스위프트는 오브젝티브C처럼 C 언어와의 호환성을 유지할 필요성이 없는 관계로, 애플은 스위프트에 어떠한 기능 개선 및 추가에도 자유로웠다. 이로써 애플은 현재 인기 있는 모던 프로그래밍 언어(대표적으로 오브젝티브C, 파이썬, 자바, 루비, C#, 헤스켈)에 사용되는 최고의 기능들을 포함할 수 있게 됐다.

스위프트에서 구현된 뛰어난 개선점들은 다음 표와 같다.

스위프트 기능	설명
타입 추론	스위프트는 초깃값을 바탕으로 변수나 상수의 타입을 추론할 수 있다.
제네릭	한 번의 코딩만으로 타입이 다른 여러 객체에 동일한 작업을 수행할 수 있다.
컬렉션 변경	스위프트에는 객체별로 가변 혹은 불변 컨테이너가 별도로 존재하지 않는다. 대신 컨테이너를 상수 혹은 변수로 정의할 수 있다.
클로저 문법	코드 내에서 여기저기 전달이 가능하고 사용 가능한 기능 블록이다(self-contained blocks of functionality).
옵셔널	옵셔널은 값이 없을 수도 있는 변수를 의미한다(옵셔널이 아닌 변수가 nil을 갖는 것은 불가능하며, 반드시 값을 가진다 - 옮긴이).
Switch 구문	Switch 구문은 스위프트에서 가장 크게 개선된 부분으로, 내가 가장 원했던 개선 사항 중 하나다.
다중 반환 타입	함수는 튜플(tuple)을 이용해 여러 개의 반환 타입을 가질 수 있다.
연산자 오버로딩	각 클래스들은 원래 존재하는 연산자에 대한 동작을 새롭게 정의할 수 있다.
연관 값 열거	열거형을 사용해 연관된 값 그룹들에 대한 정의를 포함하는 기능보다 훨씬 많은 것들을 할 수 있다.

스위프트 언어를 둘러보기 전에 먼저 스위프트를 다운로드하고 설치해보자. 설치 방법은 다음과 같다.

리눅스에 스위프트 설치

다음 절차는 이 책이 집필된 시점에 우분투^{Ubuntu} 15.10과 16.04 LTS 모두에서 잘 작동했다.

최신 설치 가이드는 swift.org 설치 페이지 https://swift.org/getting-started/#installing-swift에서 찾을 수 있다.

다음 명령어를 살펴보자.

```
sudo apt-get update
sudo apt-get install clang-3.6
sudo update-alternatives --install /usr/bin/clang clang
/usr/bin/clang-3.6 100
sudo update-alternatives --install /usr/bin/clang++ clang++
/usr/bin/clang++-3.6 100
```

update-alternatives 명령어를 잊고 패키지를 빌드하려고 하면 invalid inferred toolchain error 에러를 보게 될 것이다. update-alternatives 명령어를 생략하는 것은 매우 흔한 실수다. clang을 올바르게 설치했다면 이제 스위프트를 다운로드한다. 최신 버전은 https://swift.org/download/ 페이지에서 다운로드할 수 있다.[2]

스위프트를 다운로드했다면 원하는 곳에 설치할 수 있다. 그러나 /usr 디렉토리를 덮어 쓸 수 있으므로 루트 디렉토리에서 설치하지 않는 것이 좋다. 개인적으로 /opt

---

2. 스위프트를 설치하기 전에 리눅스(우분투)를 먼저 시스템에 설치해야 할 것이다. 맥 등의 시스템에서 가상 머신을 설치하고 그 위에 우분투를 설치할 수도 있다. 이 경우 버추얼박스(Virtual Box)를 사용하면 간편하다. 물론 우분투 이미지 파일(iso)을 ubuntu.com 등에서 미리 다운로드해 둬야 한다. - 옮긴이

디렉토리에 스위프트를 설치하는 것을 권한다. 다음은 opt 디렉토리에 스위프트를
설치하는 방법을 보여준다.

 명령어 구문 속에 {swift-version}으로 표기된 부분은 설치하려는 스위프트 버전을
넣으라는 의미다.

1. /opt 디렉토리로 이동한다.

   cd /opt

2. 현재 및 향후 스위프트의 모든 버전을 포함할 디렉토리를 생성한다.

   sudo mkdir swift

3. swift 디렉토리로 이동한 후 다운로드한 스위프트 파일을 이곳으로 복사한다.

   cd swift
   sudo cp -R ~/Downloads/swift-{swift version}.tar.gz ./

4. 스위프트 파일을 Gunzip, untar한다.[3]

   tar -zxvf swift-{swift version}.tar.gz

---

3. 이때 permission error가 잔뜩 발생한다면 sudo를 앞에 붙여준다. — 옮긴이

5. 마지막 명령어로 스위프트 파일을 포함하는 디렉토리가 생성됐을 것이다. 이 디렉토리가 현재 스위프트 버전임을 가리키는 심볼릭 링크를 생성하자.

```
sudo ln -s /opt/swift/swift-{swift version} swift-current
```

●● 옮긴이 참고

참고로 터미널 창의 샘플은 다음과 같다.

```
eddie@eddie-VM:/opt/swift$ ls
swift-3.1-RELEASE-ubuntu16.04  swift-3.1.tar.gz

eddie@eddie-VM:/opt/swift$ sudo ln -s /opt/swift-3.1-RELEASE-ubuntu16.04 swift-current

eddie@eddie-VM:/opt/swift$ ls
swift-3.1-RELEASE-ubuntu16.04  swift-3.1.tar.gz  swift-current
```

혹시 이때 swift-current가 붉은색으로 나오면 심볼릭 링크 경로가 잘못된 것이다. 오타가 없는지 재확인하기 바란다.

6. swift 디렉토리의 모든 파일은 root user 소유다. 패키지 매니저로 스위프트 패키지를 빌드하려면 모든 파일을 root가 소유하고 있기 때문에 권한 부인 에러permission denied error가 발생한다. 이를 해결할 가장 간단한 방법은 스위프트 파일의 권한을 변경하는 것이다. 여러 명이 하나의 시스템에서 스위프트를 모두 사용한다면 모든 사용자를 대상으로 권한을 변경할 수 있다. 다음에 나오는 두 명령어 중 하나를 사용하면 될 것이다.

```
//스위프트 파일의 소유권 변경
sudo chown -R {username}:{username} swift-{swift version}
//쓰기 권한 변경을 위한 또 다른 방법
sudo chmod -R +x swift-{swift-version}
```

```
eddie@eddie-VM:/opt/swift$ sudo chown -R eddie:eddie
swift-3.1-RELEASE-ubuntu16.04
eddie@eddie-VM:/opt/swift$ sudo chmod -R +x
swift-3.1-RELEASE-ubuntu16.04
```

7. 이제 경로path를 설정해야 한다. 시스템의 ~/.profile 파일을 열고 다음과 같은
   내용을 추가한다.

```
PATH=/opt/swift/swift-current/usr/bin:$PATH
```

●● 옮긴이 참고

도대체 어떻게 하라는 것인가?

리눅스 편집이 처음인 경우 멘붕이 올 것이다.

자! 그럼 지금부터 차근차근 다음과 같이 nano라는 편집기를 열고 편집해보자. 다음 명령어
를 타이핑하자.

```
$ nano ~/.profile
```

nano가 실행되면 화살표를 이용해 맨 아래로 이동한 후 다음과 같은 줄을 추가한다.

```
PATH=/opt/swift/swift-current/usr/bin:$PATH
```

맥에서 control + O를 누르면 저장할 파일명을 물을 것이다.

```
FILE NAME TO WRITE : /home/eddie/.profile
```

Enter를 누르면 저장되고, 이제 나노를 빠져나가자. control + x를 누르면 된다.

중요한 것이 있는데, PATH가 적용되려면 로그아웃/로그인을 하거나 다음 명령어를 타이핑한다.

```
. ./.profile
```

8. 현재 세션에서 변경 사항을 적용하기 위해선 새로운 터미널 세션을 시작하거나 다음과 같은 명령어를 명령 창에서 실행한다.

```
. ~/.profile
```

모든 것이 순조롭게 진행됐다면 swift -version을 타이핑해보자. 스위프트 버전명이 나타날 것이다. 새 버전의 스위프트가 릴리스되면 파일을 /opt/swift 디렉토리에 복사한 후 swift-current 심볼릭 링크가 새 버전을 가리키게 변경해주면 된다.

●● 옮긴이 참고

PATH 앞에 달러($) 문자를 에코시키면 현재 설정된 PATH를 확인할 수 있다.

eddie@eddie-VM:/opt/swift$ echo $PATH

/opt/swift/swift-current/usr/bin:/home/parallels/bin...중략...:/usr/local/games:
/snap/bin

혹시 마지막에 swift -version 명령어에 다음처럼 반응하면 뭔가 잘못된 것이다. 왜 python 어쩌고 저쩌고가 나오는 것일까?

eddie@eddie-VM:/opt/swift$ swift -version

The program 'swift' can be found in the following packages:

 * python-swiftclient

 * python3-swiftclient

Try: sudo apt install <selected package>

PATH를 확인해보자. 정상이다.

그럼 심볼릭 링크를 확인하자. 위에서 심볼릭 링크가 붉은 색으로 나타났던 것이 기억나는가?

ls -l를 실행해보니 잘못돼 있다. 경로 가운데 swift/가 빠져있다.

오류: swift-current -> /opt/swift-3.1.1-RELEASE-ubuntu16.04

수정: swift-current -> /opt/swift/swift-3.1.1-RELEASE-ubuntu16.04

```
eddie@eddie-VM:/opt/swift$ ls -l
total 119796
drwxr-xr-x 3 eddie  eddie    4096  4월 10 22:33 swift-3.1-RELEASE-ubuntu16.04
-rw-r--r-- 1 root   root 122663162  4월 10 22:32 swift-3.1.tar.gz
lrwxrwxrwx 1 root   root        34  4월 10 22:41 swift-current ->
/opt/swift-3.1-RELEASE-ubuntu16.04
```

수정하자! 심볼릭 링크 명령어를 sudo ln -s /opt/swift/swift-3.1-RELEASE-ubuntu16.04 swift-current로 변경해서 실행해봤다.

다음은 변경하는 부분 모두를 포함한 터미널 명령어다.

```
eddie@eddie-VM:/opt/swift$ ls
swift-3.1.1-RELEASE-ubuntu16.04  swift-current
eddie@eddie-VM:/opt/swift$ ls -l
total 4
drwxr-xr-x 3 parallels parallels 4096 Jun  9 06:53 swift-3.1.1-RELEASE-ubuntu16.04
lrwxrwxrwx 1 root      root        36 Jun  9 07:12 swift-current ->
/opt/swift-3.1.1-RELEASE-ubuntu16.04

eddie@eddie-VM:/opt/swift$ sudo rm swift-current
eddie@eddie-VM:/opt/swift$ sudo ln -s /opt/swift/swift-3.1.1-RELEASE-ubuntu16.04
swift-current

eddie@eddie-VM:/opt/swift$ ls -l
total 4
drwxr-xr-x 3 parallels parallels 4096 Jun  9 06:53 swift-3.1.1-RELEASE-ubuntu16.04
lrwxrwxrwx 1 root      root        42 Jun  9 07:12 swift-current ->
/opt/swift/swift-3.1.1-RELEASE-ubuntu16.04

eddie@eddie-VM:/opt/swift$ swift -version
Swift version 3.1.1 (swift-3.1.1-RELEASE)
Target: x86_64-unknown-linux-gnu
```

스위프트 언어 문법

스위프트 언어는 현대적 개념^{modern concept}과 구문을 채용했으며, 매우 간결하고 읽기
쉬운 코드를 사용한다. 또한 일반적인 프로그래밍 실수를 없애는 데 큰 중점을 두고
있다. 스위프트 언어 자체에 익숙해지기 전애 기본 구문을 살펴보자.

주석

스위프트의 주석을 표기할 때는 한 줄 주석을 위한 더블 슬래시(//)와 여러 줄 주석을
위한 /* */를 사용할 수 있다. 코드 문서화를 원한다면 세 개의 슬래시(///)를 사용하
면 된다.

리눅스 머신에서 코드를 작성할 때는 XCode IDE를 사용할 수 없다. 그렇더라도 리눅
스에서 작성하는 코드는 애플 플랫폼에서도 호환되므로 이러한 방식으로 주석을 작성
하는 것이 좋은데, 나중에 XCode IDE에서도 쉽게 인식되기 때문이다.

이 책은 리눅스용 스위프트에 대한 것이므로 맥이나 아이패드를 필요로 하는 기능은
최대한 피하고 있다. 하지만 이번 절에서는 애플 플랫폼에서 이러한 주석이 어떻게
문서화돼 사용할 수 있는지 보여주기 위해 Playgrounds와 XCode를 사용한다. 이러
한 포맷이 중요한 이유를 이해할 수 있기 때문이다.

코드 문서화를 위해서는 다음과 같이 XCode가 인식하는 특정 필드를 사용하자.

- Parameter parameter {para name}로 시작하면 XCode는 이것을 파라미터
  설명으로 인식한다.
- Return return:으로 시작하면 XCode는 반환 값에 대한 설명으로 인식
  한다.
- Throws throws:으로 시작되는 라인은 해당 메소드가 어떤 에러를 던질^{throws}
  수 있는지 나타낸다.

다음 그림은 한 줄과 여러 줄일 때의 각 주석 사용법을 보여준다.

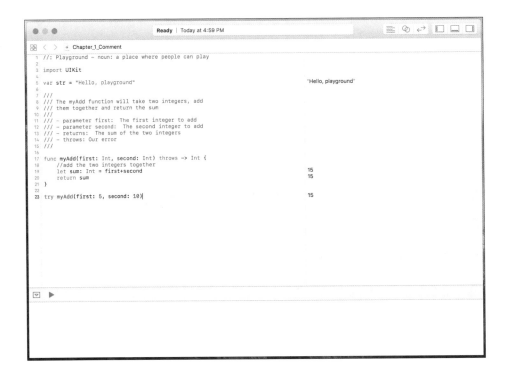

좋은 주석을 쓰려면 함수 내에서 한 줄 주석을 사용해 코드를 간단히 설명하는 것이 좋다. 그런 다음 함수와 클래스 외부에서 여러 줄 주석을 사용해 함수와 클래스의 기능을 설명한다. 앞의 Playground에서 그 예를 볼 수 있다. 앞서 설명한 것처럼 코드 주석을 적절히 사용하면 XCode 내의 문서화 기능을 사용할 수 있다. 코드의 아무 곳에서나 함수명에서 option + 클릭하면 XCode는 함수에 대한 설명을 팝업으로 보여줄 것이다.

팝업이 어떻게 보이는지 다음 그림을 살펴보자.

```
 6
 7  ///
 8  /// The myAdd function will take two integers, add
 9  /// them together and return the sum
10  ///
11  /// - parameter first:  The first integer to add
12  /// - parameter second:  The second integer to add
13  /// - returns:  The sum of the two integers
14  /// - throws: Our error
15  ///
16
17  func myAdd(first: Int, second: Int) throws -> Int {
18      //add the two integers together
```

Declaration	func myAdd(first: Int, second: Int) throws -> Int
Description	The myAdd function will take two integers, add them together and return the sum
Parameters	first The first integer to add
	second The second integer to add
Throws	Our error
Returns	The sum of the two integers
Declared In	Chapter_1_Comment.playground

위 화면은 myAdd( ) 함수에서 option + 클릭했을 때 나타나는 XCode 문서화 기능이다.
총 6개의 문서화 관련 필드를 볼 수 있다. 각 필드는 다음과 같다.

- **Declaration** 함수가 선언된 부분(함수의 시그니처^{signature})

- **Description** 주석란에서 작성했던 함수에 대한 설명

- **Parameters** 주석란에서 Parameters: 태그로 시작된 부분

- **Throws** 주석란에서 throws: 태그로 시작된 부분이며, 메소드에 의해 어떤
  에러가 던져질 수 있는지 알려준다.

- **Returns** 주석란에서 returns: 태그로 돼 있는 부분

- **Declared In** 함수가 선언돼 있는 파일명을 나타내며, 이를 통해 쉽게 함수를
  찾을 수 있다.

세미콜론

눈치 빠른 독자라면 지금까지 코드 샘플에서 줄 끝에 세미콜론^{Semicolon}(;)이 없다는 것을 알아챘을 것이다. 스위프트에서 세미콜론은 선택 사항이기 때문에 다음과 같이 두 방식 모두 사용할 수 있다. 다음 두 스위프트 코드는 모두 유효하다.

```
print("Hello from Swift")
print("Hello from Swift");
```

코딩 스타일 측면에서 스위프트 코드에서는 세미콜론을 사용하지 말 것을 강력히 권하고 있다. 반드시 사용하고 싶다면 모든 코드 라인에서 일관된 방식으로 사용하기 바란다. 다만 잊어 먹는 경우 스위프트가 따로 경고하지는 않는다. 다시 한 번 강조하지만 가능하면 스위프트에서는 세미콜론을 사용하지 않을 것을 권장한다.

괄호

스위프트에서 조건문을 둘러싼 괄호는 선택 사항이다. 다음의 두 if문은 모두 유효하다.

```
var x = 1

if x == 1 {
    print("x == 1")
}

if (x == 1) {
    print("x == 1")
}
```

코딩 스타일을 위해 같은 줄에 여러 조건문이 없으면 코드에 괄호를 포함하지 않는 것이 좋다. 가독성 측면에서 같은 줄에 있는 개별 조건문을 괄호로 묶는 것이 좋다.

중괄호

다른 언어와 달리 스위프트에서는 조건문이나 반복 구문 뒤에 반드시 중괄호를 사용해야 한다. 스위프트에서 채용된 안전 기능$^{Safety feature}$ 중 하나다. 개발자들이 중괄호를 사용했다면 수많은 보안 관련 버그들이 예방됐을 것이다. 이러한 버그들은 유닛 테스트나 코드 리뷰 등의 다른 방법으로도 찾아낼 수 있었겠지만, 내 개인적인 의견으로는 중괄호를 강제하는 것도 상당히 좋은 보안 표준이라 생각한다.

다음 코드는 중괄호 사용법을 보여준다.

```
let x = 1

//유효함
if x == 1 {
    print("x == 1")
}

//유효하지 않은 코드
if x == 1
    print("x == 1")
```

할당 연산자는 값을 반환하지 않는다

대부분의 언어에서 다음 코드는 유효하지만 개발자들에게 원치 않는 결과를 가져다줄 수도 있다.

```
if (x = 1) {}
```

이 스위프트 구문은 유효하지 않다. 조건 구문(if나 while)에서 대입 연산자(=)를 사용하면 에러가 발생한다. 스위프트만의 또 다른 안전장치로서 개발자가 비교 명령문에서 두 번째 등호(=)를 잊어버리지 않게 해준다.

조건문과 할당문에서 공백문자는 선택 사항

조건문(if와 while)과 할당문(=) 둘 다 공백^{white spaces}은 선택 사항이다. 따라서 다음과 같이 i 코드 블록과 j 코드 블록 모두 유효하다.

```
//i 코드 블록
var i=1
if i==1 {
    print("HI")
}

//j 코드 블록
var j = 1
if j == 1 {
    print("HI")
}
```

나는 코딩 스타일 측면에서 공백의 추가를 권한다(j 블록을 보라 가독성이 좋다). 어떠한 스타일을 선택하더라도 일관성만 유지된다면 두 방식 모두 좋다.

▌Hello World

컴퓨터 언어를 가르치는 훌륭한 책들은 하나같이 사용자들에게 Hello World 애플리케이션 작성법을 소개한다. 이 책에서도 예외가 없다. 이 절에서는 스위프트로 Hello World 애플리케이션을 만들어본다.

●● 옮긴이 참고

아직도 /opt 폴더에서 작업 중이라면 새 파일을 만들 수 없다. download 폴더나 일반 폴더로 이동한 후 다음 명령어로 파일을 편집하자.

```
nano ./main.swift
```

다 편집했으면 Ctrl+o로 저장한 후 Ctrl+X로 종료하자.

마지막으로 저장 후 터미널 창에서 내용이 제대로 저장됐는지 확인하고 싶으면 cat ./main.swift라고 타이핑해보자.

먼저 main.swift라는 새 파일을 만든다. main.swift 파일은 스위프트에서 특별한 파일인데, 모든 애플리케이션의 진입점entry point이다. main.swift는 최상위 단계Top-level code의 코드를 가질 수 있는 유일한 파일이다. 최상위 단계 코드는 함수나 타입(열거형이나 클래스, 구조체)의 일부가 아니다. Hello World 애플리케이션의 모든 코드는 최상위 단계 코드로 간주된다.

스위프트에서는 콘솔에 메시지를 출력할 때 print( ) 함수를 사용한다. 가장 기본 형식의 단순 메시지를 출력할 때 print 함수는 다음 코드와 같다.

```
print("Hello World")
```

일반적으로 print( ) 함수를 사용할 때 단순한 정적인 문자열만 출력하길 원치는 않을 것이다. 특별한 문자 시퀀스 \( )를 사용해 변수나 상수 값을 포함할 수 있다. 쉼표를 사용해 print( ) 속의 값들을 분리할 수도 있다. 코드는 다음과 같다.

```
var name = "Jon"
var language = "Swift"

var message1 = "Welcome to the wonderful world of "
var message2 = "\(name) Welcome to the wonderful world of \(language)!"

print(name, message1, language, "!")
print(message2)
```

이 코드를 컴파일하기 위해서는 코드가 main.swift에 있어야 한다. 이 파일을 생성할 때 emacs나 VI 같은 어떤 편집기를 사용해도 된다. main.swift가 일단 생성되면 Hello World 애플리케이션을 빌드해야 한다. 다음과 같은 명령어를 main.swift 파일이 위치한 디렉토리에 입력하기 바란다.

```
swiftc main.swift
```

스위프트 컴파일러가 애플리케이션 빌딩을 마치면 해당 디렉토리에는 main이라는 실행 파일이 생길 것이다. 다음 명령어로 실행해보자.

```
./main
```

모든 것이 순조롭다면 다음과 같은 출력을 보게 될 것이다.

```
Jon Welcome to the wonderful world of Swift!
Jon Welcome to the wonderful world of Swift!
```

1장 뒷부분에서 swift와 swiftc 명령어를 살펴볼 것이다.

print( ) 함수에는 콘솔에 출력되는 메시지를 변형할 수 있는 두 개의 파라미터를 정의할 수도 있다. 이 파라미터는 separator와 terminator 파라미터다. separator 파라미터는 print( ) 함수에서 변수/상수 값을 분리할 때 사용하는 문자를 정의해준다. 기본적으로 print( ) 함수는 각 변수/상수를 공란으로 구분한다. terminator 파라미터는 각 줄 끝에 어떤 문자가 올지 정의해준다. 기본 설정은 줄의 마지막에 개행 문자(줄 바꿈)가 추가된다.

다음 코드는 마지막에 개행 문자를 포함하지 않는 쉼표로 구분된 목록을 작성하는 방법을 보여준다.

```
var name1 = "Jon"
var name2 = "Kim"
var name3 = "Kailey"
var name4 = "Kara"

print(name1, name2, name3, name4, separator:", ", terminator:"")
```

print( ) 함수에 추가할 수 있는 파라미터가 하나 더 있다. toStream이라는 파라미터다. 이 파라미터는 print( ) 함수의 출력을 리다이렉트^{redirect}해준다. 다음 예제에서는 line이라는 변수 쪽으로 출력 방향을 설정한다.

```
var name1 = "Jon"
var name2 = "Kim"
var name3 = "Kailey"
var name4 = "Kara"

var line = ""

print(name1, name2, name3, name4, separator:", ", terminator:"", to:&line)
```

print( ) 함수가 기본 디버깅에서만 단순히 유용했다면 이제 개선된 print( ) 함수로
훨씬 많은 것을 할 수 있을 것이다.

▌ 스위프트 코드 실행

이제부터 스위프트 코드의 실행 방법 여러 가지를 살펴본다. 이 주제에 대해 자세히
설명하려면 한 권의 책에 해당하는 분량이 나올 것이지만, 이번 절에서는 간단히 개요
만 살펴봄으로써 코드 실행이나 애플리케이션 빌드 방법을 알아본다. 이번 절을 마치
면 이 책에 나오는 예제는 물론 여러분이 직접 만들 앱을 빌드하고 실행할 수 있을
것이다.

▌ 스위프트와 스위프트 REPL

간편하고 빠르게 스위프트 코드를 시험하는 방법에는 여러 가지가 있는데, 첫 번째
방법은 스위프트 인터렉티브 REPL^{Swift interactive Read Evaluate Print Loop}이다. REPL는 커맨드
라인 툴로, 작성하면서 결과 값을 확인할 수 있다. 인터프리터 언어에 익숙한 개발자
라면 이 툴을 사용하는 것이 어렵지 않을 것이다.

REPL을 시작하려면 터미널을 열고 다음 명령어를 타이핑한다.

```
swift
```

다음과 같이 인사말과 함께 프롬프트가 여러분을 반겨줄 것이다.

```
Welcome to Swift version 3.0 ({your-swift-version}). Type :help for assistance
1>
```

프롬프트에 스위프트 구문을 타이핑하고 Enter를 누르면 된다. REPL은 즉시 해당 코드를 실행할 것이다. 다음 예를 살펴보자.

```
1> var x = 10
x: Int = 10
2> x += 5
3> print(x)
15
```

REPL를 종료하려면 다음 명령어를 타이핑한다.

```
:quit
```

swift 명령어를 사용해 스위프트 소스 파일의 시험을 지금 바로 해볼 수 있다. 이를 위해 Hello.swift 파일을 생성한 후 다음 코드를 입력하자.

```
print("Hello")
```

다음 명령어를 타이핑하면 소스 파일이 실행된다.

```
swift Hello.swift
```

이제 콘솔에서 Hello 메시지를 볼 수 있을 것이다. REPL과 스위프트 명령어는 굉장히 강력한 툴이며, 새로운 코드를 프로토타이핑^{prototyping}하는 것 이상의 것들을 할 수 있다. REPL 툴은 매우 유용한데, 다양한 고급 기능들을 익힐 수 있도록 시간을 투자하길 권한다.

▍ 스위프트 컴파일러

스위프트 명령이나 스위프트 REPL 툴을 사용해 실행하는 것은 마치 BASH^{Bourne Again} ^{SHell}이나 파이썬 스크립트 같은 전형적인 인터프리터 스크립트를 실행하는 것과 같은 방식으로 코드를 실행하는 것이다. 스위프트를 스크립트 언어로 사용할 수 있는 매우 유용한 기능이다. 다만 스위프트 애플리케이션을 만들고 싶다면 실행할 수 있는 형식 으로 바꿔줄 컴파일러가 필요하다. 이때 스위프트 컴파일러를 사용한다.

앞서 만들었던 Hello World 예제를 빌드하기 위한 스위프트 컴파일러의 사용법을 알아보자. 예제를 돌아보면 main.swift 파일을 생성했었다. 소스 파일이 하나뿐인 애 플리케이션에서는 main.swift 파일이 필수가 아니지만, 여러 개의 소스 파일을 포함한 애플리케이션의 경우에는 필요하다. 스위프트 컴파일러는 애플리케이션의 진입점으 로서 main.swift 파일을 찾는다. 이는 마치 C 컴파일러가 `main()` 함수를 찾는 것과 유사하다.

 TIP 모든 코드가 하나의 파일에 포함되는 경우 파일명을 main.swift로 지정하는 것이 좋 은 코딩 습관이다.

앞서 만든 Hello World 애플리케이션을 빌드하려면 main.swift 파일이 있는 디렉토리 에서 다음과 같은 명령어를 실행한다.

```
swiftc main.swift
```

몇 초 내에 명령어가 실행될 것이다. 완료되면 main이라는 이름의 실행 파일이 생성 된다. 애플리케이션이 여러 개의 파일로 구성된 경우에는 다음과 같이 하나씩 나열하 면 된다.

```
swiftc main.swift file1.swift file2.swift file3.swift
```

출력 파일명을 변경하고 싶다면 다음처럼 -o 옵션을 사용한다.

```
swiftc main.swift file1.swift file2.swift -o myexecutable
```

스위프트 컴파일러와 함께 사용할 수 있는 명령어는 수도 없이 많다. 하지만 너무 많은 명령어 옵션과 복잡한 컴파일러 구문을 사용하는 것보다 스위프트 패키지 매니저를 사용하는 편이 나을 것이다.

> ●● 옮긴이 참고
>
> 만들어진 파일을 실행하려면 다음처럼 하자.
>
> ```
> eddie@eddie-VM:~/someFolder$ ./main
> hello
> ```

▮ 스위프트 패키지 매니저 사용

애플에 따르면 스위프트 패키지 매니저는 다음과 같이 정의한다.

> 패키지 매니저는 스위프트 코드를 배포 및 관리하는 도구다. 패키지 매니저는 스위프트 빌드 시스템과 통합돼 있으며, 다운로드 및 컴파일 의존성 링크를 자동화해준다.

앞의 첫 번째 문장은 스위프트 패키지 매니저를 사용하면 모듈 배포distribution를 관리할 수 있다는 의미다. 어떤 애플리케이션은 코드가 하나의 모듈로 구성되고 또 다른 애플리케이션은 여러 개의 분리된 모듈로 이뤄져 있을 것이다. 예를 들어 외부 장치와 통신을 하는 블루투스 애플리케이션을 개발한다고 가정했을 때 해당 블루투스 코드는 별도 모듈로 구성해 추후 다른 애플리케이션에서 이용할 수 있게 하는 것이 좋을 것이다.

스위프트 패키지 매니저는 모듈과 애플리케이션의 각종 의존성을 관리하며, 다운로딩, 컴파일, 이러한 의존성 관리를 자동화해준다고 했다. 이로써 개발자는 애플리케이션이나 모듈 컴파일을 해줄 복잡한 스크립트를 어떻게 생성할 것인지에 대한 고민을 접어두고 코드 자체에 집중할 수 있다.

패키지는 스위프트 소스 파일과 Package.swift라 불리는 매니페스트^{manifest} 파일로 구성된다. 매니페스트 파일은 패키지 이름을 정의하며, 패키지를 어떻게 빌드할지에 대한 설명^{instruction}을 포함한다. 개발자는 매니페스트 파일을 커스터마이즈할 수 있는데, 이를 통해 빌드 타겟이나 의존선 선언 또는 특정 파일을 포함하거나 제거하고, 모듈이나 애플리케이션의 빌드 구성을 특정 지을 수 있다.

패키지 매니저를 통해 어떻게 간단한 애플리케이션을 만드는지 살펴보자.

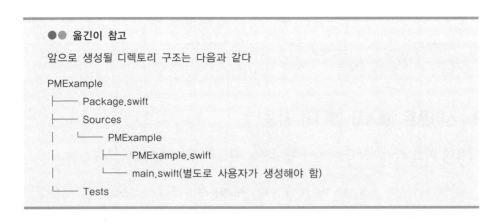

먼저 애플리케이션 이름을 정해야 한다. 예를 들어 여기서는 **PMExample**이라고 이름을 정했다. 해당 디렉토리를 만든 후 디렉토리로 들어가 보자.

```
mkdir PMExample
cd PMExample
```

이제 패키지 매니저가 필요한 프레임워크를 빌드해야 한다. 다음 명령어를 사용하면 된다.

```
swift package init
```

이 명령어를 사용하면 Sources와 Tests 디렉토리가 각각 생성된다. 또한 Package. swift 매니페스트 파일을 포함한 여러 파일이 생성되며, 애플리케이션과 동일한 이름의 파일이 Sources 디렉토리에 만들어진다. Package.swift를 살펴보면 다음과 같은 내용이 들어있다.

```
import PackageDescription
let package = Package( name: "PMExample" )
```

단순히 패키지 이름만 정의하는 가장 기본적인 매니페스트 파일이다. 이 매니페스트 파일에 대한 것은 13장에서 좀 더 자세히 다룬다.

Sources 디렉토리에 생성된 PMExample.swift 파일을 살펴보자. 다음과 같은 기본 코드가 이미 들어 있을 것이다.

```
struct PMExample {
    var text = "Hello, World!"
}
```

다음 코드로 바꿔보자.

```
struct PMExample {
    var text = "Hello, World!"
    func sayHello() {
        print(text)
    }
}
```

아주 간단한 Hello, World!를 콘솔에 출력하는 메소드를 추가했다.

 코드를 이해할 수 없다고 낙심하지는 말자. 곧 패키지 매니저 및 컴파일러와 친숙해질 것이다.

그럼 이제 Sources/EXEample 디렉토리에 main.swift 파일을 추가한다. 이 파일은 애플리케이션의 진입점이다. 다음 코드를 작성해보자.

```
let example = PMExample()
example.sayHello()
```

PMExample 디렉토리로 돌아가서 다음 명령어를 실행해 PMExample 애플리케이션을 빌드한다.

```
swift build
```

애플리케이션 빌드가 성공했다면 PMExample/.build/debug 디렉토리에 PMExample 이라는 실행 파일이 생성될 것이다.

여기서 주의 깊게 살펴볼 것은 PMExample.swift 파일에서 모든 코드는 **PMExample** 구조체에 속해있다는 점이다. 반면 main.swift 파일의 코드는 최상위top-level에 속한다. 이전 기억을 되살려보자. main.swift는 최상위 코드를 포함하는 유일한 파일이다.

지금까지 살펴본 패키지 매니저에 대한 내용은 사실 아주 기초적인 수준이다. 13장에서 좀 더 자세히 살펴본다.

모든 소스코드가 하나의 파일로만 이뤄졌다면 실행 코드를 빌드하기 위해 스위프트 컴파일러를 사용하기 무척 쉬울 것이다. 하지만 파일 개수가 하나를 넘어서기 시작하면 의존성과 빌드 관리를 위해 패키지 매니저 사용을 추천한다.

▍스위프트 편집기

스위프트 코드 작성은 VI, Emacs, gedit 등 어떤 텍스트 편집기에서든 가능하다. 다만 이러한 텍스트 편집기가 종종 불편할 때가 있을 텐데, 특히 코드 자동 완성을 지원하는 표준 IDE에 익숙해졌다면 더욱 그럴 것이다. 금전적으로 조금 여유가 있다면 스위프트 플러그인이 따라오는 IDE(예 CLion)를 구입해도 될 것이다. 하지만 스위프트가 굉장히 잘 동작하는 무료 편집기가 있는데, 마이크로소프트의 비주얼 스튜디오 코드 Visual Studio Code다.

마이크로소프트에서는 리눅스 플랫폼에서 실행하고 스위프트 파일까지 편집할 수 있는 편집기를 만들었다. 여러분들도 놀랐는가? 나도 처음에는 조금 비관적이었지만, 한 번 사용해 본 이후 이 책을 집필할 당시 구할 수 있었던 최고의 스위프트 편집기였다. 비주얼 스튜디오 코드는 https://code.visualstudio.com에서 download 링크를 선택하면 다운로드할 수 있다. 다만 알아둬야 할 점은 비주얼 스튜디오 코드에서 스위프트 애플리케이션 작성은 편집 기능만 사용한다는 점이다. 비주얼 스튜디오 코드 안에서 스위프트를 실행하거나 디버깅은 할 수 없다.

장차 점점 많은 개발자가 리눅스에서 스위프트를 사용하게 돼 좋은 개발 툴을 볼 수 있기를 바란다.

▋ 요약

1장에서는 Playgrounds를 사용해 스위프트 프로그래밍을 시작하는 방법을 배웠다. 간단한 스위프트 기초 문법과 적절한 언어 스타일도 알아봤다. 1장은 두 개의 Hello World 예제로 마무리했다.

2장에서는 스위프트에서의 변수와 상수 사용법을 살펴본다. 여러 가지 데이터 타입 및 연산자 사용법 또한 알아본다.

02

변수, 상수, 문자열, 연산자

내가 작성한 첫 프로그램은 BASIC 언어였고, 전형적인 Hello World 애플리케이션이었다. 처음에는 굉장히 흥미진진했지만 단순한 문장만 표시하다보니 흥미가 곧 사라지고 말았다. 두 번째 프로그램에서 나는 BASIC 언어의 입력 명령어를 사용해 사용자에게 이름을 묻는 메시지를 표시한 후 그 이름을 Hello World 메시지에 포함해 출력하게 만들었다. 12살 나이에 Hello Han Solo를 표시하는 프로그램은 정말 멋지다고 생각했다. 그 후 나는 다양한 Mad Lib 스타일 애플리케이션을 만들게 됐는데, 사용자가 여러 단어를 입력하게 해서 필요한 단어가 모두 모이면 그 단어로 구성된 스토리를 보여주곤 했다. 이 애플리케이션을 만들면서 나는 변수의 중요성을 배웠다. 이후 내가 만들었던 모든 애플리케이션에서 변수를 사용했다.

2장에서는 다루는 내용은 다음과 같다.

- 변수, 상수의 정의
- 명시적인 타이핑과 타입 추론의 차이점
- 숫자 타입, 문자열 타입, 불리언 타입
- 옵셔널 타입의 정의
- 스위프트 열거형의 사용법
- 스위프트 연산자의 사용법

▌ 변수와 상수

상수와 변수는 특정 타입의 값을 나타내는 식별자를 말하는데, 이 식별자를 이용해 값을 가져오거나 정할 수 있다. 식별자의 예로 myName, currentTemperature를 들 수 있고, 특정 타입은 String이나 Int를 말한다. 상수와 변수의 차이점은 변수 값이 갱신되고 변경할 수 있는 반면, 상수는 한 번 할당되면 변경할 수 없다는 데 있다.

상수는 절대로 변하지 않는 값을 정의하는 데 좋다. 이를테면 얼음의 빙점이나 빛의 속도 말이다. 상수는 또한 표준 글꼴 크기나 버퍼에 들어갈 최대 글자 수와 같이 애플리케이션 내에 여러 번 사용되는 값을 정의하는 데 유용하다. 이 책에서 사용될 상수의 예는 매우 다양하다.

소프트웨어 개발에서는 일반적으로 변수가 상수보다 더 일반적이다. 하지만 이는 대개 개발자들이 변수를 선호하기 때문이다. 절대 변하지 않는 변수를 선언하는 경우 스위프트는 경고한다. 상수를 사용하지 않고도 유용한 애플리케이션을 만들 수 있다 (물론 사용해 보는 것도 좋다). 하지만 변수 없이 유용한 애플리케이션을 만드는 것은 불가능에 가깝다.

스위프트에서는 상수 사용을 권장한다. 변경할 계획이 없거나 값을 유지하고 싶은 경우에는 반드시 상수로 선언해야 한다. 이렇게 하면 값이 절대 변경되지 않는다는 것을 보장해주고, 코드에도 안전한 제약 사항이 추가되는 것이다.

변수와 상수로 사용되는 식별자에는 대부분 문자를 쓸 수 있다(심지어 유니코드도 가능하다). 하지만 반드시 따라야 할 규칙 몇 가지를 살펴보자.

- 수학 기호를 포함할 수 없다.
- 화살표를 포함할 수 없다.
- 비공개됐거나 유효하지 않은 유니코드 문자를 포함할 수 없다.
- 라인 문자나 상자 그림 문자를 포함할 수 없다.
- 숫자로 시작할 수 없지만, 포함할 수는 있다.
- 스위프트 키워드를 사용하려면 백틱 문자(`)로 감싸라.

키워드는 스위프트 프로그래밍 언어에 의해 사용된 단어들을 말한다. 2장에서 볼 수 있는 키워드로 var와 let을 예로 들 수 있다. 키워드를 식별자(또는 변수명)로 쓰면 코드를 읽을 때 혼란을 일으키므로 사용해서는 안 된다.

상수와 변수 선언

상수와 변수는 사용 전에 반드시 선언돼야 한다. 상수를 선언하려면 let 키워드를 사용하고, 변수 선언에는 var 키워드를 사용한다. 상수와 변수를 선언하는 방법은 다음과 같다.

```
//상수
let freezingTemperatureOfWaterCelsius = 0
let speedOfLightKmSec = 300000
```

```
//변수
var currentTemperature = 22
var currentSpeed = 55□
```

쉼표를 사용하면 여러 개의 상수나 변수를 한 줄에 선언할 수 있다. 예를 들어 다음과 같이 하면 앞의 네 줄을 두 줄까지 축소할 수 있다.

```
//상수
let freezingTempertureOfWaterCelsius = 0, speedOfLightKmSec = 300000

//변수
var currentTemperture = 22, currentSpeed = 55
```

변수는 호환되는 타입의 또 다른 값으로 변경할 수 있지만, 앞서 언급했듯이 상수 값은 변경할 수 없다. 다음 코드를 살펴보자. 무엇이 잘못됐을까?

```
let speedOfLightKmSec = 300000
var highTemperture = 93

highTemperture = 95
speedOfLightKmSec = 29999
```

무엇이 잘못됐는지 알아챘는가? 어떤 물리학자라도 빛의 속도를 바꾸는 것은 불가능하다고 말할 수 있듯이, 여기 코드에서도 speedOfLightKmSec 변수는 변경할 수 없는 상수다. 값을 변경하려고 하면 에러가 발생한다. HighTemperture 값은 변수이기 때문에 에러 없이 바꿀 수 있다. 변수와 상수의 차이점은 수차례 언급했다. 특히 3장에서 배울 가변^{mutable}, 불변^{immutable} 컬렉션 타입^{Collection type}을 정의할 때도 매우 중요하기 때문에 이해해야 한다.

타입 안전

스위프트는 타입 안전Type-safety 언어다. 타입 안전 언어에서는 변수에 저장하는 값의 타입을 명확히 해야 한다. 타입이 다른 변수에 값을 저장하려고 하면 에러가 발생한다.

다음 코드는 문자열 값을 정수형 타입에 넣으려고 한다. 참고로 2장의 뒷부분에서는 가장 많이 쓰이는 타입들에 대해 살펴본다.

```
var integerVar = 10
integerVar = "My String"
```

스위프트는 코드 컴파일 시점에 타입을 체크한다. 이때 타입이 틀린 모든 곳에 에러를 표시한다. 여기서 질문! 도대체 스위프트는 어떻게 Int 타입이 정수 타입 변수인지 알 수 있을까? 스위프트는 적절한 타입을 알아내기 위해 타입 추론type inference을 사용한다. 타입 추론이 무엇인지 살펴보자.

타입 추론

타입 추론은 변수를 정의할 때 타입을 생략해도 되는 기능이다. 컴파일러가 초깃값을 바탕으로 타입을 추론하는 것이다. 예를 들어 C 언어에서는 보통 다음과 같이 정수 타입을 정의한다.

```
int myInt = 1
```

myInt 값은 정수 타입이며, 초깃값은 1이라는 것을 컴파일러에 알려주는 것이다. 스위프트에서는 동일한 정수 타입을 다음과 같이 정의한다.

```
var myInt = 1
```

스위프트는 초깃값이 정수^{Integer}이기 때문에 변수 타입이 정수라는 것을 추론한다. 몇 가지 예를 더 보자.

```
var x = 3.14    //Double 타입
var y = "Hello" //String 타입
var z = true    //Boolean 타입
```

이 예제에서 컴파일러는 변수 x가 Double이고, 변수 y는 String이며, 변수 z는 Boolean 타입이라는 것을 초깃값을 바탕으로 유추한다.

type(of:) 함수를 사용하면 런타임에 변수 타입을 항상 체크할 수 있다. 예를 들면 다음처럼 콘솔에 변수 타입을 출력할 수 있다.

```
print(type(of: x))
print(type(of: y))
print(type(of: z))
```

이는 다음과 같이 결과를 출력하는데, 예상했던 추론된 변수 타입을 확인할 수 있다.

```
Double
String
Bool
```

명시적 타입

타입 추론은 스위프트가 가진 멋진 기능인데, 사용하다보면 금세 익숙해질 것이다. 다만 변수 타입을 명시적으로 선언하고 싶을 때도 있을 것이다. 예를 들어 앞의 예에서 변수 x는 Double로 추론했지만, Float 타입이길 원했다면 어떻게 해야 할까? 다음과 같이 명시적으로 변수의 타입을 정의할 수 있다.

```
var x : Float = 3.14
```

변수 식별자 뒤의 **Float** 선언을 보자(콜론과 단어 Float). 컴파일러에게 이 변수를 **Float** 타입으로 정의하고 초깃값은 3.14로 하라는 의미다. 이 방식으로 변수를 선언할 때 초깃값은 정의한 것과 동일한 타입이라야 한다는 것이다. 앞서 정의했던 것과 다른 타입으로 변수의 초깃값을 설정하면 에러가 날 것이다.

초깃값을 정하지 않는 경우에 명시적인 타입을 정의할 필요가 있다. 예를 들어 다음과 같은 코드는 잘못됐다. 변수 x가 무슨 타입인지 컴파일러가 알 수 없기 때문이다.

```
var x
```

애플리케이션에서 이와 같이 코딩했다면 Type annotation missing in pattern 에러를 보게 될 것이다. 초기화가 필요 없는 경우에는 다음과 같이 정의해야 한다.

```
var x: Int
```

여기까지 명시적으로 변수 타입을 선언하는 방법을 살펴봤다. 가장 많이 쓰이는 타입들을 이제 살펴보자.

숫자 타입

스위프트에는 다양한 표준 숫자 타입^{Numeric types}을 갖고 있다. 이런 타입들은 여러 가지 정수와 부동소수점 값을 저장하는 데 적합하다.

Int 타입

정수 타입[Integer]은 전체 수인데, 부호가 있을 수(양, 음, 제로)도 있고 없을 수(양 또는 제로)도 있다. 스위프트는 다양한 크기로 된 몇 가지 정수 타입을 제공한다. 다음의 표는 각 정수 타입에 대한 값 범위를 보여준다.

타입	최솟값	최댓값
Int8	−128	127
Int16	−32,768	32,767
Int32	−2,147,483,648	2,147,483,647
Int64	−9,223,372,036,854,775,808	9,223,372,036,854,775,807
Int	−9,223,372,036,854,775,808	9,223,372,036,854,775,807
UInt8	0	255
UInt16	0	65,535
UInt32	0	4,294,967,295
UInt64	0	18,446,744,073,709,551,615
UInt	0	18,446,744,073,709,551,615

 정수의 크기를 정의해야 할 구체적인 이유가 없다면 Int 또는 UInt 타입을 사용할 것을 추천한다. 이 타입을 사용하면 여러 가지 정수 타입 간에 변환할 필요성을 없애준다.

스위프트에서 정수(다른 숫자 타입도 마찬가지) 타입은 스위프트 표준 라이브러리에 구조체로 구현돼 있는 이름 있는 타입[named type]이다. 이는 우리가 액세스할 수 있는 속성뿐만 아니라 모든 데이터 유형의 메모리 관리를 위해 일관된 메커니즘을 제공한다. 다음의 코드는 다양한 Int와 UInt 타입에 대한 min, max 값을 표시한다.

●● 옮긴이 참고

스위프트의 타입에는 크게 named type과 compound type 두 가지가 있다. 간단히 말하자면
function과 tuple 타입처럼 이름이 없는 타입은 compound type이고, 나머지는 모두 named
type이라 생각하면 쉽다. 즉 class, struct, enum, protocol, array, dictionary, number,
character, string 등은 named type이다. 즉 이름이 정해진 타입이다.

```
print("UInt8 max \(UInt8.max)")
print("UInt8 min \(UInt8.min)")

print("UInt16 max \(UInt16.max)")
print("UInt16 min \(UInt16.min)")

print("UInt32 max \(UInt32.max)")
print("UInt32 min \(UInt32.min)")

print("UInt64 max \(UInt64.max)")
print("UInt64 min \(UInt64.min)")

print("UInt max \(UInt.max)")
print("UInt min \(UInt.min)")

print("Int8 max \(Int8.max)")
print("Int8 min\(Int8.min)")

print("Int16 max \(Int16.max)")
print("Int16 min \(Int16.min)")

print("Int32 max \(Int32.max)")
print("Int32 min \(Int32.min)")

print("Int64 max \(Int64.max)")
print("Int64 min \(Int64.min)")

print("Int max \(Int.max)")
print("Int min \(Int.min)")
```

코드 실행 결과는 다음과 같다.

```
UInt8 max 255
UInt8 min 0
UInt16 max 65535
UInt16 min 0
UInt32 max 4294967295
UInt32 min 0
UInt64 max 18446744073709551615
UInt64 min 0
UInt max 18446744073709551615

UInt min 0
Int8 max 127
Int8 min-128
Int16 max 32767
Int16 min -32768
Int32 max 2147483647
Int32 min -2147483648
Int64 max 9223372036854775807
Int64 min -9223372036854775808
Int max 9223372036854775807
Int min -9223372036854775808
```

정수 타입은 또한 2진수나 8진수, 16진수로도 표현할 수 있다. 어떤 숫자 기반인지 컴파일러가 눈치 채게끔 숫자 앞에 접두사만 붙여주면 된다. 각 숫자 기반별로 사용해야 할 접두사는 다음 표와 같다.

기반(Base)	접두사(Prefix)
10진수	None
2진수	0b

(이어짐)

기반(Base)	접두사(Prefix)
8진수	0o
16진수	0x

각 진법별로 숫자 95가 어떻게 표현되는지 살펴보자.

```
var a = 95
var b = 0b1011111
var c = 0o137
var d = 0x5f
```

스위프트는 숫자 리터럴에 임의의 밑줄을 삽입할 수도 있다. 이 기능은 코드의 가독성을 높여준다. 예를 들어 빛의 속도 상수 값을 정의해보자. 다음처럼 정의할 수 있다

```
let speedOfLightKmSec = 300_000
```

스위프트는 언더스코어[underscore] 문자(_)를 무시하기 때문에 숫자 리터럴 값에 아무런 영향도 주지 않는다.

부동소수점 타입

부동소수점[Floating-Point] 숫자는 소수 구성 요소를 갖는 숫자다. 스위프트에는 두 가지 Boolean 상수 값인 true, false 중 하나를 저장할 수 있는 Boolean 타입을 자체 내장하고 있다. 스위프트에는 두 가지의 표준 부동소수점 타입이 있는데, Float와 Double이다. Float 타입은 32비트 부동소수점 숫자를 대표하는 반면, Double 타입은 64비트 숫자를 나타낸다. 스위프트는 확장된 부동소수점 타입인 Float80 또한 지원한다. 이 타입은 80비트 부동소수점 숫자를 대표한다.

특별히 Float 타입을 써야 할 이유가 없다면 Double 타입을 쓰는 것이 좋다. Double 타입은 최소 15 자릿수의 정밀도를 갖지만, Float 타입은 소수점 이하 여섯 자릿수의 정밀도를 가진다. 우리도 알지 못하는 사이에 정밀도가 애플리케이션에 어떤 영향을 주는지 다음 예를 살펴보자. 다음 코드는 두 개의 부동소수점 숫자를 합산해 결과를 Float와 Double 상수로 설정하고 있다.

```
let f: Float = 0.111_111_111 + 0.222_222_222
let d: Double = 0.111_111_111 + 0.222_222_222
```

위 코드의 결과를 보면 f 상수 값은 0.333_333_3인 반면, d 상수는 0.333_333_333이 된다. 두 10진수는 모두 소수점 9자리로 돼 있지만, 결과는 Float 타입일 때 7자리, Double 타입일 때는 9자리 숫자 전체를 포함하게 된다.

통화 단위나 정확히 계산돼야 하는 수치를 작업한다면 정확도의 손실은 문제를 일으킬 수 있다. 부동소수점 정확도 문제는 스위프트에만 국한된 것은 아니다. IEEE 754 부동소수점 표준을 구현한 모든 언어는 유사한 문제점을 갖고 있다. 특별한 의도가 없다면 Float가 아닌 Double을 사용하는 것이 최선이다.

두 개의 변수가 각각 Int와 Double이라면 어떻게 될까? 다음 코드처럼 더할 수 있을까?

```
var a : Int = 3
var b : Double = 0.14
var c = a + b
```

해당 코드를 컴파일하려면 다음과 같은 에러를 보게 될 것이다.

```
operator '+' cannot be applied to operands of type Int and Double
```

에러 문구는 두 개의 숫자가 다른 타입일 때 합산이 허락되지 않는다는 것을 알려준다. Int와 Double을 계산하려면 Int 값을 Double 값으로 변환해야 한다. 다음 코드를 살펴보자.

```
var a : Int = 3
var b : Double = 0.14
var c = Double(a) + b
```

Int 값을 Double 값으로 변환하기 위해 Double 함수를 어떻게 사용했는지 잘 살펴보자. 스위프트의 모든 숫자 타입은 변환을 위한 간편 이니셜라이저$^{\text{convenience initializer}}$를 갖고 있다. 위 코드에서는 Double( ) 함수에 해당한다. 다음은 Int를 각각 Float와 UInt16으로 변환한 코드다.

불리언 타입

불리언^{Boolean} 값은 흔히 논리 값으로 불리는데, true 또는 false 값을 갖기 때문이다. 스위프트는 Boolean 타입을 자체적으로 갖고 있는데, 이 상수 값은 true 또는 false 중 하나가 된다.

불리언 상수와 변수는 다음과 같이 정의된다.

```
let swiftIsCool = true
let swiftIsHard = false
var itIsWarm = false
var itIsRaining = true
```

불리언 값은 if나 while 같은 조건문을 사용할 때 특히 유용하다. 예를 들면 다음 코드의 결과는 어떻게 될까?

```
let isSwiftCool = true
let isItRaining = false
if isSwiftCool {
   print("YEA, I cannot wait to learn it")
}
if isItRaining {
   print("Get a rain coat")
}
```

화면에 출력되는 결과는 YEA, I cannot wait to learn it이다. IsSwiftCool 값이 true이기 때문에 I cannot wait to learn it은 출력하지만, isItRaining 값은 false 이므로 Get a rain coat 메시지는 출력되지 않는다.

문자열 타입

문자열String은 문자를 순서대로 나열한 컬렉션ordered collection of characters이다. 스위프트에 서 String 타입은 문자열을 말한다. 이 책에서 이미 여러 번 언급됐기 때문에 다음 코드는 익숙할 것이다. 두 개의 문자열을 정의해보자.

```
var stringOne = "Hello"
var stringTwo = " World"
```

문자열은 순서가 있는 컬렉션이므로 문자열 내의 for in을 사용해 각 문자를 순회할 수 있다. 어떻게 하는지 다음 코드를 살펴보자.

```
var stringOne = "Hello"
for char in stringOne.characters {
   print(char)
}
```

한 문자열에 다른 문자열을 추가하는 방법에는 두 가지가 있다. 연결하거나 인라인^{inline}에 포함시키는 것이다. 두 문자열을 연결하려면 +나 += 연산자를 사용한다. 다음에 나오는 코드를 참고하자. 첫 번째 예에서는 stringA의 뒷부분에 stringB를 붙이고 그 결과를 stringC 변수에 대입되는 것을 보여준다. 두 번째 예제에서는 새 문자열을 만들지 않고 stringA의 끝에 직접 stringB를 추가한다.

```
var stringC = stringA + stringB
stringA += stringB
```

문자열 인라인^{String inline}을 사용하기 위해서는 특수 문자 시퀀스 \( )가 사용된다. 이처럼 문자열이 또 다른 문자열을 포함한 예제 코드를 살펴보자.

```
var stringA = "Jon"
var stringB = "Hello \(stringA)"
```

위 예제에서 stringB 값은 Hello Jon이 된다. \(stringA)라는 문자 시퀀스 부분이 stringA의 실제 값으로 치환되기 때문이다.

스위프트에서는 변수나 컬렉션의 변경 여부^{mutability}를 var와 let 키워드를 사용해 정의한다. var를 사용한 문자열 변수는 가변^{mutable}하다고 말하며, 문자열 값을 변경하거나 편집 가능함을 뜻한다. 문자열을 let으로 정의하는 경우에는 불변^{immutable}하다고 하며, 한 번 정해진 후에는 변경이나 편집이 불가능하다. 다음의 코드는 가변과 불변의 차이점을 보여준다.

```
var x = "Hello"
let y = "HI"
var z = " World"
x += z   //이 값은 유효하다. x는 mutable 변수다(변경 가능).
y += z   //이 값은 유효하지 않다. y는 immutable 변수다(변경 불가능).
```

스위프트의 문자열에서 대소문자를 변경할 수 있는 두 메소드를 살펴보자. 이 메소드는 각각 lowercased( )와 uppercased( )다. 예제를 살펴보자.

```
var stringOne = "hElLo"
print("Lowercase String:  " + stringOne.lowercased())
print("Uppercase String:  " + stringOne.uppercased())
```

코드 실행 결과는 다음과 같다.

```
Lowercase String:  hello
Uppercase String:  HELLO
```

문자열을 비교하는 4가지 방법을 제공한다. 문자열 동등string equality, 머리말 동등prefix equality, 꼬리말 동등suffix equality, 빈 문자열 검사(isEmpty)다. 다음 예제를 살펴보자.

```
var stringOne = "Hello Swift"
var stringTwo = ""
stringOne.isEmpty  //false
stringTwo.isEmpty  //true
stringOne == "hello swift"        //false
stringOne == "Hello Swift"        //true
stringOne.hasPrefix("Hello")      //true
stringOne.hasSuffix("Hello")      //false
```

문자열 내의 특정 문자를 원하는 다른 문자열로 바꿀 수도 있다. 이런 경우에는 stringByReplacingOccurrencesOfString( ) 메소드를 사용한다. 다음 코드를 살펴보자.

```
var stringOne = "one,to,three,four"
print(stringOne.replacingOccurrences(of: "to", with: "two"))
```

74

이 코드의 결과 one, two, three, four가 화면에 찍힌다. 모든 to를 two로 변경했기 때문이다.

부분 문자열[substring]이나 개별 문자도 추출 가능하다. 다음 예에서 여러 가지 방법을 확인해보자.

```swift
var stringOne = "one,to,three,four"
print(stringOne.replacingOccurrences(of: "to", with: "two"))

var path = "/one/two/three/four"
//시작과 끝 indexes 만들기
let startIndex = path.index(path.startIndex, offsetBy: 4)
let endIndex = path.index(path.startIndex, offsetBy: 14)

let myRange = startIndex..<endIndex

path.substring(with: myRange)      //String /two/three를 반환

path.substring(to:startIndex)      //String /one을 반환
path.substring(from:endIndex)      //String /four를 반환

path.characters.last
path.characters.first
```

이 예제에서는 시작과 끝 인덱스 사이의 부분 문자열을 구하기 위해 substring(with:) 함수를 사용했다. 인덱스는 index(_: offsetBy:) 함수를 사용해서 구하면 된다. index(_: offsetBy:) 함수의 첫 번째 속성은 어느 지점에서 시작하고 싶은가에 대한 인덱스를 제공하고, offsetBy 속성은 인덱스를 얼마나 증가시킬지 알려준다.

substring(to:) 함수는 문자열 시작 지점부터 인덱스까지 부분 문자열을 구한다. 또한 substring(from:) 함수는 인덱스부터 문자열 끝까지의 부분 문자열을 구한다. 그리고 문자열의 마지막 문자를 구하기 위해 last 속성을 사용하고, 첫 번째 문자를 가져오기 위해 first 속성을 사용했다.

count 프로퍼티를 이용해 문자열 내의 총 문자 개수를 알아낼 수도 있다. 사용법은 다음과 같다.

```
var path = "/one/two/three/four"
var length = path.characters.count
```

눈 깜빡할 사이에 문자열 여행을 마쳤다. 너무 짧은 시간 동안 여러 가지 속성과 함수들을 대략 살펴봤지만, 이 책으로 공부하는 동안 내내 문자열을 광범위하게 사용할 것이다. 즉 익숙해질 시간은 앞으로 충분하다.

옵셔널 변수

여기까지 살펴본 모든 변수들은 넌옵셔널 변수였다. 넌옵셔널은 nil이 아닌 값을 가진 변수^{non-nil value}를 말한다. 하지만 변수가 nil 값을 포함해야 하는 상황도 발생한다. 이런 상황은 함수의 결과 값이 fail이거나 값을 찾을 수 없는 경우를 말한다.

스위프트에서 옵셔널 변수란 nil 값(값이 없음을 의미)을 할당할 수 있는 변수를 말한다. 옵셔널 변수와 상수는 ?(물음표)를 사용해서 정의된다. 다음 코드는 옵셔널 타입을 정의하는 넌옵셔널 변수에 nil 값을 할당하면 어떻게 되는지 보여준다.

```
var optionalString: String?
var nonoptionalString: String
```

nonoptionalString 변수에 nil을 할당하면 에러가 발생한다.

스위프트에 추가된 옵셔널 변수는 언어가 제공하는 안전장치다. 스위프트는 컴파일 시점에 변수가 유효한 값을 갖고 있는지 여부를 검사한다. 변수가 특별히 옵셔널로 정의되지 않는 한 그 변수는 유효한 값을 갖고 있다고 판단하고, 별도의 nil 값 검사를 하지 않아도 된다. 변수 선언은 초기화하기 이전 단계에서 가능하기 때문에 넌옵셔널 변수가 nil 값을 가질 수도 있다. 하지만 이 경우 컴파일러가 검사 후 Variable '{name}' used before being initialized 에러를 발생시킨다. 변수나 상수가 유효한 값^{non-nil}을 갖고 있는지 검사하기 위한 첫 번째 방법은 != (not equals to) 연산자를 사용하는 것이다. 즉, 변수가 nil인지 아닌지를 검사하는 것이다.

옵셔널 바인딩^{optional binding}과 옵셔널 체이닝^{optional chaining}이라 불리는 다른 방법도 있다. 옵셔널 바인딩과 옵셔널 체이닝은 나중에 보기로 하고 우선 != 연산자의 사용법과 강제 언래핑^{force unwrapping}이 무엇인지 살펴보자.

강제 언래핑을 사용하기 위해서는 먼저 옵셔널 값이 nil이 아닌지 확실해야 하고, 그 후 변수 앞에 느낌표를 붙인 후 값을 사용할 수 있다. 어떻게 하는지 다음을 보자.

```
var name: String?

name = "Jon"
if name != nil {
    var newString = "Hello " + name!
}
```

이 예제에서는 name이라는 이름의 옵셔널 변수를 만들었고 Jon이라는 값을 할당했다. 그다음 != 연산자를 이용해 옵셔널이 nil이 아니라는 것을 확인했다. nil이 아니라면 느낌표를 이용해 값을 사용하면 된다. 이 방식으로 사용해도 아무런 문제가 없지만, 강제 언래핑 대신에 곧 소개될 옵셔널 바인딩을 사용할 것을 추천한다.

옵셔널 바인딩은 옵셔널 변수나 상수가 nil 값인지 아닌지 체크하기 위해 사용된다. nil이 아니면 임시 변수에 그 값을 할당한다. 옵셔널 바인딩을 하기 위해서는 if let 이나 if var 키워드를 함께 사용한다. if let을 사용하면 임시 값은 상수로 변경이 불가능하지만, if var 키워드는 변수에 할당되므로 변경 가능하다. 어떻게 사용되는지 다음 예제를 살펴보자.

```
var myOptional: String?
if let temp = myOptional {
   print(temp)
   print("Can not use temp outside of the if bracket")
} else {
   print("myOptional was nil")
}println("Hello, world!")
```

위 예제에서는 myOptional 변수가 nil인지 체크하기 위해 if let 키워드를 사용했다. nil이 아니면 temp에 값을 할당하고 괄호 사이의 코드를 실행한다. myOptional 값이 nil인 경우에는 else문의 코드를 실행해 myOptional was nil 메시지를 출력한다. temp 변수의 스코프scope는 조건문 블록 내부이며, 외부에서는 사용이 불가능한 것을 알아두자.

옵셔널 바인딩을 사용할 때 임시 변수 명칭을 변수의 이름과 동일하게 해도 아무 문제 없다. 다음 예를 살펴보자.

```
if let myOptional = myOptional {
   print(myOptional)
} else {
   print("myOptional was nil")
}
```

임시 변수의 스코프를 확인해보기 위해 다음의 예제를 살펴보자.

```
var myOptional: String?

myOptional = "Jon"
print("Outside: \(myOptional)")

if var myOptional = myOptional {
   myOptional = "test"
```

```
    print("Inside: \(myOptional)")
}

print("Outside: \(myOptional)")
```

예제에서 콘솔에 먼저 표시되는 것은 Outside: Optional("Jon")인데, 아직 if var 구문 스코프 바깥에 있기 때문이다. 이때 MyOptional 변수 값은 Jon이다. 그다음 출력되는 것은 Inside: test인데, myOptional 변수에 test 값이 할당된 if var 구문 스코프 안에 있기 때문이다. 스코프 내부에서는 옵셔널 바인딩을 거쳐서 myOptional 이 벗겨진다. 따라서 여기서는 더 이상 옵셔널이 아니다. 마지막 출력문은 Outside: Optional("Jon")으로 첫 출력문과 동일한데, 또다시 스코프 바깥으로 나왔으며, myOptional = "test" 할당 구문이 보이지 않는 곳이다.

한 줄 안에서 여러 개의 옵셔널 변수를 테스트할 수도 있다. 각각의 옵셔널은 쉼표로 분리한다. 다음 예제를 살펴보자.

```
if let myOptional1 = myOptional1, let myOptional2 = myOptional2, let
myOptional3 = myOptional3 {
    //세 개의 옵셔널이 모두 non-nil인 경우만 이곳에 진입한다.
}
```

프로퍼티, 메소드, 서브스크립트가 옵셔널일 때 옵셔널 체이닝을 사용할 수 있다. 즉, 값은 nil이 될 수도 있다. 연결된 값 중 어느 하나라도 nil이면 반환 결과도 nil이 된다. 이제 가상의 자동차 객체를 사용한 옵셔널 체이닝의 예를 살펴보자. 이 예에서 car 또는 tires가 nil이 되면 변수 s도 nil이 될 것이다. 그 반대의 경우라면 s는 tireSize 속성과 동일한 값이 될 것이다.

```
var s = car?.tires?.tireSize
```

옵셔널이 유효한 값을 가졌는지 아닌지 사용 전에 확인할 수 있는 3가지 방법은 다음과 같다.

```swift
//옵셔널 변수
var stringOne : String?

//-------- stringOne은 nil ---------------//
//명시적인 nil 검사(Explicitly check for nil)
if stringOne != nil {
   print(stringOne)
}else {
   print("Explicit Check: stringOne is nil")
}

//옵셔널 바인딩
if let tmp = stringOne {
   print(tmp)
}else {
   print("Optional Binding: stringOne is nil")
}

//옵셔널 체이닝
var charCount1 = stringOne?.characters.count

//-------- stringOne에 값 대입 ---------------//
stringOne = "http://www.packtpub.com/all"

//--------stringOne is nil ---------------//
//명시적인 nil 검사
if stringOne != nil {
   print(stringOne)
}else {
   print("Explicit Check: stringOne is nil")
}

//옵셔널 바인딩
```

```
if let tmp = stringOne { print(tmp)
} else {
    print("Optional Binding: stringOne is nil")
}
```

위 코드에서는 먼저 옵셔널 문자열 변수 stringOne을 정의하고 있다. 그다음 != 연산자를 사용해 명시적으로 nil을 체크했다. stringOne 값이 nil이 아니면 stringOne을 콘솔에 표시한다. stringOne이 nil이라면 콘솔에 Explicit Check: stringOne is nil 메시지를 출력한다. 아직 stringOne에는 아무 값도 할당하지 않았기 때문에 콘솔에 표시되는 메시지는 Explicit Check: stringOne is nil이다.

이제 옵셔널 바인딩을 사용해 stringOne이 nil이 아닌지 검사한다. stringOne이 nil이 아니면 임시 변수 tmp에 값이 할당된다. stringOne이 nil이라면 Optional Binding: stringOne is nil을 콘솔에 출력한다. 아직까지 stringOne에는 아무 값도 할당하지 않았기 때문에 콘솔에 표시되는 메시지는 Optional Binding: stringOne is nil이 표시되는 것을 볼 수 있다.

stringOne이 nil이 아닌 경우 charCount1 변수에 stringOne의 characters.count 속성 값을 할당하기 위해 옵셔널 체이닝을 사용한다. 보다시피 charCount1 값은 nil이다. 여전히 stringOne에 값을 할당하지 않았기 때문이다.

이제 stringOne 변수에 http://www.packtpub.com/all 값을 할당한다. 그리고 나서 앞의 3가지 테스트를 다시 해보자. 이번에는 stringOne의 값이 nil이 아니므로 charCount2 값이 콘솔에 출력된다.

 옵셔널임을 정의하기 위해 변수를 nil로 설정하고 싶을 수도 있다. 하지만 이렇게 하는 것은 실수다. 옵셔널은 변수가 nil이 돼야 할 특별한 이유가 있는 경우만 사용해야 한다.

옵셔널에 대한 추가적인 내용은 10장에서 설명한다.

열거형

열거형^{Enumerations 또는 enums}은 연관된 타입을 함께 묶어주고 타입 안전한^{type-safe} 방식으로 사용할 수 있게 해주는 특수한 데이터 타입이다. 다른 언어(C 언어나 자바)에서와는 달리 스위프트의 열거형은 정수형 값에 묶여져 있지 않다. 스위프트에서는 다양한 타입(문자열, 문자, 정수, 부동소수점)들로 열거형을 정의할 수 있고, 실제 값(raw value로 칭함)도 정의할 수 있다. 열거형은 또한 전통적으로 클래스에서만 지원되던 연산 속성과 인스턴스 메소드 같은 특징도 지원한다. 이런 고급 기능들은 5장에서 자세히 다룬다. 이번 절에서는 열거형의 전통적인 특징에 대해 다룬다.

다음과 같이 `Planets` 목록을 포함하는 열거형을 정의해보자.

```
enum Planets {
    case Mercury
    case Venus
    case Earth
    case Mars
    case Jupiter
    case Saturn
    case Uranus
    case Neptune
}
```

열거형에 정의된 값은 열거형의 멤버 값(또는 간단히 멤버)으로 생각하면 된다. 대부분 경우 위 예제처럼 읽기 쉬운 모양으로 정의된 멤버 변수를 보게 될 것이지만 좀 더 짧은 버전도 있다. 짧은 버전을 사용하면 한 줄 내에 여러 개의 멤버를 쉼표로 구분해 정의할 수 있다. 다음 예제를 살펴보자.

```
enum Planets {
    case Mercury, Venus, Earth, Mars, Jupiter
    case Saturn, Uranus, Neptune
}
```

이제 Planets 열거형은 다음처럼 사용한다.

```
var planetWeLiveOn = Planets.Earth
var furthestPlanet = Planets.Neptune
```

planetWeLiveOn과 furthestPlanet 변수는 Planets 열거형 멤버 값 중 하나로 초기
화되면서 타입이 추정된다. 일단 변수 타입이 추론되면 다음처럼 Planets 접두사 없
이 새 값을 할당할 수 있다.

```
planetWeLiveOn = .Mars
```

전통적인 동등(==) 연산자나 switch문을 사용해 열거형 값을 비교할 수 있다. enum과
함께 사용하는 동등 연산자와 switch문 사용법은 다음과 같다.

```
//전통적인 == 연산자
if planetWeLiveOn == .Earth {
    print("Earth it is")
}

//switch문 사용하기
switch planetWeLiveOn {
case .Mercury:
    print("We live on Mercury, it is very hot!")
case .Venus:
    print("We live on Venus, it is very hot!")
case .Earth:
```

```
   print("We live on Earth, just right")
case .Mars:
   print("We live on Mars, a little cold")
default:
   print("Where do we live?")
}
```

열거형은 원시 값$^{raw\ value}$으로 미리 채워질 수 있는데, 동일 타입이어야 한다. 다음 예제는 열거형을 문자열 값으로 정의하는 것을 보여준다.

```
enum Devices: String {
   case MusicPlayer = "iPod"
   case Phone = "iPhone"
   case Tablet = "iPad"
}
print("We are using an " + Devices.Tablet.rawValue)
```

위 예제는 3가지 타입의 Devices를 열거형으로 생성했다. Devices 열거형의 Tablet 멤버에 대한 원시 값을 가져오기 위해 rawValue 속성을 사용했다. 예제의 결과 We are using an iPad라는 메시지를 출력한다.

또 다른 Planets 열거형을 만들어보자. 다만 이번에는 멤버에 숫자를 할당한다. 다음 예제를 살펴보자.

```
enum Planets: Int {
   case Mercury = 1
   case Venus
   case Earth
   case Mars
   case Jupiter
   case Saturn
```

```
    case Uranus
    case Neptune
}
print("Earth is planet number \(Planets.Earth.rawValue)")
```

마지막 두 열거형 예제의 큰 차이점은 두 번째 예제에 있다. 즉, 첫 번째 멤버(Mercury)에만 값을 할당하고 있다. 열거형의 원시 값으로 정수가 사용되면 각 멤버에 값을 할당할 필요가 없다. 값이 없다면 원시 값은 자동 증가할 것이다.

스위프트에서 열거형은 연관 값^{associated values}도 가질 수 있다. 연관 값은 멤버 값과 더불어 추가 정보를 저장할 수 있게 해준다. 이 추가 정보는 멤버를 사용할 때마다 바뀐다. 또한 어떠한 타입도 될 수 있고, 각 멤버별로 타입이 다를 수도 있다. 두 가지 종류의 상품을 포함하고 있는 **Product** 열거형을 정의해보면서 연관 타입을 사용하는 방법을 살펴보자.

```
enum Product {
    case Book(Double, Int, Int)
    case Puzzle(Double, Int)
}
var masterSwift = Product.Book(49.99, 2016, 310)
var worldPuzzle = Product.Puzzle(9.99, 200)

switch masterSwift {
case .Book(let price, let year, let pages):
    print("Mastering Swift was published in \(year) for the price of\(price)
          and has \(pages) pages")
case .Puzzle(let price, let pieces):
    print("Master Swift is a puzze with \(pieces) and sells for\(price)")
}
switch worldPuzzle {
case .Book(let price, let year, let pages):
    print("World Puzzle was published in \(year) for the price of\(price)
```

```
        and has\(pages) pages")
  case .Puzzle(let price, let pieces):
     print("World Puzzle is a puzze with \(pieces) and sells for\(price)")
  }
```

이 예제에서는 두 개의 멤버(Book과 Puzzle)로 Product 열거형을 정의하고 있다. Book 멤버는 Double, Int, Int 타입 연관 값을 갖고 Puzzle은 Double, Int 타입의 연관 값을 가진다. 이제 masterSwift와 worldPuzzle이라는 두 개의 Product를 생성한다. masterSwift 변수에는 Product.Book을 할당했는데, 49.99, 2016, 310이라는 값이 연결돼 있다. 그다음에는 연관 값 9.99와 200을 갖는 Procudt.Puzzle을 worldPuzzle 변수에 할당한다.

이전 예제에서 했던 것처럼 switch문을 이용해 Products 열거형을 검사해보자. switch문 내에서 연관 값을 추출하고 있다. 이 예제에서는 let 키워드를 사용해 연관 값을 상수로 추출하고 있지만, var 키워드를 사용해 변수를 추출하는 것도 가능하다.

코드 결과는 다음과 같다.

Mastering Swift was published in 2016 for the price of 49.99 and has 310 pages
World Puzzle is a puzze with 200 and sells for 9.99

스위프트의 열거형으로 할 수 있는 것들을 아주 간단히 살펴봤다. 5장에서 스위프트 열거형에 대해 좀 더 자세히 배우고 나면 왜 그토록 강력한 기능인지 알게 될 것이다.

▌ 연산자

연산자operator는 값들을 검사하거나 변경하거나 조합할 수 있는 기호 또는 기호의 조합이다. 여태 이 책의 대부분 예제에서 연산자를 사용해 왔지만 연산자라고 특별히 부르지는 않았다. 이번 절에서는 스위프트가 지원하는 가장 기본적인 연산자들을 어떻게 사용하는지 살펴본다.

스위프트는 대부분의 표준 C 연산자를 지원함은 물론이고, 일부 흔한 코딩 에러를 줄이기 위해 연산자 기능 역시 개선했다. 예를 들어 할당 연산자는 값을 반환하지 않는다. 이것은 동등 연산자(==)를 사용할 의도로 작성된 코드에서 대입 동작이 되는 것을 막아준다.

스위프트 연산자들을 살펴보자.

할당 연산자

할당assignment 연산자는 변수를 초기화하거나 업데이트한다.

프로토타입은 다음과 같다.

```
varA = varB
```

할당 연산자의 예는 다음과 같다.

```
let x = 1
var y = "Hello"
a = b
```

비교 연산자

비교^{comparison} 연산자는 조건문이 참이면 true 불리언 값을 반환하고, 거짓이면 false 불리언 값을 반환한다.

프로토타입은 다음과 같다.

같음: varA == varB
같지 않음: varA != varB
보다 큼: varA > varB
보다 작음: varA < varB
보다 크거나 같음: varA >= varB
보다 작거나 같음: varA <= varB

비교 연산자의 예는 다음과 같다.

---

2 == 1   //false, 2와 1은 같지 않다.
2 != 1   //true, 2와 1은 같지 않다.
2 > 1   //true, 2는 1보다 크다.
2 < 1   //false, 2가 1보다 작지 않다.
2 >= 1   //true, 2는 1보다 크거나 같다.
2 <= 1   //false, 2가 1보다 작거나 같지 않다.

산술 연산자

산술^{arithmetic} 연산자는 4가지 기본 수학 연산을 수행한다.

프로토타입은 다음과 같다.

덧셈: varA + varB
뺄셈: varA - varB
곱셈: varA * varB

```
나눗셈: varA / varB
```

산술 연산자의 예는 다음과 같다.

```
var x = 4 + 2     //x는 6
var x = 4 - 2     //x는 2
var x = 4 * 2     //x는 8
var x = 4 / 2     //x는 2
var x = "Hello " + "world"  //x 값은 "Hello World"가 된다.
```

나머지 연산자

나머지[remainder] 연산자는 첫 번째 피연산자를 두 번째 피연산자로 나눌 때 나머지 값을 계산한다.

프로토타입은 다음과 같다.

```
varA % varB
```

나머지 연산자의 예는 다음과 같다.

```
var x = 10 % 3      //x 값은 1
var x = 10 % 2.6    //x 값은 2.2
```

복합 할당 연산자

복합 할당[compound assignment] 연산자는 산술 연산자와 할당 연산자를 결합한 것이다.

프로토타입은 다음과 같다.

```
varA += varB
varA -= varB
varA *= varB
varA /= varB
```

복합 할당 연산자의 예는 다음과 같다.

```
var x = 6
x += 2    //x 값은 8
x -= 2    //x 값은 4
x *= 2    //x 값은 12
x /= 2    //x 값은 3
```

삼항 조건 연산자

삼항^{ternary} 조건 연산자는 비교 연산자나 불리언 값의 평가를 기반으로 변수에 값을 할당한다.

프로토타입은 다음과 같다.

```
(boolValue ? valueA : valueB)
```

삼항 연산자의 예는 다음과 같다.

```
var x = 2
var y = 3
var z = (y > x ? "Y is greater" : "X is greater")  //z의 값은 "Y is greater"가 된다.
```

논리 NOT 연산자

논리 NOT 연산자는 불리언 값을 반전시킨다.

프로토타입은 다음과 같다.

```
varA = !varB
```

논리 NOT 연산자의 예는 다음과 같다.

```
var x = true
var y = !x    //y 값은 false가 된다.
```

논리 AND 연산자

논리 AND 연산자는 피연산자 둘 다 참일 때 true를 반환한다. 아니면 false를 반환
한다.

프로토타입은 다음과 같다.

```
varA && varB
```

논리 AND 연산자의 예는 다음과 같다.

```
var x = true
var y = false
var z = x && y    //z 값은 false가 된다.
```

논리 OR 연산자

논리 OR 연산자는 피연산자 둘 중 하나가 참일 때 true를 반환한다.

프로토타입은 다음과 같다.

```
varA || varB
```

논리 OR 연산자의 예는 다음과 같다.

```
var x = true
var y = false
var z = x || y    //z 값은 true가 된다.
```

C 언어나 그와 유사한 언어와 친숙한 독자의 경우 이 연산자들이 꽤 친근하게 느껴질 것이다. C 연산자와 그다지 친하지 않더라도, 앞으로 계속 많이 사용하다보면 점차 익숙해질 테니 안심해도 된다.

▌ 요약

2장에서는 변수부터 상수, 데이터 타입, 연산자에 이르기까지 여러 가지 다양한 주제를 다뤘다. 2장에서 배웠던 항목들은 매일 작성할 애플리케이션의 기초가 될 것이다. 따라서 여기서 다룬 개념들을 이해하는 것은 매우 중요하다.

3장에서는 연관 데이터를 저장하기 위한 스위프트 컬렉션 타입 사용법을 살펴본다. 여기서 컬렉션 타입이란 딕셔너리^{Dictionary}와 배열^{array}을 말한다. 또한 스위프트에서 코코아^{Cocoa}와 파운데이션^{Foundation} 데이터 타입의 사용법도 다룬다.

03

스위프트 컬렉션과 튜플

내 프로그래밍 실력이 Hello World 애플리케이션을 만드는 초급 수준을 넘어서자 변수의 단점이 보이기 시작했다. 그때는 Mad Libs 스타일의 애플리케이션을 만들기 시작하던 시점이었다. 이 애플리케이션을 사용하면 유저가 여러 개의 문자열을 입력해야 했고, 입력된 문자에 대한 각각의 개별 변수를 만들어야 했다. 이런 변수들을 만드는 것이 점점 더 번거로워졌다. 이 문제점을 친구에게 말했을 때가 생각난다. 그 친구는 왜 배열을 사용하지 않았는지 내게 반문했다. 친구는 TI-99/4A를 갖고 있었고 나는 코모도^{Commodore} Vic-20를 사용했지만 배열의 기본 개념은 동일했다. 심지어 오늘날 대부분의 현대 개발 언어에서 사용하고 있는 배열의 기본 개념은 Vic-20을 사용했던 그 당시와 별로 다르지 않다. 컬렉션을 사용하지 않아도 유용한 애플리케이션을 작성할 수 있지만, 컬렉션을 적절히 사용하면 애플리케이션 개발이 훨씬 쉬워진다.

3장에서 다루는 내용은 다음과 같다.

- 스위프트에서 배열^{Array}의 정의와 사용법
- 스위프트에서 딕셔너리^{Dictionary}의 정의와 사용법
- 스위프트에서 집합^{Set}의 정의와 사용법
- 스위프트에서 튜플^{Tuple}의 정의와 사용법

▌ 스위프트 컬렉션 타입

컬렉션은 여러 개의 항목을 하나의 단위로 묶어준다. 스위프트에는 자체 3가지 컬렉션 타입인 배열^{array}, 집합^{set}, 딕셔너리^{dictionary}가 있다. 배열은 데이터 목록을 순서대로 저장하고, 집합은 고유의 데이터가 불특정 순서로 들어간 컬렉션이며, 딕셔너리는 순서 없이 키-값 쌍이 저장된 컬렉션이다.

스위프트 컬렉션에 저장된 데이터는 모두 같은 타입으로 이뤄져야 한다. 예를 들어 정수 데이터로 이뤄진 배열에 문자열 값을 저장할 수 없다. 이처럼 스위프트는 컬렉션에 다른 종류의 데이터 저장을 허락하지 않기 때문에 컬렉션 요소를 가져올 시점에 데이터가 어떤 타입인지 확신할 수 있다. 표면적으로는 기능상 제약으로 보이는 이 기능은 사실 흔한 프로그래밍 실수를 줄여주기 위해 설계된 기능이다. 3장에서는 **Any**와 **AnyObject** 앨리어스^{aliases}를 사용하면서 이 기능을 살펴본다.

▌ 가변성

오브젝티브C에 친숙한 독자라면 가변^{mutable}과 불변^{immutable} 컬렉션에 해당하는 클래스가 각각 존재한다는 것을 알 것이다. 예를 들어 가변 배열을 정의하려면 **NSMutableArray**를 사용하고, 불변 배열의 경우에는 **NSArray**를 사용한다. 스위프트는 조금 다른데,

가변, 불변 컬렉션을 위한 각각의 클래스가 없다. 대신 let과 var 키워드를 사용해 컬렉션을 상수(불변)인지 변수(가변)인지 정의할 수 있다. 스위프트에서 상수는 let, 변수는 var 키워드로 정의한다는 것을 이미 알기 때문에 이 키워드에 친숙할 것이다.

 특별히 컬렉션 속의 객체를 변경할 필요가 없다면 불변 컬렉션을 사용하는 것이 좋다. 이렇게 하면 컴파일러가 성능을 최적화해주기 때문이다.

자, 이제부터 가장 많이 쓰는 컬렉션 타입인 배열^{array}을 살펴보자.

▌ 배열

배열은 현대 프로그래밍 언어에서 가장 일반적인 구성 요소며, 거의 모든 곳에서 찾아볼 수 있다. 스위프트에서 배열은 같은 타입으로 된 객체를 순서대로 나열한 목록이다.

배열을 생성할 때는 반드시 저장될 데이터의 타입을 선언해야 하는데, 명시적인 선언 방식이나 추론 방식을 사용할 수 있다. 일반적으로는 배열 요소가 비어 있는 경우에만 배열의 데이터 타입을 명시적으로 선언한다. 혹시 데이터와 함께 배열을 초기화한다면 배열에 가장 적합한 데이터 타입은 컴파일러가 추론하게 된다.

배열의 각 객체는 요소^{element}라 부른다. 각 요소는 순서대로 저장되며, 배열의 첨자를 사용해서 액세스할 수 있다.

배열 생성과 초기화

배열 리터럴을 사용해 배열을 초기화할 수 있다. 배열 리터럴은 배열을 미리 채울 값들을 모아둔 집합^{set}이다. 다음 예는 let 키워드를 사용해 정의한 정수 타입의 불변^{immutable} 배열이다.

```
let arrayOne = [1,2,3]
```

앞서 언급했듯이 가변 배열을 만들어야 한다면 var 키워드로 배열을 정의한다. 가변 배열을 정의하는 예는 다음과 같다.

```
var arrayTwo = [4,5,6]
```

앞의 두 예에서는 컴파일러가 배열 리터럴에 저장된 값을 보고 배열의 타입을 추론하게 된다. 내용이 없는 빈 배열을 만들려면 배열에 저장될 값의 타입을 명시적으로 선언해야 한다. 다음 예에서는 정수 타입을 저장할 내용 없는 가변 배열을 선언하고 있다.

```
var arrayThree = [Int]()
```

이 코드에서는 정수 값을 사용해 배열을 만들었고, 3장에 나오는 예제 대부분 정수 값을 사용한다. 하지만 모든 타입의 스위프트 배열을 만들 수 있다. 유일한 규칙은 배열을 특정 타입으로 정하는 순간 배열의 모든 요소도 그 타입을 따라야 한다는 점이다. 다양한 데이터 타입으로 된 배열을 생성하는 방법은 다음과 같다.

```
var arrayOne = [String]()
var arrayTwo = [Double]()
var arrayThree = [MyObject]()
```

스위프트는 불특정 타입으로 이뤄지는 경우를 위해 특수한 타입 앨리어스type aliases를 제공한다. 이 앨리어스는 AnyObject와 Any다. 상이한 요소로 된 배열을 정의하기 위해 이 앨리어스를 사용한다. 다음과 같다.

```
var myArray: [Any] = [1,"Two"]
```

AnyObject 앨리어스는 특정 타입이 클래스 인스턴스를 대표할 때 사용하고, Any 앨리어스는 특정 타입의 인스턴스를 대표한다. Any와 AnyObject 앨리어스는 이러한 동작이 명시적으로 필요한 경우에만 사용해야 한다. 컬렉션에 포함되는 데이터의 타입은 언제나 명확한 것이 좋다.

배열을 초기화할 때 크기를 미리 정하고 특정 값으로 미리 초기화하는 것도 가능하다. 이 기능은 기본 값으로 미리 채워진 배열을 만들 때 매우 유용하다. 다음 예는 7개의 항목으로 이뤄지고, 각 항목은 숫자 3을 포함하는 배열을 정의한 것이다.

```
var arrayFour = [Int](repeating: 3, count: 7)
```

가장 일반적인 배열은 1차원 배열인 반면, 다차원 배열도 만들 수 있다. 다차원 배열은 사실 배열에 대한 배열일 뿐이다. 예를 들어 2차원 배열은 배열에 대한 배열이고, 3차원 배열은 배열의 배열에 대한 배열이다. 다음 예제는 스위프트에서 2차원 배열을 생성하는 두 가지 방법을 보여준다.

```
var multiArrayOne = [[1,2],[3,4],[5,6]]
var multiArrayTwo = [[Int]]()
```

배열 요소 액세스

배열에서 값을 빼낼 때는 서브스크립트subscript 문법을 사용한다. 서브스크립트 문법에서는 두 개의 대괄호 사이의 숫자를 쓰면 되는데, 이 숫자는 가져오고 싶은 항목의 위치index, 첨자를 지정한 것이다. 다음 예제는 서브스크립트 문법을 사용해 배열 요소를 가져오는 방법을 보여준다.

```
let arrayOne = [1,2,3,4,5,6]
print(arrayOne[0])     //'1'을 표시
print(arrayOne[3])     //'4'를 표시
```

위 코드는 6개의 정수를 포함하는 배열을 만들고 나서 첨자 0과 3에 있는 값을 출력한 것이다.

다중 배열 내에서 개별 값을 뽑아내려면 배열의 각 차원에 대한 서브스크립트를 제공해야 한다. 각 차원에 대한 서브스크립트를 제공하지 않으면 배열의 개별 값이 아닌 배열을 반환한다. 다음 예제는 2차원 배열을 정의하는 방법과 2차원 배열 내에서 각 개별 값을 검색하는 방법을 보여준다.

```
var multiArray = [[1,2],[3,4],[5,6]]
var arr = multiArray[0]        //arr은 배열 [1,2]를 포함
var value = multiArray[0][1]  //value 값은 2
```

이 코드는 먼저 2차원 배열을 정의한다. 1차원(multiArray[0])의 0번째 첨자의 값을 검색하면 배열 [1,2] 값이 검색된다. 1차원의 0번째 첨자 값을 찾고 2차원의 첫 번째 첨자(multiArray[0][1])를 검색하면 정수 2를 가져온다.

배열의 첫 번째와 마지막 요소는 first와 last 속성을 사용해서 검색할 수 있다. first와 last 속성은 옵셔널 값을 반환한다. 배열이 비어있는 경우에 값이 nil일 수도 있기 때문이다. 다음 예제는 1차원과 다차원 배열에서 첫 번째와 마지막 요소를 검색하기 위해 first와 last 속성을 사용하는 방법을 보여준다.

```
let arrayOne = [1,2,3,4,5,6]
var first = arrayOne.first    //first는 1을 포함
var last = arrayOne.last      //last는 6을 포함

let multiArray = [[1,2],[3,4],[5,6]]
```

```
var arrFirst1 = multiArray[0].first  //arrFirst1은 1
var arrFirst2 = multiArray.first     //arrFirst2는 [1,2]
var arrLast1 = multiArray[0].last    //arrLast1은 2
var arrLast2 = multiArray.last       //arrLast2는 [5,6]
```

배열 카운트

때로는 배열 속에 몇 개의 항목이 들어있는지 알고 싶을 때가 있다. 항목 개수를 구하려면 읽기 전용 속성인 count 속성을 사용하면 된다. 다음 예제는 1차원 배열과 다차원 배열에서 각각 항목 개수를 구하기 위해 count 속성을 사용하는 방법을 보여준다.

```
let arrayOne = [1,2,3]
let multiArrayOne = [[3,4],[5,6],[7,8]]
print(arrayOne.count)            //3을 표시
print(multiArrayOne.count)       //3쌍의 배열이니 3을 표시
print(multiArrayOne[0].count)    //두 항목이므로 2를 표시
```

count 속성이 반환하는 값은 배열 항목의 개수를 나타낸 것이지 배열에서 가장 큰 유효 첨자를 나타낸 것이 아니다. 값이 있는 배열의 경우 가장 큰 첨자 값은 '배열 항목의 개수 – 1'과 같다. 이것은 배열의 첫 번째 항목에 대한 첨자가 0이기 때문이다. 예를 들어 두 개의 값을 가진 배열이 있다면 유효한 첨자는 0과 1이다. 반면 count 속성은 2를 반환한다. 다음 코드에서 이를 설명한다.

```
let arrayOne = [0,1]
print(arrayOne[0])    //0을 표시
print(arrayOne[1])    //1을 표시
print(arrayOne.count) //2를 표시
```

서브스크립트 문법을 사용해서 배열에서 범위 밖에 있는 항목을 가져오려고 하면 Index out of range 에러가 발생한다. 따라서 배열의 크기가 확실하지 않다면 첨자가 배열의 범위 바깥에 있는지 검사하는 것은 좋은 습관이다. 다음 예제에서 이 개념을 보여준다.

```
//아래는 index out of range 에러를 던짐
var arrayTwo = [1,2,3,4]
print(arrayTwo[6])

//아래는 index out of range 에러가 발생치 않음
var arrayOne = [1,2,3,4]
if (arrayOne.count > 6) {
   print(arrayOne[6])
}
```

이 코드에서 첫 번째 블록은 4개의 항목 밖에 없는 arrayTwo 배열에서 6번째 첨자를 액세스하려 했기 때문에 array index out of range error 예외를 던질 것이다. 두 번째 예제는 아무런 에러를 던지지 않는다. 6번째 요소를 액세스하기 전에 arrayOne 배열이 6개의 요소를 포함할지 여부를 먼저 검사하기 때문이다.

빈 배열 검사

배열이 비어있는지 아닌지(어떠한 항목도 포함하고 있지 않는지) 검사할 때는 isEmpty 프로퍼티를 사용한다. 이 프로퍼티는 배열이 비어있으면 true를 반환하고, 채워져 있다면 true를 반환한다. 다음 예제를 살펴보자.

```
var arrayOne = [1,2]
var arrayTwo = [Int]()
arrayOne.isEmpty    //배열 값이 있으므로 false 반환
arrayTwo.isEmpty    //배열 값이 비어있으므로 true 반환
```

배열 요소 추가

정적 배열도 어느 정도 유용하지만 진정으로 배열을 유용하게 만드는 것은 동적으로 요소를 추가할 수 있는 능력이다. 배열 끝에 항목을 추가하려면 append 메소드를 사용한다. 다음 예제는 배열의 끝에 항목을 추가하는 방법을 보여준다.

```
var arrayOne = [1,2]
arrayOne.append(3)      //arrayOne은 이제 1, 2, 3을 포함한다.
```

스위프트에서는 또한 증가 할당 연산자(+=)를 사용해 배열에 또 다른 배열을 추가할 수도 있다. 다음 예제는 이 연산자를 사용해서 배열에 또 다른 배열을 추가하는 것을 보여준다.

```
var arrayOne = [1,2]
arrayOne += [3,4]       //arrayOne은 이제 1, 2, 3, 4를 포함한다.
```

배열의 끝에 요소를 추가하는 방법은 순전히 여러분의 선택에 달려있다. 개인적으로 나는 가독성이 더 좋다는 이유로 연산자 할당 방식을 선호한다. 하지만 이 책에서는 두 방식 모두 사용할 것이다.

배열 요소 삽입

insert 메소드를 통해 배열에 값을 삽입할 수 있다. insert 메소드는 새로운 항목을 위한 공간을 마련하고 특정한 인덱스에 값을 삽입하기 위해 특정 첨자에서 시작해 모든 항목을 한 칸씩 이동시킬 것이다. 다음 예제는 배열에 새 값을 삽입하는 insert 메소드 사용법을 보여준다.

```
var arrayOne = [1,2,3,4,5]
arrayOne.insert(10, at: 3)     //arrayOne은 이제 1, 2, 3, 10, 4, 5를 포함
```

 배열의 현재 범위 밖에 값을 삽입할 수는 없다. 그렇게 하는 경우엔 Index out of range 예외를 던질 것이다. 예를 들어 이 예제에서 새로운 정수를 10번 첨자에 넣으려고 하면 Index out of range 예외 에러를 받는다. arrayOne은 딱 5개 요소만 갖기 때문이다. 예외의 경우가 하나 있는데, 마지막 요소 바로 뒤에 새 항목을 넣을 수는 있다는 것이다. 따라서 6번 첨자에 항목을 넣을 수 있다. 하지만 이러한 에러를 피하기 위해 항목을 추가할 때는 append 함수를 사용할 것을 추천한다.

배열 요소 교체

배열에서 요소를 교체할 때는 서브스크립트를 사용한다. 서브스크립트를 사용하면 업데이트를 원하는 배열 요소를 선택한 후 할당 연산자를 통해 새 값을 넣을 수 있다.

```
var arrayOne = [1,2,3]
arrayOne[1] = 10        //arrayOne 값은 이제 1, 10, 3이다.
```

 배열 범위 바깥의 값을 업데이트할 수는 없다. 이 경우에도 Index out of range 예외를 던질 것이다. 범위 밖의 값을 삽입할 때와 동일한 예외가 발생한다.

배열 요소 제거

배열에서 하나 또는 모든 요소를 제거할 수 있는 메소드는 3가지가 있는데, removeLast( ), remove(at:), removeAll( )이다. 다음 예제는 집합에서 요소를 제거하는 3개의 메소드를 보여준다.

```
var arrayOne = [1,2,3,4,5]
arrayOne.removeLast()  //arrayOne 값은 1, 2, 3, 4다.
arrayOne.remove(at:2)  //arrayOne 값은 1, 2, 4다.
arrayOne.removeAll()   //arrayOne에는 아무것도 없다
```

removeLast()와 remove(at:) 메소드는 제거하려는 항목의 값을 반환하기도 한다.
따라서 제거할 항목의 값을 알고 싶을 때 remove(at:)과 removeLast() 라인을 다음
예제와 같이 수정한다.

```
var arrayOne = [1,2,3,4,5]
var removed1 = arrayOne.removeLast()    //removed1 값은 5
var removed = arrayOne.remove(at: 2)    //removed 값은 3
```

두 배열 합치기

두 개의 배열을 합쳐 하나의 배열로 만들 때는 더하기 연산자(+)를 사용한다. 다음
예제는 + 연산자를 이용해 두 개 배열의 모든 요소를 포함하는 새로운 배열을 만드는
예를 보여준다.

```
let arrayOne = [1,2]
let arrayTwo = [3,4]
var combine = arrayOne + arrayTwo      //combine은 1, 2, 3, 4 모두 포함
```

이 코드에서 arrayOne과 arrayTwo에는 아무 변화가 없지만, combine 배열은 arrayOne
의 요소와 따라오는 arrayTwo의 요소를 포함한다.

배열 뒤집기

reverse( ) 메소드를 이용하면 원래 배열의 요소들이 역순으로 된 새 배열을 만들 수 있다. reverse 메소드를 사용해도 원래 배열에는 아무 변화가 없다. 다음 예를 살펴보자.

```
let arrayOne = [1,2,3]
var reverse = arrayOne.reversed()    //reverse 값은 3, 2, 1이다.
```

이 코드에서 arrayOne은 변함이 없지만, reverse 배열은 arrayOne의 모든 요소를 역순으로 포함한다.

배열에서 서브배열 검색

서브스크립트 문법에 range 연산자를 사용해 원래 배열에서 서브배열sub array을 가져올 수 있다. 다음 예는 원래 배열에서 어떻게 일부 범위range에 해당하는 요소만 가져오는지 보여준다.

```
let arrayOne = [1,2,3,4,5]
var subArray = arrayOne[2...4]    //subArray 값은 3, 4, 5다.
```

마침표 세 개를 연달아 사용하면 범위range 연산자를 나타낸다. 이 코드에서 범위 연산자가 말하는 것은 2에서 4까지 범위에 있는 모든 요소를 갖고 싶다는 의미다(요소 2와 4, 그리고 그 사이 모든 요소). 또 다른 범위 연산자인 ..<는 ... 범위 연산자와 동일하지만, 마지막 요소는 제외한다. 다음 예제는 ..< 연산자의 사용법을 보여준다.

```
let arrayOne = [1,2,3,4,5]
var subArray = arrayOne[2..<4]    //subArray 값은 3과 4
```

이 코드에서 subArray 값은 3과 4가 된다.

배열 요소 한꺼번에 변경

다수의 값을 한꺼번에 변경하기 위해 범위 연산자와 서브스크립트 문법을 같이 사용할 수 있다. 다음 예제를 살펴보자.

```
var arrayOne = [1,2,3,4,5]
arrayOne[1...2] = [12,13]      //arrayOne은 1, 12, 13, 4, 5다.
```

이 코드에서 첨자 1과 2에 해당하는 요소는 12와 13으로 변경된다. 이때 코드를 실행하면 arrayOne은 1, 12, 13, 4, 5를 갖는다.

범위 연산자 속에 있는 변경하려는 요소의 개수와 전달하려는 값의 개수가 일치할 필요는 없다. 스위프트는 먼저 범위 연산자에 정의된 요소들을 제거하고 나서 새로운 값을 삽입하는 방법으로 대량 변경^{bulk changes}을 수행한다. 다음 예제는 이런 개념을 보여준다.

```
var arrayOne = [1,2,3,4,5]
arrayOne[1...3] = [12,13]
//arrayOne은 이제 1, 12, 13, 5임(4개의 요소)
```

위 코드에서 arrayOne은 처음에 5개의 요소를 가진다. 이때 범위 1~3에 해당하는 요소를 교체하고 싶다고 하자. 그러면 1에서 3까지(3개의 요소)의 요소가 배열에서 제거된다. 그리고 나서 2개의 요소인 12와 13이 배열의 첨자 1 위치부터 추가된다. 작업이 완료된 후 arrayOne은 총 4개의 요소 1, 12, 13, 5를 갖는다.

그럼 이제 제거하려는 개수보다 더 많이 추가하면 어떻게 되는지 살펴보자.

```
var arrayOne = [1,2,3,4,5]
arrayOne[1...3] = [12,13,14,15]
//arrayOne은 이제 1, 12, 13, 14, 15와 5를 갖는다(6개 요소).
```

이 코드에서 arrayOne은 먼저 5개의 요소를 가진다. 그리고 나서 1에서부터 3번째 요소를 포함하는 범위를 교체하고 싶다고 하자. 그러면 1에서 3까지(3개의 요소)의 요소가 배열로부터 제거된다. 그리고 나서 4개의 요소(12, 13, 14, 13)가 배열의 인덱스 1 위치에 추가된다. 작업이 완료된 후 arrayOne은 총 6개의 요소 1, 12, 13, 14, 15, 5를 갖는다.

배열 알고리즘

스위프트 배열은 클로저closure를 인자로 취하는 몇 개의 메소드를 갖고 있다. 이 메소드는 클로저에 정의된 코드에 따라 배열을 변경시킨다. 클로저는 여기저기로 넘길 수 있는 독립적인 코드 블록인데, 오브젝티브C의 블록과 다른 언어의 람다lambdas와 비슷하다. 클로저는 12장에서 자세히 다룬다. 지금은 스위프트에서 알고리즘이 어떻게 동작하는지에 더 중점을 둘 것이다.

정렬

정렬sort 알고리즘은 배열을 순서대로 정렬한다. 즉 sort() 메소드를 사용하면 원래 배열은 순서대로 정렬된 배열로 교체된다.

클로저는 $0과 $1로 대표되는 두 개의 인자를 가지며 불리언 값을 반환하는데, 이 값은 첫 번째 요소가 두 번째 요소 앞에 위치하는지 여부를 나타낸다. 다음 코드는 정렬 알고리즘을 사용하는 방법을 보여준다.

```
var arrayOne = [9,3,6,2,8,5]
```

```
arrayOne.sort( ){ $0 < $1 }
//arrayOne은 이제 2, 3, 5, 6, 8, 9가 됨
```

이 코드는 오름차순으로 정렬된 배열을 보여준다. 첫 번째 값($0)이 두 번째 값($1)보다 작은 경우 true를 반환하기 때문이다. 따라서 정렬 알고리즘이 시작되면서 첫 번째 두 숫자 9와 3을 비교하고, 9가 3보다 작다면 true를 반환한다. 여기서는 false를 반환하게 되므로 숫자가 뒤바뀌게 된다. 모든 숫자가 알맞은 순서로 정렬될 때까지 이런 방식으로 알고리즘이 계속 동작한다.

앞의 예제는 숫자를 오름차순으로 정렬해봤다. 혹시 역순으로 정렬하고 싶다면 클로저에 인자를 역순으로 나열하면 된다. 다음 코드가 이를 보여준다.

```
var arrayOne = [9,3,6,2,8,5]
arrayOne.sort( ){ $1 < $0 }
//arrayOne은 이제 9, 8, 6, 5, 3, 2가 됨
```

코드를 실행하면 arrayOne은 9, 8, 6, 5, 3, 2가 된다.

정렬된 배열

정렬 알고리즘을 사용하면 정렬 이후 원래 배열 요소가 변경되는데, 정렬된 배열^{sorted} array 알고리즘은 원래 배열을 변경하지 않는다. 대신 원래 배열로부터 정렬된 항목으로 구성된 새 배열을 만든다. 다음 예제는 정렬된 배열 알고리즘의 사용법을 보여준다.

```
var arrayOne = [9,3,6,2,8,5]
let sorted = arrayOne.sorted( ){ $0 < $1 }
//sorted는 2, 3, 5,,6, 8, 9를 가짐
//arrayOne은 9, 3, 6, 2, 8, 5를 가짐
```

코드를 실행하면 arrayOne은 원래 정렬되지 않은 배열 값(9, 3, 6, 2, 8, 5)을 갖고, 정렬된 배열은 새로 정렬된 배열(2, 3, 5, 6, 8, 9)을 갖게 된다.

필터

필터^{filter} 알고리즘은 원래 배열을 필터링한 후 새 배열을 반환한다. 필터 알고리즘은 배열 알고리즘에서 가장 강력한 것 중 하나인데, 여러분이 가장 많이 쓰게 될 것이다. 일련의 규칙을 기반으로 배열의 일부를 가져와야 할 때 필터링하는 메소드를 직접 작성하는 것보다 이 알고리즘을 사용하는 것을 추천한다. 클로저는 하나의 인자를 취하고 새 배열에 항목이 포함되는 경우 불리언 true를 반환한다. 예제 코드는 다음과 같다.

```
var arrayOne = [1,2,3,4,5,6,7,8,9]
let filtered = arrayOne.filter{$0 > 3 && $0 < 7}
//filtered는 4, 5, 6을 포함
```

이 코드에서 알고리즘에 전달하는 규칙은 3 초과 7 미만인 경우 true를 반환하는 것이다. 따라서 3보다 크고 7 미만인 임의의 숫자는 새로운 필터링된 배열에 포함된다.

또 다른 예제를 살펴보자. 이 예제는 도시의 이름을 가진 배열로부터 문자 o를 포함하는 도시의 서브셋^{subset}을 구하는 방법을 보여준다.

```
var city = ["Boston", "London", "Chicago", "Atlanta"]
let filtered = city.filter{$0.range(of:"o") != nil}
//filtered는 "Boston", "London", "Chicago"를 포함
```

이 예제에서는 문자열이 문자 o를 포함하면 true를 반환하는지 검사하기 위해 range(of:) 메소드를 사용한다. 이 메소드는 필터링된 배열에 문자열이 포함되면 true를 반환한다.

맵

맵^map 알고리즘은 배열의 각 요소에 클로저의 규칙을 적용한 결과가 포함된 새 배열을 반환한다. 다음 예제에서는 맵 알고리즘을 사용해 각 숫자를 10으로 나누는 방법을 보여준다.

```
var arrayOne = [10, 20, 30, 40]
let applied = arrayOne.map{ $0 / 10}
//applied는 값 1, 2, 3, 4를 가짐
```

이 코드에서 새 배열에는 원래 배열의 각 요소를 10으로 나눈 결과인 숫자 1, 2, 3, 4가 들어간다.

맵 알고리즘에 의해 만들어진 새 배열은 원래 배열과 반드시 동일한 타입으로 된 요소를 포함할 필요는 없다. 하지만 새 배열의 모든 항목은 서로 동일한 타입으로 이뤄져야 한다. 다음 예에서 원래 배열은 정수 값을 포함하지만 맵 알고리즘에 의해 만들어진 새 배열은 문자열 요소를 포함하고 있다.

```
var arrayOne = [1, 2, 3, 4]
let applied = arrayOne.map{ "num:\($0)"}
arrayOne.map{ "num:\($0)" }

//applied는 "num:1", "num:2", "num:3", "num:4"를 가짐
```

이 코드는 원래 배열로부터 숫자를 num: 숫자에 추가하는 문자열 배열을 생성하고 있다.

forEach 메소드

forEach는 특정 시퀀스를 순회할 수 있다. 예제를 살펴보자.

```
var arrayOne = [10, 20, 30, 40]
arrayOne.forEach{ print($0) }
```

위 코드는 콘솔에 다음과 같은 결과를 출력할 것이다.

```
10
20
30
40
```

forEach 메소드는 사용하기 아주 쉽지만 몇 가지 제한 사항이 있다. 배열을 순회할
때 추천하고 싶은 방법은 다음 절에서 살펴볼 for-in 루프를 사용하는 것이다.

배열 순회

배열의 모든 요소를 순서대로 순회iterate하려면 for-in 루프를 사용하면 된다. for-in
루프에 대해서는 4장에서 좀 더 자세히 다룬다. for-in 루프는 배열의 각 요소 대해
하나 이상의 구문을 실행해준다. 다음 예제 코드는 배열 요소를 어떻게 순회하는지
보여준다.

```
var arrrayOne = ["one", "two", "three"]
for item in arrrayOne {
    print(item)
}
```

이 예제에서 for-in 루프는 arrrayOne 배열을 순회하면서 배열의 각 요소에 대해
print(item) 행을 실행한다. 코드를 실행하면 콘솔에 다음과 같은 결과를 출력할 것
이다.

110

```
one
two
three
```

가끔은 이전 예제처럼 배열을 반복하면서 요소의 값뿐 아니라 첨자를 알고 싶은 경우도 있다. 이 경우에는 배열의 각 항목에 대한 튜플을 반환하는 enumerate 메소드를 사용하면 된다. 이 튜플은 각 요소에 대한 첨자와 값 두 개 다 포함한다. 다음 예제는 enumerate 함수의 사용법을 보여준다.

```
var arr = ["one", "two", "three"]
for (index,value) in arr.enumerated() {
    print("\(index) \(value)")
}
```

이 코드는 콘솔에 다음과 같은 결과를 표시한다.

```
0 one
1 two
2 three
```

스위프트 배열을 소개했으니 이제 딕셔너리에 대해 살펴보자.

▌ 딕셔너리

딕셔너리^{Dictionary}는 배열만큼 널리 사용되지는 않지만 엄청나게 강력하며 추가 기능을 가진다. 딕셔너리는 여러 개의 키-값^{key-value} 쌍을 저장하는 컨테이너다. 여기서 모든 키는 동일한 타입이고, 모든 값도 동일한 타입이다. 키는 값에 대한 유일한 식별자로 사용된다. 값에 의한 첨자가 아니라 키를 사용해 값을 찾기 때문에 키-값 쌍이 저장된 순서를 보장하지는 않는다.

딕셔너리는 고유 식별자에 매핑되는 항목을 저장하는 데 좋다. 여기서 고유의 식별자는 항목을 검색할 때 사용한다. 예를 들어 약어로 된 국가 이름은 사전에 저장할 수 있는 항목의 좋은 예다. 다음 표는 축약된 국가를 키-값 쌍으로 표시하고 있다.

Key	Value
US	United States
IN	India
UK	United Kingdom

딕셔너리의 생성과 초기화

딕셔너리 리터럴을 사용하면 딕셔너리를 초기화할 수 있다. 배열 리터럴을 사용해 배열을 초기화하는 방법과 유사하다. 다음 예제 코드는 앞서 나온 표를 키-값 쌍으로 된 딕셔너리를 만드는 방법을 보여준다.

```
let countries = ["US":"UnitedStates","IN":"India","UK":"United Kingdom"]
```

이 코드는 앞의 표에 있는 키-값 쌍을 포함하는 불변성 딕셔너리를 만든다. 배열과 마찬가지로 변경 가능한 사전을 만들려면 let 대신 var 키워드를 사용한다. 다음 예는 국가를 포함하는 변경 가능한 딕셔너리를 만드는 방법을 보여준다.

```
var countries = ["US":"UnitedStates","IN":"India","UK":"United Kingdom"]
```

앞의 두 예제에서는 키와 값 둘 다 문자열을 가진 딕셔너리를 생성했다. 키와 값은 딕셔너리를 모방하는 데 사용된 키와 값의 타입이었기 때문에 컴파일러는 키와 값이 문자열임을 유추하고 있다. 빈 딕셔너리의 경우라면 컴파일러에게 키와 값 타입이 무엇인지 알려줘야 한다. 다음 예제는 상이한 키-값 타입으로 구성된 여러 가지 딕셔너리를 생성한다.

```
var dic1 =[String:String]()
var dic2 = [Int:String]()
var dic3 = [String:MyObject]()
```

 딕셔너리에서 커스텀 객체를 사용하고 싶은 경우에는 커스텀 객체가 스위프트 표준 라이브러리의 Hashable 프로토콜을 따르게 해야 한다. 이 부분에 대해서는 5장에서 다루지만, 당장은 딕셔너리에 커스텀 객체를 사용할 수 있다는 점만 알아두자.

딕셔너리 값 액세스

특정 키에 대한 값을 검색할 땐 서브스크립트 문법을 사용한다. 딕셔너리에서 찾고자 하는 키가 없으면 nil을 반환한다. 따라서 결과로부터 반환된 변수는 옵셔널 변수다.[1] 아래 예는 서브스크립트 문법과 키를 사용해 딕셔너리로부터 값을 검색하는 것을 보여준다.

```
let countries = ["US":"United States", "IN":"India","UK":"United Kingdom"]
var name = countries["US"]
```

이 코드에서 name 변수는 문자열 United States가 된다.

---

1. 스위프트에서 nil을 저장할 수 있는 타입을 옵셔널 타입이라고 한다. '옵셔널' 관련 장에서 확인하기 바란다. – 옮긴이

딕셔너리의 키-값 카운팅

딕셔너리에 저장된 키-값 쌍의 개수를 알아야 할 때는 count 속성을 사용하면 된다. 다음 예제는 count 속성을 사용하는 방법을 보여준다.

```
let countries = ["US":"United States", "IN":"India","UK":"United Kingdom"];
var cnt = countries.count  //cnt 값은 3
```

이 코드에서 Countries 딕셔너리의 키-값 쌍은 모두 3개이기 때문에 cnt 값은 3이다.

빈 딕셔너리

딕셔너리가 키-값 쌍을 갖고 있는지 검사할 때 isEmpty 속성을 사용할 수 있다. 딕셔너리가 하나 또는 그 이상의 키-값 쌍을 가지면 isEmpty 속성은 false를 반환하고, 아니면 true를 반환한다. 다음 예를 보자.

```
let countries = ["US":"United States", "IN":"India","UK":"United Kingdom"]
var empty = countries.isEmpty
```

이 코드의 딕셔너리에는 3개의 키-값 쌍이 있으니 isEmpty 속성 값은 false다.

키-값 업데이트

딕셔너리의 키 값을 업데이트하려면 서브스크립트 문법이나 updateValue(_: forKey:) 메소드를 사용하면 된다. updateValue(_:, forKey:) 메소드는 서브스크립트 문법이 갖지 않은 추가 기능이 있다(값을 변경하기 전에 키에 연관된 원래 값을 반환한다). 키 값을 업데이트하는 두 가지 예를 살펴보자.

```
var countries = ["US":"United States", "IN":"India","UK":"United Kingdom"]

countries["UK"] = "Great Britain"
//UK의 값이 "Great Britain"로 설정됨

var orig = countries.updateValue("Britain", forKey: "UK")
//UK 값은 이제 Britain으로 설정됐고, orig 값은 "Great Britain"이다.
```

이 코드에서 UK 키에 연계된 값 United Kingdom을 Great Britain으로 변경하기 위해 서브스크립트 구문을 사용했다. 원래 값 United Kingdom은 교체되기 전에 저장되지 않았다. 따라서 원래 값이 무엇인지는 알 수 없다. 그런 다음 사용한 메소드는 updateValue(_:, forKey:)이다. 이 메소드를 사용하면 Great Britain의 원래 값은 orig 변수에 할당된다. 딕셔너리의 값을 바꾸기 전에 말이다.

키-값 쌍 추가

딕셔너리에 키-값 쌍을 추가하려면 서브스크립트 구문을 사용하거나 키 값을 업데이트할 때 사용했던 updateValue(_:, forKey:) 메소드를 추가하면 된다. updateValue(_:, forKey:)를 사용했는데 딕셔너리에 해당하는 키가 없다면 이 메소드는 새로운 키를 추가하고 nil을 반환한다. 다음 예제는 서브스크립트 구문과 updateValue(_:, forKey:)를 사용해 딕셔너리에 새로운 키-값 쌍을 추가하는 방법을 보여준다.

```
var countries = ["US":"United States", "IN":"India","UK":"United Kingdom"]

countries["FR"] = "France"     //"FR" 항목 값은 "France"가 됨

var orig = countries.updateValue("Germany", forKey: "DE")
//"DE"의 값은 "Germany"가 되고, orig는 nil이 됨
```

이 코드에서 countries 딕셔너리는 3쌍의 데이터를 가진 상태에서 4번째 키-값 쌍 (FR/France)을 서브스크립트 구문으로 추가했다. 5번째 데이터(DE/Germany)를 추가할 때는 updateValue(_:, forKey:) 메소드를 사용했다. DE로 된 키 값이 원래 딕셔너리에 없었기 때문에 orig 변수의 값은 nil이 된다.

키-값 쌍 제거

딕셔너리의 값을 제거하고 싶을 때도 있다. 이때는 서브스크립트 구문이나 removeValue(forKey:) 또는 removeAll() 메소드를 사용한다. removeValue(forKey:) 메소드는 제거하기 직전에 키의 값을 반환한다. removeAll() 메소드는 딕셔너리의 모든 요소를 제거한다. 다음 예제는 3가지 방법으로 딕셔너리의 값을 제거하는 방법을 보여준다.

```
var countries = ["US":"United States", "IN":"India", "UK":"United Kingdom"];

countries["IN"] = nil   //"IN" 키-값 쌍이 제거됨

var orig = countries.removeValue(forKey:"UK")
//"UK" 값 쌍은 제거되고 orig 값은 "United Kingdom"이 됨

countries.removeAll() //countries 딕셔너리에서 모든 키-값 쌍을 제거함
```

이 코드에서 countries 딕셔너리는 3쌍의 데이터로 시작해서 IN 키의 값을 nil로 설정한다. 즉, 딕셔너리에서 키-값 쌍을 제거한다. UK 키와 연계된 값을 제거하기 위해 removeValue(forKey:) 메소드를 사용했다. UK 키와 연계된 값을 제거하기 전에 removeValue(forKey:) 메소드는 orig 변수에 값을 미리 저장해둔다. 마지막으로 countries 딕셔너리에 남은 모든 키-값 쌍을 제거하기 위해 removeAll()을 사용한다.

그럼 이제 집합 타입set type을 살펴보자.

▌ 집합

집합^{set}은 배열과 비슷한 제네릭 컬렉션이다. 배열은 중복된 항목을 가질 수 있고 순서를 가진 컬렉션이지만, 집합 컬렉션의 각 항목은 순서 없이 저장된다.

딕셔너리의 키와 유사하게 배열에 저장되는 타입은 Hashable 프로토콜을 따라야 한다. 즉, 각 타입은 스스로 해시 값을 계산할 방법을 제공해야 한다는 의미다. 모든 스위프트의 기본 타입(String, Double, Int, Bool)은 Hashable 프로토콜을 따르고, 기본적으로 집합에서 사용될 수 있다.

이제 집합을 어떻게 사용하는지 살펴보자.

집합 초기화

집합을 초기화하는 데는 몇 가지 방법이 있다. 배열과 딕셔너리에 하던 것처럼 스위프트는 집합 내의 데이터들이 무슨 타입으로 저장될지 알아야 한다. 즉, 집합에 저장된 데이터 타입을 스위프트에 미리 알려주거나 데이터와 함께 초기화를 하면서 타입 추정이 가능하게 해야 한다.

집합이 가변인지 불변인지는 선언 시 var와 let 키워드에 따라 결정된다. 이는 배열이나 딕셔너리처럼 동일하다.

```
//문자열 타입의 빈 집합(empty set) 초기화
var mySet = Set<String>()

//초깃값이 문자열 타입으로 이뤄진 가변 집합
var mySet = Set(["one", "two", "three"])

//문자열 타입으로 이뤄진 불변 집합
let mySet = Set(["one", "two", "three"])
```

집합에 항목 삽입

집합에 항목을 삽입할 땐 insert 메소드를 사용한다. 이미 집합 내에 존재하는 항목을 삽입하려면 무시되면서 아무런 에러도 발생하지 않는다. 집합에 항목을 삽입하는 예는 다음과 같다.

```
var mySet = Set<String>()
mySet.insert("One")
mySet.insert("Two")
mySet.insert("Three")
```

집합의 항목 개수

스위프트 집합에서는 항목 개수를 알아내기 위해 count 속성을 사용한다. 다음은 count 메소드 사용법에 대한 예제 코드다.

```
var mySet = Set<String>()
mySet.insert("One")
mySet.insert("Two")
mySet.insert("Three")
print("\(mySet.count) items")
```

이 집합은 3개의 항목을 포함하기 때문에 코드를 실행하면 "3 items"가 콘솔에 출력될 것이다.

집합의 항목 포함 여부 체크

집합이 특정 항목을 포함하는지 여부는 contains()로 아주 쉽게 검사할 수 있다.

```
var mySet = Set<String>()
mySet.insert("One")
mySet.insert("Two")
mySet.insert("Three")
var contain = mySet.contains("Two")
```

이 예제에서는 집합이 "Two" 문자열을 포함하고 있으니 contain 변수에는 true가
설정된다.

집합 순회

집합의 항목을 순회하려면 for문을 사용하면 된다. 다음 예제는 집합에서 항목을 순
회하는 방법을 보여준다.

```
for item in mySet {
    print(item)
}
```

이 예제는 집합의 각 아이템을 콘솔로 출력할 것이다.

집합에서 항목 제거

집합에서 하나 또는 모든 항목을 제거할 수 있다. 하나를 제거하려면 remove(_:) 메
소드를 사용하고, 모든 항목의 경우 removeAll()을 사용하면 된다. 다음 예제는 집합
에서 항목을 제거하는 방법을 보여준다.

```
//remove 메소드는 집합 내 해당 항목을 반환한 후 제거한다.
var item = mySet.remove("Two")
```

```
//removeAll 메소드는 집합에서 모든 항목을 제거한다.
mySet.removeAll()
```

집합 연산

스위프트는 두 개의 집합으로부터 또 다른 집합을 만들어내기 위한 방법 4가지를 제공한다.

이 연산을 사용하면 즉석에서 사용할 수도 있지만, 하나의 집합에 대해서도 사용할 수 있고 새로운 집합을 생성하기 위해 사용할 수도 있다. 집합 연산의 종류는 다음과 같다.

- **union과 fromUnion** 두 개의 집합으로부터 고유한 값을 추출한 집합을 만든다.
- **subtracting과 subtract** 첫 번째 집합에서 두 번째 집합에는 없는 값으로 이뤄진 집합을 만들어낸다.
- **intersection과 fromIntersection** 두 집합의 교집합을 만든다.
- **symmetricDifference와 fromSymmetricDifference** 두 집합의 공통 요소는 제거하고, 두 집합 중 한 군데만 존재하는 값들로 구성된 새 집합을 만든다.

예제를 보고 각 연산자의 결과가 어떤지 살펴보자. 이제부터 집합 연산자 예제에서는 다음과 같은 두 집합을 사용할 것이다

```
var mySet1 = Set(["One", "Two", "Three", "abc"])
var mySet2 = Set(["abc","def","ghi", "One"])
```

첫 번째 살펴볼 예제는 union 메소드다. 이 메소드는 두 개의 집합에서 고유의 값을 취한 후 새로운 집합을 만든다.

```
var newSetUnion = mySet1.union(mySet2)
```

newSetUnion의 값은 "One", "Two", "Three", "abc", "def", "ghi"라는 값을 가진다. 새 집합을 만들지 않고 union 함수의 역할을 수행하려면 fromUnion 메소드를 사용한다.

```
mySet1.formUnion(mySet2)
```

이제 mySet1 값은 mySet1과 mySet2 집합의 모든 고유한 값을 갖게 된다.

이제 subtract와 subtracting 메소드를 살펴보자. 이 메소드들은 첫 번째 값 중 두 번째 집합에 포함되지 않는 값들의 집합을 만들어준다.[2]

```
var newSetSubtract = mySet1.subtracting(mySet2)
```

이 예에서 newSetSubtract 변수에는 "Two"와 "Three"가 포함된다. 이 값 두 개는 두 번째 집합에 없는 변수이기 때문이다.

새 집합을 만들지 않고 원래 위치에서 subtraction 함수를 수행할 땐 subtract 메소드를 사용한다.

```
mySet1.subtract(mySet2)
```

이 예에서 mySet1 변수는 "Two"와 "Three"를 가진다. 집합 mySet2에 없는 유일한 두 숫자이기 때문이다.

---

2. 차집합을 의미한다. - 옮긴이

이제 intersection 메소드를 살펴보자. intersection 메소드는 두 집합 간의 교집합에 해당하는 값을 가져온다.

```
var newSetIntersect = mySet1.intersection(mySet2)
```

이 예에서 newSetIntersect 변수는 "One"과 "abc"를 가진다. 두 집합 모두 갖고 있는 숫자들이기 때문이다.

새 집합을 만들지 않고 교집합 함수를 수행하려면 formIntersection() 메소드를 사용하면 된다.

```
mySet1.formIntersection(mySet2)
```

이 예에서 mySet1 변수는 "One"과 "abc"를 가진다. 두 집합 모두 갖고 있는 숫자들이기 때문이다.

마지막으로 symmetricDifference 메소드를 살펴보자. 이 메소드는 두 집합 중 한 군데는 존재하지만 양쪽 모두에 존재하는 값은 뺀 새 집합을 만든다.

```
var newSetExclusiveOr = mySet1.symmetricDifference(mySet2)
```

이 예에서 newSetExclusiveOr 값은 "Two", "Three", "def", "ghi"가 된다.

제자리에서 symmetricDifference 동작을 수행하려면 fromSymmetricDifference() 메소드를 사용하면 된다.

```
mySet1.formSymmetricDifference(mySet2)
```

여기 4가지 연산자(union, subtraction, intersection, symmetricDifference 메소드)는 배열에 존재하지 않는 추가 기능이다. 집합은 배열과 비교해 검색 속도가 더 빠른데, 컬렉션의 저장 순서가 중요치 않고 컬렉션 인스턴스들이 고유한 값을 가질 때 매우 유용하다.

▌ 튜플

튜플^{tuple}은 여러 개의 값이 하나로 묶여진 형태의 값이다. 배열이나 딕셔너리와 달리 튜플 속의 값은 서로 동일한 타입일 필요가 없다. 사실 튜플은 컬렉션이 아니라 타입^{type}에 가깝다.

튜플 정의 방법은 다음과 같다.

```
var team = ("Boston", "Red Sox", 97, 65, 59.9)
```

이 예제에서는 두 개의 문자열과 두 개의 정수, 하나의 배정도 수^{double}를 포함하는 이름 없는 튜플^{unnamed tuple}을 생성했다. 다음 예제와 같이 튜플의 값을 변수 집합^{set of variables}으로 분해할 수 있다.

```
var team = ("Boston", "Red Sox", 97, 65, 59.9)
var (city, name, wins, loses, percent) = team
```

이 코드에서 city 변수는 Boston, name은 Red Sox, wins는 97, loses는 62, percent는 0.599가 된다.

값의 위치를 지정해서 그 값을 가져올 수도 있다. 다음은 위치를 이용해 값을 가져오는 방법을 보여준다.

```
var team = ("Boston", "Red Sox", 97, 65, 59.9)
var city = team.0
var name = team.1
var wins = team.2
var loses = team.3
var percent = team.4
```

이 분해 단계를 피하려면 이름 있는 튜플^{named tuple}을 만들면 된다. 이름 있는 튜플은 각 항목에 이름^{key}을 연계한 것이다. 다음 예는 이름 있는 튜플을 만드는 방법이다.

```
var team = (city:"Boston", name:"Red Sox", wins:97, loses:65, percent:59.9)
```

이름 있는 튜플로부터 값을 액세스하려면 점 문법^{dot syntax}을 사용하면 된다. 앞의 코드에서 튜플의 city 항목은 team.city처럼 액세스할 수 있다. 그래서 team.city 항목은 Boston, team.name은 Red Sox, team.wins는 97, team.loses는 65, team.percent는 59.9가 된다.

튜플은 모든 종류의 목적에 매우 유용하게 사용할 수 있다. 나는 이 튜플이 메소드를 포함하지 않고 단순한 데이터만 저장할 용도로 설계된 클래스와 구조체를 대체하기 위해 아주 유용하다는 것을 알아냈다. 5장에서 더 많은 것을 배운다.

▌ 요약

3장에서는 스위프트 컬렉션과 튜플를 다뤘다. 아주 기초적인 애플리케이션을 제외한 대부분의 앱에서는 메모리에 데이터를 저장하기 위해 컬렉션을 사용한다. 따라서 스위프트 네이티브 컬렉션 타입을 잘 이해하는 것은 애플리케이션을 설계하고 개발하는 데 필수적이다

04

흐름 제어와 함수

오래전 Vic-20 컴퓨터로 BASIC 언어를 배울 당시에 나는 매달 <Byte Magazine> 같은 컴퓨터 잡지를 읽곤 했었다. 한 가지 특별히 기억에 남는 리뷰가 있었는데, Zork라는 게임에 관한 것이었다. Zork는 내 Vic-20에서 즐길 수 있는 게임은 아니었지만, 당시 공상 과학과 판타지에 푹 빠져 있었던 나는 게임의 컨셉에 매료됐다. 얼마 후 이런 종류의 게임을 만들어보는 건 어떨까라는 생각이 들었고, 방법을 찾아보기로 결심했다. 당시 익혀야 했던 것 중 가장 중요했던 개념은 사용자의 동작에 따라 애플리케이션 흐름을 제어하는 일이었다.

4장에서 다루는 내용은 다음과 같다.

- 조건문의 정의와 사용법

- 루프의 의미와 사용법
- 제어 이동문의 의미와 사용법
- 스위프트에서 함수 생성과 사용법

▌지금까지 배운 것

지금까지는 스위프트로 애플리케이션을 작성하기 위한 토대를 마련해 왔다. 지금까지 배운 것으로 기본적인 애플리케이션은 작성할 수 있지만, 3장까지 배운 내용만으로 유용한 애플리케이션을 작성하기란 매우 어려울 것이다.

4장을 시작하면서부터는 스위프트 기초에서 벗어나 스위프트 애플리케이션 개발에 필요한 기본 요소에 대해 알아본다. 4장에서는 흐름 제어와 함수에 대해 다룬다. 스위프트 언어의 마스터가 되려면 4장과 5장에서 다루는 개념들을 완벽히 이해하고 소화하는 것이 중요하다.

제어 흐름과 함수를 다루기 전에 스위프트에서 중괄호와 괄호가 어떻게 사용되는지 살펴본다.

중괄호

스위프트에는 C 언어 계열과는 달리 조건문과 루프를 둘러싼 중괄호^{Curly brackets}가 필수 사항이다. C 언어 계열에서는 실행문에 딸린 조건문이나 루프가 하나가 있는 경우 해당 라인을 중괄호로 묶는 것이 옵션이었다. 이로 인해 애플의 goto fail 버그 등과 같은 수많은 에러와 버그를 양산하는 결과를 초래하게 됐다. 이런 배경에서 애플은 스위프트를 디자인할 때 심지어 실행 코드가 한 줄인 경우에도 중괄호 사용을 의무화하기로 결정했다. 이 요구 사항을 설명하는 예를 살펴보자. 첫 번째 예는 중괄호가 없기 때문에 스위프트에서 유효하지 않지만, 대부분의 다른 언어에서 유효하다.

```
if (x > y) x = 0
```

스위프트에서는 다음 예제처럼 중괄호가 필수다.

```
if (x > y) {
   x = 0
}
```

괄호

C 언어 계열과 달리 스위프트의 조건문을 둘러싼 괄호^{Parentheses}는 선택 사항이다. 앞 예제처럼 조건문의 바깥으로 괄호가 있지만, 이는 필수 사항은 아니다. 다음 예제는 아무런 문제가 없지만, C 언어 등에서는 유효하지 않다.

```
if x > y {
   x = 0
}
```

▌흐름 제어

흐름 제어^{Control flow}는 애플리케이션 내에서 지시어나 함수가 실행되는 순서를 나타낸다. 스위프트는 C 언어 스타일의 흐름 제어 구문을 대부분 지원한다. while을 포함한 반복 구문, if와 switch를 포함하는 조건문, break와 continue 같은 제어 구문에서의 이동 명령어까지 포함한다. 스위프트 3에는 전통적인 C 스타일 for 루프가 포함돼 있지 않으며, 전통적인 do-while 대신 repeat...while 루프가 사용된다는 점에 주목하자.

표준 C 언어에 있던 흐름 제어 구문과 더불어 스위프트에서는 for...in 루프와 기존 문법을 개선한 switch문 등을 추가했다.

스위프트의 조건 구문을 살펴보자.

조건 구문

조건문은 조건을 검사하고 조건이 참을 만족할 때 코드 블록을 실행한다. 스위프트는 if와 if...else 조건문 둘 다 지원한다. 특정 조건이 참을 만족할 때 어떤 식으로 코드를 실행하는지 살펴보자.

if문

if문은 조건문을 검사하고, 참이면 코드 블록을 실행한다. if문의 형식은 다음과 같다.

```
if condition {
    코드 블록
}
```

if문의 사용법을 살펴보자.

```
let teamOneScore = 7
let teamTwoScore = 6
if teamOneScore > teamTwoScore {
    print("Team One Won")
}
```

먼저 teamOneScore와 teamTwoScore 상수를 각각 초기화하자. 여기서 teamOneScore 값이 teamTwoScore보다 큰지 체크하는 if문을 사용했다. 값이 더 크다면 Team One

Won을 콘솔에 표시하게 했다. 콘솔에는 정말 Team One Won이라 찍힐 것이다. 하지만 teamTwoScore 값이 teamOneScore보다 더 크다면 콘솔에는 아무것도 찍히지 않을 것이다. 유저 입장에서 어떤 팀이 이겼는지 알고 싶어 할 것이기 때문이 이런 방식으로 애플리케이션을 작성하는 것이 최선은 아닐 것이다. 이 문제를 해결하기 위해 if... else 구문을 사용하자.

if...else문을 사용한 조건 코드 실행

if...else문은 조건문을 검사하고 결과가 참이면 코드 블록을 실행한다. 조건문의 결과가 거짓이면 별도의 코드 블록을 실행한다. if...else 구문의 형식은 다음과 같다.

```
if condition {
    true일 때 코드 블록
} else {
    true가 아닐 때 코드 블록
}
```

어느 팀이 이겼는지 확인할 수 있게 if...else 구문을 사용한 코드로 수정해보자.

```
var teamOneScore = 7
var teamTwoScore = 6
if teamOneScore > teamTwoScore {
    print("Team One Won")
} else {
    print("Team Two Won")
}
```

수정된 코드에서는 teamOneScore가 teamTwoScore보다 큰 경우 Team Won을 출력할 것이다. 그 반대의 경우는 Team Two Won을 출력한다. teamOneScore가 teamTwoScore

값과 동일하면 어떻게 될까? 실세계에서는 이런 상황에서 비기게 되지만 앞의 코드에서는 Team Two Won을 출력할 것이다. 그런데 team one에게 공정하지 못하다.

이런 경우 else 구문과 여러 개의 else...if 구문을 사용할 수 있다. 예는 다음과 같다.

```
var teamOneScore = 7
var teamTwoScore = 6
if teamOneScore > teamTwoScore {
    print("Team One Won")
} else if teamTwoScore > teamOneScore {
    print("Team Two Won")
} else {
    print("We have a tie")
}
```

이 코드는 teamOneScore 값이 teamTwoScore보다 크면 Team One Won을 콘솔에 표시한다. 그런 다음 else if문이 있고 if문 앞에 else문이 있기 때문에 첫 번째 if문이 false를 반환하는 경우에만 조건문이 체크된다. 마지막으로 두 개의 if문이 모두 false인 경우 값이 동일하다고 간주되고 We have a tie를 콘솔에 표시한다.

조건문은 조건을 한 번만 확인하고 조건에 부합하면 코드 블록을 실행한다. 특정 조건에 맞을 때까지 끊임없이 코드를 실행하려면 어떻게 할까? 이 경우 스위프트에는 반복문을 사용하면 된다. 스위프트의 반복문을 살펴보자.

for 루프

for 루프 변형은 가장 널리 사용되는 반복문일 것이다. 스위프트에서는 C 스타일의 반복문은 제공하지 않지만 for...in 루프를 제공한다. 표준 C 스타일 루프는 스위프트 3에서 제거됐다. 많이 사용하지 않기 때문이다. Swift evolution 사이트인 https://github.com/apple/swift-evolution/blob/master/proposals/0007-remove-c-style-for-loops.md에서 for 루프 제거에 대한 제안의 전체 내용을 읽을 수 있다. for...in문은 range, collection, sequence의 각 아이템을 순회하면서 코드를 실행한다.

for...in문 사용

for...in문은 컬렉션이나 숫자 범위를 반복하면서 그 속의 각 항목에 대해 코드를 실행한다. for...in문의 형식은 다음과 비슷하다.

```
for 변수 in 컬렉션/범위 {
    코드 블록
}
```

보다시피 for...in문은 다음과 같은 두 부분으로 나눠진다.

- **변수** for...in 루프가 실행될 때마다 이 변수는 변경된다. 그리고 컬렉션이나 범위 내의 현재 항목을 유지한다.
- **컬렉션/범위** 반복해야 할 컬렉션^{collection}이나 범위^{Range}다.

숫자로 이뤄진 범위의 경우 for...in문이 어떻게 사용되는지 살펴보자.

```
for index in 1...5 {
    print(index)
}
```

이 예제에서는 1에서 5까지의 숫자 범위를 반복해 콘솔에 각 숫자를 출력해봤다. 이 특별한 for...in문은 폐쇄 범위$^{closed\ range}$ 연산자(...)를 사용해서 for...in 루프에 범위를 지정한다. 스위프트는 또한 반개방 범위$^{half-open\ range}$ 연산자(..<)라고 불리는

두 번째 연산자도 제공한다. 반개방 범위 연산자는 숫자 범위 내에서 반복하지만 마지막 숫자는 포함하지 않는다. 반개방 범위 연산자의 사용법을 보자.

```
for index in 1..<5 {
    print(index)
}
```

폐쇄 범위 연산자(...) 예제에서는 1에서 5가 콘솔에 출력되는 것을 볼 수 있다. 밤개방 범위 연산자 예제에서는 마지막 숫자(5)가 제외될 것이다 따라서 1부터 4까지만 콘솔에서 볼 수 있다.

for...in 루프에서 배열을 순회하는 방법을 살펴보자.

```
var countries = ["USA","UK", "IN"]
for item in countries {
    print(item)
}
```

여기서는 countries 배열을 순회하고 각 나라 약어를 콘솔에 출력한다. 보다시피 for...in 루프는 안전하고 깨끗하며 표준 C 스타일을 사용할 때보다 훨씬 쉽다. for...in 루프는 조건문에서 일반적으로 발생하는 에러를 줄이는 데 도움이 된다. 작다(<) 연산자 대신 작거나 같다(<=) 연산자를 사용하는 경우 등을 말한다.

이번에는 for...in 루프를 사용해 딕셔너리를 순회해보자.

```
var dic = ["USA": "United States", "UK": "United Kingdom",   "IN":"India"]

for (abbr, name) in dic {
    print("\(abbr) -- \(name)")
}
```

앞 예제에서는 for...in 루프를 사용해 딕셔너리 내의 각 키-값 쌍을 순회했다. 딕셔너리의 각 항목으로 (key,value) 튜플이 반환된다. for...in 루프의 본문 안에서 (key,value) 튜플 멤버를 이름이 있는 상수로 분해할 수도 있다. 여기서 중요한 점은 딕셔너리는 저장할 때 순서를 보장하지 않기 때문에 순회할 때 역시 이 순서를 보장할 수 없다는 점이다.

또 다른 반복문인 while문을 살펴보자.

while 루프

while 루프는 특정 조건이 만족될 때까지 코드를 실행한다. 스위프트는 while과 repeat...while 루프라는 두 가지의 형태를 제공한다. 스위프트 2.0 버전부터 애플은 do...while 루프를 repeat...while 루프로 교체했다. repeat...while 루프가 하는 일은 이전의 do...while 루프와 완전히 동일하다. 스위프트에서 do 구문은 에러를 처리할 때 사용된다.

몇 번 반복해야 할지 알 수 없거나 비즈니스 로직에 의존하는 경우에는 보통 while 루프를 사용한다. while은 0회 이상 루프를 실행할 때 사용되지만, 1회 이상의 반복적인 실행을 할 때는 repeat...while 루프를 사용한다.

while 루프 사용

while 루프는 조건문을 평가해서 시작되고 조건문이 참^{true}이 되면 반복해서 코드를 실행한다. while문의 형태는 다음과 같다.

```
while condition {
    코드 블록
}
```

whlie 루프 사용법을 살펴보자. 다음 예를 보면 무작위로 생성된 숫자가 4 미만인 경우 이 루프는 계속 반복한다. 또한 0에서 4 사이 범위에서 난수를 만들기 위해 random( ) 함수를 사용했다.[1]

```
var ran = 0
while ran < 4 {
    ran = Int(random( ) % (5))
}
```

루프를 시작할 때 ran 변수를 0으로 초기화했다. while 루프는 ran 변수를 체크해서 값이 4 미만이면 새로운 난수가 생성된다. 난수가 4 미만인 동안 while 루프가 계속될 것이다. 난수가 4보다 크거나 같아지는 순간 while 루프를 탈출한다.

앞의 예제에서 보면 while 루프는 난수를 만들기 전에 조건문을 먼저 체크한다. 난수를 만든 후 조건을 체크하라면 어떻게 해야 할까? 처음 ran 변수를 초기화할 때 난수를 생성할 수도 있었지만, 이 방식은 난수를 만들기 위한 중복된 코드가 필요하다는 의미다. 즉, 중복된 코드는 이상적인 해결 방식이 아니다. 이럴 때 사용하는 것이 바로 repeat...while 루프문이다.

repeat...while 루프 사용

while문과 repeat...while문의 차이점을 살펴보자. while문은 코드를 실행하기 전에 조건문을 먼저 체크한다. 따라서 조건문 내의 모든 변수는 while문 실행 전에 초기화돼야 한다. repeat...while 루프는 조건문 체크 전에 루프를 한 번 실행한다. 즉, 코드 블록 속의 변수를 초기화할 수 있다.

while 조건문이 루프 블록에 의존하는 경우 repeat...while 루프를 사용하는 것이 좋다. repeat...while 루프는 다음과 같은 형태를 가진다.

---

1. random()에서 에러가 발생하면 import Glibc를 추가하자.. - 옮긴이

```
repeat {
    코드 블록
} while 조건문
```

루프 블록 속의 조건문에서 변수를 초기화하는 repeat...while문을 만들어보자.

```
var ran: Int
repeat {
    ran = Int(random( ) % (5))
} while ran < 4
```

예제를 보면 ran 변수는 Int 타입 변수로 정의되지만, 루프 블록에 진입해서 난수를
생성하기 전까지는 초기화되지 않는다. while 루프 내에서 이런 방식을 사용하려면
(ran 변수를 초기화하지 않은 채로) Variable used before being initialized exception
에러가 발생한다.

switch문

switch문은 해당 변수를 몇 가지 가능성이 있는 값들과 비교해서 첫 번째로 일치가
발생하는 경우 적절한 코드 블록을 실행하는 것이다. switch문은 몇 가지 case 중
적절한 값을 매치시켜야 할 경우 if...else문 대신 사용할 수 있다. switch문의 형식
은 다음과 같다.

```
switch value {
case match1 :
    코드 블록
case match2 :
    코드 블록
    ...... 필요한 만큼 추가한다.
```

```
default :
    코드 블록
}
```

다른 대부분 언어의 switch문과 달리 스위프트에서는 다음 case문으로 바로 이동하지 않는다. 즉, 나머지 case문을 차례로 실행하는^{fall through} 것을 방지하기 위해 break를 사용할 필요가 없다.[2] 이것 역시 스위프트 기능에 녹아 들어간 안전장치 중 하나다. 보통 switch를 사용할 때 초보 프로그래머가 가장 많이 하는 실수는 case문의 마지막에 break를 잊어버리는 것이기 때문이다. switch문 사용법을 살펴보자.

```
var speed = 300000000
switch speed {
case 300000000:
    print("Speed of light")
case 340:
    print("Speed of sound")
default:
    print("Unknown speed")
}
```

이 코드에서 switch문은 speed 변수의 값을 두 가지 case문과 비교하고 있다. speed 값이 일치하면 speed가 얼마인지 출력한다. switch문이 일치하는 값을 찾지 못하는 경우에는 unknown speed 메시지를 출력하게 된다.

switch문은 가능성 있는 모든 경우를 커버해야 한다.[3] case문에서 일치하는 경우가 없다면 switch문은 반드시 default 경우를 가져야 한다. default 케이스가 없는 예를 살펴보자.

---

2. fall through란 case문이 자동으로 아래의 case문으로 진행하는 것을 말한다. – 옮긴이

3. 이를 exhaustive하다고 하는데, 모든 케이스를 커버(작성)하지 못하는 경우에는 반드시 default:를 지정해야 한다. – 옮긴이

```
var num = 5
switch num {
case 1 :
   print("number is one")
case 2 :
   print("Number is two")
case 3 :
   print("Number is three")
}
```

이 코드를 Playground에 넣고 컴파일하면 switch must be exhaustive, consider adding a default clause 에러를 만나게 될 것이다. 컴파일 타임 에러다. 따라서 코드 컴파일하기 전까지는 알 수 없다.

단일 case문 안에 여러 개 항목을 포함할 수도 있다. 이를 위해 각 항목은 쉼표로 분리해야 한다. 글자가 모음인지 자음인지 알아보려고 한다. 다음과 같은 switch문을 사용하면 된다.

```
var char : Character = "e"
switch char {
case "a", "e", "i", "o", "u":
   print("letter is a vowel")
case "b", "c", "d", "f", "g", "h", "j", "k", "l", "m","n", "p", "q", "r", "s",
"t", "v", "w", "x", "y", "z":
   print("letter is a consonant")
default:
   print("unknown letter")
}
```

이 예를 보면 하나의 case문이 여러 개 항목을 갖고 있는 것을 볼 수 있다. 각 항목들은 쉼표로 구분되고, switch문은 char 변수를 case문 속에 나열된 각 항목과 매칭하려고 할 것이다.

switch문은 범위에 특정 값이 포함돼 있는지를 체크할 수도 있다. 범위를 체크하려면 다음 예제처럼 case문에 range 연산자를 사용하자.

```
var grade = 93
switch grade {
case 90...100:
    print("Grade is an A")
case 80...89:
    print("Grade is a B")
case 70...79:
    print("Grade is an C")
case 60...69:
    print("Grade is a D")
case 0...59:
    print("Grade is a F")
default:
    print("Unknown Grade")
}
```

이 예제에서는 grade 변수가 각 case문의 범위 속에 포함되는지 비교한 후 적합한 grade 값을 출력한다.

스위프트에서는 case문에 추가적인 비교 조건을 넣을 수 있다. 이를 이용해 추가 검증 조건^{guard expression}을 제공할 수 있다. 추가 조건은 where 키워드를 사용해 정의한다. 앞의 예제에 하나의 추가 조건을 넣어보자. 학급에서 특별히 성적 관리를 받고 있는 학생들이 있다. 이 학생들의 경우 55~69점인 경우 D 등급^{grade}를 주려고 한다. 다음 예제를 살펴보자.

```
var studentId = 4
var grade = 57
switch grade {
case 90...100:
```

```
    print("Grade is an A")
case 80...89:
     print("Grade is a B")
case 70...79:
    print("Grade is an C")
case 55...69 where studentId == 4: //여기가 추가조건
    print("Grade is a D for student 4")
case 60...69:
    print("Grade is a D")
case 0...59:
    print("Grade is a F")
default:
    print("Unknown Grade")
}
```

추가 검증 조건^{guard expression}을 사용할 때 한 가지 기억할 점은, 스위프트는 첫 번째 case와 일치시키고 나서 각 case문을 하나씩 내려가면서 검사한다는 점이다. 즉, Grade F case문 이후에 where문이 딸린 case가 코딩돼 있다면 이 case문은 절대 실행되지 않는다는 점이다. 다음 예제의 설명을 살펴보자.

```
var studentId = 4
var grade = 57
switch grade {
case 90...100:
    print("Grade is an A")
case 80...89:
    print("Grade is a B")
case 70...79:
    print("Grade is an C")
case 60...69:
    print("Grade is a D")
case 0...59:
    print("Grade is a F")
```

```
    //위의 두 Case 중 하나를 먼저 만족할 것이기 때문에
    //아래의 Case문은 절대로 실행되지 않게 된다.
case 55...69 where studentId == 4:
    print("Grade is a D for student 4")
default:
    print("Unknown Grade")
}
```

 where 조건을 사용할 때 적절한 판단 기준을 언급하자면 where문이 딸린 case문을
비슷한 조건의 case 앞쪽(where가 없는 case)에 위치시키는 것이다.

switch문은 열거형을 검사할 때 매우 유용하다. 열거형은 유한한 숫자 값을 갖기 때문에 열거형에 존재하는 모든 값에 대한 case를 제공하는 경우에 default 케이스는 따로 작성하지 않아도 된다. 열거형을 검사하는 예제는 다음과 같다.

```
enum Product {
    case Book(String, Double, Int)
    case Puzzle(String, Double)
}
var order = Product.Book("Mastering Swift 2", 49.99, 2015)

switch order {
case .Book(let name, let price, let year):
    print("You ordered the book \(name) for \(price)")
case .Puzzle(let name, let price):
    print("You ordered the Puzzle \(name) for \(price)")
}
```

이 예에서는 열거형 Product를 2개의 연관 값으로 정의하고 있다. 그런 다음 product 타입으로 된 order 변수를 만들고 검증하기 위해 switch문을 사용하고 있다. switch 문의 마지막에 default 케이스가 없는 것을 잘 보기 바란다. 추후에 product 열거형

에 값을 추가한다면 default 케이스를 만들어주거나 추가 값을 다루기 위한 case문을 하나 더 작성해주면 된다.

조건문에서의 case와 where문

앞 절에는 switch문을 강력하게 만들어주는 case와 where를 봤다. 이 구문은 if나 while문 같은 또 다른 조건문에서도 사용할 수 있다. case와 where를 사용하면 조건문 코드가 훨씬 작고 읽기 쉬워진다. for...in 루프에서 필터링하기 위한 where문에 대해 예제 몇 가지를 살펴보자.

where문으로 필터링

이번 절에서는 for...in 루프의 결과를 필터링할 수 있는 where문을 사용해본다. 예를 들어 정수로 이뤄진 배열에서 짝수만 출력하려고 한다. where문으로 이 결과를 필터링해보기 전에 where문을 사용하지 않는 방법을 먼저 살펴보자.

```
for number in 1...30 {
    if number % 2 == 0 {
        print(number)
    }
}
```

이 예제는 1~30 사이의 숫자를 순회하기 위해 for...in 루프를 사용했다. for...in 루프 내에서 if 조건문을 사용해 홀수만 제외시켰다. 이 간단한 예제에 사용된 코드는 꽤 읽기 쉬운 편이지만, 더 짧고 읽기 쉽게 만들기 위해 where문을 사용할 수도 있다.

```
for number in 1...30 where number % 2 == 0 {
    print(number)
}
```

이전 예제와 동일한 for...in 루프를 갖고 있지만 문장 끝에 where문을 추가했다.
이 예제의 경우 오직 짝수만 순회하고 있다. 예제는 where문을 사용하면서 두 줄로
줄어들었고, 읽기도 더 쉽다. 루프 안에 구현한 것보다 for...in 루프와 동일한 라인
에 필터링 구문을 사용했기 때문이다.

이제 for...case문을 사용해 필터링하는 방법을 살펴보자.

for...case문으로 필터링

다음 예제는 for...case문인데, 튜플로 구성된 배열을 필터링하고 매칭되는 항목만
결과로 출력한다. for...case 예제는 예전에 봤던 where문과 매우 비슷하다. where
문은 if문을 생략하고 결과를 필터링하기 위해 만든 구문이다. 이 예에서는 World
Series Winner 목록을 필터링하기 위해 for...case문을 사용하고, World Series에
서 승리한 특정 팀을 출력한다.

```
var worldSeriesWinners = [
    ("Red Sox", 2004),
    ("White Sox", 2005),
    ("Cardinals", 2006),
    ("Red Sox", 2007),
    ("Phillies", 2008),
    ("Yankees", 2009),
    ("Giants", 2010),
    ("Cardinals", 2011),
    ("Giants", 2012),
    ("Red Sox", 2013),
    ("Giants", 2014),
    ("Royals", 2015)
]
for case let ("Red Sox", year) in worldSeriesWinners {
    print(year)
}
```

이 예제에서는 worldSeriesWinners라는 이름의 튜플 배열을 만들었고, 배열의 각 튜플은 팀명과 월드시리즈 우승 년도를 포함한다. 그러고 나서 배열을 필터링하기 위해 for...case문을 사용하고, 월드시리즈에서 Red Sox가 승리한 해에 대해서만 출력한다.

case문에서 필터링이 완료되는데, where("Red Sox", year)는 튜플의 첫 번째 항목이 "Red Sox" 문자열과 일치하고, 두 번째 항목의 year 상수를 갖는 결과 값을 뜻한다. 그러고 나서 for문은 case문의 결과에 대해 순회하면서 year 상수 값을 출력한다.

for...case는 또한 옵셔널 배열에서 nil 값 필터링을 매우 쉽게 할 수 있다. 다음 예제를 살펴보자.

```
let myNumbers: [Int?] = [1, 2, nil, 4, 5, nil, 6]

for case let .some(num) in myNumbers {
    print(num)
}
```

이 예제의 myNumbers는 옵셔널 배열인데, 정수 값이나 nil을 포함한다. 10장에서 살펴보겠지만, 옵셔널은 내부적으로 다음과 같이 열거형으로 정의된다.

```
enum Optional {
    case none,
    case some(Wrapped)
}
```

옵셔널이 nil이면 값은 none이 되고, nil이 아니면 연관된 실제 값을 갖게 된다. 위의 예제에서는 some(num)을 필터링해서 .some 값(nil이 아닌 값)을 가진 특정 옵셔널을 찾고 있다.

다음 예제에서 보겠지만 .some( )은 ?(물음표) 기호를 써서 줄여 표현할 수 있다. 또한 다음 예제처럼 for...case문은 추가 필터링을 위해 where와 함께 사용할 수 있다.

```
let myNumbers: [Int?] = [1, 2, nil, 4, 5, nil, 6]

for case let num? in myNumbers where num > 3 {
    print(num)
}
```

이 예제는 필터링하기 위해 where를 추가한 것만 빼면 이전 예제와 동일하다. 이전 예제에서는 nil이 아닌 값을 찾기 위해 전체를 순회했지만, 이 예제에서는 3보다 큰 nil이 아닌 값에 대해서만 순회한다. case나 where문 없이 동일하게 필터링하는 방법을 살펴보자.

```
for num in myNumbers {
    if let num = num {
        if num > 3 {
            print(num)
        }
    }
}
```

보다시피 for...case와 where를 사용하면 코딩양이 상당히 줄어든다. 코드 가독성 또한 좋아지는데, 모든 필터링 구문이 한 줄 안에 있기 때문이다.

필터링 예제를 하나 더 살펴보자. 이번에는 if...case문을 살펴본다.

if...case문

if...case문은 switch문과 매우 유사하다. 일치하는 경우가 2가지 이상인 경우 대부분 switch문을 사용하게 될 것이다. 하지만 if...case가 꼭 필요한 경우도 있다.

144

한 가지 예를 들자면 한두 가지 매칭만 찾고 싶고, 나머지 경우는 따로 검사하지 않고 싶을 때다. 예제를 살펴보자.

```
enum Identifier {
    case Name(String)
    case Number(Int)
    case NoIdentifier
}

var playerIdentifier = Identifier.Number(42)

if case let .Number(num) = playerIdentifier {
    print("Player's number is \(num)")
}
```

이 예제는 3가지 값(Name, Number, NoIdentifier)을 가질 수 있는 열거형 Identifier를 생성한다. Identifier 열거형의 인스턴스 playerIdentifier를 만들고 Number 값은 42와 연계하게 했다. 그다음 if...case문을 사용해 playerIdentifier가 Number 값을 가지면 콘솔에 출력하게 했다.

for...case문과 동일하게 추가 필터링을 하기 위해 where문을 사용할 수도 있다. 다음 예제는 앞 예제와 동일한 Identifier 열거형을 사용한다.[4]

```
var playerIdentifier = Identifier.Number(2)

if case let .Number(num) = playerIdentifier, num == 2 {
    print("Player is either Xander Bogarts or Derek Jeter")
}
```

---

4. 스위프트 3부터 where라는 키워드가 쉼표로 바뀌었다. – 옮긴이

이 예제에서는 아직까지 if...case문을 사용해서 playerIdentifier가 유효한 Number 값인지 검사한다. 다만 여기서 연관 값이 2와 동일한지 검사하기 위해 추가적으로 쉼표를 사용한다. 그리고 조건을 만족한다면 Player is either Xander Bogarts or Derek Jeter를 출력한다.

예제에서 봤듯이 조건 구문에 case와 where문을 함께 사용하면 특정 타입을 필터링하는 데 필요한 코드를 크게 줄일 수 있다. 가독성 또한 향상된다. 자, 이제 제어 이동문을 살펴보자.

제어 이동문

제어 이동문Control transfer statements은 코드의 다른 부분으로 제어권을 넘기는 명령어다. 스위프트에는 6개의 제어 이동문어인 continue, break, fallthrough, guard, throws, return이 있다. return문은 4장의 마지막 함수를 다루면서 살펴보고, throws 문은 8장에서 살펴본다. 그 외 나머지 제어 이동문은 지금 살펴본다.

continue문

continue문은 루프에서 실행 중이던 코드 블록을 멈추고 루프의 맨 앞으로 다시 이동하게 해준다. 다음 예제는 범위 안에서 홀수만을 출력하기 위해 continue문을 사용하는 것을 보여준다.

```swift
for i in 1...10 {
    if i % 2 == 0 {
        continue
    }
    print("\(i) is odd")
}
```

이 예제에서는 1~10 범위를 반복한다. `for...in` 루프를 반복할 때마다 숫자가 홀수인지 짝수인지 검사하기 위해 나머지 연산자(%)를 사용한다. 짝수가 걸리면 continue문에 의해 바로 다음 루프를 진행하기 위해 루프의 처음으로 간다. 홀수의 경우에는 숫자를 출력하고 다음으로 진행한다. 코드 실행 결과는 다음과 같다.

```
1 is odd
3 is odd
5 is odd
7 is odd
9 is odd
```

이번에는 break문을 살펴보자.

break문

break문은 흐름 제어 내에서 실행 중이던 코드 블록을 즉시 종료해준다. 다음 예제는 첫 번째 짝수를 만나는 순간 for 루프를 벗어나는 것을 보여준다.

```
for i in 1...10 {
    if i % 2 == 0 {
        break
    }
    print("\(i) is odd")
}
```

이 예제는 1에서 10 범위를 순회한다. 루프를 반복할 때마다 나머지 연산자(%)로 숫자의 홀짝 여부를 확인한다. 숫자가 짝수면 break문으로 루프를 즉시 종료한다. 홀수라면 숫자가 홀수[odd]라고 출력하고 루프를 계속 진행한다. 결과는 다음과 같다.

```
1 is odd
```

fallthrough문

스위프트의 switch문은 다른 언어처럼 fall-through하지 않는다. 다만 강제로 fall-through[5]하기 위해 fallthrough문을 사용할 수 있다. fallthrough는 매우 위험할 수도 있는데, 매칭이 발견되는 순간 그다음 case문을 true로 만들고 해당 코드 블록도 실행되기 때문이다. 다음 예제를 살펴보자.

```
var name = "Jon"

var sport = "Baseball"
switch sport {
case "Baseball":
    print("\(name) plays Baseball")
    fallthrough
case "Basketball":
    print("\(name) plays Basketball")
    fallthrough
default:
    print("Unknown sport")
}
```

이 예제에서는 첫 번째 case인 Baseball을 만족하기 때문에 그 아래의 나머지 코드 블록도 역시 실행하고 결과는 다음과 같다.

```
Jon plays Baseball
Jon plays Basketball
Unknown sport
```

---

5. fall-through란 break가 나오기 전까지 다음의 case문들을 연달아 실행하는 동작을 말한다. - 옮긴이

guard문

스위프트와 대부분의 현대 언어에서 조건문은 조건이 참인 경우에 대해서만 검사하는 경향이 있다. 예를 들어 다음 예제는 변수 x가 10보다 큰지 검사 결과에 따라 특정 기능을 수행하거나 에러 조건을 처리한다.

```
var x = 9
if x > 10 {
    //기능 코드
} else {
    //에러 조건 처리
}
```

이런 방식은 조건식이 만족하면 기능 코드를 앞쪽 루프 속에 넣고, 거짓이면 에러 조건을 처리하는 루프 속에 코드를 넣어야 한다. 하지만 이런 방식을 원치 않는다면 어떻게 해야 할까? 때로는 함수의 앞쪽에서 에러 조건을 처리하는 게 더 좋을 것이다. 간단한 예제인 경우 x가 10보다 작거나 같은지 검사해서 참이면 에러 조건을 처리하면 된다. 하지만 모든 조건문이 재작성하기에 쉬운 것이 아니다. 특히 옵셔널 바인딩 같은 경우에는 말이다.

스위프트에서는 guard문을 사용한다. guard문은 조건이 거짓일 때 함수를 수행하는 데 초점을 맞춘다. 이런 방식을 사용하면 함수 초기에 에러를 발견해서 처리할 수 있다. guard문을 사용해서 앞 예제를 다시 작성해보자.

```
var x = 9
guard x > 10 else {
    //에러 조건 관련 내용
    return
}
//기능 코드
```

다시 작성한 예제를 보면 변수 x가 10보다 큰지 확인해서 거짓이면 에러 조건을 수행한다. x가 10보다 크다면 코드는 계속 진행한다. 여기서 return문이 guard문 속에 있는 것이 보일 것이다. guard문의 코드는 제어 이동문을 반드시 포함해야 한다. 이렇게 해야 나머지 코드가 실행되는 것을 막을 수 있다. 혹시 제어 이동문이 빠진다면 스위프트는 컴파일 타임 에러를 발생시킬 것이다.

guard문 예제를 하나 더 살펴보자. 다음 예제는 옵셔널이 유효한 값을 갖고 있는지 검사하는 guard문의 사용법을 보여준다.

```
func guardFunction(str: String?) {
    guard let goodStr = str else {
        print("Input was nil")
        return
    }
    print("Input was \(goodStr)")
}
```

이번 예제에서는 문자열이나 nil 값을 포함할 수 있는 옵셔널을 파라미터로 받는 guardFunction()라는 함수를 생성했다. 그리고 나서 문자열의 nil 포함 여부를 검사하기 위한 옵셔널 바인딩에 guard문을 사용하고 있다. nil이 발견되면 guard문 속의 코드가 실행되고 함수를 벗어나기 위해 return문이 수행된다. guard문으로 옵셔널 바인딩을 사용할 때 큰 이점을 말하자면 구한 새 변수를 옵셔널 바인딩 루프 속이 아닌 함수의 나머지 코드 스코프에서 사용할 수 있다는 점이다. 스위프트에서 흐름 제어를 어떻게 사용하는지 봤으니 이제 함수와 클래스에 대해 살펴보자.

▌함수

스위프트에서 함수^{function}는 특정 작업을 수행하는 독립적인 코드 블록이다. 함수는 일반적으로 전체 코드를 논리적으로 재사용 가능한 블록으로 나눈다. 함수의 이름은 함수를 호출할 때 사용된다.

함수를 정의할 때는 하나 또는 그 이상의 파라미터(인자라고도 부름)를 선택적으로 정의할 수도 있다. 함수를 호출하는 쪽 코드에서 이 파라미터를 넘길 수 있다. 이 파라미터는 일반적으로 함수 안에서 특정 작업을 수행할 때 사용된다. 함수를 호출하는 방법을 단순화하기 위해 파라미터의 기본 값을 정의할 수도 있다.

모든 스위프트 함수는 연계된 타입을 갖고 있다. 이 타입은 반환 타입이라고 부르며, 함수로부터 함수를 호출한 코드로 반환할 데이터 타입을 정의한다. 반환 값이 없다면 타입은 Void다.

이제 스위프트에서 함수를 어떻게 정의하는지 살펴보자.

단일 파라미터 함수

스위프트에서 함수를 정의하는 문법은 매우 유연하다. 유연함은 C 스타일이나 내외부 파라미터명을 동반한 좀 더 복잡한 함수를 정의하기 쉽게 만들어준다. 몇 가지 함수 정의법을 살펴보자. 다음 예제는 하나의 파라미터를 받고 호출했던 곳으로 아무런 값도 반환하지 않는 함수다(즉, 반환 타입은 Void).

```
func sayHello(name: String) -> Void {
    let retString = "Hello " + name
    print( retString)
}
```

이 예제는 sayHello라는 함수를 정의하는데, 이름이 name인 파라미터를 가진다. 이 함수는 "Hello 사람 이름"이라는 인사말을 출력한다. 함수 코드가 실행되면 함수를 벗어나고 제어권은 함수를 호출했던 코드로 돌아간다. 인사말을 출력하는 대신 함수를 호출했던 원래 코드로 인사말 문자열을 넘기고 싶다면 다음처럼 반환 타입을 추가하면 된다.

```
func sayHello2(name: String) ->String {
    let retString = "Hello " + name
    return retString
}
```

화살표 문자(->)는 함수의 반환 타입이 문자열이라는 것을 정의하는 문자다. 즉, 함수는 반드시 함수를 호출하는 곳으로 문자열 인스턴스를 반환해야 한다는 것을 의미한다. 함수 안에서 인사말과 문자 상수를 조합하고 return 키워드를 사용해 문자열 상수를 반환하고 있다.

스위프트의 함수 호출은 C나 자바 같은 다른 언어에서 함수나 메소드를 호출하는 방법과 매우 유사하다. 다음과 예제 코드와 같이 함수에서 인사 메시지를 스크린에 출력하는 sayHello(name:)을 호출하는 예제를 살펴보자.

```
sayHello(name:"Jon")
```

이번에는 호출했던 곳으로 값을 다시 반환하는 sayHello2(name:) 함수를 호출하는 방법을 살펴보자.

```
var message = sayHello2(name:"Jon")
print(message)
```

이 코드에서는 sayHello2(name:) 함수를 호출하고 반환된 값을 message에 넣고 있다. 함수가 앞에 나온 sayHello2(name:) 함수처럼 반환 타입을 정의한다면 함수를 호출한 코드 쪽으로 반드시 동일한 타입을 반환해야 한다. 따라서 함수 안에서 발생할 수 있는 모든 가능한 조건은 지정된 타입 값을 반환하는 것으로 마무리돼야 한다. 이 말은 함수를 호출한 코드가 반드시 반환한 값을 사용해야 한다는 의미는 아니다. 이를테면 다음 두 예제는 모두 올바르다.

```
sayHello2(name:"Jon")

var message = sayHello2(name: "Jon")
```

반환 값이 할당될 변수를 지정하지 않는 경우에는 이 값이 무시된다. 함수가 반환 타입을 갖지만 할당할 변수나 상수를 따로 지정하지 않으면 경고^{warning}가 표시된다. 이 경고는 다음과 같이 언더스코어 기호(_)를 사용해 방지할 수 있다.

```
_ = sayHello2(name:"Jon")
```

언더스코어를 사용하면 컴파일러에게 반환 값이 있지만 사용하지 않을 것이라는 점을 알려주는 것이다. 그럼 함수에서 여러 개의 파라미터를 사용하는 방법을 살펴보자.

다중 파라미터 함수

함수의 파라미터 개수는 하나뿐 아니라 여러 개를 정의할 수도 있다. 여러 개의 파라미터를 정의하려면 괄호 안에 파라미터를 나열하고 콤마로 구분해주면 된다. 어떻게 하는지 예제를 살펴보자.

```
func sayHello(name: String, greeting: String) {
    print("\(greeting) \(name)")
}
```

이 예에서 함수는 name과 greeting이라는 두 개의 인자를 받는다. 그리고 나서 두 파라미터를 이용해 콘솔에 인사말을 출력한다.

함수에서 한 개의 파라미터를 호출하는 것과 여러 개를 호출하는 것은 조금 다르다. 다중 파라미터 함수를 호출할 때는 콤마로 파라미터를 분리한다. 모든 파라미터 값 앞에는 파라미터명도 포함시켜야 한다. 다음 예제는 다중 파라미터 함수 호출법을 보여준다.

```
sayHello(name:"Jon", greeting:"Bonjour")
```

혹시 파라미터의 기본 값을 정의한 경우에는 모든 인자를 적지 않아도 된다. 파라미터에 대한 기본 값을 어떻게 설정하는지 살펴보자.

파라미터 기본 값

함수 선언 시 파라미터의 기본 값^{default values}은 함수 내에 동등 연산자(=)를 사용해서 정의할 수 있다. 다음 예제를 살펴보자.

```
func sayHello(name: String, greeting: String = "Bonjour") {
    print("\(greeting) \(name)")
}
```

함수의 선언에서 파라미터 하나(name: String)는 기본 값이 없고, 다른 하나(greeting: String = "Bonjour")는 기본 값을 정의했다. 기본 값이 선언되는 경우에는 해당 파라미터에 대한 값을 설정해도 되고, 설정하지 않고 호출할 수도 있다. 다음 예제에서 sayHello( ) 함수에 greeting 파라미터를 사용하지 않을 때와 사용할 때 호출하는 방법을 각각 살펴보자.

```
sayHello(name:"Jon")

sayHello(name:"Jon", greeting: "Hello")
```

sayHello( ) 함수는 greeting 파라미터의 기본 값을 갖고 있기 때문에 sayHello (name:"Jon") 라인에서 Bonjour Jon 메시지를 출력할 것이다. 때에 따라선 여러 파라미터에 대한 기본 값을 선언할 수도 있고, 파라미터명을 사용해 원하는 것만 오버라이드할 수도 있다. 다음 예제는 호출 시 기본 값이 정해진 항목에 대해 오버라이드하는 방법을 보여준다.

```
func sayHello4(name: String, name2: String = "Kim", greeting: String =
"Bonjour") {
    print("(greeting) \(name) and \(name2)")
}

sayHello4(name:"Jon", greeting: "Hello")
```

이 예제에서 기본 값이 없는 파라미터 하나(name: String)와 기본 값이 있는 파라미터 두 개(name2: String = "Kim", greeting: String = "Bonjour")를 선언했다. 함수를 호출할 때 name2 파라미터는 기본 값 그대로 두면서 greeting 파라미터의 기본 값은 오버라이드(재설정)했다.

이 예제는 Hello Jon and Kim 메시지를 출력할 것이다.

여러 값 반환 함수

스위프트 함수에서 여러 값을 반환하는 방법에는 몇 가지가 있다. 가장 흔한 방법은 값들을 컬렉션 타입(배열이나 딕셔너리)에 넣고 컬렉션을 반환하는 방법이다. 다음 예제는 스위프트 함수에서 컬렉션을 반환하는 방법을 보여준다.

```
func getNames() -> [String] {
    let retArray = ["Jon", "Kim", "Kailey", "Kara"]
    return retArray
}

var names = getNames()
```

이 예제는 getNames() 함수를 선언하는데, 파라미터는 없고 [String] 타입을 반환한다. [String] 반환 타입이라는 것은 문자열 타입으로 이뤄진 배열을 반환하는 타입이라는 것을 명시해준다.

컬렉션 타입 반환의 단점 중 하나는 컬렉션의 값들이 모두 동일한 타입이 돼야 하거나 컬렉션 타입이 Any 타입이라야 한다는 점이다. 앞 예제에서 배열은 오직 문자열 타입만 반환하고 있다. 문자열과 함께 숫자 타입을 반환하게 하려면 Any 타입의 배열을 반환해야 하고, 그러고 나서 각 객체 타입을 지정하기 위해 타입 캐스팅을 해줘야 한다. 하지만 이는 에러에 굉장히 취약하기 때문에 만들고자 하는 애플리케이션을 위한 좋은 설계는 아니다. 상이한 타입에 대한 값들을 반환하는 좀 더 좋은 방법은 튜플^{tuple} 타입을 사용하는 것이다.

함수에서 튜플을 반환하려면 반환 값을 액세스하기 위해 점^{dot} 구문을 사용해야 하는데, 이를 위해 이름 있는 튜플^{named tuple}을 사용하는 것을 추천한다. 다음 예제는 함수에서 이름 있는 튜플을 반환하고, 반환된 이름 있는 튜플의 값을 액세스하는 것을 보여준다.

```
func getTeam( ) -> (team:String, wins:Int, percent:Double) {
   let retTuple = ("Red Sox", 99, 0.611)
   return retTuple
}

var t = getTeam( )
print("\(t.team) had \(t.wins) wins")
```

이 예제에서는 세 개의 값(String, Int, Double)을 담고 있는 이름 있는 튜플을 반환하는 getTeam( ) 함수를 정의한다. 함수 안에서 반환할 튜플을 정의했다. 여기서 한 가지 주목할 점은 반환할 튜플을 이름 있는 튜플로 정의할 필요는 없다는 것이다. 단, 여기 서 조건은 튜플 속의 값 타입이 함수에 정의된 값 타입과 일치해야 한다. 그리고 나서 다른 함수들처럼 호출하면 되고 점 문법으로 반환된 반환 값을 액세스하면 된다. 앞의 예제에서 코드는 다음과 같은 결과를 출력할 것이다.

Red Sox had 99 wins

옵셔널 값 반환

앞의 절에서 나온 함수는 nil이 아닌 값을 반환한다. 하지만 항상 코드가 이런 방식으로 작성될 필요는 없다. 함수가 nil 값을 반환해야 한다면 어떻게 될까? 다음 코드는 expression does not conform to type 'NilLiteralConvertible' 예외를 발생시킬 것이다.

```
func getName( ) ->String {
   return nil
}
```

예외가 발생하는 이유는 반환 타입을 문자열로 정의했는데 nil을 반환하려고 했기 때문이다. nil을 반환해야 한다면 반환 타입을 옵셔널 타입으로 정의해서 호출하는 쪽 코드도 값이 nil이 될 수 있다는 것을 알게 해야 한다. 반환 타입을 옵셔널 타입으로 정의하려면 변수를 옵셔널로 선언하는 것과 동일하게 물음표(?)를 사용하면 된다. 다음 예제에서 어떻게 옵셔널 반환 타입을 정의하는지 살펴보자.

```
func getName() ->String? {
    return nil
}
```

이 코드는 예외를 던지지 않는다.

또한 튜플을 옵셔널 타입으로 지정하거나 튜플 내의 특정 값을 옵셔널로 정하는 것도 가능하다. 다음 예제는 튜플을 옵셔널 타입으로 반환하는 방법을 보여준다.

```
func getTeam2(id: Int) -> (team:String, wins:Int, percent:Double)? {
    if id == 1 {
        return ("Red Sox", 99, 0.611)
    }
    return nil
}
```

다음 예제에서 보듯이 함수 안에 정의된 튜플이나 nil을 반환할 수 있다. 두 옵션 모두 가능하다. 튜플 속 값이 nil이어야 한다면 튜플 속에 옵셔널 타입을 추가해야 한다. 다음 예제를 살펴보자.

```
func getTeam() -> (team:String, wins:Int, percent:Double?) {
    let retTuple: (String, Int, Double?) = ("Red Sox", 99, nil)
    return retTuple
}
```

이 예제에서 percent 값은 Double 타입이나 nil이 될 수 있다.

외부 파라미터명 추가

앞 절의 예제에서 파라미터 정의법이 C 코드의 함수에서 파라미터명과 변수 타입을 정의할 때와 비슷한 것을 살펴봤다. 함수를 호출할 때 역시 C 코드 함수 호출법과 비슷하다. 이때 함수명을 사용하고 함수로 전달할 인자를 괄호 속에 지정해 전달한다. 사실 스위프트의 문법은 이 방식을 기본으로 외부 파라미터명을 추가로 사용할 수도 있다.

각 파라미터를 지칭하기 위해 함수 호출 시 외부 파라미터명을 사용한다. 함수에 외부 파라미터명을 사용하려면 각 파라미터의 로컬 파라미터명과 함께 사용해야 한다. 함수를 정의할 때 로컬 파라미터 앞에 외부 파라미터명을 추가해주면 된다. 내부와 외부 파라미터명은 공란^{space}으로 구분된다.

외부 파라미터명을 사용하는 방법을 살펴보자. 먼저 이전에 함수 정의법을 리뷰해보겠다. 다음 두 예제에서는 외부 파라미터명이 없는 함수를 먼저 정의하고 나서 외부 파라미터명을 추가해 함수를 재정의한다.

```
func winPercentage(team: String, wins: Int, loses: Int) -> Double    {
    return Double(wins) / Double(wins + loses)
}
```

이 예제에서는 3개의 파라미터를 받는 winPercentage 함수를 정의했다. 3개의 파라미터는 team, wins, loses다. team 파라미터는 String 타입이며, win과 loses 파라미터는 Int 타입이다. 다음 예제 코드에서 winPercentage() 함수를 호출하는 방법을 살펴보자.

```
var per = winPercentage(team: "Red Sox", wins: 99, loses: 63)
```

같은 함수를 외부 파라미터와 함께 정의해보자.

```
func winPercentage(BaseballTeam team: String, withWins wins: Int, andLoses
losses: Int) -> Double {
    return Double(wins) / Double(wins + losses)
}
```

이 예제에서는 winPercentage() 함수를 외부 파라미터와 함께 재정의한다. 이전과
동일한 team, wins, losses를 갖고 있다. 차이점은 파라미터를 정의하는 방법에 있
다. 외부 파라미터를 사용할 때는 각 파라미터에 대한 외부 파라미터명과 내부 파라
미터명을 공백으로 구분하면서 같이 써줘야 한다. 앞의 예제에서 첫 번째 파라미터
인 BaseballTeam은 외부 파라미터고, 내부 파라미터명은 team이며, 타입은 String
이다.

외부 파라미터명이 있는 함수를 호출할 때는 외부 파라미터명을 포함해야 한다. 다음
코드는 앞의 예제에서 함수를 호출하는 방법을 보여준다.

```
var per = winPercentage(BaseballTeam:"Red Sox", withWins:99, andLoses:63)
```

외부 파라미터명을 사용하면 더 많은 타이핑이 필요하지만 코드를 읽기 쉽게 만든다.
이 예제에서 함수는 야구팀의 이름을 찾고, 두 번째 파라미터는 승리 횟수, 마지막
파라미터는 패배 횟수임을 쉽게 알 수 있다.

가변 파라미터 사용

가변 파라미터^{variadic parameter}는 정해진 타입에 대한 값을 0개 혹은 더 많이 받는 기능이다. 함수의 정의 안에서 파라미터의 타입 이름 뒤에 마침표 세 개(...)를 추가함으로써 정의한다. 가변 파라미터에 넘긴 값은 지정한 타입의 배열로 만들어진다. 다음 함수를 가변형 파라미터와 함께 사용해보자.

```
func sayHello(greeting: String, names: String...) {
    for name in names {
        print("\(greeting) \(name)")
    }
}
```

sayHello() 함수는 두 개의 파라미터를 가진다. 첫 번째 파라미터는 인사말에 사용할 String 타입이다. 두 번째 파라미터는 String 타입에 대한 가변 파라미터로서 인사할 사람들의 이름이다. 함수 안에서 가변 파라미터는 지정된 타입 입에 대한 배열이다. 따라서 이 예제에서 names는 String 값에 대한 배열이다. 예제에서는 names 파라미터의 값들을 액세스하기 위해 for...in 루프를 사용한다.

다음 코드는 가변 파라미터를 이용한 sayHello() 함수 호출법이다.

```
sayHello(greeting:"Hello", names: "Jon", "Kim")
```

이 코드는 Hello Jon and Hello Kim이라는 인사말을 출력한다.

inout 파라미터

파라미터의 값을 변경하고 함수가 종료돼도 그 값을 유지하고 싶다면 파라미터를
inout 파라미터로 정의하면 된다. inout 파라미터를 통해 이뤄진 모든 변경은 함수를
호출했던 변수로 다시 전달된다.

단, inout 파라미터를 사용할 때 이 파라미터들은 기본 값을 가질 수 없고 가변 파라미
터가 될 수도 없다는 두 가지 주의 사항을 잘 기억해두자.

그럼 이제 두 값을 바꿔치기swap하는 inout 파라미터 사용법을 살펴보자.

```
func reverse( first: inout String, second: inout String) {
    let tmp = first
    first = second
    second = tmp
}
```

이 함수는 두 개의 파라미터를 받고 함수 호출에서 사용된 변수의 값을 바꾼다. 함수
호출 시 변수명 앞에 앰퍼샌드(&) 문자를 붙이면 값을 수정할 수 있음을 의미한다.
다음 예제에서 reverse 함수를 호출하는 방법을 살펴보자.

```
var one = "One"
var two = "Two"
reverse(first: &one, second: &two)
print("one: \(one) two: \(two)")
```

예제를 보면 변수 one의 값으로 One을 설정하고, two의 값으로는 Two를 설정했다.
그리고 나서 one과 two 변수에 대해 reverse 함수를 호출했다. 함수가 반환되는 시점
의 one 값은 Two가 되고, two 값은 One을 가질 것이다.

중첩 함수

지금까지 살펴본 함수들은 모두 전역^{Global} 함수다. 전역 함수는 클래스나 파일 내부 범위에서 정의된 것을 말한다. 스위프트에서는 하나의 함수가 다른 함수를 포함하는 것이 가능하다. 함수 속의 함수, 즉 중첩 함수$^{nested\ function}$는 이를 감싸고 있는 (부모) 함수 안에서만 호출해서 사용할 수 있다. 하지만 이를 감싸고 있는 함수는 중첩 함수 자체를 반환할 수도 있는데, 이 경우 부모 함수의 스코프 바깥에서도 사용할 수 있게 해준다. 이 부분은 12장에서 다룬다.[6]

간단한 정렬 함수를 만들면서 함수를 어떻게 포함시키는지 살펴보자. 다음 함수는 정수 배열을 받아 정렬한다.

```swift
func sort( numbers: inout [Int]) {
    func reverse( first: inout Int, second: inout Int) {
        let tmp = first
        first = second
        second = tmp
    }

    var count = numbers.count
    while count > 0 {
        for var i in 1..<count {
            if numbers[i] < numbers[i-1] {
                reverse(first: &numbers[i], second: &numbers[i-1])
            }
        }
        count -= 1
    }
}
```

---

6. 즉 A 함수는 그 속에 B 함수를 포함할 수 있고, 이 B 함수를 통째로 반환 값으로 쓸 수도 있다는 의미다.
　 – 옮긴이

이 코드는 정수 타입 배열을 inout 파라미터로 받는 sort라는 전역 함수를 만들고 있다. sort 함수는 먼저 reverse라는 중첩 함수를 정의한다. 함수의 정의는 호출부의 앞쪽 코드에 위치해야 한다. 모든 중첩 함수를 전역 함수의 앞쪽에 위치시켜 호출하기 전에 정의됐다는 것을 알 수 있게 하는 것이 좋다. reverse 함수는 단순히 넘어온 두 값을 바꿔주는 일을 한다.

sort 함수의 본문 속에는 간단한 정렬 로직을 구현했다. 배열 속의 두 숫자를 비교하고 서로 바꿔야 하는 경우 중첩 reverse 함수를 호출한다. 다음 예제는 코드의 가독성과 유지를 용이하게 만들기 위해 중첩 함수를 효과적으로 사용하는 방법을 보여준다. 전역 함수인 sort를 호출해보자.

```
var nums: [Int] = [6,2,5,3,1]

sort(numbers: &nums)

for value in nums {
    print("--\(value)")
}
```

이 코드는 5개의 정수로 이뤄진 배열을 만들고 sort 함수에 전달한다. sort 함수는 정렬된 배열을 반환한다.

 중첩 함수는 적절히 사용할 때 매우 유용하지만 쉽게 과용하기 쉽다. 중첩 함수를 만들기 전에 스스로 왜 중첩 함수를 사용하고 싶은지 또한 이를 사용해 해결하려는 문제가 무엇인지 먼저 고려해보자.

▌종합 예제

4장에서 배운 내용을 좀 더 확실히 하기 위해 예제를 하나 더 살펴보자. 이번 예제에서
는 문자열이 유효한 IPv4 주소 값을 갖고 있는지 검사하는 함수를 만들어본다. IPv4
주소는 인터넷 프로토콜IP, Internet Protocol로 통신하기 위해 컴퓨터에 할당되는 주소다.
IP 주소는 마침표로 구분된 0에서 255 사이의 숫자 4개로 이뤄진다. 유효한 IP 주소의
예로는 10.0.1.250을 들 수 있다.

```swift
func isValidIP(ipAddr: String?) -> Bool {

    guard let ipAddr = ipAddr else {
        return false
    }

    let octets = ipAddr.characters.split { $0 == "."}.map{String($0)}

    guard octets.count == 4 else {
        return false
    }

    func validOctet(octet: String) -> Bool {
        guard let num = Int(String(octet)),
        num >= 0 && num < 256 else {
            return false
        }
        return true
    }

    for octet in octets {
        guard validOctet(octet: octet) else {
            return false
        }
    }
    return true
}
```

isValidIp( ) 함수의 파라미터가 옵셔널 타입이기 때문에 먼저 확인할 것은 ipAddr 파라미터의 nil 여부다. 이를 위해 옵셔널 바인딩을 사용한 guard 구문을 사용하고 옵셔널 바인딩 결과가 실패하면 nil 값은 유효한 IP 주소가 아니기 때문에 불리언 false를 반환한다.

ipAddr 파라미터가 nil이 아닌 값이라면 문자열을 점 문자 기준으로 여러 개의 배열로 쪼갠다. IP 주소는 원래 점으로 구분된 4개의 숫자로 구성되기 때문에 다시 한 번 guard문을 사용해 배열의 count 값이 4인지 확인한다. guard 결과가 실패라면 ipAddr은 유효하지 않은 IP 주소를 포함한 것이므로 false를 반환한다.

그다음은 중첩 함수 validOctet( )를 만든다. 이 함수는 octet이라는 하나의 문자열 파라미터를 가진다. 중첩 함수는 octet 파라미터가 0~255 사이의 숫자를 포함하는지 검사한다. 결과가 참이면 true 값을 반환하고, 아니면 false 값을 반환한다.

마지막으로 분리돼 만들어진 배열을 ipAddr 파라미터로 순회해서 각각의 값들을 validOctet( ) 중첩 함수로 전달한다. validOctet( ) 함수가 4개 값을 모두 검사해서 통과하면 유효한 IP 주소를 가진 것이기 때문에 불리언 true 값을 반환한다. validOctet( ) 함수의 실행 결과 한 개의 실패[fail]라도 발생하면 불리언 false 값을 반환한다.

▌ 요약

4장에서는 스위프트의 흐름 제어와 함수에 대해 알아봤다. 이 두 개념은 반드시 이해하고 넘어가야 할 중요한 개념이다. 만들고 싶은 애플리케이션이 단순한 Hello World 애플리케이션이 아닐 것이다. 즉, 대부분의 애플리케이션은 흐름 제어와 함수에 굉장히 크게 의존한다.

흐름 제어문은 애플리케이션의 의사 결정에 도움을 주고, 함수는 코드를 재사용 가능하고 조직적으로 만들어줄 것이다.

05

클래스와 구조체

내가 배운 첫 프로그래밍 언어는 BASIC이었다. 프로그래밍을 시작하기에 좋은 언어였지만 코모도^{Commodore} Vic-20을 PCjr로 바꾸면서 세상에는 훨씬 좋은 언어가 있다는 것을 알게 됐고, 수많은 시간을 파스칼^{Pascal}과 C를 배우면서 보냈다. '객체지향 언어'라는 단어는 대학교 시절 처음 접했다. 당시 객체지향 언어는 너무나 새로운 것이었기 때문에 관련 강좌조차 없어서 C++로 간단한 실험 정도만 했었다. 졸업 후에는 객체지향을 잊고 지냈지만, 수년이 흐른 뒤 C++를 다시 접하면서 객체지향의 진정한 파워와 유연함을 다시 발견하게 됐다.

5장에서는 다루는 내용은 다음과 같다.

* 클래스와 구조체의 생성과 사용법

- 클래스와 구조체에 프로퍼티와 프로퍼티 옵저버를 추가하는 방법
- 클래스와 구조체에 메소드를 추가하는 방법
- 클래스와 구조체에 이니셜라이저를 추가하는 방법
- 접근 제어 사용
- 클래스 계층 작성
- 클래스 확장
- 메모리 관리와 ARC의 이해

▌ 클래스와 구조체

스위프트에서 클래스와 구조체는 매우 유사하다. 스위프트를 마스터하려면 무엇이 클래스와 구조체를 비슷하게 만들고, 무엇이 이를 구별되게 만드는지 이해하는 것이 매우 중요하다. 이 두 가지는 애플리케이션을 이루는 기본 요소이기 때문이다. 클래스와 구조체에 대한 애플의 설명은 다음과 같다.

> 클래스와 구조체는 범용이고 유연한 구조를 가졌으며, 프로그램 코드의 기본 요소가 된다. 클래스와 구조체에 프로퍼티와 메소드 기능을 추가하려면 프로퍼티와 메소드를 정의하면 되는데, 이미 잘 알고 있는 상수, 변수, 함수 문법을 이용하면 된다.

클래스와 구조체의 유사점을 먼저 살펴보자.

클래스와 구조체의 유사점

스위프트에서 클래스와 구조체는 오브젝티브C와 같은 다른 언어에서보다 훨씬 큰 유사성을 가진다. 클래스와 구조체가 공통으로 갖는 특징은 다음과 같다.

- **프로퍼티(Properties)** 클래스와 구조체에서 정보를 저장할 때 사용한다.

- **메소드(Methods)** 클래스와 구조체에 기능을 제공한다.
- **이니셜라이저(Initializers)** 클래스와 구조체의 인스턴스를 초기화할 때 사용한다.
- **서브스크립트(Subscripts)** 서브스크립트 문법을 사용해 값을 액세스할 수 있다.
- **확장(Extensions)** 클래스와 구조체를 확장한다.

이제 클래스와 구조체의 차이점을 간략히 살펴보자.

클래스와 구조체의 차이점

클래스와 구조체는 매우 비슷하지만 아주 중요한 차이점이 있다. 스위프트에서 클래스와 구조체 사이의 차이점은 다음과 같다.

- **타입** 구조체는 값 타입^{Type}이지만, 클래스는 참조 타입이다.
- **상속** 다른 타입으로부터 상속^{Inheritance} 받을 수 없다. 클래스에서는 가능하다.
- **디이니셜라이저** 구조체에는 디이니셜라이저^{deinitializers}가 없다. 클래스에는 있다.

5장에서는 클래스와 구조체의 차이점을 강조하면서 각각 언제 사용해야 하는지 알아본다. 클래스와 구조체를 자세히 다루기 전에 값 타입(구조체)과 참조 타입(클래스)의 차이점을 살펴보자. 클래스와 구조체를 언제, 그리고 어떻게 적절히 사용할지 이해하기 위해서는 값과 참조 타입의 차이점을 이해하는 것이 매우 중요하다.

값 타입과 참조 타입

구조체는 값 타입$^{value type}$이다. 애플리케이션 내에서 구조체의 인스턴스를 전달할 때 구조체의 원본이 아닌 복사본을 넘긴다는 것을 의미한다. 클래스는 참조 타입인데 클래스에 대한 인스턴스를 전달할 때 원본 인스턴스에 대한 참조[reference]를 넘긴다. 값과 참조 타입 간의 차이점을 이해하는 것은 매우 중요하다. 5장에서는 이 부분에 대해 매우 깊이 다루고, 마지막의 '메모리 관리' 절에서 상세한 내용을 한 번 더 살펴본다.

애플리케이션 내에서 구조체를 전달할 때는 구조체의 원본이 아닌 복사본을 넘긴다. 함수는 자체적인 구조체의 복사본을 갖게 되기 때문에 구조체 인스턴스 원본에 영향을 주지 않으면서 복사본을 마음대로 변경할 수 있다.

애플리케이션 내에서 클래스 인스턴스를 전달할 때는 원본 클래스 인스턴스에 대한 참조[reference]를 전달한다. 함수를 통해 클래스 인스턴스를 전달하기 때문에 함수는 원본 인스턴스에 대한 참조 값을 갖게 된다. 따라서 함수 안에서 일어난 변화는 함수를 벗어난 후에도 유지된다.

값과 참조 타입 간의 차이점을 설명하기 위해 실생활을 예로 들어 보겠다. 책을 생각해보자. 『Mastering Swift』책을 읽고 싶은 친구가 있다고 하자. 그렇다면 친구에게 책을 하나 사주거나 내가 가진 책을 빌려줄 수[share] 있을 것이다.

내가 사준 책에 친구가 낙서를 한다면 그 친구 책에 낙서가 남겠지만, 내 책에는 아무 영향이 없다. 이것이 바로 구조체와 변수에 값을 전달하는 방식이다. 구조체나 변수에 발생한 어떠한 변화도 원본 인스턴스에는 영향을 주지 않는다.

이번에는 내 책을 친구에게 빌려주는 경우를 생각해보자. 친구가 내 책에 낙서를 한다면 내가 다시 받을 때도 그 낙서는 남아 있을 것이다. 이것이 참조가 작동하는 방식이다. 클래스 인스턴스에 발생하는 모든 변경 사항은 함수를 벗어난 후에도 남아 있다.

값과 참조 타입에 대해 더 알고 싶으면 5장 마지막의 '메모리 관리' 절을 보기 바란다.

클래스 및 구조체 생성

클래스와 구조체를 정의할 때는 동일한 문법을 사용한다. 이때 유일한 차이점라면 클래스는 class 키워드를 사용하고, 구조체는 struct 키워드를 사용한다는 것이다. 클래스와 구조체를 생성하는 문법을 살펴보자.

```
class MyClass {
    //MyClass 정의
}
struct MyStruct {
    //MyStruct 정의
}
```

이 코드에서는 MyClass라는 클래스와 MyStruct 구조체를 새로 정의했다. MyClass와 MyStruct라는 신규 스위프트 타입이 준비됐다. 이제 새로운 타입에 대한 이름을 지을 때 첫 글자가 대문자가 되도록 캐멀케이스^{camel case}를 사용한다. 이는 스위프트 표준 이름 명명 규칙이다. 클래스나 구조체 내의 메소드나 프로퍼티에는 첫 글자가 소문자가 되는 캐멀케이스를 사용한다.

아직까지는 클래스와 구조체에 아무 내용도 없다. 그렇다면 클래스와 구조체에 프로퍼티를 추가해보자.

프로퍼티

프로퍼티^{Properties}는 클래스와 구조체를 값과 연결시킨다. 프로퍼티의 두 가지 타입은 다음과 같다.

- **저장 프로퍼티(Stored properties)** 클래스나 구조체에 대한 인스턴스의 한 부분으로서 변수나 상수 값을 저장하는 곳이다. 저장 프로퍼티는 프로퍼티 옵저버^{property observers}를 가질 수도 있는데, 프로퍼티 값이 변경될 때 모니터링

이 가능하고 커스텀 액션으로 응답할 수도 있다.

- **연산 프로퍼티**(Computed properties) 값 자체를 저장하지는 않지만 다른 프로퍼티 값을 찾아 가져오거나 설정할 수 있다. 이 연산 프로퍼티의 반환 값 역시 필요에 따라 또 다른 연산에 사용될 수 있다.

저장 프로퍼티

클래스나 구조체에 대한 인스턴스의 일부로서 변수 또는 상수 값을 저장하고 있는 것을 저장 프로퍼티stored property라 한다. 이 프로퍼티들은 var나 let 키워드로 정의된다. 클래스나 구조체에서 저장 프로퍼티 사용법을 살펴보자. 다음 예제에서는 MyStruct라는 구조체와 MyClass라는 클래스를 만든다. 둘 다 저장 프로퍼티 c와 v를 갖고 있다. 프로퍼티 c는 let 키워드를 사용했으니 상수이고, v는 var 키워드로 정의했으니 변수다. 다음 코드를 보자.

```
struct MyStruct {
    let c = 5
    var v = ""
}

class MyClass {
    let c = 5
    var v = ""
}
```

코드에서 보다시피 저장 프로퍼티를 정의하는 문법은 클래스와 구조체 모두 동일하다. 이번엔 구조체와 클래스 각각에 대한 인스턴스를 생성해보자. 다음은 MyStruct 구조체의 인스턴스 myStruct와 MyClass 클래스의 인스턴스 myClass를 생성하는 코드다.

```
var myStruct = MyStruct()
var myClass = MyClass()
```

구조체와 클래스의 차이점 중 하나는, 구조체는 인스턴스를 만들 때 기본적으로 이니셜라이저를 제공한다는 점이다. 이 이니셜라이저를 통해 저장 프로퍼티를 설정할 수 있다. 즉, MyStruct 인스턴스의 경우 다음과 같이 만들 수 있다.

```
var myStruct = MyStruct(v: "Hello")
```

이 예제에서 이니셜라이저는 변수 v를 설정하는 데 사용되며, c 상수는 구조체에 이미 설정된 값 5가 된다. 상수에 초깃값을 지정하지 않으면 다음 예제와 같이 기본 이니셜라이저를 사용해 상수를 설정할 수 있다.

```
struct MyStruct {
    let c: Int
    var v = ""
}
```

다음 예제는 변경된 구조체의 이니셜라이저가 어떻게 작동하는지 보여준다.

```
var myStruct = MyStruct(c: 10, v: "Hello")
```

이런 같은 방식으로 하면 코드에 상수를 하드 코딩하는 대신, 런타임 시점에 클래스나 구조체를 초기화할 때 상수 값을 정의할 수 있다.

이니셜라이저에 사용할 파라미터 순서는 구조체를 정의했을 때의 순서와 같다. 이전 예제에서 상수 c가 첫 번째로 정의했던 상수이므로 이니셜라이저의 첫 번째 파라미터가 된다. 그다음 파라미터는 v였으므로 이니셜라이저에서도 두 번째 파라미터가 된다.

저장 프로퍼티를 읽거나 저장할 땐 표준 점 문법dot syntax을 사용한다. 스위프트에서 저장 프로퍼티를 설정하거나 읽는 방법은 다음 예제와 같다.

```
var x = myClass.c
myClass.v = "Howdy"
```

연산 프로퍼티를 배우기 전에 **employee**를 대표하는 구조체와 클래스를 각각 만들어 두자. 이 구조체와 클래스는 5장을 배우면서 계속 사용할 텐데, 어떤 점이 이 둘을 비슷하고 또 차이 나게 만드는지 볼 것이다.

```
struct EmployeeStruct {
    var firstName = ""
    var lastName = ""
    var salaryYear = 0.0
}

public class EmployeeClass {
    var firstName = ""
    var lastName = ""
    var salaryYear = 0.0
}
```

Employee 구조체의 이름은 EmployeeStruct이고, 클래스 이름은 EmployeeClass다. 둘 다 3개의 저장 프로퍼티 firstName, lastName, salaryYear를 각각 갖고 있다.

이제 구조체와 클래스 내에서 이 프로퍼티들을 self 키워드와 프로퍼티명을 사용해서 액세스할 수 있다. 모든 구조체, 클래스의 인스턴스는 self라는 프로퍼티를 갖고 있다. 이 프로퍼티는 인스턴스 자신을 가리킨다. 따라서 인스턴스 내의 프로퍼티를 액세스하기 위해 self를 사용할 수 있다. 다음 예제는 self 키워드를 이용해 프로퍼티를 액세스하는 것을 보여준다.

```
self.firstName = "Jon"
self.lastName = "Hoffman"
```

연산 프로퍼티

연산 프로퍼티^{Computed properties}는 프로퍼티와 연결된 값을 저장하는 데 사용되는 백엔드^{backend} 변수가 아니다. 연산 프로퍼티는 일반적으로 코드가 요청할 때 연산되는 값이다. 연산 프로퍼티는 프로퍼티로 가장한 함수라 생각하면 된다. 읽기 전용의 연산 프로퍼티를 어떻게 정의하는지 다음을 살펴보자.

```
var salaryWeek: Double {
    get{
        return self.salaryYear/52
    }
}
```

읽기 전용 연산 프로퍼티를 만들려면 먼저 var 키워드를 사용해 일반 변수인 것처럼 정의하고, 이어서 변수명, 콜론, 마지막으로 변수 타입을 적으면 된다. 이제부터는 다른 점을 살펴보자. 프로퍼티 정의 뒷부분에 중괄호를 추가하고 getter 메소드를 정의한다. 이 getter는 연산 프로퍼티의 값이 요청될 때 호출된다. 예에서 보면 getter 메소드는 현재 salaryYear 값을 52로 나눠 employee의 주급을 계산한다.

get 키워드를 제거하면 읽기 전용 연산 프로퍼티에 대한 정의를 간략하게 할 수 있다. 다음처럼 salaryWeek 함수를 쓸 수 있다.

```
var salaryWeek: Double {
    return self.salaryYear/52
}
```

연산 프로퍼티는 읽기만 가능한 것이 아니라 쓰는 것도 가능하다. SalaryWeek 프로퍼티를 쓸 수 있게 바꾸려면 setter 메소드를 추가해야 한다. 다음 예제 코드는 salaryWeek 프로퍼티를 설정할 setter 메소드를 추가하는 방법을 보여주는데, 이때 salaryWeek 프로퍼티로 전달된 값을 기준으로 계산한다.

```
var salaryWeek: Double {
    get {
        return self.salaryYear/52
    }
    set (newSalaryWeek){
        self.salaryYear = newSalaryWeek*52
    }
}
```

새 값$^{new value}$에 해당하는 이름을 정의하지 않으면 setter 정의를 간단히 만들 수 있다. 이 경우 새로운 값은 newValue라는 기본 변수명에 할당된다. 다음 코드처럼 다시 salaryWeek 연산 프로퍼티를 작성할 수 있다.

```
var salaryWeek: Double {
    get{
        return self.salaryYear/52
    }
    set{
        self.salaryYear = newValue*52
    }
}
```

연산 프로퍼티 salaryWeek는 앞 예제의 EmployeeClass 클래스나 EmployeeStruct 구조체에 아무 수정 없이 그대로 추가할 수 있다. 그럼 EmployeeClass 클래스에 salaryWeek 프로퍼티를 추가한 예제를 살펴보자

```
public class EmployeeClass {
    var firstName = ""
    var lastName = ""
    var salaryYear = 0.0
    var salaryWeek: Double {
        get{
            return self.salaryYear/52
        }
        set (newSalaryWeek){
            self.salaryYear = newSalaryWeek*52
        }
    }
}
```

이번에는 EmployeeStruct 구조체에 salaryWeek 연산 프로퍼티를 추가해보자.

```
struct EmployeeStruct {
    var firstName = ""
    var lastName = ""
    var salaryYear = 0.0

    var salaryWeek: Double {
        get{
            return self.salaryYear/52
        }
        set (newSalaryWeek){
            self.salaryYear = newSalaryWeek*52
        }
    }
}
```

보다시피 클래스와 구조체 정의는 키워드 class나 struct를 제외하고는 지금까지
동일했다.

연산 프로퍼티를 읽고 쓰는 방법은 저장 프로퍼티와 완전히 똑같다. 클래스나 구조체 밖에 있는 코드는 이 프로퍼티가 연산 프로퍼티라는 것을 알아서는 안 된다. 구조체 EmployeeStruct의 인스턴스를 만들면서 예제를 직접 살펴보자.

```
var f = EmployeeStruct(firstName: "Jon", lastName: "Hoffman", salaryYear: 39000)

print(f.salaryWeek)     //750.00을 콘솔에 출력
f.salaryWeek = 1000
print(f.salaryWeek)     //1000.00을 콘솔에 출력
print(f.salaryYear)     //52000.00을 콘솔에 출력
```

이 예제에서는 먼저 salaryYear 값을 39,000으로 설정하면서 EmployStruct 구조체 인스턴스를 만들면서 시작한다. 그런 다음 salaryWeek 프로퍼티 값을 콘솔에 출력한다. 값은 현재 750.00이다. 그 후 salaryWeek 프로퍼티를 1000.00으로 정하고 salaryWeek와 salaryYear 프로퍼티를 콘솔에 출력한다. salaryWeek와 salaryYear 의 값은 이제 각각 1000.00과 52000이다. 이 예에서 볼 수 있듯이 salaryWeek 혹은 salaryYear 프로퍼티를 설정하면 각각의 반환 값이 변경된다.

연산 프로퍼티는 동일한 데이터에 대한 다른 시각을 제공하는 점에서 매우 유용하다. 예를 들어 어떤 물체의 길이를 대표하는 값이 있다고 가정할 때 길이를 센티미터로 저장한 후 미터, 밀리미터, 킬로미터 값을 계산하는 연산 프로퍼티를 사용할 수 있다.

이제 프로퍼티 옵저버에 대해 알아보자.

프로퍼티 옵저버

프로퍼티 옵저버[Property observers]는 프로퍼티 값이 설정될 때마다 호출된다. 모든 비지 연[non-lazy] 저장 프로퍼티에 이 옵저버를 추가할 수 있다. 또한 모든 상속받은 저장 프로퍼티 및 연산 프로퍼티에도 서브클래스의 프로퍼티를 오버라이딩함으로써 프로

퍼티 옵저버를 추가할 수 있다. 이는 5장 뒷부분의 '프로퍼티 오버라이딩' 절에서 다룬다.

스위프트에서 설정 가능한 프로퍼티 옵저버는 willSet과 didSet 두 가지가 있다. willSet 옵저버는 프로퍼티가 설정되기 직전에 호출되고, didSet 옵저버는 프로퍼티가 설정된 직후 호출된다.

프로퍼티 옵저버에 대해 먼저 알아둬야 할 것이 있는데, 초기화 과정에서 값이 설정될 때는 옵저버가 호출되지 않는다는 점이다. 자, 이제 EmployeeClass 클래스와 EmployeeStruct 구조체의 salary 프로퍼티에 프로퍼티 옵저버를 어떻게 추가하는지 살펴보자.

```
var salaryYear: Double = 0.0 {
    willSet(newSalary) {
        print("About to set salaryYear to \(newSalary)")
    }
    didSet {
        if salaryWeek > oldValue {
            print("\(firstName) got a raise")
        }
        else {
            print("\(firstName) did not get a raise")
        }
    }
}
```

저장 프로퍼티에 프로퍼티 옵저버를 추가하려면 프로퍼티의 정의 내에 저장할 값의 타입을 포함시켜야 한다. 이전 예제에서는 salaryYear 프로퍼티를 Double 타입으로 정의할 필요가 없었지만, 프로퍼티 옵저버를 추가하려면 타입 정의가 필요하다.

프로퍼티를 정의하고 나서 willSet 옵저버를 정의한다. 여기서는 단순히 salaryYear 프로퍼티가 갖게 될 새로운 값을 출력한다. 또한 didSet 옵저버를 정의한다. 여기서는 새 값이 이전 값보다 큰지 검사하고 클 경우 employee got a raise를 출력할 것이다. 반대의 경우라면 employee did not get a raise를 출력할 것이다.

연산 프로퍼티의 getter와 마찬가지로 willSet 옵저버에서도 새로운 값에 대한 이름을 정의할 필요는 없다. 이름을 정의하지 않으면 newValue라는 곳에 상수 값이 들어가게 된다. 이 코드에서 사용했던 newSalary와 같이 새로운 값에 해당하는 변수를 정의하지 않고 willSet 옵저버를 다시 작성해보자.

```
willSet {
    print("About to set salaryYear to \(newValue)")
}
```

지금까지 잘 봤겠지만 프로퍼티는 클래스나 구조체에 연계된 정보를 저장하는 데 주로 사용하고, 메소드는 클래스나 구조체에 비즈니스 로직을 추가할 때 사용한다. 이제 클래스나 구조체에 메소드를 추가하는 방법을 살펴보자.

메소드

메소드는 클래스나 구조체에 연계된 함수다. 함수처럼 메소드는 클래스, 구조체와 연계된 특정 동작이나 기능을 캡슐화한 코드다. 클래스나 구조체에 사용할 메소드를 어떻게 정의하는지 살펴보자. 다음 예제는 firstName과 lastName 프로퍼티를 사용해 employee의 전체 이름을 반환한다.

```
func getFullName() -> String {
    return firstName + " " + lastName
}
```

메소드 정의법은 일반 함수 정의법과 동일하다. 메소드는 단지 특정 클래스와 구조체에 딸린 함수라는 것이고, 4장에서 배웠던 함수에 대한 모든 것이 메소드에도 적용된다.

별다른 수정 없이 getFullName( ) 함수는 EmployeeClass 클래스나 EmployeeStruct 구조체에 바로 추가할 수 있다.

메소드를 액세스하려면 프로퍼티를 액세스하기 위해 사용했던 점 문법을 동일하게 사용한다. getFullName( ) 메소드를 어떻게 액세스하는지 다음 예를 살펴보자.

```
var e = EmployeeClass()
var f = EmployeeStruct(firstName: "Jon", lastName: "Hoffman", salaryYear:
50000)

e.firstName = "Jon"
e.lastName = "Hoffman"
e.salaryYear = 50000.00

print(e.getFullName())    //Jon Hoffman을 콘솔에 출력
print(f.getFullName())    //Jon Hoffman을 콘솔에 출력
```

이 예제에서는 EmployeeClass 클래스와 EmployeeStruct 구조체의 인스턴스를 둘다 초기화한다. 구조체와 클래스를 동일한 데이터로 채우고 콘솔에 임직원의 전체 이름full name을 출력하기 위해 getFullName( )을 사용했다. 두 경우 모두 Jon Hoffman을 출력한다.

프로퍼티 값을 갱신할 때 클래스와 구조체의 메소드 정의 방법에는 차이가 있다. EmployeeClass 클래스에서 임직원의 연봉을 올려주는 메소드를 정의해보자.

```
func giveRaise(amount: Double) {
   self.salaryYear += amount
}
```

이 코드를 EmployeeClass에 추가하면 예상대로 동작하고, amount 값과 함께 메소드를 호출하면 employee는 인상된 연봉을 받을 것이다.

그런데 여기 이 메소드를 써진 그대로 EmployeeStruct 구조체에 작성한다면 Left side of mutating operator isn't mutable: 'self is immutable' 에러를 만나게 될 것이다.

기본적으로 구조체 메소드 안에서는 프로퍼티 값을 변경할 수 없다. 프로퍼티 값을 변경하려면 메소드 선언 시 사용하는 func 키워드 앞에 mutating 키워드를 추가해야 한다. 이렇게 하면 메소드에서 값을 변경할 수 있다. 따라서 EmployeeStruct 구조체에서 giveRaise()의 올바른 선언법은 다음과 같다.

```
mutating func giveRase(amount: Double) {
    self.salaryYear += amount
}
```

이 예제에서는 self 프로퍼티를 사용한다. 모든 타입에 대한 인스턴스는 self라 불리는 프로퍼티를 갖는데, 인스턴스 자신을 가리킨다. 여기서의 self 프로퍼티는 인스턴스 자체 내에서 현재 타입 인스턴스를 참조한다. 따라서 self.salaryYear라는 코드는 현재 인스턴스의 salaryYear 프로퍼티 값을 나타낸다.

 self 프로퍼티는 필요할 때만 사용하자. 이 프로퍼티가 무엇이고 어떻게 사용하는지 설명하기 위해 여태까지 살펴본 예제에서는 거의 사용하지 않았다.

로컬 변수와 인스턴스 변수의 이름이 동일한 경우 이 둘을 구분하기 위해서 self 프로퍼티를 사용하기도 한다. 다음 예제를 살펴보자.

```
func compareFirstName(firstName: String) -> Bool {
    return self.firstName == firstName
}
```

이 예제에서 메소드는 firstName이라는 인자를 받는다. 그런데 동일한 이름을 가진 프로퍼티도 있다. self를 붙여 firstName이라는 인스턴스 프로퍼티를 사용할 것을 구체적으로 명시하고 있다. 이렇게 하면 같은 이름의 로컬 변수와 구분된다.

구조체 내에서 프로퍼티 값을 변경할 때 필요했던 mutating 키워드만 제외하면 메소드의 정의법과 사용법은 함수와 완벽히 동일하다. 따라서 4장에서 살펴봤던 함수에 대한 모든 것이 메소드에도 적용된다.

클래스나 구조체를 처음 초기화할 때 프로퍼티를 초기화한다거나 특정 비즈니스 로직을 수행하길 원할 때가 있을 것이다. 이때 이니셜라이저를 사용한다.

▌ 커스텀 이니셜라이저

이니셜라이저Initializers는 특정 타입(클래스나 구조체)의 인스턴스를 초기화할 때 호출된다. 초기화는 인스턴스를 사용할 수 있게 준비하는 과정이다. 초기화 과정에서는 저장 프로퍼티가 초깃값을 가질 수 있고 외부 리소스가 가용한지 검사하고, UI를 적절히 구성할 수 있다. 이니셜라이저는 클래스나 구조체 인스턴스를 처음 사용하기 전에 적절하게 초기화해준다.

이니셜라이저는 타입의 새 인스턴스를 만들기 위한 특별한 메소드다. 다른 메소드와 같은 방식으로 정의하지만, 해당 메소드가 이니셜라이저임을 알게 init 키워드를 꼭 사용해야 한다. 가장 간단한 형태의 이니셜라이저는 아무런 인자도 받지 않는다. 간단한 이니셜라이저를 작성하는 문법을 살펴보자.

```
init() {
    //초기화 수행은 여기에
}
```

클래스와 구조체 모두 이 형태를 사용한다. 기본적으로 모든 클래스와 구조체는 내용이 없는 기본 이니셜라이저를 가진다. 원할 때 이를 오버라이드할 수 있다. 4장에서 이미 EmployeeClass 클래스와 EmployeeStruct 구조체에서 이 기본 이니셜라이저를 사용했었다. EmployeeStruct 구조체에서 봤듯이 구조체는 추가적인 기본 이니셜라이저를 가질 수 있는데, 값들을 인자로 받은 후 저장 프로퍼티를 초기화할 수 있다. EmployeeClass 클래스와 EmployeeStruct 구조체에 커스텀 이니셜라이저를 추가하는 방법을 살펴보자. 다음 코드는 3개의 커스텀 이니셜라이저를 보여주는데, EmployeeClass 클래스와 EmployeeStruct 구조체에서 모두 잘 작동한다.

```
init() {
    self.firstName = ""
    self.lastName = ""
    self.salaryYear = 0.0
}
init(firstName: String, lastName: String) {
    self.firstName = firstName
    self.lastName = lastName
    self.salaryYear = 0.0
}
init(firstName: String, lastName: String, salaryYear: Double) {
    self.firstName = firstName
    self.lastName = lastName
    self.salaryYear = salaryYear
}
```

첫 번째 이니셜라이저 init()은 모든 저장 프로퍼티 값을 기본 값으로 설정해준다. 두 번째 이니셜라이저 init(firstName: String, lastName: String)은 firstName과 lastName 프로퍼티 값을 채워준다. 세 번째 이니셜라이저인 init(firstName: String, lastName: String, salaryYear: Double)은 인자 값을 사용해 모든 프로퍼티를 설정한다.

이전 예제에서 봤지만 스위프트의 이니셜라이저는 반환 값을 갖지 않는다. 즉, 이니셜라이저에 대한 반환 타입 정의나 이니셜라이저 내에 return문이 필요 없다. 이제 이니셜라이저를 어떻게 사용하는지 살펴보자.

```
var g = EmployeeClass()
var h = EmployeeStruct(firstName: "Me", lastName: "Moe")
var i = EmployeeClass(firstName: "Me", lastName: "Moe", salaryYear: 45000)
```

변수 g는 init() 메소드를 이니셜라이저로 사용해 EmployeeClass 클래스 인스턴스를 생성하므로 EmployeeClass 인스턴스의 모든 프로퍼티는 기본 값을 가진다. 변수 h는 두 개의 인자를 받아들이는 init(firstName: String, lastName: String) 이니셜라이저로 EmployeeStruct 구조체 인스턴스를 생성하고 firstName 프로퍼티 값은 Me로 설정하며, lastName 프로퍼티 값은 Moe로 설정한다. salaryYear 프로퍼티는 여전히 기본 값인 0.0이다.

변수 i는 init(firstName: String, lastName: String, salaryYear: Double) 이니셜라이저로 EmployeeClass 클래스 인스턴스를 생성한다. 따라서 firstName은 Me, lastName는 Moe, salaryYear는 45000로 설정한다.

모든 이니셜라이저는 init 키워드로 식별되기 때문에 어떤 이니셜라이저를 사용할지는 파라미터와 파라미터 타입을 보고 구별할 수 있다. 따라서 스위프트는 이 파라미터들을 위한 자동 외부 명칭automatic external names을 제공한다. 이전 예제에서 파라미터를 가진 이니셜라이저를 사용할 때는 파라미터명을 포함하는 것을 봤다.

이제 이니셜라이저의 내부 파라미터명과 외부 파라미터명에 대해 살펴보자.

내부와 외부 파라미터명

함수처럼 이니셜라이저와 연계된 파라미터도 내/외부 명칭을 각각 가질 수 있다. 함수와 달리 파라미터에 대한 외부 이름을 명시하지 않는 경우에는 스위프트가 자동으로 만들어준다. 이전 예제에서 사실 이니셜라이저의 정의에 외부 이름을 포함하지 않았다. 스위프트가 내부 파라미터명을 이용해 외부파라미터명을 생성해준 것이었다.

자체적으로 외부 파라미터명을 주고 싶다면 내부 파라미터명 앞에 적으면 된다. 이는 일반 함수에서 했던 것과 완벽히 동일하다. 어떻게 외부 파라미터명을 정의하는지 보기 위해 EmployeeClass 클래스의 이니셜라이저 하나를 재정의해보자.

```
init(employeeWithFirstName firstName: String, lastName : String, andSalary
salaryYear: Double) {
    self.firstName = firstName
    self.lastName = lastName
    self.salaryYear = salaryYear
}
```

이 예제에서는 init(employeeWithFirstName firstName: String, lastName lastName: String, andSalary salaryYear: Double) 이니셜라이저를 생성했다. 이 이니셜라이저는 EmployeeClass 클래스 인스턴스를 생성하고 들어온 인자 값을 인스턴스 프로퍼티에 넣어준다. 이 예제에서 각 파라미터는 내부 외부 파라미터명을 모두 가진다. EmployeeClass 클래스 인스턴스를 만들어보면서 외부 파라미터명을 가진 이니셜라이저를 사용하는 방법을 살펴보자.

```
var i = EmployeeClass(employeeWithFirstName: "Me", lastName: "Moe",
andSalary: 45000)
```

유심히 보면 예제는 이니셜라이저에서 정의한 외부 파라미터명을 사용하고 있다. 외부 파라미터명을 사용하면 코드가 더욱 읽기 쉬워지고 다른 이니셜라이저들과 구분하기 쉬워진다.

혹시 여기서 이니셜라이저가 초기화에 실패하면 어떻게 될까? 예를 들어 클래스가 웹 서비스와 같은 특정 리소스에 의존한다고 가정할 때 서비스 장애가 생기면? 자드디어 실패 가능 이니셜라이저를 살펴볼 차례인 것 같다.

실패 가능 이니셜라이저

실패 가능 이니셜라이저^{failable initializer}는 클래스나 구조체에 필요한 리소스를 초기화하는 데 실패할 가능성이 있는 이니셜라이저이. 이 경우 인스턴스는 사용할 수 없게 된다. 실패 가능 이니셜라이저를 사용하면 이니셜라이저의 결과는 옵셔널 타입이다. 즉, 유효한 인스턴스 타입이거나 nil일 수 있다.

이 이니셜라이저는 init 키워드 뒤에 물음표(?) 기호를 추가해서 초기화가 실패할 수도 있다는 것을 나타낸다. 실패 가능 이니셜라이저 사용법을 살펴보자. 여기서 살펴볼 실패 가능 이니셜라이저는 연봉 2만 달러 미만인 경우 새 employee가 초기화되지 못하게 한다.

```
init?(firstName: String, lastName: String, salaryYear: Double) {
    self.firstName = firstName
    self.lastName = lastName
    self.salaryYear = salaryYear
    if self.salaryYear < 20000 {
        return nil
    }
}
```

이전 예제의 이니셜라이저에서는 return문이 없었다. 스위프트에서는 초기화된 인스턴스를 반환할 필요가 없기 때문이다. 하지만 실패 가능 이니셜라이저의 경우 초기화가 실패하면 nil을 반환하고 성공한다면 아무 값도 반환하지 않는다. 따라서 이번 예제에서는 인자로 넘어온 salary 값이 $20,000보다 작으면 nil을 반환해서 초기화가 실패함을 나타내준다. 반대의 경우에는 아무 값도 반환하지 않는다. 클래스나 구조체의 인스턴스를 만들 때 실패 가능 이니셜라이저를 어떻게 사용하는지 살펴보자.

```
if let f = EmployeeClass(firstName: "Jon", lastName: "Hoffman", salaryYear:
29000) {
    print(f.getFullName())
} else {
    print("Failed to initialize")
}
```

이 예제에서는 연봉이 $20,000보다 큰 EmployeeClass 클래스 인스턴스를 초기화했고 따라서 인스턴스가 정확히 초기화돼 콘솔에는 Jon Hoffman의 이름이 출력된다. 이번에는 연봉이 $20,000보다 작은 경우에 어떻게 실패하는지 EmployeeClass 클래스 인스턴스를 초기화해보자.

```
if let f = EmployeeClass(firstName: "Jon", lastName: "Hoffman", salaryYear:
19000) {
    print(f.getFullName())
    print(f.compareFirstName(firstName: "Jon"))
} else {
    print("Failed to initialize")
}
```

이번 예제에서 초기화하려는 employee의 연봉은 $20,000 미만이기 때문에 초기화에 실패하고, 콘솔에는 Failed to initialize 메시지가 출력된다.

가끔 코드의 특정 부분에 대한 액세스를 차단하고 싶을 때가 있다. 자세한 구현은 숨기고 보여주고 싶은 인터페이스만 노출하는 것이다. 이러한 기능은 접근 제어^{access} ^{controls}라고 부른다.

접근 제어를 통하면 코드 일부분에 대한 액세스 및 가시성을 제한할 수 있다. 자세한 구현은 숨기고 외부 코드에서 액세스할 인터페이스만 노출시키는 것이다. 클래스와 구조체 모두 특정 액세스 수준을 적용할 수 있다. 그뿐만 아니라 클래스와 구조체에 속한 프로퍼티, 메소드, 이니셜라이저 등에도 특정한 액세스 수준을 할당할 수 있다.

스위프트에는 다음과 같은 4단계 접근 수준이 있다.

- **Public** 가장 가시성이 높은 접근 제어 수준이다. 모듈을 사용하고자 하는 어디서든지 프로퍼티, 메소드, 클래스 등을 사용할 수 있다. 기본적으로 public 접근 제어 수준을 가진 아이템은 어디서나 사용할 수 있다. 이 수준은 프레임워크 public API에 노출시키기 위한 프레임워크에 의해 주로 사용된다.
- **Internal** 기본 접근 수준이다. 프로퍼티, 메소드, 클래스 등이 정의된 소스 및 소스가 포함된 모듈에서 사용할 수 있다. Internal 수준으로 프레임워크 내에 사용되면 프레임워크의 다른 부분에서도 이 아이템을 사용할 수 있지만, 프레임워크 바깥에서는 액세스가 제한된다.
- **Private** 가시성이 가장 낮은 집근 제어 수준이다. 프로퍼티, 메소드, 클래스 등을 정의하고 있는 코드 영역 내에서만 사용할 수 있다.
- **Fileprivate** 아이템이 정의된 곳과 동일한 소스 파일에 속한 모든 코드는 프로퍼티와 메소드에 접근할 수 있다.

단일 애플리케이션 내에서 사용할 코드를 작성하고 외부 애플리케이션에 액세스할 필요가 없다면 접근 제어를 무시해도 된다. 기본 접근 제어 수준인 internal은 이미 이 요구 사항을 충족하고 있다. 하지만 private 접근 수준으로 설정해 일부 구현을 숨기고 싶을 때도 있을 것이다. 이것은 예외 사항이지 지켜야 할 사항은 아니다.

프레임워크를 개발할 때 접근 제어는 상당히 유용하다. 프레임워크를 사용하는 애플리케이션들처럼 다른 모듈에서 사용할 수 있게 하려면 공개 인터페이스를 public으로 지정해야 한다. 그런 다음 internal 및 private 접근 제어 수준을 사용해 내부적으로 프레임워크와 소스 파일에 사용할 인터페이스를 표시한다.

접근 수준을 정의하려면 항목 정의 앞에 레벨 명을 지정해주면 된다. 다음 코드는 일부 항목에 대한 접근 수준을 추가하는 방법을 보여준다.

```
private struct EmployeeStruct {}
public class EmployeeClass {}
internal class EmployeeClass2 {}
public var firstName = "Jon"
internal var lastName = "Hoffman"
private var salaryYear = 0.0
public func getFullName() -> String {}
private func giveRaise(amount: Double) {}
```

접근 제어에는 몇 가지 제한 사항이 있지만, 이 제한 사항이 있기 때문에 스위프트가 다음과 같은 간단한 기본 원칙을 따를 수 있다. 더 낮은 접근 수준을 가진 또 다른 항목에 어떠한 항목도 정의할 수 없다는 원칙이다. 즉, 더 높은 접근 수준(덜 제한적인)을 낮은 접근 수준(더 제한적인)을 가진 다른 항목으로 할당할 수 없다.

다음은 이런 원칙을 보여준다.

- 인자 또는 반환 타입 중 하나가 접근 수준이 private인 경우 메소드를 public으로 표시할 수 없다. 외부 코드는 private 타입에 액세스할 수 없기 때문이다.
- 클래스나 구조체의 접근 수준이 private인 경우 메소드나 프로퍼티를 public으로 설정할 수 없다. 이는 클래스가 private인 경우 외부 코드가 이니셜라이저에 접근할 수 없기 때문이다.

▌ 상속

상속^{inheritance}은 객체지향 개발의 기본 개념이다. 상속을 사용하면 클래스를 어떤 특징을 가진 집합으로 정의할 수 있고, 다른 클래스를 파생시킬 수 있다. 파생 클래스는 상속된 클래스로부터 모든 특징을 상속받고(오버라이드 또는 재정의하지 않는다는 가정하에) 일반적으로 추가적인 자체 특성을 가질 수 있다.

상속을 통해 클래스 계층 구조를 만들 수 있다. 이 클래스 계층 구조에서 최상단에 있는 클래스를 베이스 클래스라고 하고, 파생 클래스를 **서브클래스**라 한다. 서브클래스는 베이스 클래스를 통해서만 만들어지는 것은 아니다. 또 다른 서브클래스로부터 서브클래스를 생성할 수 있다. 서브클래스가 파생되는 클래스를 부모 또는 슈퍼클래스라고 한다. 스위프트에서 클래스는 단 하나의 부모 클래스만 가질 수 있다. 이를 단일 상속이라 한다.

 상속은 클래스를 구조체와 구별되게 만드는 근본적인 차이점 중 하나다. 클래스는 슈퍼클래스로부터 상속받는 것이 가능하지만, 구조체에서는 불가하다.

서브클래스는 슈퍼클래스의 프로퍼티, 메소드, 서브스크립트를 호출하고 액세스할 수 있다. 또한 슈퍼클래스의 프로퍼티, 메소드, 서브스크립트를 재정의^{override}할 수도 있다. 서브클래스는 슈퍼클래스로부터 상속 받은 프로퍼티에 프로퍼티 옵저버를 추가할 수 있고, 프로퍼티 값이 변경될 때 통지받을 수 있다. 스위프트에서 상속이 어떻게 작동하는지 설명하는 예제를 살펴보자.

먼저 Plant라는 베이스 클래스를 만들자. Plant 클래스는 height와 age라는 프로퍼티를 가진다. 또한 growHeight()라는 메소드를 하나 가진다. height 프로퍼티는 식물의 높이를 나타내고, age는 식물의 나이를 나타낸다. growHeight() 메소드는 식물의 키가 자랄 때 사용한다. 클래스 정의는 다음과 같다.

```
class Plant {
    var height = 0.0
    var age = 0
    func growHeight(inches: Double) {
        self.height +=   inches;
    }
}
```

베이스 클래스인 Plant가 준비됐으니 이제 서브클래스를 정의해보자. 서브클래스명은 Tree라 하자. age와 Height 프로퍼티를 Plant 클래스에서 상속받은 Tree 클래스에 limbs라는 프로퍼티를 추가해보자. 또한 Plant 클래스로 부터 상속받은 메소드 growHeight( )와 더불어 새 가지[limb]가 자랄 때 사용할 limbGrow( )와 가지 하나가 떨어질 때 사용할 limbFall( )을 추가한다. 다음 코드를 살펴보자.

```
class Tree: Plant {
    private var limbs = 0
    func limbGrow( ) {
        self.limbs += 1
    }
    func limbFall( ) {
        self.limbs -= 1
    }
}
```

클래스 이름 끝에 콜론과 슈퍼클래스명을 붙이면 이 클래스가 슈퍼 클래스를 가지고 있음을 나타낸다. 이 예제에서는 Tree 클래스의 슈퍼 클래스가 Plant임을 나타내고 있다.

Plant 클래스로부터 age와 height 프로퍼티를 상속받은 Tree 클래스 사용법을 살펴보자.

192

```
var tree = Tree( )
tree.age = 5
tree.height = 4
tree.limbGrow( )
tree.limbGrow( )
```

이 예제를 보면 먼저 Tree 클래스의 인스턴스를 생성하고 나서 age와 height 프로퍼티를 각각 5와 4로 정했다. 그리고 limbGrow( ) 메소드를 두 번 호출해서 트리에 두 개의 가지를 추가했다.

이제 Plant 베이스 클래스는 Tree 서브클래스를 갖게 됐다. 즉, Tree의 슈퍼클래스(또는 부모 클래스)는 Plant 클래스다. 달리 말해 Plant의 서브클래스(또는 자식 클래스) 이름이 Tree라는 말이다. 그런데 세상에는 수많은 종류의 나무가 있다. 두 개의 서브클래스를 PineTree와 OakTree 클래스로 만들어보자.

```
class PineTree: Tree {
    var needles = 0
}

class OakTree: Tree {
    var leaves = 0
}
```

방금 생성한 클래스 계층 구조는 다음 그림과 같다.

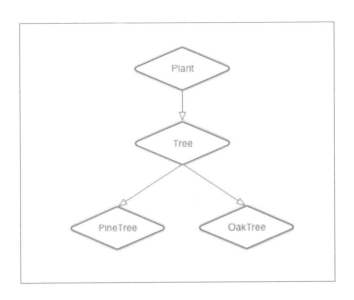

스위프트에서 클래스는 여러 개의 서브클래스를 가질 수 있다는 점을 잘 기억하기 바란다. 다만 각 클래스는 단 하나의 슈퍼클래스만을 가질 수 있다. 때에 따라 슈퍼클래스로부터 상속받은 메소드나 프로퍼티를 자신의 방식으로 구현하고 싶을 때도 있다. 이것은 이른바 오버라이딩^{overrriding}으로 알려진 개념이다

▮ 메소드와 프로퍼티 오버라이딩

메소드, 프로퍼티, 서브스크립트를 오버라이드하려면 override 키워드를 접두어로 붙여야 한다. override 키워드를 사용함으로써 슈퍼클래스에 있는 무언가를 재정의하고, 실수로 중복된 정의를 만들지 않겠다는 것을 컴파일러에게 알려주는 것이다. override 키워드가 발견되면 스위프트 컴파일러는 슈퍼클래스에 재정의할 수 있는 일치하는 선언이 있는지 확인한다. 슈퍼클래스 중에서 일치하는 선언을 찾을 수 없다면 에러가 발생한다.

메소드 오버라이딩

그럼 메소드 오버라이딩은 어떻게 하는지 살펴보자. Plant 클래스에 먼저 getDetails 메소드를 추가하고 자식 클래스에서 재정의한다. 다음 코드는 getDetails()가 추가된 새 Plant 클래스를 보여준다.

```
class Plant {
    var height = 0.0
    var age = 0
    func growHeight(inches: Double) {
        self.height += inches;
    }
    func getDetails() -> String {
        return "Plant Details"
    }
}
```

이제 Tree 클래스의 getDetails() 메소드를 오버라이드해보자.

```
class Tree: Plant {
    private var limbs = 0
    func limbGrow() {
        self.limbs += 1
    }
    func limbFall() {
        self.limbs -= 1
    }
    override func getDetails() -> String {
        return "Tree Details"
    }
}
```

여기서 중요한 점은 Plant 클래스에서는 override 키워드를 사용하지 않았다는 점이다. 메소드를 구현한 첫 번째 클래스이기 때문이다. 하지만 Plant 클래스의 getDetails() 메소드를 재정의하는 Tree 클래스에서는 override 키워드를 사용했다. 이제 Plant 와 Tree 클래스 인스턴스에서 getDetails() 메소드를 호출하면 어떻게 되는지 살펴보자.

```
var plant = Plant()
var tree = Tree()
print("Plant: \(plant.getDetails())")
print("Tree: \(tree.getDetails())")
```

이 예제를 실행하면 다음과 같은 결과를 콘솔에 출력할 것이다.

```
Plant: Plant Details
Tree: Tree Details
```

보다시피 Tree 서브클래스의 getDetails() 메소드는 부모 Plant 클래스의 getDetails() 를 재정의한다.

Tree 클래스에서 super 접두어를 사용해 슈퍼클래스의 getDetails() 메소드(또는 재정의된 메소드, 프로퍼티, 서브스크립트)를 호출할 수 있다.

이제 Tree 인스턴스에서 Plant 클래스의 getDetails() 메소드를 호출하는 방법을 살펴보자. 먼저 Plant 클래스의 getDetails() 메소드를 다음과 같이 수정해서 height와 age 프로퍼티 값을 포함하는 문자열을 만든다. 코드를 살펴보자.

```
func getDetails() -> String {
    return "Height: \(height) age: \(age)"
}
```

이 코드에서는 getDetails( ) 메소드가 plant의 높이와 나이를 포함하는 문자열을
반환하게끔 변경했다. 이제 Tree 클래스의 getDetails( ) 메소드를 다음과 같이 변경
해보자.

```swift
override func getDetails( ) -> String {
   let details = super.getDetails( )
   return "\(details) limbs: \(limbs)"
}
```

이 예제에서는 먼저 슈퍼클래스(이 경우 Plant 클래스)의 getDetails( ) 메소드를 호출해
트리의 height와 age를 포함한 문자열을 구한다. 그리고 나서 getDetails( ) 메소드의
결과에 limbs 개수를 더한 새로운 문자열을 반환한다. Tree 클래스의 getDetails( )
메소드를 호출한 결과를 살펴보자.

```swift
var tree = Tree( )
tree.age = 5
tree.height = 4
tree.limbGrow( )
tree.limbGrow( )
print(tree.getDetails( ))
```

이 코드를 실행한 결과는 다음과 같다.

```
Height: 4.0 age: 5 limbs: 2
```

보다시피 반환된 문자열은 Plant 클래스로부터의 height와 age 정보, Tree 클래스로
부터의 limb 정보를 포함한다.

재정의된 메소드를 연결할 수도 있다. OakTree 클래스에 다음 메소드를 추가하면 어
떻게 되는지 살펴보자.

```
override func getDetails() -> String {
    let details = super.getDetails()
    return "\(details) Leaves: \(leaves)"
}
```

OakTree 클래스 인스턴스의 getDetails() 메소드를 호출하면 슈퍼클래스인 Tree의
getDetails() 메소드를 호출하게 된다. Tree 클래스의 getDetails() 메소드 역시
Plant 슈퍼클래스의 getDetails() 메소드를 호출한다. Tree 클래스의 getDetails()
메소드는 마지막으로 Plant 클래스의 height와 age를 시작해 Tree 클래스의 limbs,
OakTree 클래스의 leaves를 모두 포함하는 string 인스턴스를 만든다. 예제를 살펴
보자.

```
var tree = OakTree()
tree.age = 5
tree.height = 4
tree.leaves = 50
tree.limbGrow()
tree.limbGrow()
print(tree.getDetails())
```

코드를 실행한 결과는 다음과 같다.

```
Height: 4.0 age: 5 limbs: 2 Leaves: 50
```

프로퍼티 오버라이딩

상속된 프로퍼티를 오버라이드하기 위해 커스텀 setter와 getter를 제공할 수 있다.
프로퍼티를 오버라이드하려면 재정의하려는 프로퍼티의 이름과 타입을 제공해야 한
다. 그러면 컴파일러가 클래스 계층에서 오버라이드 가능한 일치하는 프로퍼티가 있

는지 검사한다. 메소드를 오버라이드하는 것처럼 일반적이지는 않지만, 필요할 때 어떻게 해야 되는지 알아두는 것이 좋다.

Plant 클래스에 다음과 같은 메소드를 추가해서 프로퍼티를 오버라이드해보자.

```
var description: String {
    get {
        return "Base class is Plant."
    }
}
```

description 프로퍼티는 읽기 전용 프로퍼티다. 이 프로퍼티는 문자열 Base class is Plant를 반환한다. 이제 Tree 클래스에 다음과 같은 프로퍼티를 추가해서 프로퍼티를 오버라이드해보자.

```
override var description: String {
    return "\(super.description) I am a Tree class."
}
```

프로퍼티를 오버라이드할 때는 메소드 오버라이드와 마찬가지로 override 키워드를 사용한다. override 키워드를 사용해서 컴파일러에게 프로퍼티를 재정의한다고 알려준다. 이제 컴파일러는 클래스 계층 구조에서 오버라이드 가능한 프로퍼티와 일치하는 다른 클래스가 있는지 검증한다. 그다음 다른 프로퍼티와 마찬가지로 내용을 구현해주면 된다. 트리의 description 프로퍼티를 호출하면 Base class is Plant. I am a Tree class 문자열이 반환된다.

서브클래스가 프로퍼티와 메소드를 오버라이드하기를 원치 않는 경우도 있을 것이다. 또는 전체 클래스가 서브클래싱되지 않기를 원하는 경우도 있을 것이다. 어떻게 하는지 살펴보자.

오버라이드 방지

오버라이드나 서브클래싱을 막으려면 final 키워드를 사용하면 된다. 항목의 정의 앞에 final 키워드를 붙이면 된다. 예를 들면 final func, final var, final class와 같다.

final 키워드가 표기된 항목을 재정의하려면 컴파일 타임 에러가 발생한다.

▌ 프로토콜

실제로 클래스를 구현하지 않고 구현 사항(메소드, 프로퍼티, 또 다른 요구 사항)을 설명하고 싶을 때가 있을 것이다. 이때 프로토콜을 사용한다.

프로토콜은 클래스 또는 구조체에 대한 메소드나 프로퍼티, 기타 요구 사항을 정의한 설계도다. 그런 다음 클래스나 구조는 이러한 요구 사항을 준수하는 구현을 제공할 수 있다. 구현을 제공하는 클래스 또는 구조체는 프로토콜을 준수한다고 한다.

▌ 프로토콜 문법

프로토콜을 정의하는 문법은 클래스와 구조체를 정의하는 것과 매우 비슷하다. 다음 예제는 프로토콜을 정의하기 위한 문법을 보여준다.

```
protocol MyProtocol {
    //protocol 정의는 여기에
}
```

클래스명이나 구조체 끝에 콜론과 함께 프로토콜명을 적으면 특정 프로토콜을 준수한 다는 것을 명시한다. 다음 예제는 MyProtocol 프로토콜을 따르는 클래스를 보여준다.

```
class myClass: MyProtocol {
    //클래스 정의는 여기에
}
```

클래스와 구조체는 다수의 프로토콜을 따를 수 있다. 클래스와 구조체가 따르는 프로토콜은 쉼표로 구분해 나열할 수 있다. 다음 예제는 여러 개의 프로토콜을 준수하는 클래스를 보여준다.

```
class MyClass: MyProtocol, AnotherProtocol, ThirdProtocol {
    //class 구현은 여기에
}
```

슈퍼클래스로부터 상속받은 클래스가 프로토콜도 구현할 때는 슈퍼클래스 다음에 프로토콜을 나열하면 된다. 다음 예제가 이를 보여준다.

```
Class MyClass: MySuperClass, MyProtocol, MyProtocol2 {
    //Class 구현은 여기에
}
```

프로퍼티 요구 사항

프로토콜을 준수하는 클래스나 구조체가 특정 이름과 타입으로 이루어진 프로퍼티를 갖게 프로토콜을 설계할 수 있다. 프로토콜은 각 프로퍼티가 저장 프로퍼티인지 연산 프로퍼티인지 언급하지 않는다. 자세한 구현 내용은 프로토콜을 준수하는 클래스나 구조체에 달려있기 때문이다.

프로토콜 내에서 프로퍼티를 정의할 때 프로퍼티가 읽기 전용인지 읽기, 쓰기 둘 다 가능한지 지정해주기 위해 get과 set 키워드를 사용해야 한다. FullName 프로토콜을 만들어보면서 프로토콜 내에서 프로퍼티 정의법을 살펴보자.

```
protocol FullName {
    var firstName: String {get set}
    var lastName: String {get set}
}
```

FullName 프로토콜은 firstName과 lastName 두 프로퍼티를 정의한다. 이 프로토콜을 따르는 클래스나 구조체는 반드시 이 프로퍼티를 구현해야 한다. FullName 프로토콜의 이 두 프로퍼티는 모두 읽기 전용이다. 이처럼 읽기 전용으로 지정하려면 get 키워드만 정의해주면 된다. 다음 코드를 살펴보자.

```
var readOnly: String {get}
```

이 프로토콜을 준수하는 Scientist를 만들어보자.

```
class Scientist: FullName {
    var firstName = ""
    var lastName = ""
}
```

firstName이나 lastName 프로퍼티 중 하나라도 포함하지 않으면 Scientist does not conform to protocol 'FullName' 에러 메시지를 만나게 될 것이다. 프로퍼티의 타입 또한 일치하게 만들어야 한다. 예를 들어 Scientist 클래스의 lastName 정의를 var lastName = 42와 같이 변경하면 또다시 Scientist does not conform to protocol 'FullName' 에러 메시지를 보게 될 거다. 프로토콜에서 lastName 프로퍼티는 string 타입임을 명시하고 있기 때문이다

메소드 요구 사항

프로토콜을 따르는 클래스나 구조체가 특정 메소드를 구현하게 강제할 수 있다. 방법은 일반 클래스나 구조체에서 메소드를 정의하는 것과 동일하지만, 중괄호와 메소드 본문은 생략한다. FullName 프로토콜과 Scientist 클래스에 getFullName( ) 메소드를 추가해보자.

다음 예제는 getFullName( ) 메소드를 추가한 FullName 프로토콜을 보여준다.

```
protocol FullName {
    var firstName: String {get set}
    var lastName: String {get set}

    func getFullName( ) -> String
}
```

이제 Scientist 클래스에 getFullName( ) 메소드를 추가해 FullName 프로토콜을 적절히 따르게 만들어야 한다.

```
class Scientist: FullName {
    var firstName = ""
    var lastName = ""
    var field = ""

    func getFullName( ) -> String {
        return "\(firstName) \(lastName) studies \(field)"
    }
}
```

스위프트 프로토콜을 준수하는 구조체 또한 클래스와 마찬가지다. 다음 예제는 FullName 프로토콜을 따르는 FootballPlayer 구조체를 생성한다.

```
struct FootballPlayer: FullName {
    var firstName = ""
    var lastName = ""
    var number = 0
    func getFullName() -> String {
        return "\(firstName) \(lastName) has the number \(number)"
    }
}
```

스위프트에서 클래스나 구조체가 프로토콜을 준수한다는 것은 클래스나 구조체가 프로토콜에 정의된 필수 프로퍼티와 메소드를 반드시 구현하고 있다는 것을 나타낸다. 이 예제처럼 여러 개의 클래스에 걸쳐 구현이 필요한 특정 프로퍼티와 메소드가 있다고 가정할 때 이는 매우 유용하다.

프로토콜은 또한 코드를 특정 클래스나 구조체에서 분리하려 할 때도 매우 유용하다. 다음 코드는 이미 작성한 FullName 프로토콜, Scientist 클래스 및 FootballPlayer 구조체를 사용해 코드를 분리하는 방법을 보여준다.

```
var scientist = Scientist()
scientist.firstName = "Kara"
scientist.lastName = "Hoffman"
scientist.field = "Physics"

var player = FootballPlayer();
player.firstName = "Dan"
player.lastName = "Marino"
player.number = 13

var person: FullName
person = scientist
print(person.getFullName())
person = player
print(person.getFullName())
```

예제를 살펴보면 먼저 Scientist 클래스와 FootballPlayer 구조체의 인스턴스를 만든다. 그다음 FullName 타입인 person 변수를 생성하고 방금 만든 scientist 인스턴스를 대입한다. 그리고 나서 문자열을 가져오기 위해 getFullName( ) 메소드를 호출한다. 콘솔에는 Kara Hoffman studies Physics라는 메시지가 출력된다.

다음 person 변수에 player 인스턴스를 대입하고 getFullName( ) 메소드를 다시 한 번 호출한다. 이번에는 Dan Marino has the number 13이라는 메시지를 출력할 것이다.

보다시피 person 변수는 실제 클래스나 구조체의 구현 사항에는 관심이 없다. person 변수가 FullName 타입이기 때문에 person 변수는 FullName 프로토콜을 준수하는 어떠한 클래스나 구조체의 인스턴스도 될 수 있다.

프로토콜에 대해서는 6장 및 7장에서 좀 더 많은 내용을 다룬다.

▌익스텐션

익스텐션extension을 사용해 신규 프로퍼티와 메소드, 이니셜라이저, 서브스크립트를 추가할 수도 있고, 기존 클래스와 구조체가 특정 프로토콜을 따르게 만들 수도 있다.

익스텐션에서 중요한 점 하나는 기존 기능을 오버라이드할 수는 없다는 점이다.

익스텐션을 정의하려면 extension 키워드 다음에 확장하려는 타입을 따라 기술하면 된다. 다음 예제는 string 클래스를 확장하는 익스텐션을 생성하는 방법을 보여준다.

```
extension String {
    //새 기능은 여기에 추가
}
```

스위프트 표준 String 클래스에 reverse( ) 메소드와 firstLetter 프로퍼티를 추가해 익스텐션이 작동하는 방식을 살펴보자.

```
extension String {
    var firstLetter: Character? {
        get {
            return self.characters.first
        }
    }

    func reverse() -> String {
        var reverse = ""
        for letter in self.characters {
            reverse = "\(letter)" + reverse
        }
        return reverse
    }
}
```

기존 클래스와 구조체를 확장할 때 프로퍼티와 메소드, 이니셜라이저, 서브스크립트를 정의하는 방법은 일반적으로 표준 클래스나 구조체에 정의하는 것과 정확히 똑같다. 문자열 익스텐션 예제에서 reverse( ) 메소드와 firstLetter 프로퍼티를 정의하는 방식은 일반 클래스에서 정의하는 것과 똑같았다.

그리고 나서 익스텐션에 의해 추가된 이 속성과 메소드, 이니셜라이저, 서브스크립트를 그냥 사용하면 된다. 다음 예제는 String 타입에 방금 추가한 reverse( ) 메소드 사용법을 보여준다.

```
var test = "abc"
print(test.reverse())
```

이 예제에서 봤듯이 익스텐션은 외부 프레임워크(심지어 애플 프레임워크도 포함)의 클래스나 구조체에 기능을 추가하는 데 매우 유용하다. 외부 프레임워크의 클래스에 추가 기능을 더할 때는 서브클래싱보다 익스텐션을 사용하는 것을 더 선호한다. 코드에서 프레임워크가 제공하는 클래스를 사용할 수 있기 때문이다.

▌메모리 관리

5장의 앞부분에서 구조체는 값 타입이고 클래스는 참조 타입이라 언급했다. 이는 메소드의 파라미터 등을 통해 구조체 인스턴스를 애플리케이션 내에서 전달할 때 메모리에는 새로운 구조체 인스턴스가 생성된다는 의미다. 새로 생성된 구조체 인스턴스는 애플리케이션이 생성된 스코프 내에 있을 때에만 유효하다. 구조체가 스코프를 벗어나는 순간 새 구조체 인스턴스는 파괴되고 메모리에서 해지된다. 구조체의 메모리는 이런 방식으로 굉장히 쉽게 관리된다.

반면 클래스는 참조 타입이다. 이는 클래스의 인스턴스가 처음 생성될 때 딱 한 번 메모리를 할당한다는 의미다. 애플리케이션에서 함수의 인자나 변수를 할당하는 과정에서 클래스 인스턴스를 전달할 때 실제로는 메모리에 저장된 인스턴스의 참조 값을 전달한다. 클래스 인스턴스가 여러 개의 스코프에서 참조될 수 있기 때문(이는 구조체와 다른 점이다)에 자동으로 파괴되거나 다른 스코프에서 참조됐다고 해서 메모리가 해제되지 않는다. 따라서 스위프트는 클래스가 더 이상 필요 없을 때 클래스 인스턴스에 사용된 메모리를 트래킹하고 릴리스하는 일종의 메모리 관리 방법이 필요하나. 이때 사용하는 것이 자동 참조 카운팅ARC, Automatic Reference Counting이다.

대부분의 경우 ARC를 사용하면 스위프트에서 메모리 관리는 알아서 동작한다. ARC는 자동으로 클래스 인스턴스의 참조를 트래킹하고 더 이상 필요 없을 때(가리키는 참조 값이 없으면) ARC는 인스턴스를 자동으로 파괴하고 메모리를 해제한다. ARC는 종종 메모리를 적절히 관리하기 위해 추가 관련 정보를 요청할 때가 있다. 이런 경우를 보기 전에 먼저 ARC가 어떻게 작동하는지 살펴보자.

ARC 작동 방식

새 클래스의 인스턴스가 생성될 때마다 ARC는 그 클래스를 저장할 메모리를 할당한다. 해당 클래스와 연관된 정보를 저장할 충분한 메모리를 확보해주고, 또한 메모리가 오버라이트^{overwrite}되지 않게 메모리를 고정^{lock}시킨다. 클래스 인스턴스가 더 이상 필요 없어지면 ARC는 클래스에 할당된 메모리를 릴리스하고 나서 다른 용도로 사용할 수 있게 해준다. 즉, 더 이상 필요 없는 메모리를 풀어주는 역할을 한다.

ARC가 사용 중인 클래스 인스턴스의 메모리를 해제한다면 메모리에서 클래스 정보를 가져올 수 없을 것이다. 메모리에서 해제된 후 클래스 인스턴스를 액세스하려면 애플리케이션은 크래시될 것이다. 사용 중인 클래스 인스턴스가 메모리에서 해지되지 않게 하기 위해 ARC는 인스턴스가 몇 번 참조됐는지 카운트한다(얼마나 많은 프로퍼티와 변수, 상수가 클래스 인스턴스를 가리키고 있는지를 헤아린다). 클래스 인스턴스에 대한 참조 카운트가 0이 되는 순간(아무것도 인스턴스를 참조하지 않을 때) 메모리는 해제된 것으로 표시된다.

이전까지 예제는 잘 실행됐지만 다음 예제는 아니다. 샘플 코드를 실행하면 ARC는 생성한 객체를 릴리스하지 않는다. 이는 애플리케이션이 어떻게 실행되는지 단계별 객체의 상태를 보기 위한 설계 사양이다. 이제 ARC가 어떻게 동작하는지 살펴보자.

다음 코드처럼 `MyClass`를 생성한다.

```
class MyClass {
    var name = ""
    init(name: String) {
        self.name = name
        print("Initializing class with name \(self.name)")
    }

    deinit {
        print("Releasing class with name \(self.name)")
```

```
    }
}
```

이 클래스는 이전의 **MyClass** 클래스와 매우 유사한데, 클래스 인스턴스가 파괴되고 메모리에서 제거되기 전에 호출될 디이니셜라이저^{deinitializer}를 추가한 것이 차이점이다. 디이니셜라이저는 클래스 인스턴스가 제거되기 직전이라는 것을 콘솔에 메시지로 표시해준다.

이제 ARC가 클래스 인스턴스를 생성하고 파괴하는 코드를 살펴보자.

```
var class1ref1: MyClass? = MyClass(name: "One")
var class2ref1: MyClass? = MyClass(name: "Two")
var class2ref2: MyClass? = class2ref1
print("Setting class1ref1 to nil")
class1ref1 = nil
print("Setting class2ref1 to nil")
class2ref1 = nil
print("Setting class2ref2 to nil")
class2ref2 = nil
```

먼저 **MyClass** 클래스 타입의 **class1ref1**과 **class2ref1**라는 두 인스턴스(클래스1 참조1, 클래스2 참조1를 설명하는 클래스 이름이다)를 생성한다. 그리고 나서 **class2ref2**라는 이름으로 **class2ref1**으로의 두 번째 참조를 생성한다. 이제 ARC 동작 방식을 보기 위해 참조 값을 nil로 설정한다. 먼저 **class1ref1**을 nil로 설정한다. **class1ref1**은 한 개의 참조만 가지므로 디이니셜라이저가 호출될 것이다. 디이니셜라이저가 작업을 완료하자마자 콘솔에는 클래스 인스턴스가 파괴되고 메모리가 해제됐다는 것을 표시한다.

그리고 나서 **class2ref1**가 nil로 설정될 때 이 클래스에 대한 두 번째 참조(class2ref2) 때문에 ARC는 인스턴스를 파괴하지 못하게 되고, 디이니셜라이저는 호출되지 않는다. 마지막으로 class2ref2가 nil로 설정될 때 ARC는 MyClass의 이 인스턴스를 파괴한다.

코드를 실행하면 ARC 작동 방식을 설명해주는 다음과 같은 출력을 볼 수 있다.

```
Initializing class with name One
Initializing class with name Two
Setting class1ref1 to nil
Releasing class with name One
Setting class2ref1 to nil
Setting class2ref2 to nil
Releasing class with name Two
```

예제를 보면 ARC가 메모리 관리를 아주 잘하는 것처럼 보이지만 ARC가 제대로 작동하지 못하게 하는 코드를 작성할 수도 있다.

강한 참조 사이클

강한 참조 사이클^{Strong reference cycles}은 두개의 클래스 인스턴스가 서로 강하게 참조를 유지하는 것을 말하는데, ARC가 서로의 인스턴스를 릴리스하지 못함으로써 발생한다. 강한 참조 사이클은 예제를 보면서 이해하는 게 가장 쉬우니 하나 만들어보자. 이번 프로젝트에는 다음과 같이 MyClass1과 MyClass2 클래스를 만들어보자.

```
class MyClass1 {
    var name = ""
    var class2: MyClass2?
    init(name: String) {
        self.name = name
        print("Initializing class with name \(self.name)")
    }
```

```
    deinit {
        print("Releaseing class with name \(self.name)")
    }
}

class MyClass2 {
    var name = ""
    var class1: MyClass1?
    init(name: String) {
        self.name = name
        print("Initializing class2 with name \(self.name)")
    }
    deinit {
        print("Releaseing class2 with name \(self.name)")
    }
}
```

코드에서 보다시피 MyClass1은 MyClass2 인스턴스를 포함한다. 따라서 MyClass2 인스턴스는 MyClass1이 파괴되기 전까지는 릴리스될 수 없다. 또한 코드에서 MyClass2는 MyClass1 인스턴스를 포함하고 있음을 볼 수 있다. 따라서 MyClass1 인스턴스는 MyClass2가 파괴되기 전까지는 릴리스될 수 없다. 이렇게 인스턴스는 다른 인스턴스가 파괴되기 전까지 파괴될 수 없는 상호의존적 순환(사이클)을 생성한다. 다음 코드를 보고 어떻게 작동하는지 살펴보자.

```
var class1: MyClass1? = MyClass1(name: "Class1")
var class2: MyClass2? = MyClass2(name: "Class2")
//class1과 class2의 참조 카운트는 1

class1?.class2 = class2
//Class2의 참조 카운트는 2
class2?.class1 = class1
//class1의 참조 카운트는 2
print("Setting classes to nil")
```

```
class2 = nil
//class2의 참조 카운트는 1, 파괴되지 않았음
class1 = nil
//class1의 참조 카운트는 1, 파괴되지 않았음
```

예제의 주석에서 볼 수 있듯이 각 인스턴스의 참조 카운트는 절대로 0이 되지 않는다. 따라서 ARC는 인스턴스를 파괴할 수 없고 메모리 누수를 만들어낸다. 메모리 누수는 애플리케이션이 계속해서 메모리를 사용하고 적절히 메모리 사용을 해제하지 못하는 것을 의미한다. 누수가 있는 애플리케이션은 결국 크래시가 난다.

강한 참조 사이클을 해결하려면 클래스 중 하나가 다른 클래스의 인스턴스를 강하게 붙잡는 것을 막아야 한다. 이로써 ARC가 둘 다 파괴할 수 있다. 스위프트는 이를 위해 두 가지 방법을 제공하는데, 약한weak 참조와 미소유unowned 참조를 정의하는 것이다.

약한 참조와 미소유 참조의 가장 큰 차이점은 약한 참조가 가리키는 인스턴스는 nil 이 될 수 있는 반면, 미소유 참조가 가리키는 인스턴스는 nil이 될 수 없다는 점이다. 즉, 약한 참조를 사용하면 nil이 될 수 있기 때문에 프로퍼티는 반드시 옵셔널이 된다 는 것이다. 미소유 참조와 약한 참조를 사용해 강한 참조 사이클 문제를 해결해보자. 먼저 미소유 참조 기술을 살펴보자.

다음과 같이 두 클래스 MyClass3와 MyClass4를 생성한다.

```
class MyClass3 {
    var name = ""
    unowned let class4: MyClass4

    init(name: String, class4: MyClass4) {
        self.name = name
        self.class4 = class4
        print("Initializing class3 with name \(self.name)")
    }
```

212

```
    deinit {
        print("Releasing class3 with name \(self.name)")
    }
}

class MyClass4{
    var name = ""
    var class3: MyClass3?

    init(name: String) {
        self.name = name
        print("Initializing class4 with name \(self.name)")
    }
    deinit {
        print("Releasing class4 with name \(self.name)")
    }
}
```

MyClass4는 이전 예제에서 살펴봤던 MyClass1 및 MyClass2와 상당히 비슷하다. 차이점은 MyClass3에서 볼 수 있는데, 클래스의 프로퍼티 중 class4를 unowned로 설정한 것이다. 즉, nil이 될 수 없고 MyClass4를 향한 강한 참조를 유지할 수 없다는 의미다. class4 프로퍼티가 nil이 될 수 없기 때문에 초기화할 때 미리 설정해야 한다.

이세 다음 코드에서 이 클래스 인스턴스를 초기화하고 소멸시키는 방법을 살펴보자.

```
var class4 = MyClass4(name: "Class4")
var class3: MyClass3? = MyClass3(name: "class3", class4: class4)
class4.class3 = class3
print("Classes going out of scope")
```

이 코드에서는 MyClass4 클래스 인스턴스를 만든 후 MyClass3 클래스의 인스턴스를 생성할 때 class4를 사용한다. 그러고 나서 MyClass4 인스턴스의 class3 프로퍼티를 방금 만든 MyClass3 인스턴스로 설정한다. 이로써 두 클래스 사이에 상호 의존적 참조 사이클이 만들어진다. 하지만 이번에는 MyClass3 인스턴스가 MyClass4 인스턴스를 강하게 붙잡고 있지 않기 때문에 필요 없어지는 시점에 ARC는 두 인스턴스를 해지한다.

다음 결과처럼 코드를 실행하면 MyClass3와 MyClass4 인스턴스는 릴리스되고 메모리는 해제된다.

```
Initializing class4 with name Class4
Initializing class3 with name class3
Classes going out of scope.
Releasing class4 with name Class4
Releasing class3 with name class3
```

강한 참조 사이클을 방지하기 위해 이번에는 약한 참조를 사용해보자. 다음과 같이 두 클래스를 생성한다.

```swift
class MyClass5 {
    var name = ""
    var class6: MyClass6?
    init(name: String) {
        self.name = name
        print("Initializing class5 with name \(self.name)")
    }
    deinit {
        print("Releasing class5 with name \(self.name)")
    }
}

class MyClass6 {
    var name = ""
    weak var class5: MyClass5?
    init(name: String) {
        self.name = name
```

```
        print("Initializing class6 with name \(self.name)")
    }
    deinit {
        print("Releasing class6 with name \(self.name)")
    }
}
```

MyClass5와 MyClass6 클래스는 이전에 강한 참조 사이클이 작동하는 방식을 설명하면서 살펴봤던 MyClass1이나 MyClass2 클래스와 매우 유사하다. 큰 차이점은 MyClass6 내에 class5 프로퍼티를 약한 참조로 정의한 것이다.

이제 다음 코드에서 이 클래스 인스턴스를 초기화하고 소멸시키는 방법을 살펴보자.

```
var class5: MyClass5? = MyClass5(name: "Class5")
var class6: MyClass6? = MyClass6(name: "Class6")
class5?.class6 = class6
class6?.class5 = class5
print("Classes going out of scope ")
```

이 코드에서 MyClass5와 MyClass6 클래스 인스턴스를 생성한 후 상대방 클래스의 인스턴스를 가리키는 클래스 프로퍼티를 설정했다. 다시 한 번 의존적 순환^{cycle of} ^{dependency}을 만들고 있지만 MyClass6 클래스의 class5 프로퍼티를 weak로 설정했기 때문에 강한 참조를 만들지는 않는다. 따라서 두 인스턴스는 해지된다.

다음 결과처럼 코드를 실행하면 MyClass5와 MyClass6 인스턴스는 릴리스되고 메모리는 해제된다.

```
Initializing class5 with name Class5
Initializing class6 with name Class6
Classes going out of scope.
Releasing class5 with name Class5
```

이번 절에서 봤듯이 순환 의존성^{circular dependencies}은 가능한 한 피하는 편이 좋다. 단, 가끔 필요할 때도 있을 것이다. 이런 경우에 ARC 사용 시 앞에서 배운 방법을 사용해 릴리스해야 한다는 점을 기억하자.

▌ 요약

5장을 마무리하면서 스위프트 프로그래밍 언어에 대한 소개를 마치고자 한다. 여기까지 배운 것만으로 스위프트 언어를 사용해 애플리케이션 작성을 시작할 수 있을 것이다. 물론 아직은 갈 길이 멀다.

6장에서는 옵셔널과 서브스크립트처럼 이미 다뤘던 개념을 좀 더 깊이 살펴본다. 또한 일반적인 파일 형식을 파싱하거나 동시성^{concurrency} 핸들링 같은 공통 작업들을 어떻게 수행하는지도 살펴본다. 이 책의 종반부에서는 좀 더 훌륭한 코드를 작성하는 데 도움이 될 만한 스위프트 스타일 가이드와 디자인 패턴을 다룬다.

06

프로토콜과
프로토콜 익스텐션

WWDC 2015 세션 중 프로토콜 익스텐션^{protocol extension}과 **프로토콜 지향 프로그래밍**^{POP,} ^{Protocol-Oriented Programming}을 보면서 솔직히 나는 회의적이었다. 오랜 기간 동안 객체지향 프로그래밍^{OOP, Object-Oriented Programming}을 해왔기 때문에 애플이 주장하는 것처럼 새로운 프로그래밍 패러다임이 모든 문제를 해결해준다는 것이 불확실해 보였다. 다만 새로운 것을 시도해보는 데 대한 회의감이 밀려오는 것을 그냥 두고 볼 수만 없었다. 그래서 애플의 권고에 따라 POP 코드를 사용해서 현재 작업 중이던 프로젝트를 재작성해 봤다. 프로토콜 익스텐션 또한 이곳저곳에서 사용해봤다. 그 결과 원래 코드와 비교했을 때 훨씬 깔끔해진 새 프로젝트가 만들어진 것에 솔직히 놀랐다. 프로토콜 익스텐션이야 말로 나머지 프로그래밍 언어로부터 스위프트를 돋보이게 만들어준다는 것이 내 생각이 다. 또한 다수의 주요 언어들이 이와 유사한 기능을 장차 탑재할 것으로 생각한다.

6장에서 다루는 내용은 다음과 같다.

- 타입으로 프로토콜을 사용하는 방법
- 스위프트 프로토콜을 사용한 다형성 구현 방법
- 프로토콜 익스텐션 사용법
- 프로토콜 익스텐션을 사용하는 이유

프로토콜 익스텐션은 기본적으로 편의상 추가된 문법^{syntactic sugar}이지만, 개인적으로 스위프트 언어에 추가된 가장 중요한 부분 중 하나라 생각한다. 프로토콜을 따르는 어떠한 타입이든 프로토콜 익스텐션을 사용하면 메소드나 속성을 구현할 수 있다. 어떻게 프로토콜과 프로토콜 익스텐션이 유용한지 이해하려면 먼저 프로토콜 자체에 대한 이해가 중요하다.

 클래스나 구조체, 열거형 모두 스위프트 프로토콜을 준수할 수 있지만, 6장에서는 클래스와 구조체에 포커스를 맞춘다. 열거형은 정해진 개수의 경우의 수를 표현할 때 사용된다. 열거형이 프로토콜을 따르게 만들어서 유용하게 사용되는 경우도 있지만, 경험에 따르면 극히 드물다. 다만 클래스와 구조체를 언급하는 모든 곳에서 열거형 또한 사용할 수 있음을 기억하자.

프로토콜이 스위프트에서 어떻게 제대로 자격을 갖춘 타입^{full-fledged type}인지 살펴보자.

▌타입으로의 프로토콜

프로토콜은 내부에 아무런 기능이 구현돼 있지 않지만, 스위프트 프로그래밍 언어에서는 온전한 자격을 갖춘 타입 또는 완벽한 타입으로 인정받으며, 다른 타입들처럼 사용한다. 즉, 프로토콜을 함수의 파라미터 또는 반환 타입으로 사용할 수 있다. 또한 프로토콜을 변수나 상수, 컬렉션의 타입으로 사용할 수도 있다. 몇 가지 예를 살펴보

자. 앞으로 살펴볼 예제에서는 다음과 같은 PersonProtocol 프로토콜을 사용할 것
이다.

```
protocol PersonProtocol {
    var firstName: String {get set}
    var lastName: String {get set}
    var birthDate: NSDate {get set}
    var profession: String {get}
    init (firstName: String, lastName: String, birthDate: NSDate)
}
```

첫 번째 예제에서는 함수나 메소드, 이니셜라이저 속에서 프로토콜을 파라미터나 반
환 타입으로 사용하는 방법을 살펴본다.

```
func updatePerson(person: PersonProtocol) -> PersonProtocol {
    //person을 업데이트하는 코드는 여기에...
    return person
}
```

이 예제에서는 updatePerson( ) 함수는 PersonProtocol 프로토콜 타입의 파라미터
한 개를 갖고 PersonProtocol 프로토콜 타입의 값을 반환한다. 이번에는 상수나 변
수, 속성의 타입으로 프로토콜을 사용하는 방법을 살펴보자.

```
var myPerson: PersonProtocol
```

이 예제에서는 myPerson이라는 이름의 PersonProtocol 프로토콜 타입 변수를 만들
었다. 프로토콜은 또한 배열, 딕셔너리, 집합 같은 컬렉션에 저장될 항목 타입으로
사용할 수도 있다.

```
var people: [PersonProtocol] = []
```

마지막 예제에서는 PersonProtocol 프로토콜 타입 배열을 만들었다. 위 3가지 예제에서 PersonProtocol 프로토콜은 어떠한 기능도 구현하지 않았지만, 타입 지정이 필요할 때면 여전히 프로토콜을 사용할 수 있다는 것을 볼 수 있다. 단, 프로토콜의 인스턴스는 생성할 수 없다. 이는 프로토콜에는 아무런 기능이 구현돼 있지 않기 때문이다. 예를 들어 PersonProtocol 프로토콜의 인스턴스를 생성하려고 하면 a protocol type PersonProtocol cannot be instantiated 에러가 발생할 것이다. 다음 예제를 살펴보자.

```
var test = PersonProtocol(firstName: "Jon", lastName: "Hoffman",
        birthDate:bDateProgrammer)
```

언제라도 프로토콜 타입이 필요할 때면 프로토콜을 따르는 클래스나 구조체의 인스턴스를 사용할 수 있다. 예를 들어 변수를 PersonProtocol 프로토콜 타입으로 정의하면 어떤 클래스나 구조체라도 PersonProtocol 프로토콜을 따르기만 하면 값을 사용할 수 있다. 예를 들어 PersonProtocol 프로토콜을 따르는 SwiftProgrammer와 FootballPlayer라는 두 개의 타입이 있다고 가정해보자.

```
var myPerson: PersonProtocol
myPerson = SwiftProgrammer(firstName: "Jon", lastName: "Hoffman",
        birthDate: bDateProgrammer)
print("\(myPerson.firstName) \(myPerson.lastName)")
myPerson = FootballPlayer(firstName: "Dan", lastName: "Marino",
        birthDate: bDatePlayer)
print("\(myPerson.firstName) \(myPerson.lastName)")
```

이 예제에서는 먼저 myPerson 변수를 PersonProtocol 프로토콜 타입으로 만든다. 그런 다음 변수를 SwiftProgrammer 타입의 인스턴스로 설정하고 성[first name]과 이름[last name]을 출력한다. 다음은 myPerson 변수를 FootballPlayer 타입의 인스턴스로 만들고, 또다시 성과 이름을 출력한다. 한 가지 기억할 점은 스위프트는 인스턴스가 클래스인지 구조체인지 상관치 않는다는 점이다. 다만 해당 타입이 PersonProtocol 프로토콜을 따르는지 여부만 신경 쓰고 있다. SwiftProgrammer 타입이 구조체이고 FootballPlayer 타입이 클래스일지라도 이 코드는 전혀 문제없다.

앞서 살펴본 바와 같이 personProtocol 프로토콜을 배열의 타입으로 사용할 수 있는데, 이는 PersonProtocol 프로토콜을 따르는 타입의 인스턴스이기만 하면 배열에 값을 저장할 수 있다는 의미다. 여기서도 마찬가지로 타입이 클래스나 구조체 둘 다 가능하다. PersonProtocol을 준수하기만 하면 된다. 이에 대한 예제는 다음과 같다.

```
var programmer = SwiftProgrammer(firstName: "Jon", lastName: "Hoffman",
    birthDate: bDateProgrammer)

var player = FootballPlayer(firstName: "Dan", lastName: "Marino",
    birthDate: bDatePlayer)

var people: [PersonProtocol] = []
people.append(programmer)
people.append(player)
```

이 예제에서는 SwiftProgrammer 타입과 FootballPlayer 타입의 인스턴스를 생성했다. 그리고 나서 두 인스턴스 모두 people 배열에 추가했다.

▌ 프로토콜의 다형성

앞에서 살펴본 예제는 다형성^{polymorphism}의 한 형태다. 다형성이라는 단어는 그리스어가 어원인 poly(많다는 의미)와 morphe(형태의 의미)에서 왔다. 프로그래밍 언어에서 다형성이란 여러 타입(여러 형태)에 대한 한 가지 인터페이스를 의미한다. 앞의 예제에서 단일 인터페이스는 PersonProtocol 프로토콜이고, 여러 개의 타입은 이 프로토콜을 따르는 모든 타입이 된다.

다형성은 하나의 형태로 다양한 타입과 상호작용을 할 수 있다. 설명을 위해 이전에 살펴봤던 배열 루프 속의 PersonProtocol 타입 배열 예제를 확장해보자. 이제 실제 타입과 상관없이 PersonProtocol에 정의된 속성과 메소드를 사용해 배열의 각 항목을 액세스할 수 있다. 예제를 살펴보자.

```
for person in people {
    print("\(person.firstName) \(person.lastName): \(person.profession)")
}
```

실행 결과는 다음과 같다.

```
Jon Hoffman: Swift Programmer
Dan Marino: Football Player
```

6장에서 수차례 언급했던 사항인데, 변수나 상수, 컬렉션 등을 프로토콜 타입으로 정의하고 나면 이후에 그 프로토콜을 따르는 타입에 대한 인스턴스를 사용할 수 있다. 이것을 이해하는 것은 굉장히 중요하고 프로토콜과 프로토콜 익스텐션을 매우 강력하게 만들어준다.

이 예제에서 봤듯이 프로토콜을 사용해 인스턴스를 액세스하면 프로토콜에서 정의하는 프로퍼티와 메소드만 사용하게 제한한다. 개별 타입의 고유한 프로퍼티와 메소드를 사용하고 싶다면 각 타입에 맞게 인스턴스를 캐스팅해야 한다.

▌ 프로토콜과 타입 캐스팅

타입 캐스팅은 인스턴스 타입을 체크하거나 특정 타입으로 다루기 위한 방법이다. 스위프트에서는 인스턴스가 특정 타입인지 체크할 때는 is 키워드를 사용하고, 특정 타입의 인스턴스로 다루려면 as 키워드를 사용한다.

is 키워드를 사용해서 인스턴스 체크를 먼저 해보자. 다음 예를 살펴보자.

```
for person in people {
    if person is SwiftProgrammer {
        print("\(person.firstName) is a Swift Programmer")
    }
}
```

이 예제에서는 people 배열의 각 항목이 SwiftProgrammer 타입에 대한 인스턴스인지 아닌지 체크하고, 인스턴스라면 홍길동 is a Swift programmer 메시지를 콘솔에 출력한다. 이는 특정 클래스나 구조체의 인스턴스를 체크하기 위한 훌륭한 방법이지만 다수의 타입을 체크하는 경우에는 비효율적이다. 다음 예제를 통해 훨씬 효율적인 switch문을 살펴보자.

```
for person in people {
    switch (person) {
    case is SwiftProgrammer:
        print("\(person.firstName) is a Swift Programmer")
    case is FootballPlayer:
        print("\(person.firstName) is a Football Player")
    default:
```

```
        print("\(person.firstName) is an unknown type")
    }
}
```

이 예제에서는 switch문을 사용해서 인스턴스 타입을 검사해봤다. 이 검사를 수행하기 위해 각 case문에서 is 키워드를 사용해 인스턴스 유형을 일치시켰다.

4장에서는 where문을 사용한 조건문 필터링 방법을 배웠다. 배열을 필터링하기 위해 is 키워드도 역시 where와 함께 사용할 수 있다. 다음 예제를 살펴보자.

```
for person in people where person is SwiftProgrammer {
    print("\(person.firstName) is a Swift Programmer")
}
```

자, 이제 클래스와 구조체 인스턴스를 특정 타입으로 캐스팅하는 방법을 살펴보자. 이를 위해 as 키워드를 사용할 수 있다. 인스턴스가 특정 타입을 만족하지 못하면 캐스팅은 실패하기 때문에 as 키워드는 as?와 as! 두 가지 형태로 나눠진다. 캐스트가 실패하는 경우에 as?일 때는 nil을 반환하고, as!의 경우에는 런타임 에러가 발생한다. 따라서 인스턴스 타입이 확실하지 않다면 as? 형식을 사용하거나 캐스트하기전에 인스턴스 체크를 수행해야 한다.

자, 이제 as? 키워드를 이용해 클래스나 구조체 인스턴스를 특정 타입으로 캐스팅하는 예제를 살펴보자.

```
for person in people {
    if let p = person as? SwiftProgrammer {
        print("\(person.firstName) is a Swift Programmer")
    }
}
```

이 예제에서 as? 키워드는 옵셔널을 반환하기 때문에 캐스트하기 위해 옵셔널 바인딩을 수행한다. 인스턴스 타입이 확실하면 as! 키워드를 사용할 수 있다. 다음 예제는 as! 키워드의 사용 예를 보여주는데, SwiftProgrammer 타입의 인스턴스만 반환하기 위해 배열의 결과를 필터링한다.

```
for person in people where person is SwiftProgrammer {
    let p = person as! SwiftProgrammer
}
```

프로토콜의 기본은 모두 배웠으니 이제 본격적으로 스위프트의 가장 멋진 기능 중하나인 프로토콜 익스텐션을 살펴보자.

▌ 프로토콜 익스텐션

프로토콜 익스텐션^{Protocol extensions}을 사용하면 프로토콜 자체에 이를 준수하는 메소드와 프로퍼티를 구현할 수 있다. 해당 프로토콜 타입을 따르는 모든 타입에 공통된 구현을 제공할 수도 있다. 이는 각 타입마다 개별적으로 구현을 한다거나 클래스 계층구조를 만드는 수고를 덜어준다. 프로토콜 익스텐션이 그다지 흥미롭지 않게 느껴질지 모르겠지만, 얼마나 강력한 기능인지 한 번이라도 사용해보면 코드에 대한 사고방식과 작성 방식이 바뀌게 될 것이다.

프로토콜을 어떻게 사용할지 매우 간단한 예제를 살펴보면서 시작해보자. DogProtocol이라는 프로토콜을 다음과 같이 정의한다.

```
protocol DogProtocol {
    var name: String {get set}
    var color: String {get set}
}
```

DogProtocol을 따르는 모든 타입은 문자열 타입인 name과 color를 가져야 한다. 이 프로토콜을 따르는 3개의 타입을 정의해보자. 이 타입의 이름은 각각 JackRussel, WhiteLab, Mutt다.

```swift
struct JackRussel: DogProtocol {
    var name: String
    var color: String
}

class WhiteLab: DogProtocol {
    var name: String
    var color: String
     init(name: String, color: String) {
        self.name = name
        self.color = color
    }
}

struct Mutt: DogProtocol {
    var name: String
    var color: String
}
```

여기서 의도적으로 JackRussel과 Mutt 타입은 구조체로 생성하고, WhiteLab은 클래스로 생성했다. 두 타입이 생성될 때 어떤 차이가 있는지 볼 수 있고, 프로토콜과 프로토콜 익스텐션인 경우 어떻게 동일하게 다루는지 보여주기 위해서다.

이 예제에서 볼 수 있는 가장 큰 차이점은, 구조체 타입은 기본 이니셜라이저를 제공하지만 클래스는 프로퍼티를 가져오기 위한 이니셜라이저를 구현해야 한다는 점이다.

DogProtocol 프로토콜을 준수하는 각 타입에 speak라는 메소드를 추가하고 싶다고 하자. 프로토콜 익스텐션에 앞서 먼저 프로토콜에 해당 메소드를 추가한다. 다음 코드를 살펴보자.

```
protocol DogProtocol {
    var name: String {get set}
    var color: String {get set}
    func speak( ) -> String
}
```

일단 프로토콜에 메소드가 정의되면 그 프로토콜을 따르는 모든 타입에는 메소드를 구현해야 한다. 프로토콜을 따르는 타입의 수에 따라 구현 시간이 어느 정도 소요될 수도 있다. 이 메소드를 구현한 샘플 예제는 다음과 같다.

```
struct JackRussel: DogProtocol {
    var name: String
    var color: String
    func speak( ) -> String {
        return "Woof Woof"
    }
}

class WhiteLab: DogProtocol {
    var name: String
    var color: String
    init(name: String, color: String) {
        self.name = name
        self.color = color
     }
    func speak( ) -> String {
        return "Woof Woof"
    }
}

struct Mutt: DogProtocol {
    var name: String
    var color: String
    func speak( ) -> String {
```

```
        return "Woof Woof"
    }
}
```

예제는 잘 작동하지만 그다지 효율적이지 못하다. 프로토콜을 업데이트할 때마다 이를 따르는 모든 타입도 변경해줘야 하고, 예제처럼 중복 코드가 많아지기 때문이다. 또 다른 문제점이 있다. speak( ) 메소드의 기본 동작을 바꿔야 한다면 각각의 구현 코드를 찾아 speak( ) 메소드를 변경해야 한다. 드디어 프로토콜 익스텐션이 등장할 차례다.

프로토콜 익스텐션을 사용하면 speak( ) 메소드 정의를 프로토콜 자체로부터 꺼내와 프로토콜 익스텐션에서 speak( )의 기본 동작을 정의할 수 있다.

다음 코드는 프로토콜과 프로토콜 익스텐션을 정의하는 방법을 보여준다.

```
protocol DogProtocol {
    var name: String {get set}
    var color: String {get set}
}

extension DogProtocol {
    func speak() -> String {
        return "Woof Woof"
    }
}
```

이 코드에서는 먼저 두 개의 속성과 함께 DogProtocol 프로토콜을 정의한다. 그러고 나서 DogProtocol을 확장하는 프로토콜 익스텐션을 생성하고 speak( ) 메소드를 기본 구현한다. 이 코드를 사용하면 DogProtocol을 준수하는 타입마다 speak( ) 메소드를 구현할 필요가 없다. 프로토콜의 일부로서 구현 사항을 자동으로 받기 때문이다.

다음 예제에서 DogProtocol을 준수하는 3가지 타입과 작동방법을 살펴보고, 프로토콜 익스텐션의 speak( ) 메소드를 자동으로 받는 것도 확인해보자.

```swift
struct JackRussel: DogProtocol {
    var name: String
    var color: String
}

class WhiteLab: DogProtocol {
    var name: String
    var color: String
    init(name: String, color: String) {
        self.name = name
        self.color = color
    }
}

struct Mutt: DogProtocol {
    var name: String
    var color: String
}
```

각 타입을 이제 사용할 수 있다. 코드는 다음과 같다.

```swift
let dash = JackRussel(name: "Dash", color: "Brown and White")
let lily = WhiteLab(name: "Lily", color: "White")
let buddy = Mutt(name: "Buddy", color: "Brown")
let dSpeak = dash.speak()     //"woof woof"를 반환
let lSpeak = lily.speak()     //"woof woof"를 반환
let bSpeak = buddy.speak()    //"woof woof"를 반환
```

이 예제에서는 DogProtocol 프로토콜 익스텐션에 speak( ) 메소드를 추가함으로써 DogProtocol을 준수하는 모든 타입에도 메소드가 자동으로 추가됨을 살펴봤다.

DogProtocol 프로토콜 익스텐션의 speak() 메소드는 기본 구현으로 간주된다. 즉, 타입을 구현하면서 오버라이드할 수 있다. 예를 들어 Mutt 구조체에서 speak() 메소드를 오버라이드할 수 있다. 다음 코드를 살펴보자.

```swift
struct Mutt: DogProtocol {
    var name: String
    var color: String

    func speak() -> String {
        return "I am hungry"
    }
}
```

이제 Mutt 타입 인스턴스의 speak() 메소드를 호출하면 I am hungry 문자열을 받을 수 있다.

프로토콜과 프로토콜 익스텐션을 어떻게 사용하는지 살펴봤다. 이제 좀 더 현업에서 사용할 만한 예제를 살펴보자. 나는 다양한 플랫폼(iOS, 안드로이드, 윈도우)을 넘나들며 여러 앱에서 사용자 입력에 대한 유효성 검증에 대한 요구 사항을 다뤄봤다. 이러한 유효성은 정규 표현식을 사용해서 매우 쉽게 끝낼 수 있지만 여러 정규 표현식 문자열이 코드 여기저기에 들어가는 것은 원치 않는다. 유효성 코드를 가진 여러 개의 클래스나 구조체를 만드는 방법으로 이러한 문제를 해결할 수 있다. 문제는 이러한 클래스는 사용과 유지가 쉽도록 구조화시켜야 된다는 것이다. 프로토콜 익스텐션을 사용하기 전까지는 보통 유효성 요구 조건을 정의하는 프로토콜을 사용하고 난 다음, 필요한 검사 수행을 위해 프로토콜을 준수하는 각각의 구조체를 생성하곤 했었다. 프로토콜 익스텐션 기술을 사용하지 않았을 때의 예제를 살펴보자.

정규 표현식은 특정 패턴을 정의하는 일련의 문자다. 문자열이 특정한 패턴과 일치하거나 패턴과 일치하는 내용을 포함하는지 검색할 때 사용한다. 대부분의 주요 프로그래밍 언어에는 정규 표현식 파서가 포함돼 있다. 정규 표현식에 익숙하지 않은 경우 미리 배워 두는 것도 나쁘지 않다.

다음 코드는 TextValidating 프로토콜인데, 문자열 검증을 위해 사용할 특정 타입에 대한 요구 사항을 정의하고 있다.

```
protocol TextValidating {
    var regExMatchingString: String {get}
    var regExFindMatchString: String {get}
    var validationMessage: String {get}
    func validateString(str: String) -> Bool
    func getMatchingString(str: String) -> String?
}
```

 스위프트 API 디자인 가이드라인(https://swift.org/documentation/api-design-guidelines/)에 따르면 무엇인가를 설명하고 있는 프로토콜은 명사로 기술하고, 임의의 능력을 갖는 프로토콜은 접미사 -able, -ible 또는 -ing를 붙이라 한다. 이 가이드라인에 따라 여기서 구현할 프로토콜의 이름은 TextValidating으로 하겠다.

이 프로토콜에서는 TextValidationProtocol 프로토콜을 따르는 타입이면 반드시 구현해야 할 3개의 프로퍼티와 2개의 메소드를 정의하고 있다. 3개의 프로퍼티는 다음과 같다.

- **regExMatchingString** 입력 문자열이 유효한 문자만을 가졌는지 확인하는 정규 표현식 문자열이다.

- **regExFindMatchString** 유효한 문자만 가진 입력 문자열 중에서 새로운 문자열을 검색하는 데 사용되는 정규 표현식 문자열이다. 일반적으로 이 정규 표

현식은 사용자 정보의 유효성을 실시간으로 확인할 때 사용한다. 입력 문자열에서 가장 긴 일치 접두어를 찾기 때문이다.

- **validationMessage** 입력 문자열이 유효하지 않은 문자를 갖고 있는 경우 출력하기 위한 에러 메시지다.

위 프로토콜을 위한 두 메소드는 다음과 같다.

- **validateString** 입력 문자열이 유효한 문자만 갖고 있는 경우 메소드는 true를 반환할 것이다. 메소드에서는 일치를 확인하기 위해 regExMat-chingString 프로퍼티를 사용할 것이다.
- **getMatchingString** 이 메소드는 유효한 문자만을 갖는 새로운 문자열을 반환할 것이다. 일반적으로 이 정규 표현식은 사용자 정보의 유효성을 실시간으로 확인할 때 사용한다. 입력 문자열에서 가장 긴 일치 접두어를 찾기 때문이다. 이 메소드에서는 새로운 문자열을 검색하기 위해 regExFindMatchString 프로퍼티를 사용할 것이다.

이제 이 프로토콜을 따르는 클래스를 어떻게 생성하는지 살펴보자. 다음 클래스는 입력한 문자열이 알파벳 문자만 포함하고 있는지 확인할 때 사용한다.

```
class AlphaValidation1: TextValidating {
    static let sharedInstance = AlphaValidation1()
    private init(){}

    //저장 프로퍼티 두 가지
    let regExFindMatchString = "^[a-zA-Z]{0,10}"
    let validationMessage = "Can only contain Alpha characters"

    //연산 프로퍼티
    var regExMatchingString: String {
        get {
            return regExFindMatchString + "$"
```

```
        }
    }

    func validateString(str: String) -> Bool {
        if let _ = str.range(of:regExMatchingString, options:
            .regularExpression) {
          return true
        } else {
          return false
        }
    }

    func getMatchingString(str: String) -> String? {
        if let newMatch = str.range(of:regExFindMatchString, options:
            .regularExpression) {
          return str.substring(with:newMatch)
        } else {
          return nil
        }
    }
 }
```

이 구현에서는 regExFindMatchString과 validationMessage 프로퍼티는 저장 프로 퍼티로 구현했으며, regExMatchingString 프로퍼티는 연산 프로퍼티로 구현했다. 또 한 TextValidating 프로토콜을 따르는 이 클래스는 validateString( ) 메소드와 getMatchingString( )을 가진다.

일반적으로 여러 개의 다른 타입들이 TextValidating 프로토콜을 준수하게 되는데, 각 타입은 저마다 다른 입력 타입에 대한 유효성 검사를 한다. AlphaValidation1 클래 스에서 볼 수 있듯이 각각의 유효성 타입에는 많은 양의 코드가 수반된다. 수많은 코드 가 각 타입에서 중복될 것이다. 두 메소드 validateString( )과 getMatchingString( ) 및 regExMatchingString 프로퍼티가 모든 validation 클래스에 중복될 것이다.

이는 이상적이지 못하지만 중복 코드를 갖는 슈퍼클래스를 포함하는 클래스 계층을 생성하는 것을 피하고자 한다면 다른 대안이 없다.

이번에는 프로토콜 익스텐션을 사용해 문장 유효성 타입을 어떻게 구현하는지 살펴보자. 프로토콜 익스텐션을 사용하면 코드에 대해 조금 다르게 생각해봐야 한다. 가장 큰 차이점은 모든 것을 프로토콜 안에 정의할 필요도 없고 그렇게 정의하길 원치도 않는다는 점이다. 표준 프로토콜이나 클래스 계층을 사용하는 경우에 포괄적인 슈퍼클래스나 프로토콜에서 제공하는 인터페이스를 사용해 접근하고자 하는 모든 메소드나 프로퍼티는 슈퍼클래스나 프로토콜 안에 정의돼야만 한다.

프로퍼티나 메소드를 프로토콜 익스텐션에서 정의할 것이라면 프로토콜 내에서는 정의하지 않는 것이 더 나은 방법이다. 따라서 프로토콜 익스텐션을 사용해 문장 유효성 타입을 다시 작성해보면 TextValidating이 매우 단순해지며, 다음과 같은 모습이 된다.

```
protocol TextValidating {
    var regExFindMatchString: String {get}
    var validationMessage: String {get}
}
```

원본 TextValidating 프로토콜에서는 세 개의 프로퍼티와 두 개의 메소드를 정의했었다. 위의 새로운 프로토콜에서는 보다시피 두 개의 프로퍼티만 정의하고 있다. TextValidating 프로토콜을 정의했으니 이제 프로토콜 익스텐션을 만들어보자.

```
extension TextValidating {
    var regExMatchingString: String {
        get {
            return regExFindMatchString + "$"
        }
    }

    func validateString(str: String) -> Bool {
```

```
        if let _ = str.range(of:regExMatchingString, options:
            .regularExpression) {
          return true
        } else {
          return false
        }
      }

      func getMatchingString(str: String) -> String? {
        if let newMatch = str.range(of:regExFindMatchString, options:
            .regularExpression) {
          return str.substring(with: newMatch)
        } else {
          return nil
        }
      }
  }
```

TextValidating 프로토콜 익스텐션에서는 두 개의 메소드와 세 번째 프로퍼티를 정의하고 있는데, 이는 기존 TextValidating에 정의됐던 것이지만 새로 만든 프로토콜에서는 정의되지 않았던 것들이다. 프로토콜과 프로토콜 익스텐션을 생성했으니 이제는 문장 유효성 타입을 정의할 수 있다. 다음 코드에는 세 개의 구조체를 정의했으며, 사용자가 입력하는 문자열에 대한 유효성 검증을 하게 만들었다.

```
struct AlphaValidation: TextValidating {
  static let sharedInstance = AlphaValidation()
  private init(){}
  let regExFindMatchString = "^[a-zA-Z]{0,10}"
  let validationMessage = "Can only contain Alpha characters"
}

struct AlphaNumericValidation: TextValidating {
  static let sharedInstance = AlphaNumericValidation()
```

```
    private init( ){}
    let regExFindMatchString = "^[a-zA-Z0-9]{0,15}"
    let validationMessage = "Can only contain Alpha Numeric characters"
}
struct DisplayNameValidation: TextValidating {
    static let sharedInstance = DisplayNameValidation( )
    private init( ){}
    let regExFindMatchString = "^[\\s?[a-zA-Z0-9\\-_\\s]]{0,15}"
    let validationMessage = "Display Name can contain only contain
            Alphanumeric Characters"
}
```

각각의 문장 유효성 구조체에서는 정적 상수^{static constant}와 프라이빗 생성자^{private initiator}를 만들어 이 구조체를 싱글턴으로 쓸 수 있게 한다. 싱글턴 패턴에 대한 더 자세한 정보는 18장의 '싱글턴 디자인 패턴' 절에서 확인할 수 있다.

싱글턴 패턴을 정의한 다음 각각의 타입에서 해야 하는 일은 regExFindMatchstring 프로퍼티와 validationMessage 프로퍼티를 위한 값을 설정하는 것이다. 이제 중복된 코드는 거의 없다. 단 하나 예외가 있다면 싱글턴인데, 지금 싱글턴 자체를 프로토콜 익스텐션 안에 넣을 필요는 없다. TextValidating 타입을 따르는 모든 클래스가 싱글턴 패턴을 사용하게끔 강제할 수는 없기 때문이다.

텍스트 validation 구조체를 사용해보자. 이제 문자열 인스턴스가 정규 표현식과 일치하는지 보기 위해 validateString( ) 메소드를 사용하고, 원래 문자열 인스턴스에서 유효하지 않은^{invalid} 문자를 제거한 새로운 문자열을 반환할 getMatchingString( ) 메소드를 사용할 것이다. 다음 예제는 이 메소드의 사용법을 보여준다.

```
var myString1 = "abcxyz"
var myString2 = "abc123"
```

```
let validation = AlphaValidation.sharedInstance

let valid1 = validation.validateString(str: myString1)
let newString1 = validation.getMatchingString(str: myString1)

let valid2 = validation.validateString(str: myString2)
let newString2 = validation.getMatchingString(str: myString2)
```

이 예제에서 valid2 상수는 true가 되는데, myString1 값이 AlphaValidation 타입에 정의된 정규 표현식과 일치하기 때문이다. 반면 valid2는 false가 된다. myString2 값은 일치하지 않기 때문이다. newString1 상수는 myString1 상수와 동일한 값을 가질 것인데, 이는 원래 문자열이 정규 표현식과 일치하기 때문이다. 그와 달리 나머지 문자가 정규 표현식과 일치하지 않는다는 이유로 newString2는 abc를 포함하게 될 것이다.

▌ 요약

6장에서는 스위프트에서 완벽한 타입으로 인정받는 프로토콜을 살펴봤다. 또한 프로토콜을 사용해 다형성을 구현하는 방법도 살펴봤다. 또한 프로토콜 익스텐션을 자세히 다뤘고, 스위프트에서 어떻게 사용하는지 살펴봤다.

프로토콜과 프로토콜 익스텐션은 애플의 새로운 POP 패러다임 중 핵심이다. 프로그래밍의 새로운 모델은 우리가 코드를 작성하고 생각하는 방식을 변화시킬 수 있는 잠재력을 갖고 있다. 6장에서 프로토콜 지향 프로그래밍을 구체적으로 다루지는 않았지만, 6장에서 배운 주제를 이해하면 새 프로그래밍 모델인 프로토콜과 프로토콜 익스텐션을 좀 더 확실히 이해할 수 있을 것이다.

07

프로토콜 지향 설계

애플은 2016년의 WWDC^{World Wide Developers Conference}에서 스위프트 2를 발표하면서 스위프트가 세계에서 첫 POP^{Protocol Oriented Programming} 언어임을 선언했다. 이름에서부터 벌써 POP는 프로토콜에 대한 모든 것이라는 것을 짐작할 수 있지만, 잘못된 추측이다. POP는 프로토콜을 넘어서는 훨씬 많은 것을 의미한다. POP는 사실 애플리케이션을 작성하는 새로운 방법이며, 프로그래밍에 대한 새로운 사고방식에 대한 것이다.

7장에서 다루는 내용은 다음과 같다.

- OOP와 POP의 차이점
- 프로토콜 지향 설계
- 프로토콜 컴포지션

- 프로토콜 상속

2016년의 WWDC에서 데이브 아브라함스^{Dave Abrahams}가 POP를 소개한 후 며칠이 되지 않아 인터넷상에서는 객체지향 접근 방식의 수많은 POP 강좌가 생겨났다. 이 강좌들은 슈퍼클래스를 프로토콜과 프로토콜 익스텐션으로 대체하는 접근 방식에 초점을 맞췄다. 프로토콜과 프로토콜 익스텐션은 틀림없이 POP의 주요 개념이지만, 이 강좌에는 정말 중요한 개념 몇 가지가 빠진 듯 보였다.

7장에서는 프로토콜 지향 디자인과 객체지향 디자인을 비교해 두 객체 간의 개념적 차이를 강조한다. 슈퍼 클래스를 프로토콜과 프로토콜 익스텐션으로 대체할 수 있는 방법을 살펴보고, 더욱 깔끔하고 유지 보수가 편한 코드를 만들기 위해서 POP를 어떻게 사용할지 살펴본다. 객체지향 방식 및 프로토콜 지향 방식의 장점을 모두 보기 위해 비디오 게임에 사용하는 animal 타입을 정의하는 방법을 살펴본다. 우선 animal 요구 사항을 정의해보자.

▌ 요구 사항

애플리케이션을 개발할 때는 보통 개발 방향에 따른 요구 사항^{requirements}이 있다. 이런 맥락으로 7장에서 만들 animal 타입에 대한 요구 사항을 다음과 같이 정의해보자.

- 모두 3가지 animal 카테고리인 sea, land, air를 가진다.
- animal은 여러 카테고리에 속할 수 있다. 예를 들어 alligator는 land와 sea 두 카테고리의 멤버가 될 수 있다.
- animal은 서식 지역에 있을 때 공격과 이동^{attack and move}을 할 수 있다.
- animal에 따라 일정한 히트 포인트^{hit point}(에너지) 수치를 가지면서 시작하고 0 이하가 되면 죽은 것으로 간주한다.

- 예제에서는 두 가지 동물(Lion, Alligator)을 정의할 것이다. 다만 게임 개발이 진행됨에 따라 동물 타입은 점차 많아질 것임을 알고 있다.

우선 객체지향 접근 방식에 따를 때는 animal 타입을 어떻게 설계할지 살펴보자.

▌ 객체지향 설계

코딩하기 전에 먼저 기본적인 다이어그램을 그려서 Animal 클래스 계층 구조를 어떻게 설계할지 살펴보자. 나는 보통 상세한 내용은 생략하고 단순히 클래스 자체만 표현하면서 아주 기초가 되는 다이어그램을 그리며 시작한다. 이렇게 하면 클래스 계층 구조가 머리속에 잘 그려진다. 객체지향 구조의 클래스 계층 구조 다이어그램은 다음 그림과 같다.

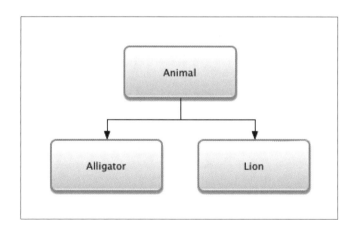

이 다이어그램은 Animal이라는 하나의 슈퍼클래스와 Alligator 및 Lion이라는 두 개의 서브클래스를 보여준다. 생성하고자 하는 세 카테고리(land, air, sea)를 생각해 보면 땅과 하늘, 바다 동물을 대표하는 클래스를 포함하는 중간 레이어에 해당하는 좀 더 큰 클래스 계층 구조를 생각해 볼 수 있다. 이런 방식으로 각 카테고리에 해당하는 코드를 분리할 수 있다. 다만 이 방식으로는 원래 요구 사항을 만족하는 클래스를 만들 수 없다. 특정 동물 타입이 여러 카테고리의 멤버가 되는 것은 불가능하며, 또한 이런 클래스 계층 구조에서는 각 클래스가 단 하나의 슈퍼클래스만 가질 수 있기 때문이다. 즉, 지금 만들 Animal 슈퍼클래스는 세 가지 카테고리 각각에 필요한 코드를 몽땅 포함해야 한다. Animal 슈퍼클래스의 코드를 살펴보자.

10개의 속성을 정의하는 Animal 슈퍼클래스를 먼저 만들어보자. 이 속성은 어떤 종류의 동물이며 어떠한 공격/움직임 타입을 갖는지 정의한다. 히트 포인트를 추적할 수 있는 속성도 하나 정의할 것이다. 히트 포인트가 0에 다다르면 동물은 죽는다.

서브클래스에서도 필요하기 때문에 이 속성은 모두 private 변수로 정의할 것이다. 단 바깥에서 이 속성을 변경하지 못하게 하자. 상수로 설정하면 좋을 것 같지만 서브클래스는 슈퍼클래스에 정의된 상수 값을 설정/변경할 수 없다. 이를 동작하게 만들려면 서브클래스가 물리적으로 슈퍼클래스와 동일한 파일 내에 정의돼야 한다. https://developer.apple.com/library/ios/documentation/Swift/Conceptual/Swift_Programming_Language/AccessControl.html에서 접근 제어에 대한 상세 내용을 확인하기 바란다.

 애플리케이션을 작성할 때 XCode를 사용하는 iOS나 맥OS 플랫폼에서는 접근 제어가 매우 쉽다. XCode IDE가 접근 가능한 프로퍼티나 메소드를 알려주기 때문이다. 하지만 텍스트 에디터를 사용하는 리눅스에서 개발할 때 이 작업이 훨씬 어렵게 된다.

```
class Animal{
    fileprivate var landAnimal = false
    fileprivate var landAttack = false
    fileprivate var landMovement = false

    fileprivate var seaAnimal = false
    fileprivate var seaAttack = false
    fileprivate var seaMovement = false

    fileprivate var airAnimal = false
```

```
    fileprivate var airAttack = false
    fileprivate var airMovement = false

    fileprivate var hitPoints = 0
}
```

이제 속성 값을 정해주는 이니셜라이저를 정의해보자. 모든 속성의 기본 값은 false 로 하고 hitPoint는 0으로 정의한다. 특정 타입을 따르는 적합한 속성을 정하는 일은 서브클래스의 몫이다.

```
init() {
    landAnimal = false
    landAttack = false
    landMovement = false
    airAnimal = false
    airAttack = false
    airMovement = false
    seaAnimal = false
    seaAttack = false
    seaMovement = false
    hitPoints = 0
}
```

속성이 모두 private이기 때문에 속성 값을 읽을 수 있게 게터getter 메소드를 만든다. 동물이 살았는지 죽었는지, 그리고 동물이 공격을 받았을 때 히트 포인트를 감소시킬 메소드도 추가로 만든다.

```
func isLandAnimal() -> Bool { return landAnimal }
func canLandAttack() -> Bool { return landAttack }
func canLandMove() -> Bool { return landMovement }
func isSeaAnimal() -> Bool { return seaAnimal }
func canSeaAttack() -> Bool { return seaAttack }
```

```
func canSeaMove() -> Bool { return seaMovement }
func isAirAnimal() -> Bool { return airAnimal }
func canAirAttack() -> Bool { return airAttack }
func canAirMove() -> Bool { return airMovement }

func doLandAttack() {}
func doLandMovement() {}
func doSeaAttack() {}
func doSeaMovement() {}
func doAirAttack() {}
func doAirMovement() {}

func takeHit(amount: Int) { hitPoints -= amount }
func hitPointsRemaining() -> Int { return hitPoints }
func isAlive() -> Bool { return hitPoints > 0 ? true : false }
```

앞서 언급했지만 이 설계의 가장 큰 단점 중 하나는 모든 서브클래스가 물리적으로 Animal 클래스와 동일한 파일 안에 있어야 한다는 점이다. Animal 클래스가 얼마나 클지 생각해 볼 때 같은 파일 안에 모든 타입을 넣기를 원치는 않을 것이다. 이를 방지하려면 속성을 내부internal 또는 공통public으로 정할 수 있지만, 이 경우 다른 타입의 인스턴스가 값을 변경할 수도 있다. 객체지향 설계의 주요 단점이다.

자, 이제 Animal 클래스의 서브클래스인 Alligator와 Lion 클래스를 만들어보자.

```
class Lion: Animal {

    override init() {
        super.init()
        landAnimal = true
        landAttack = true
        landMovement = true
        hitPoints = 20
    }
```

```
    override func doLandAttack() { print("Lion Attack") }
    override func doLandMovement() { print("Lion Move") }
}

class Alligator: Animal {

    override init() {
        super.init()
        landAnimal = true
        landAttack = true
        landMovement = true

        seaAnimal = true
        seaAttack = true
        seaMovement = true
        hitPoints = 35
    }

    override func doLandAttack() { print("Alligator Land Attack") }
    override func doLandMovement() { print("Alligator Land Move") }
    override func doSeaAttack() { print("Alligator Sea Attack") }
    override func doSeaMovement() { print("Alligator Sea Move") }

}
```

보다시피 이 클래스는 각 동물에 필요한 기능을 오버라이드한다. Lion 클래스는 육지 동물에 필요한 기능을 포함하고 있고, Alligator 클래스는 육지와 바다 동물 모두에 필요한 기능을 포함하고 있다. 두 클래스는 동일한 Animal 슈퍼클래스를 두고 있기 때문에 Animal 슈퍼클래스에서 제공되는 인터페이스를 통해 다형성을 사용할 수 있다.

```
var animals = [Animal]()

var an1 = Alligator()
```

```
var an2 = Alligator()
var an3 = Lion()

animals.append(an1)
animals.append(an2)
animals.append(an3)

for (index, animal) in animals.enumerated() {
    if animal.isAirAnimal() {
        print("Animal at \(index) is Air")
    }
    if animal.isLandAnimal() {
        print("Animal at \(index) is Land")
    }
    if animal.isSeaAnimal() {
        print("Animal at \(index) is Sea")
    }
}
```

여기서 설계한 animal 타입이 잘 동작하지만 설계상 몇 가지 단점이 있다. 첫 번째 단점은 거대한 덩어리로 만들어진 Animal 클래스다. 비디오 게임 캐릭터 디자인에 친숙한 독자라면 Animal과 서브클래스에 빠진 기능이 한 둘이 아니라 생각했을 것이다. 이는 의도적인 것으로 세부 기능이 아닌 클래스 설계에 초점을 맞추기 위해서다. 비디오 게임 캐릭터 디자인에 친숙하지 않은 독자들에게 내가 확실히 해줄 수 있는 말은 필요한 모든 기능을 집어넣고 나면 이 클래스는 훨씬 더 커질 것이라는 점이다.

두 번째 단점은 서브클래스에서 설정할 수 있는 상수를 슈퍼클래스에서 정의할 수 없다는 점이다. 슈퍼클래스 안에 각 동물의 카테고리별로 여러 가지 이니셜라이저를 정의하고 상수를 정확히 설정할 수도 있다. 하지만 이렇게 되면 이니셜라이저가 엄청나게 복잡하고 동물을 추가할 때마다 관리하기 힘들어질 것이다. 빌더 패턴^{builder pattern}을 사용해 초기화 과정을 쉽게 할 수 있지만, 앞으로 배울 프로토콜 지향 설계가 훨씬 세련됐다.

246

마지막 단점은 동물 타입을 정하는 플래그^{flag} 사용법에 관한 것이다. 즉, landAnimal, seaAnimal, airAnimal 속성을 말한다. 이 속성 중 하나를 잘못 설정하면 동물이 엉뚱한 동작을 할 것이다. 예를 들어 Lion 클래스에서 landAnimal 대신 seaAnimal로 설정한다면 사자가 땅 위에서 움직이지도 공격하지도 못할 것이다. 내가 장담하는데, 가장 뛰어난 개발자들도 이런 플래그를 잘못 설정할 확률은 매우 높다.

자, 이제까지 살펴본 기능을 프로토콜 지향 방법으로 정의해보자.

프로토콜 지향 설계

객체지향 설계와 마찬가지로 필요한 타입과 각 타입 간 관계를 나타내는 다이어그램을 먼저 그려보자.

다음 그림은 프로토콜 지향 설계에 대한 다이어그램이다.

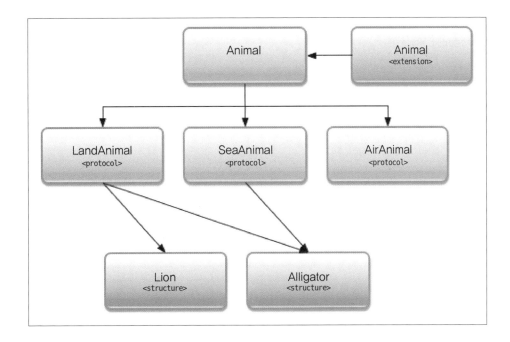

보다시피 POP 설계는 OOP 설계와 상당히 다르다. 이번 설계에서는 POP를 OOP와 대비해 극명하게 차별화시킬 3가지 기술을 사용하겠다. 이 기술은 프로토콜 상속과 프로토콜 컴포지션, 프로토콜 익스텐션이다. 이 3가지 개념을 이해하는 것은 매우 중요한데, 설계하기 전에 프로토콜 상속과 컴포지션이 무엇인지 알아보자. 프로토콜 익스텐션은 6장에서 이미 다뤘다.

프로토콜 상속

프로토콜 상속^{Protocol inheritance}은 하나의 프로토콜이 하나 또는 그 이상의 프로토콜 요구 사항을 상속받는 것이다. OOP 상속과 비슷하지만 기능에 대한 상속 대신에 요구 사항을 상속한다. 또한 스위프트에서 클래스는 단 하나의 슈퍼클래스만 가질 수 있지만, 프로토콜은 여러 개의 프로토콜 요구 사항을 상속받을 수 있다. 이제 프로토콜 상속에 대한 간단한 예제를 살펴보자. 4개의 프로토콜 Name, Age, Fur, Hair를 정의해보자.

```
protocol Name {
    var firstName: String {get set}
    var lastName: String {get set}
}

protocol Age {
    var age: Double {get set}
}

protocol Fur {
    var furColor: String {get set}
}

protocol Hair {
    var hairColor: String {get set}
}
```

4개의 프로토콜 각각 다른 요구 사항을 가진다. 한 가지 주의 사항이 있는데 이 예제처럼 한 가지 요구 사항만 담은 프로토콜을 만든다면 전반적인 설계에 대해 재고할 필요가 있다. 이처럼 세분화된 프로토콜은 나중에 결국 너무 많은 프로토콜을 양산하게 돼 관리가 어려워진다.

또 다른 프로토콜을 만들면서 프로토콜과 프로토콜 상속의 사용법을 살펴보자. Person과 Dog란 이름을 가진 두 개의 프로토콜을 정의해보자.

```
protocol Person: Name, Age, Hair {
    var height: Double {get set}
}

protocol Dog: Name, Age, Fur {
    var breed: String {get set}
}
```

Person 프로토콜을 따르는 모든 타입은 Name, Age, Hair 프로토콜의 요구 사항 및 Person 프로토콜 자체에 정의된 요구 사항 또한 충족해야 한다. Dog 프로토콜을 따르는 모든 타입은 Name, Age, Fur 프로토콜의 요구 사항 및 Dog 프로토콜 자체적으로 정의된 요구 사항을 충족해야 한다.

프로토콜 상속은 굉장히 강력해서 몇 개의 작은 프로토콜을 정의한 후 적절히 혼합하고 매칭시켜 좀 더 큰 프로토콜을 만들 수 있기 때문이다. 너무 세분화된 프로토콜을 절대 만들지 않도록 주의하자.

프로토콜 컴포지션

프로토콜 컴포지션^{Protocol composition}은 타입이 하나 또는 그 이상의 프로토콜을 따르게 해준다. 이는 OOP 대비 POP가 갖는 많은 장점 중 하나다. OOP에서 클래스는 단하나의 슈퍼클래스를 가질 수 있다. 7장의 '객체지향 설계' 절에서 이미 살펴봤지만 이런 이유로 슈퍼클래스는 매우 큰 덩어리가 되고 만다. POP에서는 아주 구체적인 요구 사항을 갖는 여러 개의 작은 프로토콜을 만들기를 권장하고 있다. 프로토콜 컴포지션은 어떻게 사용하는지 살펴보자.

'프로토콜 상속' 절의 예제를 가져와 Occupation이라는 프로토콜을 추가하자.

```
protocol Occupation {
    var occupationName: String {get set}
    var yearlySalary: Double {get set}
    var experienceYears: Double {get set}
}
```

이제 Person과 Occupation 프로토콜을 모두 따르는 새로운 타입인 Programmer를 만들어보자.

```
struct Programmer: Person, Occupation {
    var firstName: String
    var lastName: String
    var age: Double
    var hairColor: String
    var height: Double
    var occupationName: String
    var yearlySalary: Double
    var experienceYears: Double
}
```

이 예제에서 Programmer 구조체는 Person과 Occupation 프로토콜의 모든 요구 사항을 따른다. Person 프로토콜은 Name, Age, Person 프로토콜이 합쳐진 것이라는 점을 기억하자. 따라서 Programmer 타입은 실제로 모든 프로토콜과 더불어 Occupation 프로토콜도 따르게 된다.

다시 한 번 경고하지만 프로토콜을 너무 세분화하지 말자. 프로토콜 상속과 컴포지션은 정말 강력한 기능이지만 잘못된 사용은 문제를 일으킬 수도 있다.

Animal: 프로토콜 지향 설계

Animal 타입을 프로토콜 지향 방식으로 재작성해보자. 먼저 Animal 프로토콜을 정의한다.

```
protocol Animal {
    var hitPoints: Int {get set}
}
```

Animal 프로토콜에서 유일하게 정의하는 것은 hitPoints 속성이다. 이 프로토콜 또한 모든 동물에게 공통적인 추가 항목을 포함할 것이다. OOP 설계와 일관성을 유지하기 위해 hitPoints 속성만 이 프로토콜에 추가한다.

다음으로 프로토콜을 따르는 모든 타입에 공통된 기능을 포함하는 Animal 프로토콜 익스텐션을 추가한다. Animal 프로토콜 익스텐션 코드는 다음과 같다.

```
extension Animal {
    mutating func takeHit(amount: Int) { hitPoints -= amount }
    func hitPointsRemaining() -> Int { return hitPoints }
    func isAlive() -> Bool { return hitPoints > 0 ? true : false }
}
```

Animal 프로토콜 익스텐션은 OOP 예제의 Animal 슈퍼클래스에서 봤던 것과 동일하게 takeHit()와 hitPointsRemaining(), isAlive()를 포함한다. Animal 프로토콜을 따르는 모든 타입은 이 세 개의 메소드를 자동으로 받게 된다.

이제 LandAnimal과 SeaAnimal, AirAnimal 프로토콜을 정의해보자. 이 프로토콜은 각각 땅과 바다, 하늘 동물에 대한 요구 사항을 정의한다.

```
protocol LandAnimal: Animal {
    var landAttack: Bool {get}
    var landMovement: Bool {get}
    func doLandAttack()
    func doLandMovement()
}

protocol SeaAnimal: Animal {
    var seaAttack: Bool {get}
    var seaMovement: Bool {get}
    func doSeaAttack()
    func doSeaMovement()
}

protocol AirAnimal: Animal {
    var airAttack: Bool {get}
    var airMovement: Bool {get}
    func doAirAttack()
    func doAirMovement()
}
```

OOP의 **Animal** 슈퍼클래스와 달리 세 프로토콜은 특정 타입의 동물에 필요한 기능만 포함하고 있다. 훨씬 많은 코드로 이뤄진 OOP 예제와 달리 이 프로토콜은 4줄의 코드로 돼 있다. 이로써 프로토콜 디자인이 훨씬 읽거나 관리하기 쉬워졌다. 프로토콜 설계는 한층 더 안전하다고 볼 수 있는데, 다양한 동물 타입에 대한 기능이 거대한 슈퍼클래스에 내제된 것이 아닌 각 프로토콜로 분리됐기 때문이다. 또한 **animal** 카테고리를 정의하기 위한 플래그를 사용하지 않아도 되고, 대신 무슨 프로토콜을 따르는지에 따라 동물 카테고리를 정의할 수 있다.

프로토콜 지향 설계를 사용하면 Lion과 Alligator 타입을 어떻게 만들 수 있는지 살펴보자.

```swift
struct Lion: LandAnimal {
    var hitPoints = 20
    let landAttack = true
    let landMovement = true

    func doLandAttack() { print("Lion Attack") }
    func doLandMovement() { print("Lion Move") }
}

struct Alligator: LandAnimal, SeaAnimal {
    var hitPoints = 35
    let landAttack = true
    let landMovement = true
    let seaAttack = true
    let seaMovement = true

    func doLandAttack() { print("Alligator Land Attack") }
    func doLandMovement() { print("Alligator Land Move") }
    func doSeaAttack() { print("Alligator Sea Attack") }
    func doSeaMovement() { print("Alligator Sea Move") }
}
```

예제에서 Lion 타입은 LandAnimal 프로토콜을 따르고 Alligator 타입은 LandAnimal 과 SeaAnimal 프로토콜 둘 다 따르게 지정했다. 이전에 봤듯 여러 개의 프로토콜을 따르는 하나의 타입을 갖는 것을 프로토콜 컴포지션이라 칭하며, OOP 예제에서 봤던 거대한 하나의 슈퍼클래스가 아닌 여러 개의 작은 프로토콜을 사용할 수 있다.

Lion과 Alligator 타입 둘 다 Animal 프로토콜에서 파생됐다. 따라서 OOP 예제에서 Lion과 Alligator 인스턴스를 저장하기 위해 사용한 Animal 타입에서 사용했던 다형성 개념^{polymorphism}을 계속 사용할 수 있다. 어떻게 동작하는지 살펴보자.

```
var animals = [Animal]()

var an1 = Alligator()
var an2 = Alligator()
var an3 = Lion()

animals.append(an1)
animals.append(an2)
animals.append(an3)

for (index, animal) in animals.enumerated() {
    if let animal = animal as? AirAnimal {
        print("Animal at \(index) is Air")
    }
    if let animal = animal as? LandAnimal {
        print("Animal at \(index) is Land")
    }
    if let animal = animal as? SeaAnimal {
        print("Animal at \(index) is Sea")
    }
}
```

예제에서는 Animal 타입의 배열 animal을 만들었다. 그런 다음 Alligator 타입 인스턴스 두 개와 Lion 타입 인스턴스 하나를 만든 후 animals 배열에 세 개의 인스턴스를 넣었다. 마지막으로 for-in 루프를 사용해 배열을 순회하면서 인스턴스가 따르는 프로토콜을 바탕으로 animal 타입을 출력했다.

프로토콜과 where문

조금 전 프로토콜 지향 설계를 해봤다. 이때 타입 인스턴스를 필터링하기 위해 where 문을 사용할 수 있다.

예를 들어 SeaAnimal 프로토콜만 따르는 인스턴스를 뽑고 싶다면 다음과 같은 루프를 만들 수 있다.

```
for (index, animal) in animals.enumerated() where animal is SeaAnimal {
    print("Only Sea Animal: \(index)")
}
```

이렇게 하면 SeaAnimal 프로토콜만 따르는 animals를 찾을 수 있다. 이는 플래그[flag]만 체크하는 방법보다 훨씬 안전한데, 이전에 언급했지만 플래그를 잘못 설정하기란 매우 쉽고 온갖 잘못된 동작을 야기할 수 있다.

▌요약

7장을 읽으면서 OOP를 넘어서는 POP의 장점들을 살펴봤고, POP가 명백히 더 뛰어나다고 생각할 것이다. 다만 이 생각이 전적으로 정확하지 않을 수도 있다.

OOP는 1970년대부터 사용돼 왔으며, 확실히 믿을 수 있을 만한 프로그래밍 패러다임이다. POP는 업계 신참인데, OOP의 몇 가지 문제를 수정하게 설계됐다. 개인적으로 몇 가지 프로젝트에서 POP 패러다임을 사용했으며, 그 가능성에 대해 매우 흥분했다.

OOP와 POP는 비슷한 철학을 가졌다. 실세계의 객체를 모델링한 커스텀 타입을 만들거나 다양한 타입과 상호작용을 하기 위한 단일 인터페이스인 다형성을 들 수 있다. 차이점은 이 철학이 구현된 방식이다.

내 경우 OOP를 사용한 프로젝트와 비교했을 때 POP로 된 프로젝트 코드 베이스가 훨씬 안전하고 읽기 쉽고 유지하기도 쉬웠다. OOP를 더 이상 사용하지 않겠다는 말은 아니다. 클래스 계층 구조나 상속을 사용해야 할 이유는 아직도 많다.

애플리케이션을 잘 설계하기 위해서는 항상 좋은 도구를 사용해야 하는 것을 기억하자. 작은 나무 조각을 자르기 위해 전기톱을 사용하고 싶지 않을 것이고, 커다란 나무를 자르기 위해 작은 전동 톱을 사용하고 싶지도 않을 것이다. 따라서 승자는 하나로 제한된 기술이 아닌 여러 프로그래밍 패러다임 중 선택할 수 있는 프로그래머가 될 것이다.

08

에러 처리 기능을 가진 안전한 코드 작성

오브젝티브C로 첫 애플리케이션을 작성했을 때 가장 눈에 띄었던 단점은 예외 처리에 대한 것이었다. 자바나 C#과 같은 대부분 현대 프로그래밍 언어는 try...catch 블록이나 그와 비슷한 기술로 예외를 처리한다. 오브젝티브C에는 try...catch 문법이 있지만, 코코아^{Cocoa} 프레임워크 자체에서는 사용하지 않고 언어의 일부라는 생각이 전혀 들지 않았다. 그래도 내 경우에는 C 언어 경험이 축적됐던 덕분에 애플 프레임워크의 에러 대응과 응답 처리법을 이해할 수 있었다

솔직히 나는 자바나 C#의 예외 처리에 그동안 익숙해져 있었지만 이런 메소드 처리법을 더 선호한다. 개인적으로는 애플이 스위프트를 처음 소개했을 때 언어 자체에 진정한 에러 처리 기능을 넣어 사용할 수 있기를 바랐지만, 스위프트 2가 소개된 시점부터 포함됐다.

스위프트의 에러 처리는 사실 자바나 C#에서의 예외 처리와 유사하게 보이지만 매우 중요한 차이점이 있다.

8장에서 다루는 내용은 다음과 같다.

- 스위프트 2 이전까지의 에러 처리 방법
- 스위프트에서 do...catch 블록 사용법
- 에러 표현법

▌ 스위프트 2.0 이전까지의 에러 처리

에러 처리란 애플리케이션 내에서 발생하는 에러에 응답하거나 복구하는 과정이다. 스위프트 2.0 이전까지 에러 기능은 오브젝티브C와 동일한 방식을 따랐지만, 스위프트를 사용하면 옵셔널 반환 값을 사용할 수 있는 추가적 이점이 있다. 스위프트에서 nil이 반환되면 함수 내에 에러가 있음을 의미한다.

에러 처리의 가장 간단한 형태는 함수의 반환 값을 본 후 성공이나 실패인지 판단하는 것이다. 이 반환 값은 단순한 참/거짓의 불리언 값이 되거나 함수가 실제로 잘못된 경우를 나타내는 복잡한 열거형이 될 수도 있다. 발생한 에러에 대한 추가 정보를 받아보기 위해서는 NSErrorPointer 타입의 NSError 출력 파라미터를 추가할 수도 있지만, 이런 접근 방식은 쉽지도 않을 뿐더러 많은 개발자가 무시하는 경향이 있다. 다음 예제는 스위프트 2.0 버전 이전까지 에러가 어떤 식으로 처리됐는지 보여준다 (참고로 스위프트 3.0 이후 작동하지 않는 코드다).

```
var str = "Hello World"
var error: NSError

var results = str.writeToFile(path, atomically: true, encoding:
```

```
NSUTF8StringEncoding, error: &error)

if results {
    //성공할 경우 코드
} else {
    println("Error writing filer: \(error)")
}
```

이런 에러 처리 방식이 잘 동작하고 필요에 따라 대부분 수정될 수 있지만 결코 완벽한 해결책은 아니다. 이 방법에는 몇 가지 문제점이 있는데, 가장 큰 문제점은 개발자가 반환되는 에러 값과 에러 자체를 쉽게 무시한다는 것이다. 대부분의 숙련된 개발자들은 에러 검사에 매우 신중하지만, 많은 초보 개발자들은 무엇을 언제 검사해야 할지 이해하지 못한다. 특히 함수가 **NSError** 파라미터를 포함하고 있지 않을 때가 그런 경우다.

NSError 사용법과 더불어 **NSException** 클래스를 사용한 예외 처리 방식을 사용할 수 있지만, 이 방법은 사실 극소수의 개발자만 사용한다. 심지어 코코아와 코코아 터치Cocoa Touch 프레임워크에서도 이런 예외 처리 방식은 거의 사용되지 않는다.

NSError 클래스와 에러 처리를 위해 값을 반환하는 방식이 잘 작동하지만, 나를 포함한 많은 개발자들은 애플이 스위프트를 처음 릴리스할 때 추가적인 에러 처리 방법이 없다는 점에 많이 실망했다. 스위프트 2.0이 되면서부터 비로소 자체 에러 처리 방법을 포함했다.

▍ 네이티브 에러 처리

자바와 C# 같은 언어는 일반적으로 에러 처리 프로세스를 '예외 처리'라고 한다. 스위프트 문서에서 애플은 이 프로세스를 '에러 처리'라 부른다. 외부에서 볼 때 자바와 C#의 예외 처리가 스위프트의 에러 처리와 유사해보이지만, 중요한 차이점이 몇 가지 있다. 다른 언어의 예외 처리에 익숙한 개발자는 8장을 통해 이 차이점을 알게 될 것이다.

에러 표현

실제 에러 처리가 어떻게 동작하는지 보기 전에 에러 표현법을 살펴보자. 스위프트 에러는 Error 프로토콜을 준수하는 타입 값으로 표현된다. 일반적으로 표현할 에러 조건은 한정돼 있기 때문에 스위프트의 열거형은 에러 조건을 모델링하기에 매우 적합하다.

에러를 표현할 때 열거형을 어떻게 사용하는지 살펴보자. 이를 위해 세 가지 에러 조건인 Minor, Bad, Terrible을 갖는 MyError라는 가상의 에러를 정의한다.

```
enum MyError: Error {
    case Minor
    case Bad
    case Terrible
}
```

이 예제에 MyError 열거형은 Error 프로토콜을 따르게 정의했다. 그리고 3개의 에러 조건을 Minor, Bad, Terrible로 정의했다. 에러 조건에 좀 더 상세한 내용을 추가하기 위해 연관 값을 사용할 수도 있다. 예를 들어 Terrible 에러 조건일 때 설명^{description}을 추가하고 싶다고 하자.

```
enum MyError: Error {
    case Minor
    case Bad
    case Terrible (description: String)
}
```

자바와 C#의 예외 처리에 친숙한 독자들은 스위프트의 에러 표현법이 매우 깔끔하고 쉬워 보일 것이다. 수많은 보일러플레이트^{boilerplate} 코드나 별도의 클래스를 생성할 필요가 없기 때문이다. 또 다른 장점으로는 여러 가지 에러 조건을 정의하거나 그룹화하기가 매우 쉬워 관련된 모든 에러 조건을 하나의 타입으로 만들 수 있다는 점이다.

이제 스위프트에서 에러를 어떻게 모델링하는지 살펴보자. 이번 예제를 위해 야구팀 소속 선수들에게 번호를 어떻게 할당하는지 보겠다. 야구팀에 소집된 모든 선수는 각 팀의 고유 번호를 할당받는다. 이 번호는 반드시 특정 범위 안에 속해있다. 이 경우 3가지 에러 조건이 발생한다. 숫자가 너무 크거나 작거나 혹은 고유 숫자가 아닌 경우다. 다음 예제는 이 에러 조건을 어떻게 표현하는지 보여준다.

```
enum PlayerNumberError: Error {
    case NumberTooHigh(description: String)
    case NumberTooLow(description: String)
    case NumberAlreadyAssigned
}
```

PlayerNumberError 타입을 사용해 정확히 무엇이 잘못됐는지 3가지 구체적인 에러 조건을 정의했다. 또한 세 가지 에러 조건은 모두 선수 번호를 할당하는 것과 관련돼 있으니 하나의 타입으로 그룹화된다.

이 방법으로 에러를 정의하면 매우 구체적인 에러를 정의할 수 있다. 따라서 에러 조건이 발생하면 정확히 무엇이 잘못됐는지 코드를 보고 알 수 있다. 또한 앞서 봤듯이 에러를 그룹화할 수 있어서 모든 에러를 하나의 타입으로 정의할 수 있다.

이제 에러 표현법에 대해 알게 됐으니 에러를 던지는 방법^{throw error}을 살펴보자.

에러 던지기

함수에서 에러가 발생할 때 함수를 호출하는 코드는 이를 알아채야 하는데, 이것을 에러를 던진다[throwing]라고 표현한다. 함수가 에러를 던질 때 함수를 호출한 코드나 다음 단계에 연결된 코드는 에러를 잡고[catch] 적절히 복구하려 할 것이다.

함수에서 에러를 던질 땐 throws 키워드를 사용한다. 함수에 throws 키워드를 사용하면 해당 함수를 호출한 코드에서 에러가 던져질 수 있다는 것을 알 수 있다. 다른 언어의 예외 처리와 달리 발생할 만한 특정 에러를 나열하지는 않는다.

 함수의 정의에 따라 함수가 어떤 특정 에러 타입을 던질 수 있는지 나열하지 않기 때문에, 이를 문서에 정리해 두는 것이 좋다. 이 함수를 사용할 다른 개발자들이 어떠한 에러 타입을 catch할 수 있는지 알 수 있도록 함수에 주석을 달자.

에러를 어떻게 던지는지 살펴보자. 이전에 정의했던 PlayerNumberError 타입에 4번째 에러를 추가한다. 이 에러 조건은 번호로 선수를 찾으려고 할 때 해당 번호가 아무 선수에게도 할당돼 있지 않을 때 에러를 던진다. PlayerNumberError 타입은 다음과 같다.

```
enum PlayerNumberError: Error {
    case NumberTooHigh(description: String)
    case NumberTooLow(description: String)
    case NumberAlreadyAssigned
    case NumberDoesNotExist
}
```

에러를 던지는 방법을 보기 위해 팀 선수 명단을 포함하는 BaseballTeam 구조체를 만들어보자. 이 선수들은 players라는 딕셔너리 객체에 저장하겠다. 각 선수는 고유의 번호를 갖고 있기 때문에 선수 번호를 키 값으로 사용하겠다. 한 명의 선수를 표현하는 BaseballPlayer 타입은 튜플 형태의 typealias이고, 다음과 같이 정의한다.

typealias BaseballPlayer = (firstName: String, lastName: String, number: Int)

BaseballTeam 구조체는 두 개의 메소드를 가진다.[1] 첫 번째 메소드명은 addPlayer( )다. 이 메소드는 BaseballPlayer 타입의 파라미터 하나를 갖고 팀에 player를 추가한다. 또한 3가지 에러 조건인 NumberTooHigh, NumberTooLow, NumberAlreadyExists를 던질 수 있다. 메소드 작성법은 다음과 같다.

```
mutating func addPlayer(player: BaseballPlayer) throws
{
    guard player.number < maxNumber else {
        throw PlayerNumberError.NumberTooHigh(description: "Max number is
            \(maxNumber)")
    }

    guard player.number > minNumber else {
        throw PlayerNumberError.NumberTooLow(description: "Min number is
            \(minNumber)")
    }

    guard players[player.number] == nil else {
        throw PlayerNumberError.NumberAlreadyAssigned
    }
    players[player.number] = player
}
```

메소드에서 throws 키워드가 추가된 것을 볼 수 있다. 함수에 붙은 throws 키워드는 에러가 던져질 수도 있으니 에러 처리가 이뤄져야 함을 메소드를 호출한 측의 코드에

---

1. 소스코드의 BaseballTeam 구조체를 참조하기 바란다. - 옮긴이

알려준다. 이후 guard문을 사용해 숫자가 너무 크거나 너무 작지 않은지, player 딕셔너리에서 고유한 값인지 검사한다. 조건 중 어느 하나라도 맞지 않으면 throw 키워드를 사용해 적절한 에러를 던진다. 모든 검사를 통과한다면 players 딕셔너리에 player가 추가된다.

BaseballTeam 구조체에 추가되는 두 번째 메소드는 getPlayerByNumber( )다. 주어진 number를 사용해 야구선수를 찾으려 할 것이다. 해당 번호의 선수가 없다면 PlayerNumberError.NumberDoesNotExist 에러를 던질 것이다.

getPlayerByNumber( ) 메소드는 다음과 같다.

```
func getPlayerByNumber(number: Int) throws -> BaseballPlayer {
    if let player = players[number] {
        return player
    }
    else {
        throw PlayerNumberError.NumberDoesNotExist
    }
}
```

메소드를 정의할 때 throws 키워드를 사용했기 때문에 에러를 던질 수 있음을 알 수 있다. 함수를 정의할 때 throws 키워드는 반드시 return 타입 앞에 둬야 한다.

이 메소드는 인자로 전달된 number로 야구선수를 찾고 있다. 선수를 찾으면 반환하고 아니면 PlayerNumberError.NumberDoesNotExist 에러를 던진다. 반환 타입을 가진 메소드지만 에러를 던지면 값을 반환하지 않아도 된다는 점을 알아두자.

이제 스위프트에서 에러를 어떻게 잡을 수 있는지 살펴보자.

에러 잡기

함수에서 에러를 던지면 호출한 코드에서 에러를 잡아야 한다. do...catch 블록으로
이 작업을 할 수 있다. do-catch 블록의 문법은 다음과 같다.

```
do {
    try [throws하는 특정 함수] [추가 코드]
} catch [패턴] {
    [함수가 에러를 던지는 경우 처리할 코드]
}
```

함수가 에러를 던지면 catch 구문에서 처리될 때까지 계속 전파된다. catch문은
catch 키워드 다음 에러에 매칭하는 패턴으로 구성된다. 에러가 패턴과 일치하면
catch 블록 속의 코드가 실행된다.

BaseballTeam 구조체의 getPlayerByNumber와 addPlayer( ) 메소드를 호출해 do-
catch 블록을 어떻게 사용하는지 살펴보자. getPlayerByNumber( ) 메소드는 하나의
에러만 던지기 때문에 이 메소드를 처리하는 코드부터 먼저 살펴보자.

```
do {
    let player = try myTeam.getPlayerByNumber(number: 34)
    print("Player is \(player.firstName) \(player.lastName)")
} catch PlayerNumberError.NumberDoesNotExist {
    print("No player has that number")
}
```

예제에서 do-catch는 BaseballTeam 구조체의 getPlayerByNumber( ) 메소드를 호출
한다. 해당 번호의 선수가 없는 경우에 PlayerNumberError.NumberDoesNotExist 에
러를 던진다. 따라서 catch 구문에서는 이 에러와 일치하는지 검사할 것이다.

do-catch 블록에서 에러가 발생할 때마다 블록 내의 나머지 코드는 모두 건너뛰고 에러가 일치하는 catch 블록의 코드가 실행된다. 이번 예제의 경우 getPlayerByNumber() 메소드가 PlayerNumberError.NumberDoesNotExist 에러를 던지게 되므로 첫 번째 print() 함수는 절대 실행되지 않는다.

catch문 뒤에 패턴을 추가할 필요는 없다. catch문 뒤에 패턴이 포함되지 않거나 언더스코어를 넣으면 catch문은 모든 에러 조건과 일치하게 된다. 예를 들어 모든 에러를 잡으려면 다음과 같은 두 catch문 중 하나를 쓰면 된다.

```
do {
    //일반 구문
} catch {
    //에러 조건
}

do {
    //일반 구문
} catch _ {
    //에러 조건
}
```

에러를 잡으면 다음 예제처럼 let 키워드를 사용할 수 있다

```
do {
    //특정 구문
} catch let error {
    print("Error:\(error)")
}
```

switch문과 유사하게 각각의 다른 에러 조건을 잡기 위해 catch문을 어떻게 사용하는지 살펴보자. 다음 코드처럼 BaseballTeam 구조체의 addPlayer() 메소드를 호출해보자.

```
do {
    try myTeam.addPlayer(player:("David", "Ortiz", 34))
} catch PlayerNumberError.NumberTooHigh(let description) {
    print("Error: \(description)")
} catch PlayerNumberError.NumberTooLow(let description) {
    print("Error: \(description)")
} catch PlayerNumberError.NumberAlreadyAssigned {
    print("Error: Number already assigned")
}
```

이 예제는 3개의 catch문을 갖고 있다. 각 catch문은 다른 에러 패턴과 일치한다. 앞의 내용을 기억해보면 PlayerNumberError.NumberTooHigh와 PlayerNumberError. NumberTooLow는 연관 값을 가진다. 연관 값을 가져오려면 예제에서처럼 괄호 안에 let문을 사용한다.

마지막 catch문은 비워두는 것이 좋다. 이렇게 하면 이전의 모든 catch문의 패턴과 일치하지 않은 에러를 잡아준다. 따라서 앞의 예제는 다음과 같이 바꿀 수 있다.

```
do {
    try myTeam.addPlayer(player;("David", "Ortiz", 34))
} catch PlayerNumberError.NumberTooHigh(let description) {
    print("Error: \(description)")
} catch PlayerNumberError.NumberTooLow(let description) {
    print("Error: \(description)")
} catch PlayerNumberError.NumberAlreadyAssigned {
    print("Error: Number already assigned")
} catch {
    print("Error: Unknown Error")
}
```

그 자리에서 바로 에러를 잡지 않고 에러를 전달^propagate out^(또는 전파)하게 할 수도 있다. 이렇게 하려면 함수 정의에 throws 키워드를 추가해야 한다. 다음 예제를 보면 에러를 잡기보다 함수를 호출하는 코드로 전파하고 있다.

```
func myFunc( ) throws {
    try myTeam.addPlayer(player:("David", "Ortiz", 34))
}
```

에러가 던져지지 않을 것이 확실하다면 try!로 표시되는 forced-try 구문을 사용해 함수를 호출할 수 있다. forced-try 구문은 에러 전파를 불능화시킨다. 그리고 이 호출로부터 아무 에러도 발생하지 않을 것이라 확신하며 런타임 어써션^assertion^으로 함수 호출을 감싼다. 혹시라도 에러가 발생하면 런타임 에러가 발생하게 되므로 이 구문을 사용할 때는 매우 신중해야 한다.

자바나 C# 같은 언어에서 예외 처리를 할 때 속이 빈 catch문을 접하는 경우가 많다. 이 부분은 에러가 발생할 가능성 있는 예외를 처리하기 위한 것인데, 이런 방식을 원하지는 않을 것이다. 스위프트에서의 코드는 다음과 같다.

```
do {
    let player = try myTeam.getPlayerByNumber(number: 34)
    print("Player is \(player.firstName) \(player.lastName)")
} catch {}
```

사실 이런 코드 때문에 내가 예외 처리를 싫어한다. 다행히 스위프트 개발자는 이에 대한 대안이 있다. try? 키워드다. try? 키워드는 에러를 던질 가능성이 있는 작업을 수행한다. 연산 결과 성공하면 결과는 옵셔널 형태를 반환할 것이다. 반면 에러를 던지면서 연산에 실패하는 경우에는 nil을 반환하고 에러는 무시된다.

try? 키워드의 결과가 옵셔널 형태로 반환되기 때문에 일반적으로 이 키워드는 옵셔널 바인딩과 함께 사용한다. 앞의 코드는 다음과 같이 바꿀 수 있다.

```
if let player = try? myTeam.getPlayerByNumber(number: 34) {
    print("Player is \(player.firstName) \(player.lastName)")
}
```

보다시피 try? 키워드를 사용해 코드가 훨씬 깔끔하고 읽기 쉬워졌다. 에러 발생 여부와 상관없이 마지막으로 처리할 일이 있다면 defer문을 사용할 수 있다. defer문은 실행 코드가 현재 스코프를 벗어나기 직전 특정 코드 블록을 실행해준다. defer문을 사용하는 예제는 다음과 같다.

```
func deferFunction()  {
    print("Function started")
    var str: String?
    defer {
        print("In defer block")
        if let s = str {
            print("str is \(s)")
        }
    }
    str = "Jon" print("Function finished")
}
```

함수를 호출하면 먼저 콘솔에는 Function started가 출력된다. 그리고 나서 실행되던 코드는 defer 블록을 건너뛰고 콘솔에 Function finished를 출력한다. 마지막으로 함수의 스코프를 벗어나기 직전에 defer 블록 코드가 실행되면서 defer 블록 속의 메시지를 볼 수 있다. 이 함수의 출력 결과는 다음과 같다.

```
Function started
Function finished
In defer block
str is Jon
```

defer 블록은 항상 실행 코드가 현재 스코프를 벗어나기 전에 호출된다. 에러를 던져도 마찬가지다. 이처럼 defer 블록은 함수를 벗어나기 전에 마무리 작업을 수행할 때 매우 유용하다.

파일 쓰기 작업을 예로 들어보자. 파일을 성공적으로 열고나서 혹은 쓰기 도중 에러가 발생한 후에도 파일을 반드시 닫아야 한다. 현재 스코프를 벗어나기 전에 파일이 항상 닫혔는지 확실히 하려면 defer 블록 내에 파일 닫기 기능을 넣으면 된다.

▌ 요약

8장에서는 스위프트 에러 처리 기능을 살펴봤다. 안전한 코드를 작성하기 위해 매우 중요한 기능이다. 커스텀 타입에 이 기능을 반드시 사용해야 하는 것은 아니지만 일관된 에러 처리와 응답을 하게 만들 수 있다. 애플도 프레임워크에 에러 처리 기능을 사용하기 시작했다. 독자 여러분도 코딩 시 에러 처리 기능을 사용할 것을 추천한다.

09

커스텀 서브스크립팅

커스텀 서브스크립트^{Custom subscripts}는 2012년 오브젝티브C에 추가됐다. 당시 크리스 라트너^{Chris Lattner}는 이미 2년째 스위프트를 개발 중인 상태였고, 다른 멋진 기능과 더불어 서브스크립트도 스위프트에 포함됐다. 내가 사용했던 다른 언어에서는 서브스크립트를 많이 사용하지는 않았다. 하지만 스위프트를 개발하면서부터 서브스크립트를 상당히 광범위하게 사용했다. 스위프트의 서브스크립트 문법은 언어 자체에 자연스럽게 녹아들어간 것을 알 수 있다. 스위프트에서 서브스크립트는 나중에 추가된 것이 아닌, 릴리스 시점에 이미 언어의 일부였기 때문일 것이다. 한 번이라도 스위프트 서브스크립트를 사용해보면 그 매력에 푹 빠질 것이다.

9장에서 다루는 내용은 다음과 같다.

- 커스텀 서브스크립트의 개념
- 클래스와 구조체, 열거형에 커스텀 서브스크립트를 추가하는 방법
- 읽기/쓰기와 읽기 전용 서브스크립트 사용법
- 커스텀 서브스크립트로 외부 이름 사용법
- 다차원 서브스크립트 사용법

▌ 서브스크립트 소개

스위프트 언어에서 서브스크립트는 컬렉션이나 리스트, 시퀀스의 요소를 액세스할 때 사용하는 일종의 숏컷shortcut이다. 커스텀 타입에서 getter와 setter를 사용하는 대신 인덱스를 사용해 값을 가져오거나 설정할 수 있다. 적절히 사용한다면 커스텀 타입의 사용성과 가독성을 크게 향상시킬 수 있다.

단일 타입에 대한 다수의 서브스크립트도 정의할 수 있다. 타입이 여러 개의 서브스크립트를 갖고 있다면 서브스크립트에 전달되는 인덱스의 타입을 바탕으로 적절한 서브스크립트가 선택된다. 동일한 타입을 갖는 서브스크립트를 구분하기 위해 서브스크립트에 외부 파라미터명을 설정할 수도 있다.

커스텀 서브스크립트는 배열과 딕셔너리의 서브스크립트와 같은 방식으로 사용한다. 예를 들어 배열 요소를 가져올 때 anArray[index] 문법을 사용한다. 커스텀 서브스크립트를 정의하면 이와 동일하게 ourType[key] 형태의 문법으로 요소를 액세스할 수 있다. 커스텀 서브스크립트를 디자인할 때 가능한 한 자연스럽게 클래스나 구조체, 열거형의 일부인 것처럼 느끼게 만들게 해야 한다. 앞서 말했지만 서브스크립트는 코드의 사용성과 가독성을 극히 향상시켜주지만, 과용하면 부자연스러워지고 난해하고 사용하기도 힘들어질 것이다.

9장에서는 커스텀 서브스크립트를 만들고 사용하는 방법을 보여줄 몇 가지 예제를 살펴본다. 또한 서브스크립트를 잘못 사용한 예도 살펴본다. 커스텀 서브스크립트 사용법을 살펴보기 전에 스위프트 배열에서 서브스크립트가 어떻게 사용됐는지를 살펴보면서 스위프트 언어 자체는 서브스크립트를 어떻게 사용하는지 이해해보자. 사용하기 쉽고 이해하기도 쉬운 커스텀 서브스크립트를 만들려면 애플이 스위프트에서 서브스크립트를 사용하는 것과 유사한 방식으로 하면 된다.

▌ 스위프트 배열 서브스크립트

다음 예제는 배열 값을 액세스하고 변경하는 방법을 보여준다.

```
var arrayOne = [1,2,3,4,5,6]
print(arrayOne[3]) //'4'를 표시
arrayOne[3] = 10
print(arrayOne[3]) //'10'을 표시
```

이 예제에서는 정수 타입 배열을 만들고 배열의 3번째 인덱스 항목을 변경하기 위해 서브스크립트를 사용했다. 서브스크립트는 대부분 컬렉션에서 정보를 가져오거나 검색할 때 사용한다. 어떤 항목을 결정하기 위해 특정한 로직이 필요할 때는 서브스크립트를 사용하지 않는다. 예를 들어 배열의 마지막 요소에 항목을 추가한다거나 배열 내의 항목 개수를 알고 싶을 때 서브스크립트를 쓰지는 않는다. 배열의 끝에 항목을 추가하거나 배열 요소 개수를 가져오려면 다음과 같은 함수나 속성을 사용한다.

```
arrayOne.append(7)     //배열 마지막에 7을 추가
arrayOne.count         //배열 요소의 개수를 반환
```

커스텀타입의 서브스크립트는 스위프트 언어 자체와 동일한 표준을 따라야 한다. 따라서 여러분이 만든 서브스크립트 타입을 다른 개발자들이 보고 혼동을 느끼게 하면 안 된다. 적재적소에 잘 사용하는 것이 서브스크립트를 이해하는 핵심이다.

▌서브스크립트 읽고 쓰기

백엔드 배열^{backend array}을 읽고 쓰기 위한 서브스크립트를 정의해보자. 백엔드 저장 클래스를 읽고 쓰는 것은 커스텀 서브스크립트에서 가장 널리 쓰이는 것 중 하나다. 하지만 앞으로 보게 될 것인데, 사실 백엔드 저장 클래스는 필요 없다. 다음 코드는 서브스크립트를 사용해 배열을 읽고 쓰는 방법을 보여준다.

```swift
class MyNames {
    private var names = ["Jon", "Kim", "Kailey", "Kara"]
    subscript(index: Int) -> String {
        get {
            return names[index]
        }
        set {
            names[index] = newValue
        }
    }
}
```

보다시피 서브스크립트 문법은 클래스 안에서 get, set 키워드를 사용해 프로퍼티를 정의하는 것과 비슷하다. 차이점이라면 서브스크립트를 선언할 때는 subscript 키워드를 사용한다는 점이다. 그리고 나서 하나 또는 그 이상의 인자와 반환 타입을 지정해준다.

274

이제 배열과 딕셔너리의 서브스크립트를 사용했던 방식으로 커스텀 서브스크립트를 사용하면 된다. 앞에서 만든 서브스크립트를 사용하는 방법은 다음과 같다.

```
var nam = MyNames()
print(nam[0])        //'Jon'을 출력
nam[0] = "Buddy"
print(nam[0])        //'Buddy'를 출력
```

먼저 MyNames 클래스의 인스턴스를 생성했다. 0번째 인덱스의 이름을 출력하고 나서 다시 이름을 변경한 후 출력한다. 이 예제에서는 이미 선언한 MyNames 클래스에서 선언했던 서브스크립트를 사용하는데, 클래스 내의 names 배열 항목 값을 가져오고 다시 설정한다.

외부 코드가 names 배열 속성을 직접 읽고 쓸 수 있게 만들 수 있지만, 이렇게 되면 코드는 배열만을 이용해 데이터 저장이 가능하다. 딕셔너리 객체나 심지어 SQLite 데이터베이스에서 백엔드 저장 메커니즘을 변경하고자 할 때도 이 방법은 사용할 수 없다. 모든 외부 코드가 변경돼야 하기 때문이다. 서브스크립트는 커스텀 타입에서 정보가 어떻게 저장됐는지 숨기는 데 매우 적합하다. 따라서 커스텀 타입을 사용할 때 외부 코드가 특정 저장 관련 구현에 의존하지 않게 할 수 있다.

외부 코드가 배열을 바로 액세스할 수 있는 경우 적절한 정보를 배열에 삽입하는지 검증할 수 없다. 서브스크립트를 사용하면 setter를 사용해서 배열에 정보를 추가하기 전에 데이터가 올바른지 검증할 수 있다. 이는 프레임워크나 라이브러리를 생성할 때 매우 유용한 기능이다.

▌ 읽기 전용 커스텀 서브스크립트

서브스크립트 내에 setter를 선언하지 않거나 getter나 setter 메소드를 명시적으로 선언하지 않으면 서브스크립트를 읽기 전용으로 만들 수 있다. 다음 코드는 getter나 setter 메소드를 선언하지 않고 읽기 전용 속성으로 선언하는 방법을 보여준다.

```
//명시적으로 getter/setters를 선언하지 않음
subscript(index: Int) ->String {
    return names[index]
}
```

다음 예제는 getter 메소드 선언만으로 읽기 전용 프로퍼티를 선언하는 방법을 보여준다.

```
//getter만 선언
subscript(index: Int) ->String {
    get {
        return names[index]
    }
}
```

첫 번째 예제에서는 getter도 setter도 선언하지 않았고, 따라서 스위프트는 서브스크립트를 읽기 전용으로 설정하게 되고 마치 getter만 선언된 코드인 듯 작동한다. 두 번째 예제에서는 getter 정의 내에 코드를 특별히 지정한다. 두 예제는 모두 읽기 전용 서브스크립트의 올바른 예다.

▌ 연산 서브스크립트

여기까지의 예제는 클래스나 구조체의 저장 프로퍼티와 매우 유사했다. 반면 연산 프로퍼티와 비슷한 방식으로 서브스크립트를 사용할 수도 있다.

다음 예제를 살펴보자.

```
struct MathTable {
    var num: Int
    subscript(index: Int) -> Int {
        return num * index
    }
}
```

이 예제에서는 서브스크립트의 백엔드 저장 메커니즘으로 배열을 사용했다. 이번 예제에서는 반환 값을 계산하기 위해 서브스크립트의 값을 사용한다. 서브스크립트 사용법은 다음과 같다.

```
var table = MathTable(num: 5)
print(table[4])
```

이 예제는 5 곱하기 4의 계산 결과를 표시한다(5는 초기화 단계에서 정의됐고, 4는 서브스크립트 인덱스). 즉 20이다.

▌ 서브스크립트 값

앞의 모든 예제는 서브스크립트 값으로 정수를 받았지만 반드시 정수로 한정할 필요는 없다. 다음 예제는 서브스크립트 값으로 String을 사용한다. 서브스크립트는 또한 String 타입을 반환한다.

```
struct Hello {
    subscript (name: String) ->String {
        return "Hello \(name)"
    }
}
```

이 예제에서 서브스크립트는 인자로 문자열을 받고 Hello 메시지를 반환한다. 이 서브스크립트 사용법은 다음과 같다.

```
var hello = Hello( )
print(hello["Jon"])
```

이 예제의 실행 결과로 콘솔에는 Hello Jon이 표시된다.

▌ 서브스크립트 외부 이름

9장의 앞부분에서 커스텀 타입은 여러 개의 서브스크립트 시그니처^{signatures}를 가질 수 있다고 언급했다. 알맞은 서브스트립트 인자로 전달되는 첨자^{index}의 타입에 따라 결정된다. 동일한 타입을 받아들이는 서브스크립트를 여러 개 갖고 싶을 때도 있을 것이다. 이 경우 함수 파라미터의 외부 이름을 정의하는 방식과 유사한 방식으로 외부 이름을 사용할 수 있다.

MathTable 구조체에 두 개의 서브스크립트를 추가해보자. 각각 정수r를 받아들이는 서브스크립트 타입으로 만들어보자. 여기서 하나는 곱셈을 수행하고 다른 하나는 덧셈을 수행하게 만들어보자.

```
struct MathTable {
    var num: Int
```

```
    subscript(multiply index: Int) -> Int {
        return num * index
    }
    subscript(addition index: Int) -> Int {
        return num + index
    }
}
```

이 예제에서는 각각의 타입이 정수인 두 개의 서브스크립트를 정의했다. 서브스크립트를 정의할 때 보면 외부 이름이 다르다. 첫 번째 서브스크립트의 외부 이름은 multiply이다. 서브스크립트의 값과 num을 곱해주기 때문이다. 두 번째 서브스크립트의 외부 이름은 additon인데, 서브스크립트의 값과 num을 더해 주기 때문이다.

두 서브스크립트를 사용해보자.

```
var table = MathTable(num: 5)
print(table[multiply: 4])      //5x4=20이므로 20을 표시
print(table[addition: 4])      //5+4=9이므로 9를 표시
```

예제 실행 결과로 서브스크립트 외부 이름에 따라 올바르게 서브스크립트가 사용되는 것을 볼 수 있다.

같은 타입으로 된 여러 개의 서브스크립트가 필요할 때 외부 이름을 사용하면 매우 유용하다. 하지만 여러 개의 서브스크립트를 구분하기 위한 용도가 아니라면 외부 이름을 사용하는 것을 추천하지는 않는다.

▌ 다차원 서브스크립트

서브스크립트는 보통 한 개의 파라미터를 취하지만 파라미터 개수에는 특별한 제한이 없다. 입력 파라미터는 어떠한 숫자가 될 수도 있고, 어떠한 타입도 가능하다.

Tic-Tac-Toe 보드를 구현해보면서 다차원 서브스크립트를 사용해보자. Tic-Tac-Toe 보드는 그림과 같다.

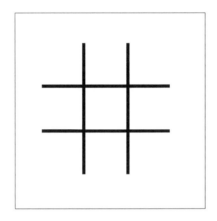

보드board는 각 차원이 3개의 요소로 이뤄진 2차원 배열로 표현할 수 있다. 각 플레이어는 상대편이 3 조각을 연속으로 채우거나 보드가 모두 채워질 때까지 번갈아가면서 자신의 조각(보통 x 또는 o)을 보드 위에 채워 나간다.

다차원 배열과 다차원 서브스크립트를 사용해 Tic-Tac-Toe 보드를 구현하는 방법을 살펴보자.

```
struct TicTacToe {
   var board = [["","",""],["","",""],["","",""]]
   subscript(x: Int, y: Int) -> String {
      get {
         return board[x][y]
      }
```

```
        set {
            board[x][y] = newValue
        }
    }
}
```

먼저 Tic-Tac-Toe 구조체에 게임보드를 나타내는 3×3 배열 보드를 정의한다. 그런 다음 보드 위에 놓을 플레이어 조각을 설정하고, 가져올 서브스크립트를 정의한다. 서브스크립트는 두 개의 정수 값을 받는다. 괄호 속에 여러 개의 파라미터를 넣어서 정의한다. 예제에서는 (x: Int, y: Int)와 같이 파라미터를 정의한다. 전달된 값을 액세스하기 위한 파라미터명은 x와 y로 한다.

이제 서브스크립트를 사용해서 보드 위에 조각을 놓아보자.

```
var board = TicTacToe( )
board[1,1] = "x"
board[0,0] = "o"
```

코드를 실행하면 보드 정중앙에 x 조각을 추가하고 좌측 상단 칸에 o 조각을 추가한다. 보드 모양은 다음과 같게 된다.

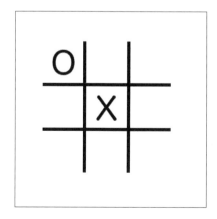

다차원 서브스크립트에 사용할 타입 개수에 제한은 없다. 이를테면 (x: Int, y:Double, z: String) 같은 서브스크립트도 만들 수 있다.

또한 다차원 서브스크립트에 대한 외부 이름을 추가하면 어떤 값을 사용해야 하는지 알 수 있고, 동일한 타입의 서브스크립트 간에 구별이 가능하다. 멀티타입과 외부 이름을 사용하는 서브스크립트 사용법을 살펴보자. 서브스크립트의 값을 바탕으로 이 서브스크립트는 문자열 인스턴스 배열을 반환한다.

```
struct SayHello {
    subscript(messageText message:String, messageName name:String,
            number number:Int) -> [String]{
        var retArray: [String] = []
        for _ in 0..<number {
            retArray.append("\(message) \(name)")
        }
        return retArray
    }
}
```

SayHello 구조체에서는 서브스크립트를 다음과 같이 정의했다.

```
subscript(messageText message:String,messageName name:String,
        number number:Int) -> [String]
```

3개의 요소를 사용해 서브스크립트를 정의했다. 각 요소는 외부 이름(messageText, messageName, number)과 내부 이름(message, name, number)을 가진다. 첫 번째 두 요소는 String 타입이고 마지막 것은 Int 타입이다. 앞의 두 요소를 합해 유저에게 보여줄 메시지를 생성하고 마지막 요소 number에 정의된 횟수만큼 메시지를 반복한다. 서브스크립트는 다음과 같이 사용한다.

```
var message = SayHello( )
var ret = message[messageText:"Bonjour",messageName:"Jon",number:5]
```

코드를 실행하면 ret 변수는 Bonjour Jon이라는 문자열을 가진 배열 5개를 가진다.

▌ 서브스크립트를 쓰지 않아야 하는 경우

여기까지 살펴봤듯이 커스텀 서브스크립트를 잘 사용하면 코드를 크게 개선할 수 있다. 단, 이를 과용하는 것은 피해야 하고, 표준 서브스크립트 사용법과 다른 방식으로 사용하면 안 된다. 과도한 사용을 막을 수 있는 방법은 스위프트 표준 라이브러리에서 서브스크립트가 어떻게 사용되는지를 잘 살펴보는 것이다.

다음 예제를 살펴보자.

```
class MyNames {
    private var names:[String] = ["Jon", "Kim", "Kailey", "Kara"]
    var number: Int {
        get {
            return names.count
        }
    }
    subscript(add name: String) -> String {
        names.append(name)
        return name
    }
    subscript(index: Int) -> String {
        get {
            return names[index]
        }
        set {
            names[index] = newValue
```

```
        }
    }
}
```

예제를 보면 MyNames에서 names 배열을 정의해 애플리케이션에서 사용하려고 한다. 예를 들어 애플리케이션에서 names 목록을 표시하고 사용자가 추가할 수 있다고 하자. 그러면 MyNames 클래스에서 배열에 새 이름을 추가하기 위해 다음과 같은 서브스크립트를 추가할 수 있다.

```
subscript(add name: String) -> String {
    names.append(name)
    return name
}
```

이런 사용 방식은 스위프트 언어에서 서브스크립트가 쓰이는 방식과 일치하지 않기 때문에 좋은 방법은 아니다. 차후에 어떤 식으로 클래스를 사용해야 할지 혼동을 일으킬 수 있다. 이 서브스크립트는 다음과 같이 함수로 재작성하는 것이 훨씬 적절할 것이다.

```
func append(name: String) {
    names.append(name)
}
```

서브스크립트를 적절하게 사용해야 함을 기억하자. 일반적인 가이드라인이 있다면 스위프트 언어 자체에서 사용하는 방식과 유사하게 커스텀 서브스크립트를 사용하면 된다.

▌ 요약

9장에서는 서브스크립트를 사용해 가독성과 사용성을 개선해봤다. 또한 백엔드 저장 클래스와 외부 코드 사이의 추상화 레이어를 추가하기 위해 서브스크립트를 사용할 수 있다는 것도 살펴봤다. 서브스크립트는 연산 프로퍼티와 유사한 방식으로 값을 계산하는 용도로 쓸 수도 있다. 알고 있겠지만 서브스크립트는 스위프트 언어에서 사용하는 방식과 일관성을 유지하면서 적절히 사용하는 것이 핵심이다.

10

옵셔널 타입

처음 스위프트를 접했을 때 가장 익히기 어려웠던 것은 옵셔널Optional 타입이었다. 오브젝티브C와 C, 자바, 파이썬에서 스위프트로 넘어오면서 언어가 가진 대부분 기능을 이들 언어에시는 어떻게 작동했었는지 비교하는 것이 가능했는데, 옵셔널은 달랐다. 그동안 사용했던 어떤 언어에도 옵셔널과 같은 개념은 없었기 때문에 완전히 이해하기 위해 수많은 관련 문서를 뒤져봐야만 했다. 2장에서 간단히 옵셔널을 살펴봤지만 옵셔널이 무엇이고 올바른 사용법은 어떤 것인지 살펴보자. 그리고 스위프트에서 옵셔널이 왜 그렇게 중요한 개념인지 좀 더 자세히 다루면서 이해하는 시간을 갖겠다.

10장에서 다루는 내용은 다음과 같다.

- 옵셔널 타입 소개

- 스위프트에서 옵셔널이 필요한 이유
- 옵셔널 벗기기
- 옵셔널 바인딩
- 옵셔널 체이닝

▌ 옵셔널 소개

스위프트에서 변수를 선언할 때 기본은 넌옵셔널[non-optional]이다. 즉 nil이 아닌 유효한 값을 가진다는 의미다. 넌옵셔널 변수에 nil을 할당하려 시도하면 Nil cannot be assigned to type '{type}' 에러가 발생한다. 여기서 {type}은 변수의 타입이다.

다음 예제 코드의 message는 넌옵셔널 타입이기 때문에 변수에 nil을 할당하려 하면 에러를 던질 것이다.

```
var message: String = "My String"
message = nil
```

스위프트에서의 nil은 오브젝티브C 또는 다른 C 기반 언어들과는 매우 다르다. 이런 언어에서 nil은 존재하지 않는 객체를 가리키는 포인터지만 스위프트의 nil이란 값이 없다는 점이 다르다. 스위프트의 옵셔널을 완벽히 이해하기 위해서는 이 개념이 매우 중요하다.

옵셔널로 정의된 변수는 유효한 값을 포함하거나 값의 부재에 대해 나타낼 수 있다. 변수에 nil을 넣으면 값이 없음을 나타낸다. 옵셔널 타입으로 된 모든 타입은 nil로 설정할 수 있지만, 오브젝티브C에서는 객체만 nil로 설정할 수 있다.

옵셔널에 숨겨진 개념을 잘 이해해보자. 다음 코드는 옵셔널을 정의한다.

```
var myString: String?
```

코드 맨 뒤의 물음표(?)는 myString 변수가 옵셔널이라는 것을 나타낸다. 코드를 봤을 때 myString 변수가 String 타입인데, 옵셔널이라고 읽으면 잘못된 방법이다. 이 코드를 정확하게 읽는 방법은 myString 변수가 옵셔널 타입인데, 이 타입은 String 타입이 되거나 값이 없을 수$^{no\ value}$ 있다는 것이다. 해석 방식에 따라 아주 미묘한 차이를 갖게 되는데, 사실 이것이 옵셔널 작동 방식을 이해하는 데 있어 아주 큰 차이점을 만든다.

옵셔널은 스위프트에서 특별한 타입이다. myString을 정의할 때 사실상 옵셔널 타입으로 정의한 것이다. 이해를 돕기 위해 준비한 코드를 살펴보자.

```
var myString1: String?
var myString2: Optional<String>
```

앞의 두 가지 선언 방법은 동일하다. 두 줄 모두 String 타입이나 값이 없을 수 있는 옵셔널 타입을 선언한 것이다. 스위프트에서 값의 부재는 nil로 설정할 수 있다. 단, 오브젝티브C에서 값을 nil로 설정하는 것과는 다르다는 점을 항상 기억하자. 이 책에서 nil을 언급할 때면 오브젝티브C에서의 nil이 아닌 스위프트가 nil을 사용하는 방식을 언급하는 것이다.

옵셔널 타입은 두 개의 값 None과 Some(T)를 가질 수 있는 열거형이다. 여기서 T는 적합한 타입에 대한 연관 값$^{associated\ value}$이다.

옵셔널에 nil을 넣으면 값은 None이 되고 값을 갖게 설정하면 옵셔널은 Some 값이 되는데, 이때 적합한 타입에 대한 연관 값을 함께 가진다. 2장에서 스위프트의 열거형은 연관 값을 가질 수 있다고 설명했다. 연관 값은 열거형 멤버 값에 딸린 추가 정보다.

내부적으로 옵셔널은 다음과 같이 정의된다.

```
enum Optional<T> {
    case None
    case Some(T)
}
```

여기서 T는 옵셔널과 연관된 타입이다. T 기호는 제네릭을 정의할 때 사용한다. 11장에서 관련 내용을 살펴본다. 지금은 우선 T가 불특정 타입을 대표한다는 점만 기억하자.

▌ 옵셔널을 사용하는 이유

스위프트에서 도대체 왜 옵셔널을 사용하는 것일까? 이 질문을 이해하기 위해서는 옵셔널이 어떤 문제를 해결하기 위해 설계됐는지 살펴봐야 한다.

대부분 언어에서는 초깃값 없이 변수를 생성할 수 있다. 다음의 두 코드는 오브젝티브C의 예제로 아무 문제없는 코드다.

```
int i;
MyObject *m;
```

오브젝티브C로 작성된 MyObject 클래스가 다음의 메소드를 갖고 있다고 하자.

```
-(int)myMethodWithValue:(int)i {
    return i*2;
}
```

메소드는 i 파라미터를 전달받아 2를 곱한 결과를 반환한다. 다음 코드로 메소드를 호출해보자.

```
MyObject *m;
NSLog(@"Value: %d",[m myMethodWithValue:5]);
```

처음 코드를 보면 결과 값으로 Value: 10을 출력할 것이라는 생각이 들 것이다. 들어온 값을 두 배로 만들어주는 메소드에 5를 전달했기 때문이다. 하지만 정답이 아니다. 사실 이 코드는 Value: 0이라는 결과를 출력한다. 그 이유는 m 객체를 초기화하지 않고 사용했기 때문이다.

이처럼 객체 초기화나 변수 초깃값 설정을 잊어버린 후 실행할 때 예상치 못한 결과를 얻을 수 있다. 종종 이런 예상치 못한 결과는 추적하기가 매우 힘들 수 있다.

옵셔널과 함께 스위프트는 이런 종류의 문제를 컴파일 시점에 찾을 수 있다. 즉, 런타임 이슈가 발생하기 전에 미리 알려주는 것이다. 어떤 값이나 객체가 사용하기 전에 반드시 값을 갖고 있어야 한다면 변수를 넌옵셔널[non-optional]로 선언하면 된다. 사실 변수를 선언하면 기본적으로 넌옵셔널이 된다.

넌옵셔널 값을 초기화하지도 않고 사용하면 에러가 발생한다. 다음 예제에서 코드는 초기화를 하기 전에 넌옵셔널 변수를 사용하려고 하기 때문에 에러가 발생한다.

```
var myString: String
print(myString)
```

변수가 옵셔널로 선언돼 있을 때 변수를 사용하기 전에 유효한 값을 갖고 있는지 검사하는 것은 좋은 프로그래밍 연습법이다. 변수가 값이 없을 만한 정당한 이유를 가질 때만 변수를 옵셔널로 선언해야 한다. 따라서 스위프트는 변수의 기본 값을 넌옵셔널로 선언한다.

여기까지 옵셔널이 무엇인지 그리고 어떤 문제를 해결하기 위해 태어난 기능인지 잘 이해했기를 바라면서 이제부터는 사용법을 알아본다.

옵셔널 선언

일반적으로 옵셔널 타입 선언 시에는 변수를 선언할 때 타입 뒤에 물음표를 붙인다. 변수 선언에 사용된 타입은 사실 옵셔널 열거형에 딸린 연관 값이라는 점을 잘 기억하기 바란다. 다음 코드는 전형적인 옵셔널 선언의 예다.

```
var myOptional: String?
```

이 코드는 옵셔널 변수를 선언하는데, 문자열 값이나 nil(값이 없음)이 될 수 있다. 이와 같이 선언되면 기본 값으로 값 없음^{no value}이 설정된다.

옵셔널 사용

코드에서 옵셔널을 사용하는 방법은 다양하다. 옵셔널을 사용할 때 핵심은 액세스하기 전에 유효한 값을 포함하고 있는지 항상 검사하는 것이다. 이때 쓰이는 단어를 언래핑^{unwrapping, 벗김}이라고 말하며, 이것은 옵셔널로부터 값을 꺼내 쓰는 절차다.

옵셔널 강제 언래핑

옵셔널 값을 벗기거나 가져오기 위해 변수명 뒤에 느낌표(!)를 붙인다. 여기서 강제로 벗기는 것^{Forced unwrapping}은 매우 위험하기 때문에 값이 nil이 아니라는 것을 확신할 때만 사용해야 한다.

옵셔널을 벗길 때 마침표를 사용하면 옵셔널이 값을 갖고 있으니 벗겨서 값을 달라고 컴파일러에게 요청하는 것이다. 사용법을 살펴보자.

```
var myString1: String?
myString1 = "test"
var test: String = myString1!
```

이 코드는 예상처럼 잘 동작해서 test 변수는 test라는 문자열을 갖게 된다. 하지만 두 번째 라인을 제거하면 애플리케이션 실행 시 에러가 발생한다. 컴파일러는 이 문제에 대해 미리 경고해주지 않는데, 이는 옵셔널을 벗길 때 마침표를 사용했기 때문이다. 컴파일러는 프로그래머를 믿고 코드 그대로 컴파일할 것이다. 옵셔널 값인 myString1이 유효한 값을 가졌는지 사용 전에 미리 검사해야 한다. 어떻게 하는지 다음 코드를 살펴보자.

```
var myString1: String?
myString1 = "test"
if myString1 != nil {
    var test:String = myString1!
}
```

이젠 두 번째 라인을 제거해도 런타임 에러가 발생하지 않는다. myString 옵셔널 값은 유효한 값(nil이 아닌)을 가질 때만 벗겨지기 때문이다.

앞에서 설명한 방식으로 옵셔널을 벗기는 것은 최적의 방법이 아니기 때문에 이 방법은 추천하지 않는다. 옵셔널 바인딩이라는 것을 사용하면 nil 검사와 벗기는 것을 한 단계로 할 수 있다.

옵셔널 바인딩

옵셔널을 벗길 때는 옵셔널 바인딩 사용을 권장한다. 옵셔널 바인딩을 사용하면 옵셔널이 유효한 값을 갖고 있는지 검사해서 통과하면 값을 벗겨 임시 변수나 상수에 넣는다. 모든 작업은 한 단계면 된다.

옵셔널 바인딩은 if나 while 조건문과 함께 사용한다. 옵셔널 값을 상수에 넣고 싶을 때 형식은 다음과 같다.

```
if let constantName = optional {
    statements
}
```

상수 대신 변수에 값을 넣고 싶다면 let 키워드 대신 var 키워드를 사용하면 된다. 다음 예를 살펴보자.

```
if var variableName = optional {
    statements
}
```

다음 예제에서 옵셔널 바인딩 사용법을 살펴보자.

```
var myString3: String?
myString3 = "Space"
if let tempVar = myString3 {
    print(tempVar)
} else {
    print("No value")
}
```

이 예제에서는 myString3를 옵셔널로 정의했다. myString3 옵셔널이 유효한 값을 가진다면 그 값은 tempvar에 들어가고 콘솔에 출력한다. myString3 옵셔널에 아무 값도 없다면 No value를 콘솔에 출력한다.

여러 개의 옵셔널을 벗기고 싶을 때는 옵셔널 바인딩을 사용해서 한 줄 안에 다 쓸 수 있다. 세 가지 옵셔널인 optional1, optional2, optional3가 있다고 할 때 3개를 한꺼번에 벗기려면 다음 코드처럼 사용할 수 있다.

```
if let tmp1 = optional1, let tmp2 = optional2, let tmp3 = optional3 {
}
```

세 개의 옵셔널 중 하나라도 벗기는 데 실패하면 전체 옵셔널 바인딩 문장은 실패한다. 옵셔널 바인딩 때 동일한 변수명에 값을 할당하더라도 아무 문제없다. 다음 코드가 이를 설명한다.

```
if let myOptional = myOptional {
    print(myOptional)
} else {
    print("myOptional was nil")
}
```

여기서 알아야 할 점은 임시 변수의 스코프는 조건문 블록 내에서만 유효하고 밖에서는 사용할 수 없다는 점이다. 임시 변수에 대한 스코프를 설명한 다음 코드를 살펴보자.

```
var myOptional: String?
myOptional = "test"
if var tmp = myOptional {
    print("Inside: \(tmp)")
}

//아래 라인에서 컴파일 에러가 발생함
print("Outside: \(tmp)")
```

이 코드는 컴파일되지 않는다. tmp 변수는 조건 블록 안에서만 유효한데, 이것을 조건문 밖에서 사용하려고 했기 때문이다. 옵셔널이 값을 갖고 있는지 직접 검사하거나 강제 언래핑을 해서 옵셔널 값을 찾는 것보다 옵셔널 바인딩을 사용하는 것이 훨씬 깔끔하고 쉽다.

함수와 메소드, 서브스크립트의 반환 값으로 사용하는 옵셔널

함수나 메소드의 반환 타입으로 옵셔널을 사용할 수 있다. 이렇게 해서 함수나 메소드가 nil(값 없음)을 반환할 수 있다. 옵셔널 타입을 반환하게 설정하려면 함수나 메소드 선언 때 반환 타입 이름 뒤에 물음표를 붙이면 된다.

다음 예제는 함수나 메소드에서 옵셔널을 반환하는 방법을 보여준다.

```
func getName(index: Int) -> String? {
    let names = ["Jon", "Kim", "Kailey", "Kara"]
    if index >= names.count || index < 0 {
        return nil
    } else {
        return names[index]
    }
}
```

이 예제에서는 문자열 값이나 nil을 반환할 수 있는 옵셔널 타입으로 반환 값을 정의했다. 함수 안에서 첨자^{index}가 배열 영역 안에 있다면 name을 반환할 것이고 영역을 벗어난다면 nil을 반환할 것이다.

다음 코드는 옵셔널 반환 값을 가진 getName 함수 사용법을 보여준다.

```
var name = getName(index: 2)
var name2 = getName(index: 5)
```

이 코드에서 name 변수는 Kailey를 포함하겠지만 name2 변수는 nil(값 없음)을 가진다. 여기서 변수를 물음표와 함께 옵셔널로 정의할 필요가 없다는 점에 주목하자. 스위프트는 이미 함수 정의에서 반환 타입이 옵셔널이라는 것을 알고 있기 때문이다.

옵셔널 타입을 반환하는 서브스크립트도 정의할 수 있다. 함수 정의 때 했던 것과 동일하게 서브스크립트를 옵셔널로 정의하면 된다. 옵셔널을 반환하는 서브스크립트 템플릿에 대한 예제를 살펴보자.

```
subscript(index: Int) -> String? {
   //some statements
}
```

이렇게 정의하면 서브스크립트에서 nil을 반환할 수 있다.

함수나 메소드의 파라미터로 옵셔널 사용

옵셔널을 함수나 메소드의 파라미터로 사용할 수도 있다. 필요에 따라 함수나 메소드의 인자로 nil을 넘길 수 있다. 다음 예제에는 옵셔널 파라미터를 정의하는 방법을 보여준다.

```
func optionalParam(myString: String?) {
   if let temp = myString {
      print("Contains value \(temp)")
   }
   else {
      print("Does not contain value")
   }
}
```

파라미터를 옵셔널 타입으로 정의하려면 파라미터 정의부에 물음표를 사용하면 된다. 이 예제에서는 옵셔널이 값을 갖고 있는지 여부를 검사하려고 옵셔널 바인딩을 사용한다. 값을 갖고 있으면 Contains value를 출력하고, 아니면 Does not contain value 를 출력한다.

튜플과 옵셔널 타입

튜플 전체를 옵셔널로 정할 수도 있고 튜플 내의 요소를 옵셔널로 정의할 수도 있다. 특히 함수나 메소드의 반환 값으로 튜플을 사용할 때 유용하다. 이렇게 해서 튜플이나 튜플의 일부를 nil로 반환할 수 있다. 다음 예제는 튜플을 옵셔널로 정의하는 것을 보여준다. 또한 튜플의 개별 요소 또한 옵셔널 타입으로 정의하는 방법을 보여준다.

```
var tuple1: (one: String, two: Int)?
var tuple2: (one: String, two: Int?)
```

첫 번째 줄은 튜플 전체를 옵셔널 타입으로 정의했다. 두 번째 줄에서는 튜플 속의 첫 번째 값을 넌옵셔널로 정의하고, 두 번째 값을 옵셔널로 정의했다.

▌ 옵셔널 체이닝

옵셔널 바인딩은 한 번에 하나의 옵셔널을 벗길 수 있지만 두 개 이상의 옵셔널이 중첩돼 있는 경우에는 어떻게 해야 할까? 이 경우 옵셔널 바인딩 안에 또 다른 옵셔널 바인딩문이 중첩된다. 좀 더 좋은 방법은 옵셔널 체이닝을 사용하는 것이다. 옵셔널 체이닝을 보기 전에 옵셔널 바인딩으로 어떻게 하는지 살펴보자.

```
class Collar {
    var color: String
    init(color: String) {
        self.color = color
    }
}

class Pet {
    var name: String
```

```
    var collar: Collar?
    init(name: String) {
        self.name = name
    }
}

class Person {
    var name: String
    var pet: Pet?
    init(name: String) {
        self.name = name
    }
}
```

먼저 이번 예제는 한 개의 속성을 가진 Collar 클래스를 정의하면서 시작해보자.
String 타입인 이 속성 이름은 color다. color 속성은 옵셔널이 아닌 것을 볼 수
있다. 따라서 항상 유효한 값을 갖고 있다는 것을 알 수 있다.

다음으로 두 개의 속성을 가진 Pet 클래스를 정의하자. 두 속성의 이름은 name과
collar다. name 속성은 String 타입이고 collar 속성은 옵셔널이다. 즉, collar 속
성의 값은 Collar 타입 인스턴스나 nil이 될 수 있다.

마지막으로 두 개이 속성을 가진 Person 클래스를 성의해보자. 이 속성은 name과 pet
이다. name 속성은 String 타입이고 pet 속성은 옵셔널이다. pet 속성의 값은 Pet
타입 인스턴스나 nil이 될 수 있다.

각 클래스를 초기화하는 코드는 다음과 같이 사용할 수 있다.

```
var jon = Person(name: "Jon")
var buddy = Pet(name: "Buddy")
jon.pet = buddy
var collar = Collar(color: "red")
```

```
buddy.collar = collar
```

어떤 사람의 애완견 칼라collar의 색상을 알고 싶다고 가정해보자. 그런데 이 사람은 애완견을 갖고 있을 수도 있고(pet 속성이 nil인 경우), 또는 강아지 칼러가 없을 수도 있다(collar 속성이 nil일 때). 각 계층을 내려갈 때마다 옵셔널 바인딩을 사용할 수 있다. 다음 예제를 살펴보자.

```
if let tmpPet = jon.pet, let tmpCollar = tmpPet.collar
{
    print("The color of the collar is \(tmpCollar.color)")
}
else {
    print("Cannot retrieve color")
}
```

예제의 결과로 The color of the collar is red라는 메시지를 출력하면서 아주 잘 작동한다. 하지만 코드가 조금 복잡하고 따라가기 힘들다.

옵셔널 체이닝을 사용하면 한 줄 안에 여러 계층으로 된 옵셔널 타입을 속성과 메소드, 서브스크립트에 대해 사용할 수 있고, 한 단계씩 내려갈 수 있다. 이 계층이 연쇄적으로 이뤄져 있고, 그중 하나가 nil을 반환하면 전체 체인은 적절하게 실패되고 nil을 반환한다.

nil을 반환하는 값이 하나도 없다면 체인의 마지막 값이 반환된다. 옵셔널 체이닝의 결과는 nil 값일 수 있기 때문에 결과는 항상 옵셔널 타입을 반환하는데, 예를 들어 마지막에 가져오는 값이 넌옵셔널 타입이라 해도 이는 마찬가지다.

옵셔널 체이닝을 지정하려면 체인에 딸린 각 옵셔널 값 끝에 물음표를 붙이면 된다. 앞서 살펴봤던 예제를 옵셔널 체이닝을 적용해서 얼마나 더 깨끗하고 읽기 쉽게 만들 수 있는지 살펴보자.

```
if let color = jon.pet?.collar?.color {
  print("The color of the collar is \(color)")
} else {
  print("Cannot retrieve color")
}
```

예제에서는 pet과 collar 속성 뒤에 물음표를 붙이면서 이 값이 옵셔널 타입이니 각 값이 nil인 경우 전체 결과가 nil을 반환한다는 것을 보여준다. 코드의 결과 The color of the collar is red라는 메시지를 출력한다. 다만 앞에서 살펴본 옵셔널 바인딩을 사용했던 예제보다 훨씬 읽기 쉽다.

nil 병합 연산자

nil 병합 연산자^{coalescing}는 이 책의 2장에서 설명한 삼항 연산자와 비슷하다. 삼항 연산자는 비교 연산 결과나 불리언 값을 기반으로 변수에 값을 할당한다. nil 병합 연산자는 옵셔널을 벗기고 난 후 값을 갖고 있다면 값을 반환하고 옵셔널이 nil이라면 기본 값을 반환한다.

nil 병합 연산자의 프로토타입을 살펴보자.

```
optionalA ?? defaultValue
```

이 예제는 nil 병합 연산자를 보여주는데, 옵셔널이 nil일 경우와 값을 가질 경우 모두 살펴보자.

```
var defaultName = "Jon"

var optionalA: String?
var optionalB: String?
```

```
optionalB = "Buddy"

var nameA = optionalA ?? defaultName
var nameB = optionalB ?? defaultName
```

코드에서는 먼저 defaultName 변수를 Jon으로 초기화한다. 그리고 나서 두 옵셔널 optionalA와 optionalB를 정의한다. optionalA 변수는 nil 값을 갖고 optionalB 변수는 Buddy 값을 갖는다.

nil 병합 연산자는 마지막 두 줄에서 볼 수 있다. optionalA 변수는 nil이기 때문에 nameA 변수 값은 defaultName 변수의 값 Jon이 할당된다. nameB 변수의 값으로는 optionalB가 값을 갖고 있기 때문에 optionalB의 값으로 할당된다.

▌요약

스위프트에서 사용하는 옵셔널 개념이 처음에는 조금 낯설어 보일 수 있지만, 많이 사용해보면 차츰 그 필요성이 이해될 것이다. 옵셔널 타입의 가장 큰 장점 중 하나는 넌옵셔널 변수를 사용하기 전에 초기화하는 것을 잊어버린 경우 컴파일 시점에 이를 통보받을 수 있다는 점이다.

10장에서의 핵심은 옵셔널의 개념을 이해하는 것이다. 잊어버리기 전에 10장에서 배운 몇 가지 사항을 다시 살펴보자.

스위프트의 nil은 오브젝티브C나 다른 C 기반 언어와 매우 다르기 때문에 반드시 이해해야 한다. 오브젝티브C의 nil은 존재하지 않는 객체로의 포인터를 의미한다. 하지만 스위프트의 nil은 값이 없음을 뜻한다. 스위프트에서 옵셔널을 완벽히 이해하기 위해서는 이 개념을 반드시 알아야 한다.

옵셔널 변수는 유효한 값을 갖거나 값이 없을 수 있다. 변수를 값이 없는 상태로 만들려면 스위프트의 특별한 nil 값을 할당하면 된다. 어떠한 옵셔널 타입이든 nil이 될 수 있는데, 이는 오브젝티브C의 경우 객체만 nil을 가질 수 있는 것과는 상반된다.

옵셔널 타입은 두 가지 선택 가능한 값 None과 Some(T)를 갖는 열거형이다. 여기서 T는 적합한 타입에 대한 연관 값을 가리킨다. 옵셔널이 nil이라면 이 값은 None이 되고, 옵셔널에 값을 할당한다면 옵셔널은 적합한 타입에 연관된 Some 값을 갖게 된다.

11

제네릭

처음 제네릭^{generic}을 접한 것은 2004년쯤인데, 자바가 세상에 소개됐던 시기다. 자바 5를 다룬 책인 『Java Programming Language 4판』을 집어 들면서 자바에서의 제네릭 구현에 대해 읽었던 기억이 아직도 생생하다.

자바 프로젝트를 포함해 그 이후 수많은 언어로 된 프로젝트에서 제네릭을 사용해봤다. 자바 같은 다른 언어에서 제네릭을 사용해본 경험이 있다면 스위프트의 문법 또한 매우 친숙할 것이다. 제네릭을 이용하면 매우 유연하고 재사용성 높은 코드를 작성할 수 있다.

하지만 서브스크립트와 마찬가지로 적절한 사용이 중요하고 과용은 금물이다.

11장에서 다루는 내용은 다음과 같다.

- 제네릭 소개
- 제네릭 함수 생성과 사용법
- 제네릭 클래스 생성과 사용법
- 프로토콜과 함께 사용하는 연관 타입

▌ 제네릭 소개

스위프트의 제네릭이 처음 나온 개념은 아니다. 즉, 자바나 C#과 같은 다른 언어를 다뤄본 개발자들에게는 새로운 개념이 아니다. 스위프트에서 구현된 제네릭은 이런 언어와 매우 유사하다. 오브젝티브C처럼 제네릭이 없는 언어에서 넘어온 개발자들은 처음에 조금 이질감을 느낄 것이지만, 일단 사용하기 시작해보면 얼마나 강력한지 알게 될 것이다.

제네릭은 코드 중복을 줄여주고 매우 유연하며, 코드 재사용성을 높여준다. 스위프트처럼 타입 안전한 언어에서는 종종 여러 가지 타입을 다룰 수 있는 함수나 타입을 작성해야 한다. 두 개의 변수 값을 맞바꾸는^{swap}(이하 스왑이라는 용어로 통일하겠음) 함수를 만들고 싶다고 가정해보자. 그런데 이 함수는 Int 타입과 Double 타입, String 타입을 스왑할 수 있어야 한다. 제네릭을 사용하지 않는다면 세 함수를 제각각 작성해야 한다. 하지만 제네릭 함수를 사용하면 한 번의 구현으로 다양한 타입에 스왑 기능을 제공할 수 있다. 제네릭을 사용하면 함수나 타입을 알 수 있지만 아직 어떤 타입이 필요한지 알 수 없다. 물론 스위프트가 타입 안전한 언어이긴 하지만 말이다. 이 부분은 여러분의 몫으로 남겨두고 나중에 어떤 타입으로 지정해야 하는지 다뤄보겠다.

스위프트에서는 제네릭 함수와 제네릭 타입 둘 다 정의할 수 있다. 제네릭 함수에 대해 먼저 살펴보자.

▌ 제네릭 함수

제네릭으로 풀어볼 문제를 살펴보고 어떻게 해결하는지 살펴보자. 두 개의 변수 값을 맞바꾸는 함수를 만들고 싶다고 가정해보자. 그런데 이 애플리케이션은 Int 타입과 Double 타입, String 타입을 스왑하는 함수가 필요하다. 제네릭이 없다면 별도로 세 가지 함수를 작성해야 한다. 다음 코드는 이런 함수를 보여준다.

```
func swapInts (a: inout Int,b: inout Int) {
    let tmp = a
    a = b
    b = tmp
}

func swapDoubles(a: inout Double,b: inout Double) {
    let tmp = a
    a = b
    b = tmp
}

func swapStrings(a: inout String, b: inout String) {
    let tmp = a
    a = b
    b = tmp
}
```

이 세 함수를 사용해 Int 타입과 Double 타입, String 타입의 원래 값 두 개를 스왑할 수 있다. 자, 이제 애플리케이션 개발을 하다가 UInt32 타입과 Float 타입 더 나아가 다수의 커스텀 타입에 대해 값들을 스왑해야 할 일이 생겼다고 가정해보자. 결국 8~9 개의 스왑 함수를 만들어야 할 것이다. 이 함수의 가장 큰 단점은 중복된 코드다. 이 함수들 간의 유일한 차이점은 파라미터 타입이다. 이 방법도 동작하는 데 문제는 없지만 제네릭을 사용하면 훨씬 세련되면서 간단히 해결할 수 있다. 중복 코드도 생기지 않는다. 이제 앞에 나온 함수 세 개를 하나의 제네릭 함수로 압축해보자.

```
func swap<T>(a: inout T, b: inout T) {
    let tmp = a
    a = b
    b = tmp
}
```

swap( ) 함수를 어떻게 정의했는지 살펴보자. 함수 자체는 대문자 T를 제외하고는 일반적인 함수와 매우 비슷하게 생겼다. swap( ) 함수에서 사용하는 대문자 T는 플레이스홀더placeholder 타입인데 (아직은 정해지지 않은) 타입을 나중에 정의하겠다고 스위프트에 알려주는 역할을 한다. 타입이 정의될 시점이 되면 특정 타입이 플레이스홀더 자리를 차지할 것이다.

제네릭 함수를 정의하려면 함수명 뒤의 두 꺾쇠괄호 사이에 플레이스홀더 타입(<T>)을 포함하면 된다. 파라미터 정의나 반환 타입, 함수 자체 안의 모든 타입 정의 대신 플레이스홀더를 사용할 수 있다. 반드시 명심해야 할 것은 플레이스홀더가 타입으로 한 번 정의되면 이후 모든 플레이스홀더는 정의된 타입으로 간주한다는 것이다. 따라서 해당 플레이스홀더로 정의된 변수나 상수는 해당 타입을 준수해야 한다.

대문자 T에 특별한 의미가 있는 것은 아니다. T 대신 어떠한 식별자든 사용할 수 있다. 다음 예에 나오는 정의는 문법상 아무런 하자가 없다.

```
func swap <G>(a: inout G, b: inout G) {
    //문장
}

func swap <xyz>(a: inout xyz, b: inout xyz) {
    //문장
}
```

대부분의 문서에서 제네릭 플레이스홀더는 T(유형) 또는 E(요소)로 정의된다. 특별한 언급이 없다면 이 책에서는 제네릭 플레이스홀더를 정의할 때는 T를 사용하겠다. 코드에서 T를 제네릭 플레이스홀더로 정의하는 것이 좋은데, 추후 코드를 살펴볼 때 플레이스홀더를 쉽게 식별할 수 있기 때문이다.

다수의 제네릭 타입이 필요할 때는 쉼표로 구분해서 여러 개의 플레이스홀더를 만들 수 있다. 다음 예제는 함수 안에서 여러 개의 플레이스홀더를 정의하는 방법을 보여준다.

```
func testGeneric<T,E>(a:T, b:E) {
}
```

이 예제에서는 두 개의 플레이스홀더 T와 E를 정의한다. 이 경우 T 플레이스홀더를 특정 타입으로 설정하고 E 플레이스홀더를 또 다른 타입으로 설정할 수 있다.

제네릭 함수를 어떻게 호출하는지 살펴보자. 다음 코드는 swap<T>(inout a: T, inout b: T) 함수를 이용해 두 개의 정수를 스왑한다.

```
var a = 5
var b = 10
swap(a: &a, b: &b)

print("a: \(a) b: \(b)")
```

코드 실행 결과 a: 10 b: 5가 나올 것이다. 제네릭 함수를 호출하기 위해 별도로 할 일은 없다는 것을 보여준다. 함수는 첫 번째 파라미터에서 타입을 추론하고 나머지 플레이스홀더를 그 타입으로 지정한다. 이제 두 문자열 값을 바꾸고 싶다고 하면 다음 과 같이 동일한 함수를 호출하면 된다.

```
var c = "My String 1"
var d = "My String 2"
swap(a: &c, b: &d)

print("c: \(c) d: \(d)")
```

두 개의 정수를 스왑했던 것과 완벽히 동일한 방식으로 함수를 호출하는 것을 볼 수 있다. 여기서 할 수 없는 일 하나가 있는데, 두 개의 다른 타입을 swap( ) 함수에 넣을 수는 없다는 점이다. 하나의 제네릭 플레이스홀더만 정의했기 때문이다. 다음과 같은 코드는 에러를 발생시킨다.

```
var a = 5
var c = "My String 1"

swap(a: &a, b: &c)
```

이때 cannot invoke 'swap' with an argument list of type '(inout Int, b: inout String 에러가 발생할 것이다. 정수 대신 문자열 값을 사용했기 때문이다. 이 함수가 정수 값을 찾고 있는 이유는 함수로 넘기는 첫 번째 인자가 정수 값이기 때문이다. 따라서 함수의 모든 타입은 Int 타입이다.

다음처럼 여러 개의 제네릭을 정의하는 함수가 있다고 하자.

```
func testGeneric<T,E>(a:T, b:E) {
    print("\(a) \(b)")
}
```

이 함수는 타입이 다른 파라미터 두 개를 받는다. 그런데 타입이 다르기 때문에 값을 맞바꿀 수가 없다. 제네릭은 또 다른 제약 사항을 갖고 있는데. 예를 들어 다음에 나오는 제네릭은 문제가 없다고 생각할 것이지만 구현하면 에러가 발생한다.

```
func genericEqual<T>(a: T, b: T) -> Bool{
    return a == b
}
```

이 코드를 실행하면 binary operator '==' cannot be applied to two 'T' operands
라는 에러 메시지를 볼 수 있다. 코드 컴파일 시점에 인자의 타입을 알 수 없기 때문에
스위프트는 해당 타입에 동등 연산자를 사용할 수 있을지 없을지 알 수 없다. 따라서
에러를 던지게 된다.

이런 제한 사항은 제네릭을 사용하기 어렵게 만든다고 생각할 것이다. 하지만 방법이
있는데, 플레이스홀더로 표현되는 타입이 구체적으로 특정한 기능을 가질 것이라고
스위프트에 알리는 것이다. 여기서 타입 제약 조건constraints이라는 개념이 나온다.

타입 제약 조건은 제네릭 타입이 특정 클래스를 상속받아야 한다거나 특별한 프로토
콜을 준수해야 한다는 것을 지정한다. 타입 제약 조건을 사용하면 제네릭 함수 안에서
부모 함수나 프로토콜에 의해 정의된 메소드나 속성을 사용할 수 있다. comparable
프로토콜을 사용해서 genericEqual() 함수를 다시 작성하면서 타입 제약 조건의 사
용법을 살펴보자.

```
func testGenericComparable<T: Comparable>(a: T, b: T) -> Bool{
    return a >= b
}
```

타입 제약 조건을 지정하려면 제네릭 플레이스홀더 뒤에 콜론을 붙이고 이어서 클래
스나 프로토콜 제약 조건을 써주면 된다. 이제 함수는 예상대로 작동할 것이다. 또한
두 개의 파라미터를 비교할 수 있고 값이 동일하면 true를 반환하고, 아니면 false를
반환할 것이다.

여러 개의 제네릭 타입을 선언했듯이 여러 개의 제약 조건을 선언할 수도 있다. 다음
예제는 서로 다른 제약 조건을 사용하는 두 제네릭 타입을 선언한다.

```
func testFunction<T: MyClass, E: MyProtocol>(a: T, b: E) {
}
```

이 함수에서 T 플레이스홀더로 정의되는 타입은 MyClass 클래스를 상속받아야 하고 E 플레이스홀더 타입은 MyProtocol 프로토콜을 반드시 구현해야 한다. 여기까지가 제네릭 함수다. 지금부터는 제네릭 타입을 살펴보자.

▌ 제네릭 타입

스위프트 배열과 제네릭을 소개할 때 제네릭 타입의 기본을 이미 소개했다. 제네릭 타입은 어떠한 타입과도 어울릴 수 있는 클래스나 구조체, 열거형이다. 이는 스위프트 배열과 딕셔너리가 동작하는 방식과 동일하다. 생각해보면 스위프트 배열과 딕셔너리는 어떠한 타입도 포함할 수 있도록 작성됐다. 주의할 점은 특정 배열과 딕셔너리 안에서 여러 가지 타입을 함께 섞어 쓸 수는 없다는 점이다. 제네릭 타입의 인스턴스를 만들 때 해당 인스턴스를 다룰 타입을 정의한다. 타입을 정의한 후에는 인스턴스 타입을 바꿀 수 없다.

제네릭 타입 생성 방법을 보기 위해 간단한 List 클래스를 만들어보자. 이 클래스는 목록을 저장할 백엔드 저장소로 스위프트 배열을 사용하고, 목록에 항목을 추가하거나 값을 가져올 수도 있다.

그럼 제네릭 리스트 타입을 정의해 살펴보자.

```
class List<T> {
}
```

이 예제에서는 제네릭 리스트 타입을 정의한다. <T> 태그는 제네릭 플레이스홀더인데, 제네릭 함수에서 정의한 것과 같은 방식이다. 정해진 타입을 사용하지 않고 타입 안에서는 어디서든 T 플레이스홀더를 사용할 수 있다.

이 타입에 대한 인스턴스를 생성하려면 목록이 보유할 아이템 타입을 정의해야 한다.

312

다음 예제는 여러 가지 타입으로 된 리스트 타입 인스턴스 생성법을 보여준다.

```
var stringList = List<String>()
var intList = List<Int>()
var customList = List<MyObject>()
```

이 예제에서는 3개의 List 클래스 인스턴스를 생성한다. stringList 인스턴스는 String 타입, intList 인스턴스는 Int 타입, customList 인스턴스는 MyObject 타입의 인스턴스와 함께 사용한다.

제네릭은 클래스에만 한정돼 사용하는 것은 아니다. 구조체와 열거형도 제네릭으로 정의할 수 있다. 다음 예제는 제네릭 구조체와 열거형 정의를 보여준다.

```
struct GenericStruct<T> {
}

enum GenericEnum<T> {
}
```

List 클래스에 해줄 다음 단계는 백엔드 배열을 추가하는 것이다. 클래스 정의 때 했던 것처럼 이 배열에 저장된 항목들은 동일한 타입이어야 한다. 따라서 배열 정의 시 T 플레이스홀더를 사용할 것이다. 다음 코드는 배열명이 items인 List 클래스를 보여준다. items 배열은 T 플레이스홀더를 사용해 정의될 것이므로 클래스 정의 때와 동일한 타입을 가질 것이다.

```
class List<T> {
    var items = [T]()
}
```

이 코드는 제네릭 리스트 타입을 정의하고 T를 타입 플레이스홀더로 사용한다. 이제 T 플레이스홀더를 사용해 항목들의 타입을 정의할 수 있는데, 클래스 안이라면 어디서든 사용할 수 있다. item은 List 클래스 인스턴스를 생성했을 때 정의했던 것과 동일한 타입이어야 한다. 따라서 var stringList = List<String>( ) 같은 코드로 List 타입의 인스턴스를 생성하면 items는 string 인스턴스 배열이 될 것이다. 비슷하게 var intList = List<Int>( )처럼 List 타입을 생성하면 items 배열은 Int 인스턴스 배열이 될 것이다.

이제 목록에 항목을 추가할 수 있는 add( ) 메소드를 만들어보자. 메소드 선언 시 T 플레이스홀더를 사용해서 클래스 초기화 때 사용한 타입과 동일한 타입의 아이템 파라미터를 정의한다. 따라서 String 타입을 사용할 리스트 타입 인스턴스를 생성하려면 add( ) 메소드의 파라미터로 String 타입을 사용해야 한다. 혹은 Int 타입을 사용할 리스트 타입 인스턴스를 생성하는 경우라면 add( ) 메소드의 파라미터는 Int 타입으로 지정해야 한다.

add( ) 함수 코드는 다음과 같다.

```
func add(item: T) {
    items.append(item)
}
```

독립 제네릭 함수standalone generic function를 생성하려면 함수명 뒤에 <T> 선언을 추가해서 제네릭임을 알린다. 하지만 제네릭 타입 안에 제네릭 메소드를 사용할 때는 T 선언이 필요 없다. 대신 클래스 선언 시 사용한 타입을 사용해야만 한다. 또 다른 제네릭 타입을 원한다면 메소드 선언에서 정의할 수 있다.

이제 getItemAtIndex( ) 메소드를 추가하자. 이 함수는 백엔드 배열에서 지정된 첨자를 반환한다.

```
func getItemAtIndex(index: Int) -> T? {
    if items.count > index {
        return items[index]
    } else {
        return nil
    }
}
```

getItemAtIndex() 메소드의 인자 값은 가져올 항목의 첨자가 된다. 반환 타입을 지정해 줄 때는 T 플레이스홀더를 사용하면 된다. 반환 타입은 옵셔널이기 때문에 T 타입이나 nil이 된다. 백엔드 배열에 지정된 첨자에 해당 항목이 있다면 그 아이템을 반환할 것이고 없다면 nil을 반환한다.

전체 List 클래스 코드를 살펴보자.

```
class List<T> {
    var items = [T]()
    func add(item: T) {
        items.append(item)
    }
    func getItemAtIndex(index: Int) -> T? {
        if items.count > index {
            return items[index]
        } else {
            return nil
        }
    }
}
```

보다시피 클래스 선언 시작부에 제네릭 T 플레이스 홀더를 선언했다. 그다음 이 플레이스홀더를 클래스 내에서 사용했다.

List 클래스에서 플레이스홀더를 3군데서 사용했다. items 배열 타입과 add() 메소드의 파라미터 타입, getItemAtIndex() 메소드의 옵셔널 반환 타입의 연관 값으로 사용하고 있다.

이제 List 클래스를 사용하는 방법을 살펴보자. 제네릭 형식을 사용할 때는 <type>과 같이 꺾쇠 괄호 사이에서 클래스 내에서 사용할 형식을 정의한다. 다음 코드는 List 클래스를 사용해 String 타입을 저장하는 방법을 보여준다.

```
var list = List<String>()
list.add(item: "Hello")
list.add(item: "World")
print(list.getItemAtIndex(index: 1))
```

이 코드에서는 list라는 목록 유형의 인스턴스를 작성하고, 이를 String 유형에 저장하게 만들었다. 그런 다음 add() 메소드를 두 번 사용해 두 인스턴스를 list 인스턴스에 저장한다. 마지막으로 getItemAtIndex() 메소드를 사용해 첨자 번호 1의 항목을 찾는다. 이 항목은 콘솔에 Optional(World)를 표시한다.

제네릭 타입을 선언할 때 여러 개의 플레이스홀더 타입을 사용할 수도 있다. 이는 마치 제네릭 메소드에서 여러 개의 플레이스홀더 타입을 사용하는 것과 같다.

여러 개의 플레이스홀더 타입을 사용하려면 쉼표로 구분하면 된다. 다음 예제에서 여러 개의 플레이스홀더 타입을 정의하는 방법을 보자.

```
class MyClass<T,E>{
}
```

그런 후 다음과 같이 String과 Int 타입을 사용하는 MyClass 타입 인스턴스를 생성한다.

```
var mc = MyClass<String, Int>()
```

제네릭 타입 역시 타입 제약 조건과 함께 쓸 수 있다. 여기서도 제네릭 함수에서의 타입 제약 조건 사용법과 완전히 동일하다. 다음 코드는 제네릭 타입이 comparable 프로토콜을 따르게 만들기 위해 타입 제약 조건을 사용하는 것을 보여준다.

```
class MyClass<T: Comparable>{}
```

지금까지 함수와 타입에 플레이스홀더를 사용하는 방법을 알아봤다. 필요에 따라 프로토콜 안에 하나 이상의 플레이스홀더를 선언하는 것이 유용할 때가 있다. 이 타입은 연관 타입이라고 부른다.

▌ 연관 타입

연관 타입^{Associated types}은 프로토콜과 함께 쓰이는 타입 대신 쓰일 수 있는 플레이스홀더 이름을 선언한다. 연관 타입은 플레이스홀더 이름을 선언해 프로토콜 안에서 타입 대신 사용할 수 있게 해준다. 프로토콜을 사용하기 전까지 실제 타입은 정해지지 않는다. 11장에서는 제네릭 함수와 타입을 생성하는 동안 계속해서 비슷한 문법을 사용해왔다. 하지만 프로토콜에서 사용하는 연관 타입은 이와 매우 다르다. 연관 타입으로 지정하려면 associatedtype 키워드를 사용하면 된다.

프로토콜 정의 시 연관 타입을 어떻게 사용하는지 살펴보자. 예를 들어 큐를 구현할 때 필요한 기능을 정의하는 QueueProtocol 프로토콜을 살펴보자.

```
protocol QueueProtocol {
    associatedtype QueueType
```

```
    mutating func add(item: QueueType)
    mutating func getItem() -> QueueType?
    func count() -> Int
}
```

이 프로토콜에서는 하나의 연관 타입인 QueueType을 정의하는데, 프로토콜 안에서 이 연관 타입을 두 번 사용한다. 한 번은 add() 메소드의 파라미터 타입으로 사용하고, 또 한 번은 getItem() 메소드의 반환 타입을 정의할 때 사용한다. 두 번째 반환 타입은 옵셔널로, QueueType 연관 타입이나 nil을 반환할 수 있다.

QueueProtocol 프로토콜을 따르는 모든 타입은 QueueType 플레이스홀더를 사용할 타입을 지정해야 하며, 반드시 해당 타입으로 된 항목만 사용해야 한다.

넌제네릭^{non-generic} 클래스인 IntQueue에 QueueProtocol을 구현해보자. 이 클래스에서는 Int 타입을 사용해 QueueProtocol 프로토콜을 구현하려 한다.

```
class IntQueue: QueueProtocol {

    var items = [Int]()
    func add(item: Int) {
        items.append(item)
    }

    func getItem() -> Int? {
        if items.count > 0 {
            return items.remove(at: 0)
        }
        else {
            return nil
        }
    }

    func count() -> Int {
```

```
        return items.count
    }

}
```

먼저 IntQueue 클래스에서 Int 타입 배열로 된 백엔드 저장소를 정의한다. 그런 다음 QueueProtocol 프로토콜에 정의된 각 메소드를 정의한다. 프로토콜에 정의된 QueueType 플레이스홀더를 Int 타입으로 바꾼다. add() 메소드의 파라미터 타입은 Int 타입으로 정의했고 getItem() 메소드에서 반환 타입은 옵셔널로 정의해서 Int 타입이나 값이 없음[no value]을 반환할 수 있게 했다.

다른 클래스 사용법과 동일하게 IntQueue 클래스를 사용해보자. 다음 코드를 살펴보자.

```
var intQ = IntQueue()
intQ.add(item: 2)
intQ.add(item: 4)
print(intQ.getItem()!)
intQ.add(item: 6)
```

먼저 IntQueue 클래스 인스턴스인 intQ를 생성한다. 그러고 나서 add() 메소드를 두 번 불러 Int 타입 값 두 개를 intQ 인스턴스에 넣는다. 그런 후 getItem() 메소드를 호출해서 intQ 인스턴스의 첫 번째 항목을 가져온다. 이 줄에서는 Optional(2)를 콘솔로 출력한다. 마지막 줄 코드에서는 또 다른 Int 타입 값을 intQ 인스턴스에 추가한다.

앞 예제는 제네릭을 사용하지 않고 QueueProtocol 프로토콜을 구현해봤다. 즉, 플레이스홀더 타입을 실제 타입으로 교체할 수 있다(QueueType은 Int 타입으로 교체됐다).

제네릭을 사용해서 QueueProtocol 프로토콜을 구현할 수도 있다. GenericQueue라 불리는 제네릭 타입에서 QueueProtocol 프로토콜을 구현하는 방법을 살펴보자.

```
class GenericQueue<T>: QueueProtocol {
    var items = [T]()
    func add(item: T) {
        items.append(item)
    }

    func getItem() -> T? {
        if items.count > 0 {
            return items.remove(at: 0)
        } else {
            return nil
        }
    }

    func count() -> Int {
        return items.count
    }
}
```

보다시피 GenericQueue는 IntQueue를 구현하는 것과 매우 비슷하게 구현할 수 있는데, 차이점이라면 제네릭 플레이스홀더 T를 사용해 타입을 정의한 것이다. 여타 제네릭 클래스처럼 GenericQueue 클래스를 사용하면 된다. GenericQueue 사용법을 살펴보자.

```
var intQ2 = GenericQueue<Int>()
intQ2.add(item: 2)
intQ2.add(item: 4)
print(intQ2.getItem())
intQ2.add(item: 6)
```

Int 타입을 사용할 GenericQueue 클래스의 인스턴스를 먼저 만든다. 이 인스턴스 이름은 intQ2다. 다음 add() 메소드를 두 번 호출해 두 개의 Int 타입을 intQ2에 추가한다. 그다음 getItem() 메소드를 써서 추가됐던 첫 번째 Int 타입을 꺼내고 콘솔에 그 값을 출력한다. 콘솔에는 숫자 2가 출력될 것이다.

제네릭을 사용할 때 주의할 점 하나는 프로토콜을 사용할 때는 사용하지 않는다는 점이다. 내 생각에 다른 언어의 제네릭을 사용할 때 가장 흔히 하는 실수 중 하나라 생각한다. 예제를 보면서 어떤 상황을 피해야 하는지 살펴보자.

다음처럼 WidgetProtocol이라는 프로토콜을 정의한다고 하자.

```
protocol WidgetProtocol {
    //코드
}
```

이제 WidgetProtocol 프로토콜로 다양한 구현을 하기 위해 커스텀 타입이나 함수를 만들고 싶다고 하자. 일부 개발자들로부터 다음과 같이 타입 제약 조건과 함께 제네릭을 사용해 커스텀 타입을 만드는 예를 살펴봤다.

```
class MyClass<T: WidgetProtocol> {
    var myProp: T?

    func myFunc(myVar: T) {
        //코드
    }
}
```

제네릭의 아주 정상적인 예지만, 이처럼 구현하는 것은 피하자. WidgetProtocol은 제네릭없이 사용하는 것이 더 깔끔하고 읽기 쉽다. 예를 들어 MyClass 타입은 다음과 같이 제네릭없이 작성할 수 있다.

```
class MyClass {
    var myProp: WidgetProtocol?
```

```
func myFunc(myVar: WidgetProtocol) {
   }
 }
```

두 번째 MyClass 타입의 넌제네릭 버전은 훨씬 읽기도 이해하기도 쉽다. 따라서 이 방법이 더 좋다고 할 수 있다.

하지만 두 가지 중 어떤 방식으로 MyClass 타입을 구현할지는 개발자 마음이다.

▌ 요약

제네릭은 굉장히 유용하고 배열과 딕셔너리 같은 스위프트 표준 컬렉션 타입의 근간을 이룬다. 하지만 11장의 앞부분에서 언급했던 것처럼 올바르게 사용하려면 매우 주의해야 한다.

11장에서는 개발자 인생을 좀 더 편하게 해 줄 제네릭에 대한 몇 가지 예제를 살펴봤다. 11장의 앞부분에 나왔던 swap( ) 함수는 제네릭 함수의 좋은 예라 볼 수 있는데, 스왑swap 코드를 한 번만 구현하면서도 원하는 어떠한 타입이든 두 값을 맞바꿀 수 있기 때문이다.

제네릭 리스트 타입 또한 특정 타입을 가질 수 있는 커스텀 컬렉션 타입을 만들기 위한 좋은 예다. 11장에서 구현한 제네릭 리스트 타입은 스위프트가 배열과 딕셔너리를 제네릭으로 구현한 것과 유사하다.

12

클로저

근래에 소개된 대부분의 주요 언어들은 스위프트의 클로저^{closuer}와 유사한 기능을 제공한다. 일부 언어에서 구현된(오브젝티브C의 블록) 이 기능은 사용법이 지극히 어렵지만 쉬운 언어(자바의 람나나 C#의 델리게이트)도 있다. 클로저가 제공하는 기능은 특히 프레임워크를 개발할 때 유용하다. 나는 네트워크를 이용한 원격 서비스와 통신할 때도 많이 사용했다. 그동안 많이 써봤던 오브젝티브C의 블록은 굉장히 유용하지만 블록을 선언할 때 사용하는 문법은 끔찍하다. 다행히도 애플은 스위프트 언어를 개발하면서 클로저의 문법을 쉽고 이해하기 쉽게 만들었다.

12장에서 다루는 내용은 다음과 같다.

- 클로저 소개
- 클로저 생성 방법

- 클로저의 유용한 예
- 클로저 사용 시 강한 참조를 피하는 방법

▌ 클로저 소개

클로저는 독립적인 코드 블록으로, 애플리케이션 내에서 전달되고 사용되는 것을 말한다. 일반적으로 Int 타입은 정수를 저장할 수 있고, String 타입은 문자열을 저장할수 있다. 이와 같은 맥락에서 클로저도 코드 블록을 포함하는 타입이라 생각하면 된다. 즉, 클로저를 변수에 할당할 수 있고, 함수의 인자로 전달이 가능하며, 함수의반환 값으로도 쓸 수 있다.

클로저는 정의된 컨텍스트에서 변수나 상수에 대한 참조를 캡처하고 저장할 수 있다.이를 변수나 상수에 대한 클로징이라 부르는데, 가장 좋은 점은 대부분의 경우 메모리관리를 직접할 필요가 없다는 점이다. 한 가지 예외가 있다면 강한 참조를 생성할때인데, 이 문제는 12장의 '강한 참조 사이클 생성' 절에서 해결해 보겠다.

스위프트의 클로저는 오브젝티브C에서 블록과 비슷하지만 사용법과 이해가 매우 쉽다. 클로저를 정의하는 문법은 다음과 같다.

```
{
    (파라미터) -> 반환 타입 in
    본문 내용
}
```

보다시피 클로저를 생성하는 문법은 스위프트에서 함수를 만드는 것과 매우 비슷하다. 스위프트에서 전역 함수와 중첩[nested] 함수가 사실은 클로저다. 겉보기에 클로저와함수의 가장 큰 차이점은 in 키워드다. in 키워드는 클로저 파라미터 및 반환 타입정의 부분과 클로저 본문을 분리하는 중괄호를 대체하기 위해 사용한다.

클로저 사용법을 매우 다양한데, 대부분 12장의 뒷부분에서 살펴본다. 지금은 클로저의 기본을 이해하는 것이 우선이다. 가장 간단한 클로저의 기본 사용법을 보면서 클로저가 무엇이고, 어떻게 정의하고 사용하는지 살펴보자.

▌ 간단한 클로저

아무 인자도 없고 반환 값도 전혀 없는 아주 간단한 클로저를 만들어보자. 콘솔에 Hello World를 출력하는 일이 전부다. 다음 코드를 살펴보자.

```
let clos1 = {
    () -> Void in
    print("Hello World")
}
```

예제에서는 클로저를 생성하고 clos1 상수에 할당한다. 괄호 사이에 아무런 파라미터도 정의돼 있지 않으므로, 이 클로저는 아무 파라미터도 받지 않는다. 반환 타입은 Void로 정의돼 있기 때문에 아무런 값도 반환하지 않는다. 클로저 본문은 Hello World를 콘솔에 출력하는 한 줄만 포함하고 있다.

클로저를 사용하는 방법은 많은데, 여기서 원하는 것은 단지 실행이다. 다음과 같이 클로저를 실행해보자.

```
clos1()
```

클로저를 실행하면 Hello World가 콘솔에 출력될 것이다. 이 시점에 클로저는 그다지 유용해보이지는 않지만, 12장을 계속 따라 하다보면 클로저가 얼마나 강력하고 유용한지 알게 될 것이다.

또 다른 간단한 예를 살펴보자. 이번에는 name이라는 파라미터를 받고 반환 값이 없는 클로저다. 클로저의 name 파라미터를 통해 전달된 이름으로 인사말을 출력해보자. 두 번째 클로저 코드는 다음과 같다.

```
let clos2 = {
    (name: String) -> Void in
    print("Hello \(name)")
}
```

이전 예제의 clos1 클로저와 이번 예제에 정의된 clos2의 가장 큰 차이점은 괄호 속에 문자열 파라미터 하나를 정의한 것이다. 보다시피 함수에서 정의하는 파라미터처럼 클로저에도 파라미터를 정의할 수 있다.

clos1을 실행하는 것과 같은 방식으로 clos2 클로저를 실행할 수 있다. 어떻게 하는지 다음 코드를 살펴보자.

```
clos2("Jon")
```

예제를 실행하면 Hello Jon을 콘솔에 출력한다. clos2 클로저를 사용하는 또 다른 방법을 살펴보자.

이전에 클로저의 정의한 것처럼 클로저는 독립적인 코드 블록으로 애플리케이션 코드에서 전달되고 사용된다. 이는 클로저가 생성된 컨텍스트로부터 코드의 다른 부분으로 클로저를 전달할 수 있다는 의미다. 함수의 인자로 clos2를 어떻게 넘길 수 있는지 살펴보자. clos2 클로저를 받는 함수를 다음과 같이 정의한다.

```
func testClosure(handler:(String)->Void) {
    handler("Dasher")
}
```

다른 보통 함수와 같은 방식으로 함수를 정의했다. 다만 handler라는 파라미터를 정의했으며, 이 handler의 타입은 (String)->Void다. 자세히 보면 handler 파라미터에 정의된 (String)->Void는 clos2 클로저에서 정의했던 파라미터 및 반환 타입과 일치한다. 이 말은 clos2를 함수 인자로 전달할 수 있다는 의미다. 어떻게 하는지 살펴보자.

```
testClosure(handler: clos2)
```

testClosure() 함수를 호출하는 방식은 여타 함수들과 동일하며, 인자로 전달되는 클로저 또한 다른 변수와 다를 바 없다. clos2 클로저는 testClosure() 함수에서 실행되기 때문에 코드 실행 시 Hello Dasher 메시지가 출력된다.

잠시 후 다루겠지만 클로저를 함수 인자로 전달할 수 있다는 것 자체가 클로저를 매우 흥미롭고 강력하게 만든다.

클로저에 대한 마지막 퍼즐을 맞춰보자. 클로저에서 값을 반환하는 방법을 살펴보자. 다음 예제가 이를 보여준다.

```
let clos3 = {
    (name: String) -> String in return "Hello \(name)"
}
```

clos3 클로저 정의는 clos2 클로저 정의와 매우 비슷하다. 바뀐 점은 반환 타입이 Void에서 String 타입으로 된 부분이다. 그런 후에 클로저 본문 안에서는 콘솔에 메시지를 출력하는 대신 메시지를 반환하기 위해 return문을 사용한다. 이제 clos3 클로저를 실행할 수 있다. 즉, 이전의 두 클로저와 같은 방식으로, 또는 clos2에서처럼 함수로 클로저를 넘길 수 있다. clos3를 실행하는 방법은 다음과 같다.

```
var message = clos3("Buddy")
```

코드가 실행되면 메시지 변수는 Hello Buddy 문자열을 포함한다.

앞서 살펴본 3가지 예제에서는 전형적인 클로저의 형식과 정의하는 방법을 살펴봤다. 오브젝티브C와 친숙한 개발자들은 스위프트에서의 클로저가 훨씬 깔끔하고 쉽다는 것을 알 수 있을 것이다. 여태 살펴본 클로저 문법은 상당히 간결하지만, 사실 이보다 더 줄여서 표현할 수도 있다. 다음 절에서는 어떻게 그것이 가능한지 살펴본다.

■ 클로저 간편 문법

이번 절에서는 클로저 정의를 줄여 표기하는 몇 가지 방법을 살펴본다.

 클로저 간편 문법(Shorthand syntax)을 사용하는 것은 전적으로 개인 취향이다. 세상에는 자신의 코드를 최대한 작고 콤팩트하게 만들기 좋아하는 개발자들이 많고, 이에 대단한 자부심을 갖곤 한다. 하지만 때때로 이런 작업들이 코드 가독성을 떨어뜨리고 다른 개발자가 이해하기 어렵게 만들기도 한다.

줄여 쓰는 첫 번째 방법은 가장 유명한 것 중 하나이기도 하고 3장에 나왔던 배열 알고리즘에서 살펴봤던 것이다. 이 방법은 배열 알고리즘에서 했던 것처럼 매우 작은 형태의 클로저를 함수의 인자로 전달할 때 주로 사용된다. 간편 문법을 살펴보기 전에 클로저를 파라미터로 받는 함수를 만들어보자.

```
func testFunction(num: Int, handler:()->Void) {
    for _ in 0..<num {
        handler()
    }
}
```

함수는 두 개의 파라미터를 받는다. 첫 번째는 num이라는 정수이고, 다른 하나는 파라미터와 반환 값이 없는 handler라는 클로저다. 루프를 몇 번이나 반복할 것인지 정의할 정수 num을 사용하는 for 루프를 만들자. for 루프 내에서 함수로 전달한 handler 클로저를 호출한다.

클로저를 생성하고 다음과 같이 testFunction()으로 전달해보자.

```
let clos = {
    () -> Void in
    print("Hello from standard syntax")
}

testFunction(num: 5,handler: clos)
```

이 코드는 읽고 이해하기 매우 쉽지만 5줄이나 차지한다. 이제 함수 호출 내에서 클로저를 인라인으로 작성해 이 코드를 단축하는 방법을 살펴보자.

```
testFunction(num: 5,handler: {print("Hello from Shorthand closure")})
```

이번 예에서는 인라인 함수 호출을 통해 클로저를 생성했는데, 배열 알고리즘 때 사용한 알고리즘과 동일한 문법을 사용했다. 글로서는 두 개의 중괄호({}) 사이에 위치한다. 즉, 클로저 생성 코드는 {print("Hello from Shorthand closure")}다. 코드가 실행되면 Hello from Shorthand closure를 화면에 다섯 번 표시한다.

3장에서 배열 알고리즘의 파라미터를 넘길 때 $0, $1, $2를 사용했다. 이 간편 문법으로 파라미터를 사용하려면 어떻게 하는지 살펴보자. 우선 하나의 파라미터를 가진 클로저를 받을 함수를 생성한다. 함수명은 testFunction2다. 이 함수가 어떤 일을 하는지 다음 코드를 살펴보자.

```
func testFunction2(num: Int, handler:( _ : String)->Void) {
    for _ in 0..<num {
        handler("Me")
    }
}
```

testFunction2 함수에서 정의된 클로저는 testFunction2와 같다. 이 클로저는 파라미터를 갖고 반환 값은 없다. 이 함수를 호출하기 위한 간편 문법 사용법은 다음과 같다.

```
testFunction2(num: 5,handler: {print("Hello from \($0)")})
```

이 클로저의 정의가 이전과 다른 점은 $0이다. $0 파라미터가 바로 함수의 첫 번째 파라미터를 위한 간편 문법이다. 코드 실행 결과 Hello from Me five를 다섯 번 출력한다.

달러 기호($)와 숫자를 사용한 인라인 클로저를 이용하면 클로저 선언 시 파라미터 목록을 만들 필요가 없다. 달러 기호 뒤의 숫자는 파라미터 목록에서 위치를 나타낸다. 달러 기호와 숫자를 결합한 간편 형식은 인라인 클로저를 사용할 때만 국한된 것이 아니기 때문에 이 형식에 대해 좀 더 살펴보자. 이 간편 문법은 파라미터명을 생략할 수 있기 때문에 클로저 선언을 간단하게 하는 데 사용할 수도 있다. 다음 예제를 살펴보자.

```
let clos5: (String, String) ->Void = {
    print("\($0) \($1)")
}
```

예제의 클로저는 두 개의 문자열 파라미터를 정의한다. 대신 이름을 정하지 않았다. 파라미터 정의는 (String, String)과 같다. 이후 클로저 본문에서 $0와 $1을 사용해

이 파라미터를 각각 액세스할 수 있다. 또한 클로저 정의는 중괄호 안에서 하는 것이 아니라 변수 정의 때처럼 콜론(:) 기호 이후에 표시한다. 이것이 익명의 인자를 사용할 때 클로저를 정의하는 방식이다. 다음의 예제는 잘못된 클로저 정의다.

```
let clos5b = {
    (String, String) -> Void in print("\($0) \($1)")
}
```

이 예제는 Anonymous closure arguments cannot be used inside a closure that has explicit arguments 에러를 발생시킨다.

클로저 clos5의 사용법은 다음과 같다.

```
clos5("Hello","Kara")
```

파라미터에서 Hello는 첫 번째 파라미터이므로 $0를 통해 액세스하고, Kara는 두 번째 파라미터이므로 $1을 통해 액세스된다. 이 코드를 실행하면 콘솔에 Hello Kara가 출력된다.

다음 예제는 클로저가 아무 값도 반환하지 않을 때 사용한다. 다음 예처럼 반환 타입에 void를 선언하는 대신에 괄호를 사용할 수 있다.

```
let clos6: () -> () = {
    print("Howdy")
}
```

이 예에서는 클로저를 ( ) -> ( )로 정의한다. 아무 파라미터도 없고 반환 값도 없음을 스위프트에 알려주는 것이다. 이 클로저의 실행 결과는 다음과 같다.

```
clos6( )
```

 개인적인 취향이긴 하지만, 나는 여기에 쓰인 간편 문법을 그다지 좋아하지는 않는
다. 괄호로 표시하는 것보다 void 키워드를 사용할 때 훨씬 읽기 쉽다고 생각하기
때문이다.

정말 유용한 클로저 예제를 보여주기 전에 클로저 간편 문법의 예를 하나 더 살펴보
자. 마지막 예제에서 return 키워드를 생략하고 값을 반환하는 방법을 살펴보자.

전체 클로저 본문 전체가 하나의 구문으로 이뤄진 경우에는 return 키워드를 생략할
수 있고, 구문의 결과는 반환된다. 다음 예를 살펴보자.

```
let clos7 = {
    (first: Int, second: Int) -> Int in
    first + second
}
```

이 클로저는 두 개의 Int 타입 파라미터와 Int를 반환한다. 클로저 본문 속에는 두
파라미터를 더하는 내용만 있다. 하지만 보시다시피 여기 추가된 구문 앞에 return
키워드는 빠져있다. 스위프트는 이를 싱글 구문 클로저^{single statement closure}라 인식하고,
마치 문장 앞에 return을 추가한 것처럼 값을 자동으로 반환한다. 여기서 구문의 반
환 타입이 클로저의 반환 타입과 일치하는지 확인할 필요는 없다.

이 클로저는 다음과 같이 사용한다.

```
var result = clos7(1,2)
```

앞의 두 절에 나온 예제에서는 클로저의 정의법과 사용 방법을 살펴봤다. 이 코드

자체만으로는 사실 클로저의 강점을 보여주기는 부족하고 클로저가 정말 유용한지 알기도 힘들다. 지금부터는 스위프트에서 클로저가 강력하고 유용한 이유를 살펴본다.

▮ 스위프트 배열 알고리즘과 함께 사용하는 클로저

3장에서 스위프트 배열과 함께 사용할 수 있는 몇 가지 내장 알고리즘을 살펴봤다. 12장에서는 이러한 알고리즘에 간단한 클로저를 적용하는 방법을 간략히 살펴봤다. 이제는 클로저를 좀 더 잘 이해하게 됐을 테니 고급 클로저 기능을 사용해 이 알고리즘을 어떻게 확장할 수 있는지 살펴보자.

이번 절에서는 일관된 목적상 map 알고리즘을 주로 사용해보겠다. 하지만 여기 소개되는 아이디어는 다른 알고리즘에 적용해도 된다. 앞으로 사용할 배열을 먼저 정의해보자.

```
let guests = ["Jon", "Kim", "Kailey", "Kara"]
```

배열의 명칭은 guest이며, 사람 이름에 대한 데이터가 들어있다. 이 배열은 12장의 마지막 예제를 제외한 모든 곳에서 사용할 것이다.

이제 배열 guests가 준비됐다. 각각의 guests 배열에 대한 인사말을 출력해주는 클로저를 추가해보자.

```
guests.map({
    (name: String) -> Void in
    print("Hello \(name)")
})
```

map 알고리즘은 클로저를 배열의 각 항목에 적용하기 때문에 이 예제는 guests 배열의 각 이름에 해당하는 인사말을 출력할 것이다. 12장의 마지막에서 이 클로저가 어떻게 작동하는지 잘 이해할 것이다. 앞 절에서 살펴봤던 간편 문법을 사용해서 다음과 같이 한 줄 코드로 줄여쓸 수 있다.

```
guests.map({print("Hello \($0)")})
```

내 생각으로는 여기 사용된 간편 문법은 표준 클로저 문법보다 읽기 쉬운데, 흔한 케이스는 아니다.

콘솔에 출력하지 말고 인사말을 포함하는 새 배열을 원한다고 가정해보자. 이 경우 클로저는 다음 예제처럼 문자열 타입을 반환할 수 있다.

```
var messages = guests.map({
    (name:String) -> String in
    return "Welcome \(name)"
})
```

코드를 실행하면 guest 배열의 이름을 바탕으로 새로운 인사말 문자열 여러 개가 생성될 것이고, 이 문자열들이 새로운 messages 배열을 이룰 것이다. 대신 guests 배열은 아무 변화가 없을 것이다.

앞의 예제는 map 알고리즘에 인라인inline으로 클로저를 추가하는 방법을 보여줬다. 이 방법은 map 알고리즘과 사용하고 싶은 클로저가 하나일 때는 좋은 방법일 것이다. 그런데 혹시 사용하고 싶은 클로저가 두 개 이상이거나 클로저를 여러 번 사용하고 싶다거나 아니면 또 다른 배열과 함께 사용하고 싶다면 어떻게 해야 할까? 이를 위해 클로저를 상수나 변수에 할당한 다음 필요에 따라 상수나 변수 이름을 사용해 클로저를 전달할 수 있다. 사용법을 살펴보자. 우선 두 개의 클로저를 정의한다. 하나는 guests 배열의 각 이름에 해당하는 인사말을 출력하고, 다른 하나는 작별 인사말을 출력하려 한다.

```
let greetGuest = { (name:String) -> Void in
  print("Hello guest named \(name)")
}

let sayGoodbye = { (name:String) -> Void in
  print("Goodbye \(name)")
}
```

두 개의 클로저를 만들었다. 필요에 따라 이제 map 알고리즘을 사용할 수 있다. 다음 예제를 보면 guests 배열을 사용할 때 클로저를 바꿔가며 사용하는 방법을 보여준다.

```
guests.map(greetGuest)
guests.map(sayGoodbye)
```

guests 배열을 greetGuest 클로저와 함께 사용하면 인사말이 콘솔에 출력되고, sayGoodBye 클로저를 사용하면 콘솔에는 goodbye 메시지가 출력된다. guests2라는 배열이 있다고 가정한다면 이 배열에도 동일한 클로저를 다음과 같이 사용할 수 있을 것이다.

```
guests.map(greetGuest)
guests2.map(greetGuest)
guests.map(sayGoodbye)
guests2.map(sayGoodbye)
```

지금까지 이번 절에 나온 모든 예제는 콘솔에 메시지를 표현하거나 클로저로부터 새로운 배열을 반환하는 것이었다. 클로저의 기능에는 이런 간단한 것만 있는 것은 아니다. 예를 들어 다음 예제처럼 클로저 내에서 배열을 필터링할 수도 있다.

```
let greetGuest2 = { (name:String) -> Void in
  if (name.hasPrefix("K")) {
```

```
      print("\(name) is on the guest list")
   } else {
      print("\(name) was not invited")
   }
}
```

이 예제에서는 name이 K로 시작하는지 아닌지에 따라 다른 메시지를 출력한다.

12장 서두에 언급했지만 클로저는 정의된 컨텍스트 내의 어떤 변수나 상수에 대한 참조를 캡처하거나 저장할 수 있다. 이에 대한 예제를 살펴보자. 주어진 장소에서 7일 동안의 최고 기온을 포함하는 함수를 만들고, 이 함수는 클로저 파라미터를 받게 해보자. 이 함수는 온도 값을 포함하는 배열에 대해 클로저를 실행시킬 것이다. 이 함수는 다음과 같이 작성한다.

```
func temperatures(calculate:(Int)->Void) {
   let tempArray = [72,74,76,68,70,72,66]
   tempArray.map(calculate)
}
```

이 함수는 (Int)->Void 타입으로 정의된 클로저를 받는다. 그러고 나서 tempArray 배열의 각 항목에 대해 클로저를 실행하기 위해 map 알고리즘을 사용한다. 이 상황에서 클로저를 사용하는 데 있어 핵심은 temperatures 함수가 calculate 클로저 속에서 무슨 일이 일어나는지 알 수 없고 신경 쓰지도 않는다는 점이다. 또한 클로저 역시 함수의 컨텍스트 속에 있는 아이템을 업데이트하거나 변경할 수 없다는 것을 알아 둬야 한다. 즉, 클로저는 temperature 함수 내의 어떠한 값도 변경시킬 수 없는 반면, 클로저가 생성됐던 컨텍스트 내의 변수는 업데이트할 수 있다.

이제 클로저를 생성할 함수를 살펴보자. 이 함수의 이름은 testFunction이다. 코드는 다음과 같다.

```
func testFunction() {
    var total = 0
    var count = 0
    let addTemps = {
        (num: Int) -> Void in
        total += num
        count += 1
    }

    temperatures(calculate: addTemps)
    print("Total: \(total)")
    print("Count: \(count)")
    print("Average: \(total/count)")
}
```

이 함수는 우선 정수 타입의 total과 count 변수를 정의한다. 다음으로 addTemps라는 클로저를 생성하는데, temperatures 함수에서 모든 온도를 더할 때 사용한다. addTemps는 또한 배열 내에 총 몇 개의 온도 데이터가 있는지 계산한다. 이를 위해 addTemps 클로저는 배열 내의 각 항목에 대한 총합을 계산하고, 함수의 첫 부분에 정의된 total 변수에 총합을 저장한다. 또한 addTemps 함수는 각 항목에 대한 count 변수를 증가시켜 배열 내에 몇 개의 항목이 있는지 추적한다. 여기서 잘 봐야 할 것은 total과 count 변수 둘 다 클로지 내에 선언되시 않았지만 클로저 내에서 사용할 수 있다는 점이다. 두 변수 모두 클로저와 동일한 컨텍스트 내에서 정의됐기 때문이다.

이제 temperatures 함수를 호출하고 addTemps 클로저를 인수로 전달하자. 마침내 총합, 카운트, 평균 기온이 콘솔에 출력된다. testFunction를 실행해보자.

```
testFunction()
```

testFunction의 실행 결과는 다음과 같다.

```
Total: 498
Count: 7
Average: 71
```

결과에서 볼 수 있듯이 addTemps 클로저는 생성된 컨텍스트 안에서 정의된 항목을 업데이트하고 사용할 수 있으며, 심지어 다른 컨텍스트 내에서도 이 클로저를 사용할 수 있다.

여기까지 배열의 map 알고리즘을 이용한 클로저 사용법을 살펴봤다. 이제 클로저를 단독으로 사용하는 방법을 살펴보자. 또한 코드를 읽고 사용하기 쉽게 정리하는 방법도 살펴보겠다.

▌ 기능 변경

클로저는 타입의 기능을 그때그때 변경할 수 있는 기능도 갖고 있다. 11장에서 봤듯이 제네릭의 능력은 다양한 타입에서 동작하는 함수를 작성하는 것이다. 클로저를 사용하면 기능 변경이 가능한 함수나 타입을 작성할 수 있다.

기능을 어떻게 바꾸는지 보여주기 위해 사용할 클래스를 정의해보자. 클래스명은 TestClass로 한다.

```
class TestClass {
    typealias getNumClosure = ((Int, Int) -> Int)
    var numOne = 5
    var numTwo = 8
    var results = 0

    func getNum(handler: getNumClosure) -> Int {
        results = handler(numOne,numTwo)
```

```
        return results
    }
}
```

클로저 명칭은 getNumClosure로 지정했자. getNumClosure 클로저 타입으로 정의되는 모든 클로저는 정수 파라미터 두 개를 갖고 정수를 반환한다. 클로저 내에서 전달하는 정수를 이용해서 결과 값을 얻는다고 가정하지만 반드시 그럴 필요는 없다고 가정한다. 사실대로 말하면 이 클래스는 getNumClosure 타입만 준수한다면 클로저가 무엇을 하던 상관치 않는다. 다음에는 numOne, NumTwo, results라는 이름의 정수 타입을 정의한다.

메소드 getNum( ) 역시 정의했다. 이 메소드는 타입이 getNumClosure인 파라미터만 받는다. getNum( ) 메소드에서 클래스 변수인 numOne과 numTwo를 전달해 클로저를 실행한다. 반환된 정수 값은 클래스 변수에 넣는다.

getNum( ) 메소드를 사용할 수 있는 getNumClosure 타입을 준수하는 몇 가지 클로저를 살펴보자.

```
var max: TestClass.getNumClosure = {
    if $0 > $1 {
        return $0
    } else {
        return $1
    }
}

var min: TestClass.getNumClosure = {
    if $0 < $1 {
        return $0
    } else {
        return $1
```

```
      }
  }

  var multiply:   TestClass.getNumClosure = {
      return $0 * $1
  }

  var second: TestClass.getNumClosure = {
      return $1
  }

  var answer: TestClass.getNumClosure = {
      var tmp = $0 + $1
      return 42
  }
```

이 코드는 getNumClosure 타입을 준수하는 5개의 클로저를 정의한다.

- **max** 두 정수 중 최댓값을 반환
- **min** 두 정수 중 최솟값을 반환
- **multiply** 두 값을 곱하고 그 결과 값을 반환
- **second** 파라미터 중 두 번째 것을 반환
- **answer** 아무 관련 없는 값을 반환. 삶과 우주와 모든 것에 대한 답을 반환

answer라는 클로저에서는 아무런 목적 없어 보이는 var tmp = $0 + $1라는 코드 라인
이 하나 추가됐다. 이 코드 라인은 다음에 나오는 코드가 잘못된 것이라는 점을 보여
주기 위해 의도적으로 만들었다.

```
  var answer: TestClass.getNumClosure = {
      return 42
  }
```

이 클래스는 error: contextual type for closure argument list expects 2 arguments, which cannot be implicitly ignored라는 에러를 발생시킨다. 스위프트 에러 문구를 보면 클로저가 아무 파라미터도 사용하지 않고 있다고 불평한다. 클로저 본문 안에서 $0와 $1 파라미터를 사용하지 않았기 때문이다. 클로저 second에서는 두 개의 파라미터가 존재한다고 스위프트가 가정하는데, $1이 두 번째 파라미터를 나타내기 때문이다.

함수의 기능을 바꾸기 위해 이제 TestClass 클래스의 메소드인 getNum에 각각의 클로저를 넘길 수 있다. 다음 코드는 이를 설명한다.

```
var myClass = TestClass()

myClass.getNum(handler: max)
myClass.getNum(handler: min)
myClass.getNum(handler: multiply)
myClass.getNum(handler: second)
myClass.getNum(handler: answer)
```

코드를 실행하면 각 클로저별로 다음과 같은 결과를 볼 수 있다.

```
max: results = 8
min: results = 5
multiply: results = 40
second: results = 8
answer: results = 42
```

12장에서 살펴볼 마지막 예제는 프레임워크에 굉장히 많이 쓰는 부분으로, 특히 비동기 실행용으로 설계된 기능과 관련이 깊다.

▌ 결과에 따른 클로저 선택

마지막 예제에서는 2개의 클로저를 메소드에 전달하고 나서 특정 로직에 따라 하나 또는 두 개의 클로저가 실행되는 것을 보려한다. 일반적으로 메소드의 실행이 성공적이면 클로저 중 하나가 호출되고, 실패하면 또 다른 클로저가 호출된다.

두 개의 클로저 인자를 취하는 메소드를 가진 클래스를 만들어보자. 이 메소드는 정의된 로직에 따라 한 개의 클로저를 실행한다. 이 클래스 이름은 TestClass라 한다. 클래스 코드는 다음과 같다.

```
class TestClass
{
    typealias ResultsClosure = ((String) -> Void)

    func isGreater(numOne: Int, numTwo:Int, successHandler: ResultsClosure,
            failureHandler: ResultsClosure)
    {
        if numOne > numTwo
        {
            successHandler("\(numOne) is greater than \(numTwo)")
        }
        else
        {
            failureHandler("\(numOne) is not greater than \(numTwo)")
        }
    }
}
```

이 클래스에서는 successful과 failure라는 두 개의 클로저를 사용하기 위해 클로저를 정의하기 위한 타입 앨리어스^{type alias}를 만들었다. 이 타입의 이름은 ResultsClosure다. 이 예제는 또한 클로저를 여러 번 타이핑하는 대신 타입 앨리어스를 사용해야 하는 이유를 설명해준다. 이렇게 하면 타이핑 횟수를 줄여주고 실수를 줄여준다. 이 예제에서 타입 앨리어스를 사용하지 않았다면 클로저 정의만 4번 해야 하고, 정의를 하려면 또 4군데에서 변경해야 한다. 타입 앨리어스를 사용하면 한 번의 클로저 정의 이후 코드 전체에서 앨리어스를 사용할 수 있다.

그러고 나서 isGreater 메소드를 만든다. 이 메소드는 두 개의 정수 파라미터를 갖고, 그다음 2개의 파라미터는 클로저를 취한다. 첫 번째 클로저 이름은 successHandler 이고, 두 번째 클로저 이름은 failureHandler다. isGreater 메소드에서 첫 번째 정수 파라미터가 두 번째 것보다 큰 수인지 검사한다. 첫 번째 정수가 더 크다면 successHandler가 실행되고, 반대의 경우라면 failureHandler가 실행된다.

이제 클로저 두 개를 만들어보자. 코드는 다음과 같다.

```
var success: TestClass.ResultsClosure = {
    print("Success: \($0)")
}

var failure: TestClass.ResultsClosure = {
    print("Failure: \($0)")
}
```

두 클로저는 TestClass.ResultsClosure 타입이다. 각 클로저가 하는 일은 단순히 클로저 자신이 호출됐는지 여부를 콘솔에 표시하는 것이다.

그러고 나서 다음 코드처럼 두 클로저를 사용해 메소드를 호출한다.

```
var test = TestClass()
test.isGreater(numOne: 8, numTwo: 6, successHandler:success,
failureHandler:failure)
```

메소드 호출 시 성공 및 실패 클로저 둘 다 보내는 점을 주목하기 바란다. 이 예제의 결과로 Success: 8 is greater than 6를 볼 수 있을 것이다. 두 개의 숫자를 바꾼다면 메시지는 message Failure: 6 is not greater than 8이 될 것이다. 이 유즈케이스는 비동기 메소드^{asynchronous methods}를 호출할 때 굉장히 유용하다. 이를테면 웹 서비스에서 데이터를 로딩하는 것이 될 수 있다. 웹 서비스 호출이 성공적이라면 suceess 클로저가 호출될 것이고, 아니면 failure 클로저가 호출될 것이다.

이와 같은 방식으로 클로저를 사용할 때 큰 이점 중 하나는 웹 서비스가 완료될 때까지 UI가 멈추지 않는다는 점이다. 이는 14장에서 언급할 동시성^{concurrency} 기술을 동반한다. 예를 들어 웹 서비스로부터 데이터를 가져오려 할 때의 예제는 다음과 같다.

```
var data = myWebClass.myWebServiceCall(someParameter)
```

UI는 응답을 기다리는 동안 멈출 것이다. UI가 지연되지 않게 하려면 별도의 스레드를 호출해야 할 것이다. 클로저를 사용하면 네트워크 프레임워크에 클로저를 넘기고 프레임워크가 완료 시점에 해당 클로저를 적절히 실행시킬 것이다. 비동기 호출을 하려면 동시성을 올바르게 구현하기 위해 프레임워크에 의존해야 하지만, 일반적인 프레임워크는 이런 동작을 핸들링해준다.

▌ 강한 참조 사이클 생성

12장의 앞부분에 언급했지만 스위프트의 가장 좋은 점 중 하나는 대부분의 경우 메모리 관리를 알아서 처리해주는 것이라고 했다. '대부분의 경우'라는 말은 모든 것이 표준에 맞게 작성된 경우에 한해서 클로저에 대한 메모리 관리를 스위프트가 처리해준다는 의미다. 지금까지 살펴본 예제들에는 올바른 메모리 작동을 기대해도 좋을 것이다. 하지만 메모리 관리에 실패하는 경우도 가끔 발생한다. 스위프트 메모리 관리가 실패하는 경우는 강한 참조 사이클^{strong reference cycle}이 생성될 때다. 클로저를 사용할 때 강한 참조 사이클이 생성되면 어떤 일이 발생하는지 살펴보자.

강한 참조 사이클은 클래스 인스턴스의 속성으로 클로저를 할당하고, 그 클로저 안에서 클래스의 인스턴스를 캡처할 때 발생할 수 있다. 특정 인스턴스를 액세스할 때 self를 사용하기 때문에 이 캡처가 발생한다. 예를 들어 self.someProperty를 들 수 있다. 또는 let c = self와 같은 방식으로 self를 특정 변수나 상수에 할당할 때도 발생한다. 인스턴스 프로퍼티를 캡처함으로써 실제로는 인스턴스 자체를 캡처하게 되고, 따라서 메모리 매니저는 인스턴스를 언제 릴리스할지 알 수 없게 돼 강한 참조 사이클을 생성하게 된다. 결과적으로 메모리는 정확하게 해지되지 않을 것이다.

클로저와 String 타입의 속성 두 가지로 이뤄진 새 클래스를 생성하자. 이 클로저를 타입 앨리어스로 만들고 콘솔로 메시지를 출력하는 deinit( ) 메소드도 정의한다. deinit( ) 메소드는 클래스가 릴리스되고 메모리가 해지되면 호출된다. deinit( ) 메소드의 메시지가 콘솔에 출력되면 클래스가 릴리스된 것을 알 수 있을 것이다. 이 클래스는 TestClassOne으로 명명한다. 다음 코드를 살펴보자.

```
class TestClassOne {
    typealias nameClosure = (( ) -> String)
    var name = "Jon"
    lazy var myClosure: nameClosure = {
        return self.name
    }
    deinit {
        print("TestClassOne deinitialized")
    }
}
```

두 번째 클래스를 만든다. 이 클래스에는 TestClassOne 클래스에 정의된 nameClosure라는 클로저 타입을 받는 메소드가 있다. 이 클래스 역시 릴리스 시점을 알 수 있는 deinit( ) 메소드를 갖고 있다. 이 클래스는 TestClassTwo로 명명한다. 다음 코드를 살펴보자.

```
class TestClassTwo {
    func closureExample(handler: TestClassOne.nameClosure) {
        print(handler())
    }
    deinit {
        print("TestClassTwo deinitialized")
    }
}
```

각 클래스의 인스턴스를 만들어서 작동하는 것을 보고, 각 클래스 인스턴스를 nil로 할당해 직접 릴리스시켜보자.

```
var testClassOne: TestClassOne? = TestClassOne()
var testClassTwo: TestClassTwo? = TestClassTwo()

testClassTwo?.closureExample(handler:testClassOne!.myClosure)
testClassOne = nil
print("testClassOne is gone")
testClassTwo = nil
print("testClassTwo is gone")
```

코드를 보면 두 개의 옵셔널은 두 클래스의 인스턴스가 되거나 nil이 될 수 있다. 나중에 보겠지만 각각의 인스턴스에 nil을 할당해서 인스턴스가 제대로 릴리스됐는지 보기 위해 각 변수를 옵셔널로 만들 필요가 있다.

이제 TestClassTwo의 closureExample() 메소드를 호출하고 TestClassOne 인스턴스의 myClosure 속성을 넘긴다. 그다음 TestClassOne과 TestClassTwo 인스턴스를 nil로 설정하고 릴리스한다. 이때 클래스의 인스턴스가 존재한다면 릴리스될 때 클래스의 deinit() 메소드를 호출하는 것을 기억하자. 두 클래스 모두 콘솔에 메시지를 출력할 deinit() 메소드를 갖고 있기 때문에 인스턴스가 릴리스되는 시점을 알 수 있다.

프로젝트를 실행하면 콘솔에 다음과 같은 메시지를 볼 수 있을 것이다.

```
testClassOne is gone
TestClassTwo deinitialized
testClassTwo is gone
```

보시다시피 TestClassOne 인스턴스를 릴리스했음에도 불구하고 deinit() 메소드는 절대 호출되지 않는다. 즉, 실제 릴리스되지 않았다는 것이다. 그러나 TestClassTwo 인스턴스는 클래스의 deinit 메소드가 호출된 것으로 봐서 적절히 릴리스됐다.

그렇다면 강한 참조가 발생하지 않는 경우에는 어떻게 동작할까? 확인해보기 위해 myClosure 클로저를 변경해보자. 다음 예제에서 볼 수 있듯이 myClosure는 클로저 자체에 정의하는 문자열 타입을 반환한다.

```
lazy var myClosure: nameClosure = {
    return "Just Me"
}
```

프로젝트를 실행하면 다음과 같은 결과를 볼 수 있다.

```
TestClassOne deinitlalized
testClassOne is gone
TestClassTwo deinitialized
testClassTwo is gone
```

이 코드는 TestClassOne과 TestClassTwo 두 인스턴스의 메소드 deinit()가 적절히 호출된 것을 봐서 둘 다 릴리스된 것을 알 수 있다.

첫 번째 예제는 클로저 안에서 TestClassOne 인스턴스를 캡처한다. TestClassOne 클래스에서 self.name을 사용해서 속성을 액세스하고 있기 때문이다. 이 동작은 클로저가 TestClassOne 인스턴스로 강한 참조를 일으키면서 인스턴스 릴리스를 막아 메모리 관리를 방해한다.

클로저에서 발생하는 강한 참조 문제를 해결하기 위해 스위프트는 매우 쉽고 세련된 방법을 제공한다. 캡처 리스트를 생성해서 강한 참조를 만들지 않게 스위프트에 간단히 알려주기만 하면 된다. 캡처 리스트는 클로저 내의 참조 타입을 캡처할 때 사용할 규칙을 정의한다. 각 참조는 강한strong 참조가 아닌 약한weak 참조나 미소유unowned 참조로 선언할 수 있다.

참조 대상reference이 라이프사이클 내에서 nil이 될 가능성이 있다면 이는 옵셔널이라는 것이고 weak 키워드를 사용하면 된다. 참조 대상이 nil이 될 가능성이 없다면 unowned 키워드를 쓰면 된다.

이 페어링은 대괄호([]) 사이에 나열하면 된다. 따라서 myClosure를 다시 작성해서 unowned 참조를 self로 정의하면 강한 참조 사이클을 제거할 수 있다. 다음 코드는 새로 작성한 myClosure 클로저를 보여준다.

```
lazy var myClosure: nameClosure = { [unowned self] in
    return self.name
}
```

추가된 코드 [unowned self] in을 살펴보자. 이 코드는 self 인스턴스로 강한 참조가 생성되는 것을 원치 않는다는 의미다. 이제 프로젝트를 실행하면 다음과 같은 결과를 볼 수 있다.

```
TestClassOne deinitialized
testClassOne is gone
TestClassTwo deinitialized
testClassTwo is gone
```

이로써 TestClassOne과 TestClassTwo의 인스턴스가 적절히 릴리스된 것을 볼 수 있다.

▍요약

12장에서는 클로저를 정의하는 것도 Int나 String을 선언하듯이 할 수 있다는 것을 살펴봤다. 클로저는 변수에 할당할 수 있고, 함수의 인자로 전달이 가능하며, 함수로부터 반환 값을 받을 수도 있다.

스위프트 클로저는 오브젝티브C의 블록과 매우 유사하지만, 훨씬 깔끔하고 매끄러운 문법을 사용한다. 따라서 사용하는 것은 물론 이해하는 것도 훨씬 수월하다.

클로저에 대한 올바른 이해는 스위프트 프로그래밍 언어를 마스터하는 데 있어서 필수적이며, 멋진 애플리케이션을 개발하기 더욱 쉽게 해준다. 또한 사용과 유지가 쉬운 일급 프레임워크first class frameworks를 생성할 때도 필수적이다.

12장에서 살펴본 예제 세 가지가 클로저가 가진 유일한 사용법은 아니다. 스위프트에서 클로저를 많이 사용할수록 더 많은 용도를 발견할 수 있을 것이다. 클로저는 스위프트 언어의 가장 강력하고 유용한 기능 중 하나며, 애플은 스위프트에서 이 기능을 아주 멋지게 구현해 놓았다.

13

C 라이브러리

내가 참여한 프로젝트의 대부분은 C 언어로 작성했는데, 작업 시스템에 함께 딸려오던 다양한 C 라이브러리를 사용했다. 이 라이브러리는 개발 경력을 굉장히 풍부하게 해줬다. 사실 개발 언어가 C였을 때 써드파티 라이브러리나 시스템 라이브러리를 링크하지 않고 작성한 애플리케이션은 거의 없었다. 리눅스 플랫폼용 스위프트가 처음 소개됐을 때 나의 첫 질문은 수많은 기능을 제공하는 이러한 라이브러리를 액세스하지 않고도 얼마나 유용할지에 대한 의구심이었다. 다행히 애플은 스위프트 애플리케이션 작성 시 이러한 라이브러리를 링크할 수 있는 쉬운 방법을 제공한다.

13장에서 다루는 내용은 다음과 같다.

- 스위프트 프로젝트에 C 라이브러리를 사용하는 방법
- 시스템 모듈 생성

- 애플리케이션에서 모듈을 사용하는 방법
- man page 사용법

애플의 iOS나 OS X 환경에서 스위프트를 사용하던 개발자들은 필요한 대부분의 기능을 제공하는 애플 프레임워크를 익숙하게 사용해왔다. 이러한 프레임워크를 통해 현란한 GUI 인터페이스를 만들거나 블루투스 장치를 액세스할 수 있고, 그 밖의 또 다른 기능들도 만들 수 있다.

이와 유사한 기능을 가진 프레임워크를 리눅스에서도 제공해준다면 더할 나위 없이 좋겠지만, 실상은 그리 녹록하지만은 않다. 리눅스 플랫폼의 경우 대부분의 기능에 매우 다양한 옵션을 제공하기 때문이다.

애플 입장에서는 이러한 모든 옵션과 호환되는 프레임워크를 제공하기란 사실상 불가능에 가깝다. 애플은 대신 스위프트 개발자들이 리눅스 네이티브 C 라이브러리와 링크할 수 있게 했다. 이를 통해 스위프트 개발자들은 리눅스 C 개발자들이 액세스할 수 있는 것과 동일한 라이브러리 및 함수를 액세스할 수 있다.

13장에서는 네이티브 C 라이브러리를 스위프트 애플리케이션에 링크하는 방법을 알아본다. 이를 통해 스위프트 표준이나 코어 라이브러리가 제공하지 않는 기능을 액세스할 수 있다. 이를 위해선 먼저 스위프트 패키지 매니저^{Swift Package Manager}를 사용해 애플리케이션 의존성과 빌드를 관리해야 한다. 스위프트 패키지 매니저가 익숙하지 않다면 1장을 다시 보기 바란다. C 라이브러리를 스위프트 프로젝트에 추가하려면 라이브러리를 정의하는 모듈을 먼저 만들어야 한다.

▎ 모듈

스위프트에서 모듈^{module}이란 배포할 수 있는 코드를 말하는데, import 키워드를 사용해 또 다른 모듈로 임포트될 수 있는 단일 유닛을 말한다. 프레임워크와 애플리케이션이 모듈의 일종이다. 13장에서는 원하는 C 라이브러리를 임포트할 수 있게 매핑된 특별한 모듈을 살펴본다.

리눅스판 스위프트에는 대부분의 리눅스 표준 라이브러리를 포함하는 Glibc라는 모듈이 딸려온다. 단, 이 모듈에 포함 안 된 헤더들도 꽤 많다. 애플 플랫폼의 Darwin 모듈과 유사하다. 먼저 Glibc 모듈을 살펴본 후 써드파티 C 라이브러리를 임포트할 수 있는 커스텀 모듈을 정의해보자.

Glibc 모듈에 어떤 헤더가 정의돼 있는지 보려면 스위프트가 설치된 usr/lib/swift/linux/x86_64/ 디렉토리에 위치한 glibc.modulemap 파일을 보면 된다. 당장 이 파일 형식을 완벽히 이해하지 못한다고 해서 걱정할 필요는 없다. 13장 뒷부분에서 커스텀 모듈을 만들 때 파일 형식을 설명한다. 당장 알아야 할 것은 Glibc 모듈을 코드에 임포트하면 이 파일에 정의된 모든 헤더를 포함하게 된다는 점이다.

예제를 통해 Glibc 모듈을 임포트하는 방법을 살펴보자. 이번 예제에서는 배열 타입의 익스텐션extension을 만든 후 배열 요소를 랜덤으로 가져와 보려고 한다. 이 익스텐션을 이용해 시스템이 제공하는 random() 함수를 사용해 임의의 수를 만든다. 배열 익스텐션을 사용한 코드는 다음과 같다.

```
import Glibc

extension Array {

    func getRandomElement() -> Element {
        let index = Int(random() % self.count)
        return self[index]
    }
}
```

먼저 import 구문을 통해 Glibc 프레임워크를 임포트한다. import문을 사용하면 Glibc 프레임워크에 정의된 시스템 라이브러리를 사용할 수 있다. Glibc 프레임워크를 임포트하지 않고 코드를 빌드하면 다음과 같은 에러가 발생한다.

```
/main.swift:6:19: error: use of unresolved identifier 'random'
let index = Int(random( ) % self.count)
```

이 에러는 컴파일러가 random( ) 함수에 대해 아는 바가 전혀 없다는 것을 알려준다. random( ) 함수의 man page를 살펴보면 random( ) 함수를 사용하기 위해선 stdlib.h를 임포트해야 한다는 것을 알려준다. 참고로 man page를 액세스하는 명령어는 man random이다. 그러고 나서 Glibc 프레임워크에 임포트된 헤더를 보면 Glibc 프레임워크가 stdlib.h 헤더를 포함하고 있음을 볼 수 있다. stdlib.h 프레임워크를 임포트함으로써 이 프레임워크에 정의된 모든 헤더 파일을 임포트한다. 따라서 random( ) 함수를 정의하고 있는 stdlib.h 헤더를 임포트한다. 이로써 코드에서 random( ) 함수를 사용할 수 있다.[1]

리눅스 환경에서 애플리케이션이 처음이라면 시스템 라이브러리와 제공하는 기능들에 대한 정보를 알아내기 위해 리눅스 man page와 친숙해질 필요가 있다. 이 명령어를 통해 사용하고자 하는 함수에 대한 풍부한 지식을 알아낼 수 있다. 13장 후반에서 man page에 대해 좀 더 알아볼 것이다.

앞에서 Glibc 프레임워크는 리눅스 표준 라이브러리 대부분을 포함한다고 언급했다. 그렇다면 Glibc 프레임워크에 포함돼 있지 않은 헤더를 사용하고 싶다면 어떻게 해야 할까? 이 헤더는 리눅스 표준 라이브러리의 일부지만 현재 Glibc 프레임워크에 정의되지 않았을 수도 있고, 그게 아니면 리눅스 표준 라이브러리와 관련 없는 라이브러리일 수도 있다.

---

1. 터미널에서 man random이라고 타이핑하면 화면 가득 random( ) 함수에 대한 설명이 나올 것이다. - 옮긴이

또 다른 헤더나 써드파티 라이브러리를 애플리케이션에 추가할 수 있게 커스텀 모듈을 생성하는 방법을 살펴보자. 그다음 라이브러리가 제공받은 기능을 애플리케이션에서 어떻게 사용하는지 살펴본다.

▌ 커스텀 모듈 생성

커스텀 모듈을 만들기 위해선 먼저 모든 파일이 들어갈 디렉토리를 생성해야 한다. 즉, 모듈의 메인 디렉토리를 만든다. 이 디렉토리는 Package.swift와 module.modulemap이라는 두 개의 파일만 포함할 것이다.

module.modulemap 파일 안에 임포트를 원하는 헤더 및 링크하고 싶은 라이브러리를 정의할 수 있다. 다음 샘플은 module.modulemap의 파일 형식을 보여준다.

```
module CMyModule [system] {
    header "/usr/include/mylibheader.h"
    link "mylib"
    export *
}
```

첫 번째 줄에서는 모듈명을 정의한다. 이 모듈명은 스위프트 파일에서 임포트 할 파일 이름이다. 위 예제에서 모듈명은 CMyModule이다. 다음 줄에서는 임포트할 헤더 파일에 대한 전체 경로$^{full\ path}$를 정의한다. 세 번째 줄은 선택 사항이며, 헤더에 정의한 기능은 mylib 라이브러리에서 찾을 수 있다고 컴파일러에게 알려줘 링크할 수 있게끔 만든다. 외부 라이브러리가 필요 없다면 이 줄은 생략해도 된다. 마지막 줄은 모든 기능을 익스포트^{export}하는 것을 보여준다.

스위프트 패키지 매니저는 git과 git 태그^{tag}를 사용해 패키지 및 모듈을 관리한다. 일단 두 파일을 만들었다면 모듈에 대한 Git 레포지토리를 생성해야 한다. 이를 위해 모듈의 메인 디렉토리에서 다음 명령어를 실행한다.

```
git init
git add .
git commit -m "Initial Import"
git tag 0.1.0
```

모듈 사용법을 설명하기 전에 예제 설명에 필요한 모듈을 우선 만들어보자.

▌Cpcap 모듈 생성

첫 번째 예제에서는 애플리케이션이 작동하는 시스템의 기본 네트워크 장치 목록을
보여주는 유틸리티를 만들어본다. pcap 라이브러리의 pcap_lookupdev 함수를 사용
할 것이다. pcap_lookupdev 함수의 man page를 보면 pcap/pcap.h 헤더를 포함하라
고 나와 있다.

pcap_lookupdev man page 명령어가 시스템에서 제대로 작동하지 않는다면 libpcap-
dev가 설치되지 않았을 것이다. 다음처럼 apt-get 명령어를 사용해 설치해보자.

```
sudo apt-get install libpcap-dev
```

모듈을 생성하려면 먼저 필요한 디렉토리와 파일을 만들어야 한다.

```
mkdir Cpcap
cd Cpcap
touch Package.swift
touch module.modulemap
```

이제 module.modulemap 파일 내에 **pcap** 헤더를 정의해야 한다. 이를 위해 module.modulemap 파일 속에 다음 코드를 삽입한다.

```
module Cpcap [system] {
    module libpcap {
        header "/usr/include/pcap.h" link "pcap"
        export *
    }
}
```

그다음 Package.swift 파일에 다음 코드를 추가해 모듈을 정의한다.

```
import PackageDescription
let package = Package(
    name: "Cpcap"
)
```

이제 모듈의 메인 디렉토리에서 다음과 같은 명령어를 사용해 모듈용 Git 저장소 repository를 생성해야 한다.

```
git init
git add .
git commit -m "Initial Import"
git tag 0.1.0
```

모듈이 생성됐으니 이제 모든 준비가 됐다.

●● 옮긴이 참고

git commit -m 부분에서 다음과 비슷한 에러가 발생하면 commit이 실패하는 경우가 있다.

fatal: unable to auto-detect email address (got 'xxxxx@ubuntu.(none)')

사용자 이메일과 이름이 없다는 문제인데, 함께 표시되는 설명과 같이 git config 명령어로
이메일과 사용자 이름을 설정하고 다시 git commit하면 된다.

```
git config --global user.email "홍길동@example.com"
git config --global user.name "유저이름"
```

▌ Cpcap 모듈 사용

모듈을 만든 후 프로젝트에서 어떻게 사용하는지 살펴보자. 먼저 새 프로젝트를 만든
다. 새 프로젝트 pcapProject를 준비하는 명령어는 다음과 같다.

```
mkdir pcapProject
cd pcapProject
swift package init
```

●● 옮긴이 참고

현재까지 작업하던 Cpcap 디렉토리에서 먼저 cd .. 명령어를 이용해 탈출한다. 그러고 나서
다시 상위 디렉토리에서 mkdir pcapProject를 이용해 디렉토리를 생성해야 한다.

프로젝트에 필요한 디렉토리 구조를 만들었으니 새로 생성된 Cpcap 모듈을 사용할
수 있게 컴파일러에게 알린다. 그러려면 Package.swift 파일에 종속성^{dependency}을 추가
해야 한다. 우리가 만들 애플리케이션과 Cpcap 모듈에 대한 종속성을 정의하는 코드
는 다음과 같다.

```
import PackageDescription
let package = Package(
  name: "pcapProject",
  dependencies: [.package(url: "../Cpcap", from: "0.1.0" )]
)
```

●● 옮긴이 참고

위 Package.swift 문법은 스위프트 4 기준으로 변경 적용한 것이다.

---

dependencies 명령어를 사용해 종속성을 추가한다. dependencies 라인에 포함된 URL은 모듈까지의 경로^{path}를 정의한다. 예제에서 볼 수 있듯이 경로는 깃허브^{GitHub} 저장소까지의 파일 시스템 경로 혹은 인터넷 URL 경로가 될 수 있다. 다음처럼 패키지 사이에 쉼표를 사용하면 여러 개의 종속성을 정의할 수 있다.

```
import PackageDescription
let package = Package(

  name: "exampleApp",
  dependencies: [.package(url: "../modOne", from: "0.1.0" ),
  dependencies: [.package(url: "../modTwo", from: "0.1.0" )]
)
```

또한 모듈에 대한 major와 minor 버전 번호를 정의할 수도 있다. major 및 minor 버전 번호는 앞에서 git tag 명령어를 사용해 정의했다.

이제 애플리케이션 속의 모듈에 정의된 라이브러리를 사용할 준비가 됐다. 다음 코드는 main.swift 코드를 보여주는데, pcap_lookupdev 함수를 사용하고 있다. 이 파일은 Sources 디렉토리에 만들어야 한다.

```
import Cpcap
import Glibc
var errbuf = UnsafeMutablePointer<Int8>.allocate(capacity:
Int(PCAP_ERRBUF_SIZE))

let dev = pcap_lookupdev(errbuf)

if let dev = dev {
   let devName = String(cString:dev)
   print("\(devName)를 찾았어요")
} else {
   print("dev를 발견할 수 없네요")
}
```

먼저 Glibc와 Cpcap 모듈을 모두 가져온다. Cpcap 모듈은 13장 앞부분에서 작성한 모듈이고, Glibc 모듈은 대부분의 리눅스 표준 라이브러리를 포함한다. 그런 다음 Int8 형식의 UnsafeMutablePointer를 선언한다.

UnsafeMutablePointer 타입은 pointee 객체에 대한 포인터다. 이 타입은 자동 메모리 관리를 제공하지 않는다. 따라서 적절한 메모리 할당과 해지가 필요하다. C 및 C 라이브러리는 메모리에 대한 포인터를 광범위하게 사용하는 반면, 스위프트는 포인터 사용을 통한 직접적인 메모리 액세스를 권장하지 않는다. UnsafeMutablePointer 타입은 포인터를 이용해 메모리 접근이 필요한 곳에서 C 라이브러리를 사용할 수 있게 해준다. C 라이브러리로 작업할 때는 UnsafeMutablePointer 유형을 많이 사용하게 될 것이다.

다음으로 시스템의 기본 pcap 네트워크 장치를 가져오기 위해 pcap_lookupdev() 함수를 호출한다. 그리고 옵셔널 바인딩을 이용해 pcap_lookupdev() 함수가 nil 값을 가져오는 경우 처리를 해준다.

pcap_lookupdev 함수는 C 문자열로 알려진 NULL 종료 문자 배열에 대한 포인터를 반환한다. 따라서 String(cString:) 생성자를 사용해 C 문자열을 스위프트 문자열로 변환한다. 장치 이름을 스위프트 문자열로 변환하면 출력한다.

이제 Package.swift 파일을 포함하는 프로젝트 루트 디렉토리에서 다음과 같은 명령을 실행해 프로젝트 빌드를 할 수 있다.

```
swift build
```

아무런 에러가 발생하지 않았다면 .build/debug/ 디렉토리에 pcapProject 실행 파일이 생성될 것이다. 이는 프로젝트명과 동일하다. 파일을 실행하면 다음과 같은 결과를 볼 수 있다.

```
eth0를 찾았어요
```

> ●● 옮긴이 참고
>
> 빌드 후 실행하는 방법을 잊었는가? 다음과 같이 해보자.
>
> 프로젝트를 포함하는 루트 디렉토리에서 cd .build/debug로 이동한 후 ./pcapProject라고 타이핑하자. 그럼 실행되면서 결과가 나올 것이다.

첫 번째 예제치고 나름 괜찮았던 것 같다. 사용하는 함수가 C 문자열을 반환했기 때문에 이해하기 쉬웠다. 다음 예제에서는 C 함수로부터 반환받은 링크드 리스트로부터 어떻게 데이터를 액세스하는지 살펴본다. 특히 시스템 레벨 C 라이브러리의 경우 링크드 리스트를 가리키는 포인터를 반환하는 것은 매우 일반적이다. 따라서 이러한 링크드 리스트에 저장된 정보를 어떻게 액세스할 수 있는지 이해할 수 있는 것이 중요하다.

이 예제에서는 pcap 라이브러리의 함수인 pcap_findalldevs()도 사용한다. pcap_findalldevs() 함수의 man page를 살펴보면 이 함수는 pcap_create()와 pcap_activate() 또는 pcap_open_live()와 함께 열 수 있는 네트워크 장치 목록을 구성함을 알 수 있다.

반환 목록은 `pcap_if_t` 타입의 링크드 리스트다. man page 역시 `pcap_if_t` 타입의 프로퍼티 목록을 알려줄 것이다. 예제에서는 next 프로퍼티와 name 프로퍼티만 중점적으로 살펴볼 것이다. 각 프로퍼티는 리스트의 다음 아이템과 장치 이름에 대한 것이다.

다음 명령어로 pcapAllDevs라는 새 프로젝트를 생성한다.

```
mkdir pcapAllDevs
cd pcapAllDevs
swift package init
```

앞 프로젝트에서 생성했던 Cpcap 모듈을 이제 링크해야 한다. 다음과 같이 프로젝트의 Package.swift 파일을 수정하면 된다.

```
import PackageDescription
let package = Package(
   name: "pcapAllDevs",
   dependencies: [.package(url: "../Cpcap", from:"0.1.0" )]
)
```

여러 프로젝트가 하나의 모듈을 사용할 수 있다는 것 자체가 매우 유용한 특징이다. 이렇게 되면 특정 프로젝트가 필요한 모든 것을 포함하는 모듈을 한 번만 만들어두면 필요할 때마다 모듈을 링크하면 된다. 이제 Sources 디렉토리에 main.swift 파일을 생성한 후 다음 코드를 입력한다.

```
import Cpcap
import Glibc

var errbuf = UnsafeMutablePointer<Int8>.allocate(
capacity:Int(PCAP_ERRBUF_SIZE))
var devs = UnsafeMutablePointer<UnsafeMutablePointer<pcap_if_t>?>.
     allocate(capacity:1)
```

```
    if (pcap_findalldevs(devs,errbuf) >= 0 ) {
      if var nDev = devs.pointee {
          var cont = true

          while (cont) {
              var devName = String(cString: nDev.pointee.name)

              print("Dev Name: \(devName)")
              if (nDev.pointee.next != nil) {
                  nDev = nDev.pointee.next
              } else {
                  cont = false
              }
          }
      }

      pcap_freealldevs(devs.pointee)
    } else {
      print("Could not get devices")
    }
```

이번 예제도 지난번 예제와 동일하게 Cpcap과 Glibc 모듈을 임포팅하는 것으로 시작한다. 그리고 UnsafeMutablePointer<Int8> 타입의 errbuf를 이번에도 생성했다.

다음으로 UnsafeMutablePointer<UnsafeMutablePointer<pcap_if_t>?> 타입의 변수 devs를 생성한다. 이 변수는 pcap_findalldevs() 함수가 반환할 때 링크드 리스트의 첫 번째 요소를 가리키는 포인터다. 이 변수는 옵셔널로 선언됐기 때문에 pcap_findalldevs() 함수가 실패하면 UnsafeMutablePointer는 nil이 된다.

pcap_findalldevs의 man page를 보면 pcap_findalldevs() 함수는 성공일 때 0을 반환하고 실패일 때 –1을 반환한다고 나와 있다. 따라서 함수를 호출할 때 성공 여부는 반환 값을 보고 판단할 수 있다. 리눅스/유닉스의 man page를 잘 모른다면 이 명령어와 충분히 친숙해질 것을 강력히 추천한다. 특정 함수에 대해 궁금한 점이 있다면 가장 먼저 찾아야 하는 것이 바로 man page이기 때문이다.

그런 다음 옵셔널 바인딩을 사용해 리스트의 첫 번째 요소를 가져오고 cont 값을 true
로 설정한다. cont 변수는 리스트의 마지막 부분에 도달했을 때 while 루프를 벗어날
지 말지 결정해주는 변수다.

그다음 줄에서는 nDev.pointee.name 코드로 현재 pcap_if_t 항목의 name 요소를
가져온다. 이 항목은 nDevUnsafeMutablePointer가 가리키는 곳이다. name 요소가
C 문자열이기 때문에 스위프트 문자열로 변환하기 위해 String(cString:) 생성자를
사용한다. 마지막으로 장치 이름을 콘솔로 출력한다.

pcap_if_t 구조체에서 next 프로퍼티는 리스트의 다음 요소를 가리킨다. 리스트의
마지막이라면 next 프로퍼티 값은 nil이 된다. 따라서 그다음 줄에 next 프로퍼티가
nil인지 검사하고 있다. nil이 아니라면 nDev는 링크드 리스트의 다음 항목을 가리킨
다. nil이라면 cont 변수를 false로 설정해 while 루프를 마친다.

링크드 리스트의 모든 요소에 대한 순회를 마친 후에는 모든 요소에 대한 메모리 해지
를 위해 pcap_freealldevs 함수를 호출한다. man page 명령어를 통해 pcap_
freealldevs 함수를 알아보면 pcap_freealldevs는 링크드 리스트의 모든 요소를
해지해주는 함수라 언급됨을 볼 수 있을 것이다. UnsafeMutablePointer 타입에 대한
설명을 보면 자동 메모리 관리 기능이 없다고 나와 있다. 따라서 메모리 할당과 해지
를 적절히 해줘야 한다.

프로젝트를 빌드하려면 Package.swift 파일이 위치한 프로젝트 루트 디렉토리에서 다
음 명령어를 실행한다.

```
swift build
```

▍ 리눅스 man pages

13장에서는 man page 대해 여러 차례 언급했다. man page는 manual pages의 약자인데, 유닉스 및 유닉스 호환 시스템에서 소프트웨어가 어떻게 문서화됐는지를 나타낸다. 이를 통해 애플리케이션 및 시스템 호출, 라이브러리, 심지어 다양한 추상화 개념에 이르는 방대한 정보를 찾을 수 있다. 리눅스 개발에 있어 이 man pages 사용법을 이해하는 것은 매우 중요하다. 따라서 pcap_findalldevs() 함수의 man page를 보면서 어떻게 사용하는지 살펴보자. 터미널 프롬프트를 열고 다음 명령어를 입력한다.

```
man pcap_findalldevs
```

명령어를 실행하면 다음과 같은 화면을 볼 수 있을 것이다.

```
hoffmanjon@hoffmanjon-VirtualBox: ~/Dropbox/Books/Mastering Swift 3/Linux/Code/Cha
PCAP_FINDALLDEVS(3PCAP)                                    PCAP_FINDALLDEVS(3PCAP)

NAME
       pcap_findalldevs, pcap_freealldevs - get a list of capture devices, and
       free that list

SYNOPSIS
       #include <pcap/pcap.h>

       char errbuf[PCAP_ERRBUF_SIZE];

       int pcap_findalldevs(pcap_if_t **alldevsp, char *errbuf);
       void pcap_freealldevs(pcap_if_t *alldevs);

DESCRIPTION
       pcap_findalldevs() constructs a list of network  devices  that  can  be
       opened with pcap_create() and pcap_activate() or with pcap_open_live().
       (Note that there may be network devices that cannot be  opened  by  the
       process  calling pcap_findalldevs(), because, for example, that process
       does not have sufficient privileges to open them for capturing; if  so,
       those devices will not appear on the list.)  If pcap_findalldevs() suc-
       ceeds, the pointer pointed to by alldevsp is set to point to the  first
       element  of the list, or to NULL if no devices were found (this is con-
       sidered success).  Each element of the list is of type  pcap_if_t,  and
       has the following members:

Manual page pcap_findalldevs(3pcap) line 1 (press h for help or q to quit)
```

화면을 스크롤하려면 상하 화살표를 사용하고 빠져나가려면 q 키를 누르기만 하면 된다. 도움이 필요하면 h 키를 누른다. 수많은 명령어들이 있지만 이것만 알아도 시작하는 데 충분하다. man page는 여러 개의 섹션으로 구성되는데, 대부분의 경우 **NAME**과 **SYNOPSIS**, **DESCRIPTION**으로 시작한다. 페이지를 아래로 이동하면 pcap_findalldevs man page는 **RETURN**과 **SEE ALSO** 섹션도 볼 수 있을 것이다.

NAME 섹션은 일반적으로 man page에서 제공하는 것이 무엇인지 간단히 요약해서 보여준다. 여기서는 pcap_findalldevs와 pcap_freealldevs 함수에 대한 설명을 포함한다는 것을 볼 수 있다.

또한 이 함수들을 사용해 캡처된 장치를 얻을 수 있으며, 목록을 해제[free] 시켜준다는 것도 알 수 있다.

SYNOPSIS 섹션은 함수를 어떻게 사용하는지, 그리고 무엇이 필요한지 알려준다. pcap_findalldevs와 pcap_freealldevs의 경우 man page는 pcap/pcap.h 헤더를 포함해야 한다고 알려준다. 13장 초반을 다시 보면 **Cpcap** 헤더를 모듈에 포함했던 것이 기억날 것이다. 이 섹션에서는 pcap_findalldevs와 pcap_freealldevs 함수의 사용법을 알려준다. 리눅스 스위프트 개발자 입장에서 가장 어려운 점은 C 언어의 이러한 함수를 스위프트 언어로 변환하는 것이다.

다음 섹션은 **DESCRIPTION** 섹션으로, 함수에 대한 상세 설명을 제공한다. 이번 예제의 경우 pcap_findalldevs 함수가 반환하는 pcap_if_t 구조체가 어떤 요소로 구성되고 있는지 알려준다. 해당 함수를 처음 접해봤다면 이에 대한 매우 유용한 정보가 man page에 나와 있으니 **DESCRIPTION** 섹션 전체를 살펴보기를 권한다.

RETURN 섹션에는 함수의 반환 값에 대한 설명이 있다. 예제의 경우 함수가 성공하면 0을 반환라고 실패하면 -1을 반환한다고 돼 있다.

SEE ALSO 섹션은 현재 페이지와 관련된 다른 man page 목록을 제공해준다.

스위프트 프로젝트에서 C 라이브러리를 사용해야 한다면 man page 또한 매우 중요한 리소스 중 하나임에 틀림없다.

▌ 요약

13장에서는 커스텀 모듈을 이용해 C 라이브러리와 헤더를 스위프트 프로젝트에 임포트시키는 방법을 알아봤다. 스위프트에서 C 라이브러리의 사용법을 숙지하면 추후 어떤 종류의 리눅스와 써드파티 C 라이브러리가 포함된 프로젝트이든 적용할 수 있을 것이다.

또한 리눅스 man page 사용법을 배우면서 C 함수에 대한 정보를 얻을 수 있었다. C 함수가 궁금할 때면 언제나 man page를 먼저 찾으면 된다.

14

동시성과 병렬성

나는 오브젝티브C를 처음 배울 당시 이미 C나 자바 같은 다른 언어에서의 병렬 처리와 멀티태스킹에 대해 잘 이해하고 있었다. 이러한 사전 지식 덕분에 오브젝티브C에서 스레드를 이용한 멀티스레드 애플리케이션을 만드는 것은 쉬운 편이었다. 그러던 중 애플에서 OS X 10.6과 iOS 4 발표 당시 GCD^{Grand Central Dispatch}를 릴리스하면서 모든 것이 바뀌었다. 처음엔 내 스스로 애플리케이션을 관리하는 것이 더 쉬웠기 때문에 GCD 사용에 대해 부정적인 입장을 취했다. 그 후 GCD를 사용해보니 이해하기 어렵고 사용하기 쉽지 않아 스스로 화가 나기도 했었다. 그리고 나서 스스로 타협하게 되면서 GCD를 내 스레드 코드와 함께 사용해도 스레드 제어에 어려움 없을 것이라 생각하게 됐다. 어느 순간 GCD가 나보다 스레드를 더 잘 처리할 수 있을지도 모른다는 생각에 잠시 우울한 기분마저 들었다. 그리고 결국에는 GCD가 사용하기도 쉽고 놀랄 만큼 잘 동작한다고 확신하게 됐다. 오랜 기간 애플 플랫폼에서 GCD를 사용한 이후 리눅스 플랫폼에서도 마침내 GCD를 사용할 수 있게 됐다는 소식을 들었을 땐 정말 날아갈 듯 기뻤다.

14장에서 다루는 내용은 다음과 같다.

- 동시성^{concurrency}과 병렬성^{parallelism}의 기본
- 동시^{concurrent} 디스패치 큐를 만들고 관리하기 위한 GCD 사용법
- 시리얼 디스패치 큐를 만들고 관리하기 위한 GCD 사용법
- 디스패치 큐에 작업을 추가하기 위한 다양한 GCD 함수 사용법

▌ 스위프트에서 동시성과 병렬성

동시성^{Concurrency}은 동일한 시간 동안 여러 개의 작업을 시작하고 실행하고, 완료시키는 개념이다. 반드시 작업이 동시에 실행될 필요는 없다. 사실 애플리케이션에서 작업이 동시에 실행되기 위해선 멀티코어나 멀티프로세서 시스템이 필요하다. 동시성을 사용하면 여러 개의 작업을 위해 프로세서나 코어를 공유할 수 있다. 하지만 싱글 코어는 주어진 시간에 단 하나의 작업만 실행할 수 있다.

병렬성^{Parallelism}은 두 개 이상의 작업이 동시에 실행되는 개념이다. 프로세서의 각 코어는 한 번에 하나의 작업만 실행할 수 있기 때문에 동시에 실행 가능한 작업의 개수는 프로세서의 코어 개수와 프로세서 자체의 개수에 따라 제한돼 있다. 예를 들어 4 코어 프로세서의 경우는 동시 실행 가능한 작업은 4개다. 오늘날 프로세서는 매우 빠르기 때문에 대용량 작업이 동시에 실행되는 것처럼 보인다. 하지만 시스템 내에서 대용량 작업은 실제로 코어 내의 하위 작업^{subtasks}이 번갈아가며 실행되고 있는 것이다.

동시성과 병렬성의의 차이점을 이해하기 위해 공을 저글링하는 저글러를 생각해보자. 저글러들은 주어진 시간 내에 여러 개의 공을 잡고 던지는 것처럼 보이지만 가까이서

보면 사실은 한 번에 딱 한 개의 공만 잡거나 던지는 것을 볼 수 있을 것이다. 나머지 공들은 모두 공중에서 잡히거나 던져지기를 기다릴 뿐이다. 다수의 공을 동시에 던지고 잡기 위해서는 여러 명의 저글러가 필요하다.

이 예에서 저글러는 프로세서의 코어로 생각할 수 있다. 어떻게 보이든지 싱글 코어 (한 명의 저글러) 프로세서 시스템은 한 번에 한 가지의 작업task만 수행할 수 있다. 한 번에 하나 이상의 작업을 실행하려면 멀티코어 프로세서가 필요하다(여러 명의 저글러에 해당).

과거에는 모든 프로세서가 하나의 코어만 가졌었다. 동시에 작업을 수행할 수 있는 유일한 방법은 시스템에 여러 개의 프로세서multi processor를 사용하는 것이었다. 게다가 여러 프로세서의 이점을 활용하기 위해서는 특별한 소프트웨어가 필요했다. 오늘날 대부분의 프로세서는 멀티코어를 갖고 있다.

전통적으로 애플리케이션에 동시성을 추가하기 위해서는 여러 개의 스레드를 생성했다. 하지만 이 모델은 임의의 코어 개수에 따라 적용하기 힘들다. 스레드의 가장 큰 문제점은 애플리케이션이 다양한 시스템(또는 프로세서) 위에서 돌아간다는 것이고, 코드 최적화를 위해서는 주어진 시간에 몇 개의 코어나 프로세서가 효율적인지 알아내야 한다. 흔히 개발 단계에서 알 수 없는 것들이다.

이런 문제점을 풀기 위해 iOS와 OS X 등의 많은 운영체제는 비동기 함수에 의존하기 시작했다. 이 함수들은 종종 완료 시간이 오래 걸리는 작업을 초기화할 때 사용하는데, HTTP 요청이나 디스크에 데이터를 쓰는 작업들이 그 예다. 비동기 함수는 보통 실행이 오래 걸리는 작업을 시작하고 작업 완료 이전에 반환한다. 보통 이 작업은 백그라운드에서 실행되고 작업이 완료될 때 콜백 함수(스위프트의 클로저와 같은)를 사용한다.

이러한 비동기 함수는 OS가 제공하는 작업에 적합하지만 비동기 함수를 직접 작성해야 하고 스레드를 직접 관리하지 않으려면 어떻게 해야 할까? 이를 위해 애플은 리눅스 플랫폼의 스위프트에 GCD를 제공한다. GCD는 로우레벨의 C 기반 API인데, 특정 작업을 실행 큐에 넣어주고 사용 가능한 프로세서 코어에서 실행되도록 스케줄해준다.

그럼 GCD를 어떻게 사용하는지 살펴보자.

GCD

스위프트 3 전까지 GCD는 로우레벨 C 코드를 작성하는 듯한 느낌이었다. API는 살짝 번잡스러웠고 스위프트 언어에서 만들어진 어떤 기능도 사용하지 않았던 연유로 가끔 이해하기도 힘들었다. 이 모든 것은 스위프트 3가 나오면서 바뀌었다. 애플은 전체 API를 재작성해서 스위프트 3 API 가이드라인을 준수하게 만들었다.

GCD는 작업을 관리하기 위해 디스패치 큐라는 것을 제공한다. 큐는 선입선출^{FIFO} 순서로 작업을 관리하고 실행한다. 이렇게 해서 들어온 작업은 들어온 순서대로 시작된다.

작업^{task}이라 함은 단순히 애플리케이션이 수행해야 할 특정 작업^{work}을 말한다. 예를 들면 간단한 연산이나 디스크에 읽고 쓰기, HTTP 요청, 기타 애플리케이션이 해야 할 작업들을 생성할 수 있다. 함수나 클로저 내에 작업에 대한 코드를 넣어 정의하고 디스패치 큐에 추가할 수 있다.

GCD는 다음과 같은 3가지 타입의 큐를 제공한다.

- **시리얼 큐** 시리얼 큐$^{Serial queues}$(또는 프라이빗 큐$^{private queue}$) 내의 작업은 들어온 순서대로 한 번에 하나씩 실행된다. 각 작업은 이전 작업이 완료된 직후 시작된다. 시리얼 큐는 특정 리소스 액세스를 동기화하기 위해 자주 사용하는데, 하나의 시리얼 큐 안에 두 개의 작업이 동시에 실행되지 않을 것을 보장해준다. 따라서 특정 리소스에 접근하는 유일한 방법이 시리얼 큐라면 두 개의 작업이 절대로 동시에 리소스를 접근하려고 시도하지도 않을 것이고, 순서가 뒤바뀌는 일도 없을 것이다.

- **동시 큐** 동시 큐$^{\text{Concurrent Queue}}$ 속 작업은 동시에 실행된다(글로벌 디스패치 큐라고도 불린다). 하지만 여전히 작업은 큐에 들어온 순서대로 시작된다. 주어진 인스턴스에 대한 정확한 작업의 개수는 변할 수 있고, 시스템의 현재 상황과 리소스에 따라 다르다. 애플리케이션 내의 작업 시작 시점은 GCD가 결정하는 것이지 프로그래머가 결정할 수 있는 것이 아니다.
- **메인 디스패치 큐** 메인 디스패치 큐$^{\text{main dispatch queue}}$는 글로벌하게 사용 가능한 시리얼 큐인데, 애플리케이션의 메인 스레드에서 작업을 실행한다. 메인 디스패치 큐에 들어간 작업은 메인 스레드에서 실행되기 때문에 일부 백그라운드 처리가 완료되고 UI를 업데이트해야 하는 경우 백그라운드 큐에서 호출된다.

디스패치 큐는 전통적인 스레드 대비 수많은 장점을 제공한다. 첫 번째이자 가장 큰 장점은 애플리케이션 자체가 아닌 시스템 차원에서 스레드 생성과 관리를 해준다는 것이다. 시스템에서 전체 사용 가능한 리소스와 현재 시스템 상태를 바탕으로 동적으로 스레드 개수를 확장할 수 있다. 이는 디스패치 큐를 사용하면 프로그래머가 직접 하는 것보다 스레드를 훨씬 효과적으로 관리할 수 있다는 의미다.

디스패치 큐의 또 다른 이점은 작업이 시작되는 순서를 제어할 수 있다는 것이다. 시리얼 큐를 사용하면 작업이 시작되는 순서를 제어할 수 있을 뿐 아니라 이전 작업이 완료되기 전에 새로운 작업이 시작되지 않게 할 수 있다. 14장의 끝부분에서 보겠지만 전통적인 스레드를 사용하면 이를 구현하기가 매우 번거로운 반면, 디스패치 큐는 상당히 쉬운 편이다.

헬퍼 함수

디스패치 큐 사용법을 보기 전에 다양한 타입의 큐가 어떻게 작동하는지 보여줄 헬퍼 함수$^{\text{Helper function}}$를 만들어보자. 첫 번째 함수는 간단한 연산 후 값 반환을 수행한다. 함수 `doCalc( )`의 코드는 다음과 같다.

```
func doCalc() {
    var x=100
    var y = x*x
    _ = y/x
}
```

다음 함수 performCalculation()은 두 개의 인자를 받는데, 정수 타입 iterations 와 문자열 타입 tag다. performCalculation() 함수는 iterations 인자로 들어온 횟수만큼 doCalc() 함수 호출을 반복한다. 총 반복에 걸린 시간을 계산하기 위해 CFAbsoluteTimeGetCurrent()를 사용하고 콘솔에 tag 문자열과 함께 총 수행 시간을 출력한다. 이로써 언제 함수 수행이 종료되는지와 함께 완료까지 걸린 시간을 알 수 있다. 함수의 코드는 다음과 같다.

```
func performCalculation(_ iterations: Int, tag: String) {
    let start = CFAbsoluteTimeGetCurrent()
    for _ in 0 ..< iterations {
        doCalc()
    }
    let end = CFAbsoluteTimeGetCurrent()
    print("time for \(tag):\(end-start)")
}
```

예제를 위해 Foundation과 CoreFoundation, Glibc 라이브러리를 임포트해야 할 것 이다.

이 함수들은 큐를 바쁘게 만들면서 큐가 어떻게 작동하는지 잘 볼 수 있을 것이다. 디스패치 큐를 생성하는 방식부터 살펴보자.

큐 생성

새 디스패치 큐를 생성하려면 DispatchQueue 이니셜라이저를 사용한다. 새 디스패치 큐를 만드는 코드는 다음과 같다.[1]

```swift
let concurrentQueue = DispatchQueue(label: "cqueue.hoffman.jon",
    attributes: .concurrent)
let serialQueue = DispatchQueue(label: "squeue.hoffman.jon")
```

첫 번째 줄은 cqueue.hoffman.jon 라벨과 함께 동시 큐를 생성했고, 두 번째 줄에서는 squeue.hoffman.jon 라벨로 시리얼 큐를 만들었다. 디스패치 큐를 사용하려면 Dispatch 라이브러리를 임포트해야 한다.

DispatchQueue 이니셜라이저는 다음과 같은 파라미터를 가진다.

- **label** instruments와 crash reports 등과 같은 디버깅 툴에서 자신을 식별할 수 있게 하기 위한 고유의 문자열 라벨이다. 리버스 DNS 명명 규칙을 따를 것을 추천한다. Label 파라미터는 옵션이며, nil이 될 수 있다.
- **attributes** 만들고자 하는 큐의 타입을 지정해준다. DISPATCH_QUEUE_SERIAL이나 DISPATCH_QUEUE_CONCURRENT 또는 nil이 될 수 있다. 파라미터 값이 nil이면 시리얼 큐가 생성된다.

 일부 프로그래밍 언어는 특정 컴포넌트를 명명하기 위해 리버스 DNS 명명 규칙을 사용한다. 이 규칙은 역순으로 된 등록 도메인을 기반으로 한다. 이를테면 mycompany.com이라는 도메인을 가진 회사가 widget이라는 제품을 갖고 있다면 리버스 DNS 이름은 com.mycompany.widget이 된다.

---

1. DispatchQueue 사용 시 에러가 발생하면 import Dispatch를 해야 한다. — 옮긴이

동시 큐 생성과 사용

동시 큐^{concurrent queue}는 작업을 FIFO 순서로 실행한다. 단, 여기서 작업 시작은 동시^{concurrent}에 수행되지만 임의의 순서대로 작업이 끝난다. 동시 큐를 만들고 사용해보자. 다음 코드와 같이 이번 절에서 사용할 동시 큐를 만든다.

```
let cqueue = DispatchQueue(label: "cqueue.hoffman.jon",
        attributes:.concurrent)
```

코드는 이름이 cqueue인 새 디스패치 큐를 생성한다. 이 큐는 cqueue.hoffman.jon이라는 라벨을 가진다. 이제 동시 큐 사용법을 살펴볼 것인데, performCalculation()메소드로 연산을 수행해보자.

```
let c = {performCalculation(1000, tag: "async1")}
cqueue.async(execute: c)
```

이 코드에서는 단순한 performCalculation() 함수를 호출하는 작업 클로저를 만든다. 이 함수는 doCalc() 함수를 1000번 반복 실행하도록 요청한다. 마지막으로 큐를 실행할 async(execute:) 메소드를 사용한다. 이 코드는 메인 스레드에서 분리된 동시 디스패치 큐에서 작업을 수행한다.

이 코드는 완벽히 잘 동작하지만, 사실 좀 더 짧게 만들 수 있다. 다음 예제는 위 코드와 달리 별도의 클로저를 사용하지 않는다. 수행할 작업은 다음과 같이 넣을 수도 있다.

```
cqueue.async {
    performCalculation(1000, tag: "async1")
}
```

작은 코드 블록을 큐에 넣는 간단한 방법을 살펴봤다. 혹시 규모가 큰 작업이나 여러 번 해야 할 작업이 있는 경우에는 첫 번째 예제에서 했던 것처럼 별도의 클로저를 만들고 큐에 클로저를 넣어주면 된다.

큐에 몇 개의 항목을 추가해서 반환되는 순서와 시간을 보면서 동시 큐가 어떻게 동작하는지 살펴보자. 다음 코드는 3개의 작업을 큐에 추가한다. 각 작업은 각각 다른 반복 횟수로 performCalculation( ) 함수를 호출한다. performCalculation( ) 함수는 반복 횟수에 정의된 만큼 연산 루틴을 계속 실행한다는 점을 기억하자. 따라서 performCalculation( ) 함수로 전달된 반복 횟수가 클수록 실행 시간도 길어진다. 다음 코드를 살펴보자.

```
cqueue.async {
    performCalculation(10000000, tag: "async1")
}

cqueue.async {
    performCalculation(1000, tag: "async2")
}

cqueue.async {
    performCalculation(100000, tag: "async3")
}
```

디스패치 큐에서 작업을 수행하고 있기 때문에 애플리케이션은 작업이 끝나기 전에 종료될 수 있다. 애플리케이션 종료를 막기 위해 다음 코드를 넣자. 다음 코드는 사용자가 Enter 키를 누르기 전까지 종료하지 않고 기다리는 역할을 한다.

```
print("press enter to exit")
let _ = readLine(strippingNewline: true)
```

각 함수는 다양한 tag 파라미터 값과 함께 호출된다. performCalculation( ) 함수는 경과 시간과 함께 태그 변수를 출력하므로 작업이 완료되는 순서와 실행에 걸린 시간을 볼 수 있다. 앞 코드의 실행 결과는 다음과 같다.

```
time for async2:    0.000200986862182617
time for async3:    0.00800204277038574
time for async1:    0.461670994758606
```

 실행 결과는 실행할 때마다, 그리고 시스템에 따라 달라진다.

큐는 FIFO 순서로 실행되므로 async1 태그 작업이 가장 먼저 실행된다. 그런데 결과를 보면 가장 오래 걸린다. 지금 동시 큐를 사용하고 있기 때문에 시스템에 여유 자원이 있다면 가능한 한 코드 블록은 동시에 실행될 것이다. 이 때문에 async1 작업이 먼저 실행됐지만 async2와 async3 작업이 그보다 먼저 완료됐다.

시리얼 큐는 작업을 어떻게 실행하는지 살펴보자.

시리얼 큐 생성과 사용

시리얼 큐는 동시 큐와 조금 다르다. 시리얼 큐는 한 번에 단 하나의 작업만 실행하며, 다음 작업이 시작되기 전에 이전 작업이 완료되기를 기다린다. 동시 디스패치 큐와 마찬가지로 시리얼 큐도 FIFO 순서를 따른다. 다음 코드와 같이 이번 절에서 사용할 시리얼 큐를 만들어보자.

```
let squeue = DispatchQueue(label: "squeue.hoffman.jon")
```

이제 시리얼 큐 사용법을 살펴보자. performCalculation() 함수로 연산을 수행해 보자.

```
let s = {performCalculation(1000, tag: "sync1")}
squeue.async (execute: s)
```

이 코드에서 DoCalculation 인스턴스의 performCalculation() 함수를 호출하고 doCalc() 함수를 1000번 반복 실행하도록 요청하는 클로저를 만들었다. 마지막으로 큐를 실행할 async(execute:) 메소드를 사용한다. 이 코드는 메인 스레드에서 분리된 시리얼 디스패치 큐에서 작업을 수행한다. 코드를 보면 알겠지만 동시 큐에서와 완벽히 동일한 방식으로 시리얼 큐를 사용한다.

동시 큐에서 했던 것처럼 코드를 좀 더 짧게 만들수 있다. 시리얼 큐 코드를 간단하게 만들면 다음과 같다.

```
squeue.async {
    performCalculation(1000, tag: "sync2")
}
```

몇 개의 항목을 큐에 추가해서 반환되는 순서와 시간을 보면서 시리얼 큐가 어떻게 동작하는지 살펴보자. 다음 코드는 3개의 작업을 큐에 추가한다. 각 작업은 각각 다른 반복 횟수로 performCalculation() 함수를 호출한다.

```
squeue.async {
    performCalculation(100000, tag: "sync1")
}
squeue.async {
    performCalculation(1000, tag: "sync2")
}
```

```
squeue.async {
    performCalculation(100000, tag: "sync3")
}
```

동시 큐의 예제와 마찬가지로 각 함수는 반복 횟수 및 고유의 tag 파라미터 값과 함께 호출된다. performCalculation() 함수는 경과 시간과 함께 태그 변수를 출력하므로 작업이 완료되는 순서와 실행에 걸린 시간을 볼 수 있다. 앞 코드의 실행 결과는 다음 과 같다.

```
time for sync1: 0.00648999214172363
time for sync2: 0.00009602308273315
time for sync3: 0.00515800714492798
```

 실행 결과는 실행할 때마다, 그리고 시스템에 따라 달라진다.

동시 큐와 달리 sync2와 sync3의 작업 완료 시간이 훨씬 적음에도 불구하고 각 작업 은 큐에 들어간 순서대로 완료된다. 이처럼 시리얼 큐는 한 번에 하나의 작업만 실행 할 수 있고, 다음 작업이 시작되기 전에 이전 작업이 완료되기를 기다리는 것을 볼 수 있다.

앞 예제에서는 코드 블록을 실행하기 위해 async 메소드를 사용했는데, sync 메소드 를 사용해도 된다.

async와 sync

앞 예제에서는 코드 블록을 실행하기 위해 async 메소드를 사용했다. async 메소드를 사용하면 함수 호출이 현재 스레드를 블록시키지 않는다. 즉, 메소드의 반환과 코드 블록 실행은 비동기로 이뤄진다.

코드 블록을 실행하기 위해 async 메소드 대신 sync 메소드를 사용할 수도 있다. sync 메소드는 현재 스레드를 멈추게 만드는데, 코드 실행이 완료되기 전까지 값이 반환되지 않는다. 일반적으로는 async 메소드를 사용하지만 sync 메소드가 유용할 때가 있다. 예를 들면 별도의 분리된 스레드가 있고 그 스레드가 특정 작업을 마칠 때까지 기다리고 싶을 때가 있을 것이다.

메인 큐 함수에서 코드 실행

DispatchQueue.main.async(execute:) 함수는 애플리케이션의 메인 큐에서 코드를 실행한다. 이 함수는 일반적으로 다른 스레드나 큐에서 현재 코드를 업데이트하길 원할 때 사용한다.

메인 큐는 애플리케이션이 시작될 때 메인 스레드를 위해 생성된다. 이 메인 큐는 시리얼 큐다. 따라서 큐의 항목은 들어온 순서대로 한 번에 하나씩 실행된다. 보통 백그라운드 스레드에서 화면(UI)을 업데이트할 필요가 있을 때만 사용한다.

함수 사용법은 다음 코드와 같다.

```
DispatchQueue.main.async {
    //메인 스레드에서 작업 수행
}
```

이 코드는 이미지 크기를 재조정하는 UIImage 타입 메소드를 추가했다고 가정한다. 코드에서 새로운 시리얼 큐를 생성하고 큐 속에서 이미지 크기를 재조정한다.

예제는 디스패치 큐의 모범적인 사용법을 보여준다. 이미지 크기가 재조정되는 동안 에는 UI가 멈출 수 있기 때문에 메인 큐에서 이미지 크기를 재조정하기 원하지는 않을 것이다. 일단 이미지 크기가 재조정되면 UIImageView를 새로운 이미지로 업데이트하면 된다. 여기서 모든 UI 갱신은 메인 스레드에서 일어나기 때문에 메인 큐에서 업데이트를 수행하기 위해 DispatchQueue.main.async 함수를 사용할 것이다.

특정 시간을 대기한 후 작업을 실행해야 하는 경우도 있다. 스레드 모델을 사용한다면 새로운 스레드 생성 후 지연하거나 슬립하게 만드는 함수를 수행하고 난 뒤 작업을 수행할 것이다. GCD를 이용한다면 asyncAfter 메소드를 쓰면 된다.

asyncAfter 사용

asyncAfter 함수는 주어진 시간 이후에 코드 블록을 비동기로 실행한다. 이는 코드 실행을 멈추고 싶을 때 매우 유용하다. 다음 코드 샘플은 asyncAfter 함수 사용법을 보여준다.

```
let queue2 = DispatchQueue(label: "squeue.hoffman.jon")
let delayInSeconds = 2.0
let pTime = DispatchTime.now() + Double(Int64(delayInSeconds *
Double(1000000))) / Double(1000000)
queue2.asyncAfter(deadline: pTime) {
    print("Times Up")")
}
```

우선 시리얼 디스패치 큐를 만든다. 그리고 나서 DispatchTime 타입 인스턴스를 생성하고 현재 시간을 기반으로 코드 블록을 실행할 시간을 계산한다. 그다음 일정한 지연 시간 후 asyncAfter를 사용해 코드 블록을 실행한다.

▌ 요약

애플리케이션에 동시성을 적용할 때는 왜 추가하고 정말 필요한 것인지 확실히 할 필요가 있다. 동시성은 메인 애플리케이션 스레드 작업을 백그라운드 스레드로 넘김으로써 응답 속도를 향상시킬 수 있지만, 코드가 복잡해지고 오버헤드 또한 추가된다. 다른 언어에서 구현된 많은 애플리케이션에서 동시성을 제거한 이후 훨씬 매끄럽게 실행되는 것을 봤었다. 이러한 문제는 동시성이 잘 고려되거나 계획되지 않았기 때문이다. 이를 염두에 두고 애플리케이션의 예상 동작을 논의할 때는 항상 동시성에 대해 생각하고 토의를 거치는 것이 좋다.

14장의 시작부분에서는 병렬 작업 실행과 동시 작업 실행에 대해 비교 설명했다. 또한 주어진 장치에서 병렬로 실행 가능한 작업의 수를 제한하는 하드웨어 제약 사항에 대해서도 다뤘다. 동시성을 언제 어떻게 추가해야 할지 알기 위해서는 이런 개념을 이해하는 것이 매우 중요하다.

C 언어에서처럼 스위프트에서도 일반 스레드를 사용할 수 있지만, 그 대신 GCD를 먼저 살펴볼 것을 추천한다.

15

스위프트 코어 라이브러리

애플이 스위프트 리눅스 버전을 릴리스한다는 소식에 나는 몹시 흥분했다. 스위프트
를 사용하면 이제 맥 OS와 iOS 개발은 물론, 그동안 내가 써오던 리눅스와 임베디드
개발도 할 수 있기 때문이다. 첫 리눅스 버전이었던 스위프트 2.2가 릴리스됐을 때도
기뻤지만, 파일 읽기/쓰기, 네트워크 서비스, libdispatch(GCD) 기능은 애플 이외의
플랫폼에서 사용할 수 없었기 때문에 실망스럽기도 했었다. 코어 라이브러리가 수정
된 스위프트 3가 릴리스되면서 비로소 이 부분이 개선됐다.

15장에서 다루는 내용은 다음과 같다.

- 스위프트 코어 라이브러리란?
- 애플 URL 로딩 시스템 사용법
- Formatter 클래스 사용법

- FileManager 클래스 사용법

스위프트 코어 라이브러리는 스위프트가 지원하는 다양한 플랫폼에서 일관되고 풍부한 API 세트를 제공하기 위해 작성됐다. 코어 라이브러리를 사용해 개발자는 스위프트가 지원하는 모든 플랫폼에 이식 가능한 코드를 작성할 수 있다. 코어 라이브러리는 스위프트 표준 라이브러리와 비교할 때 좀 더 수준 높은 기능을 지원한다. 코어 라이브러리는 다음과 같이 다양한 분야에서 각 기능을 제공한다.

- 네트워킹
- 유닛 테스팅
- 작업 스케줄링과 실행(libdispatch)
- 프로퍼티^{Property} 리스트, JSON 파싱, XML 파싱
- 날짜^{dates}, 시간^{times}, 캘린더^{calendar} 연산 지원
- 특정 OS 행동 추상화
- 파일 시스템과의 상호작용
- User preferences

15장에서 코어 라이브러리에 대한 모든 내용을 다루는 것은 불가능하다. 따라서 좀 더 유용한 것들 중심으로 살펴본다. 네트워크 개발에 사용되는 URL 로딩 시스템부터 살펴보자.

▌ 애플 URL 로딩 시스템

애플 URL 로딩 시스템^{Apple's URL loading system}은 URL과의 상호작용을 가능하게 해주는 프레임워크 클래스다. 이 클래스를 사용하면 표준 인터넷 프로토콜을 사용하는 서비스와 통신을 할 수 있다. 15장에서 언급할 REST 서비스와의 접속 및 정보를 가져올 클래스는 다음과 같다.

- **URLSession** 메인 세션 객체다.

- **URLSessionConfiguration** URLSession 객체의 동작을 구성하는 데 사용한다.

- **URLSessionTask** URL에서 가져온 데이터를 다루는 기본 클래스로, 3가지 형태의 서브클래스를 가진다.

- **URL** 연결할 URL을 대표하는 객체다.

- **URLRequest** 이 클래스는 요청[request]에 대한 정보를 포함한다. 또한 요청을 만드는 URLSessionTask 서비스에 의해 사용된다.

- **HTTPURLResponse** 이 클래스는 요청에 대한 응답을 포함

위에 언급된 클래스에 대해 하나하나 좀 더 자세히 알아보고, 각 클래스가 하는 기본 역할을 이해해보자.

URLSession

URLSession 객체는 HTTP나 HTTPS 같은 다양한 프로토콜과 상호작용하는 API를 제공한다. URLSession의 인스턴스인 세션 객체는 상호작용을 관리한다. 이러한 세션 객체는 매우 다양한 방법으로 구성될 수 있고, request를 만들거나 반환된 데이터를 다룰 수 있게 해준다. 대부분의 네트워킹 API와 유사하게 URLSession도 비동기로 작동한다. 즉, 서비스로부터의 응답을 구한 후 이 응답을 필요로 하는 코드 쪽으로 되돌려 줄 방법을 제공해야 한다. 세션으로부터 결과를 받는 가장 일반적인 방법은 완료 핸들러 블록(closure)을 세션으로 전달하는 것이다. 서비스가 성공적으로 응답 또는 에러를 주는 시점에 이 완료 핸들러가 호출된다. 15장의 모든 예제는 서비스로부터 반환된 데이터를 처리하기 위해 완료 핸들러를 사용한다.

URLSessionConfiguration

URLSessionConfiguration 클래스는 URLSession 객체를 사용해 URL에 연결할 때 사용할 행동과 정책을 정의한다. URLSession 객체를 사용할 때는 보통 URLSession Configuration 인스턴스를 먼저 생성하는데, 이는 URLSession 클래스의 인스턴스를 생성할 때 URLSessionConfiguration 클래스 인스턴스가 필요하기 때문이다.

URLSessionConfiguration 클래스는 다음과 같은 세 가지 세션 유형을 정의한다.

- Default session configuration 기본 구성으로 업로드 및 다운로드 작업을 관리한다.
- Ephemeral session configuration 디스크에 아무것도 캐시하지 않는다는 점을 제외하고는 기본 세션 구성과 유사하게 작동한다.
- Background session configuration 이 세션을 통해 업로드 및 다운로드를 수행할 수 있는데, 심지어 백그라운드에서 실행 중인 경우에도 가능하다.

URLSession 클래스 인스턴스를 만드는 데 사용하기 전에 URLSessionConfiguration 객체를 적절하게 구성해야 한다. 세션 객체가 생성되면 방금 구성했던 환경설정 ^{configuration} 객체의 사본을 생성한다. 일단 세션 객체가 생성된 후 환경설정 객체에 발생하는 변경 사항들은 세션에 의해 무시된다. 환경설정을 변경할 필요가 있다면 또 다른 URLSession 클래스 인스턴스를 만들어야 한다.

URLSessionTask

URLSession 서비스는 URLSessionTask 클래스의 인스턴스를 사용해 연결 중인 서비스를 호출한다. URLSessionTask 클래스는 기본 클래스며, 애플에서 사용할 수 있는 세 가지 구체적인 서브클래스를 제공한다.

- **URLSessionDataTask** 메모리에 있는 응답을 하나 이상의 Data 객체로서 애

플리케이션으로 직접 반환한다. 일반적으로 가장 자주 사용하는 작업이다.

- **URLSessionDownloadTask** 응답을 임시 파일에 직접 쓴다.
- **URLSessionUploadTask** POST 또는 PUT 요청 같은 본문^body 요청을 필요로 하는 요청을 만들 때 사용한다.

여기서 resume( ) 메소드를 호출하기 전에는 서비스 쪽으로 요청을 보내지 않는다는 점을 꼭 기억하자.

URL

URL 객체는 연결하고자 하는 URL을 대표한다. URL 클래스는 원격 서버를 나타내는 데 국한되지 않고 디스크상의 로컬 파일을 가리킬 수도 있다. 15장에서는 연결할 원격 서비스의 URL을 나타내는 URL 클래스만 사용할 것이다.

URLRequest

URLRequest 클래스를 사용해 URL과 요청 속성을 캡슐화한다. URLRequest 클래스는 요청을 하기 위해 필요한 정보를 캡슐화하는 데 사용되지만, 실제로 요청하는 것은 아니라는 점을 이해하는 것이 중요하다. 요청을 하기 위해서는 URLSession 및 URLSessionTask 클래스 인스턴스를 사용한다.

HTTPURLResponse

HTTPURLResponse 클래스는 URLResponse 클래스의 서브클래스인데, URL 요청의 응답과 연계된 메타데이터를 캡슐화한다. HTTPURLResponse 클래스는 HTTP 응답과 관련된 특정 정보에 액세스하는 메소드를 제공한다. 특히 이 클래스를 사용해서 HTTP 헤더 필드와 응답 상태 코드에 액세스할 수 있다.

이 절에서는 여러 가지 클래스를 다뤄봤는데, 실제로는 어떻게 서로 잘 어울려 사용할지 명확하지 않을 수 있다. 하지만 15장의 예제를 조금만 살펴본다면 훨씬 명확해질 것이다. 예제로 들어가기 전에 연결하려는 서비스 타입에 대해 간략히 살펴보자.

REST 웹 서비스

REST는 장치 간의 무상태 통신stateless communications 기술의 가장 중요한 기술 중 하나가 됐다. REST 기반 기술들은 가볍고 무상태 특성으로 점점 많은 기기가 인터넷에 연결됨에 따라 중요성이 점차 더 커져가고 있다.

REST는 네트워킹 애플리케이션 설계에 필요한 기술이다. REST의 기본 개념은 SOAPSimple Object Access Protocol나 CORBACommon Object Request Broker Architecture 같이 기기 간 통신을 위해 복잡한 메커니즘을 사용하는 대신 간단한 HTTP 요청을 사용하는 것이다. 이론상 REST는 인터넷 프로토콜에 비의존적이지만 항상 인터넷을 사용해 구현된다. 따라서 REST 서비스를 접근한다는 것은 항상 웹 서버와 상호작용을 한다는 것이고, 이는 웹 브라우저가 웹 서버와 상호작용을 하는 것과 같은 방식이다.

REST 웹 서비스는 HTTP POST나 GET, PUT, DELETE 메소드를 사용한다. 기본적인 CRUDCreate/Read/Update/Delete 애플리케이션을 생각해볼 때 데이터를 생성하기 위해 POST 요청을 하고, 데이터를 읽을 때는 GET 요청, 삭제할 때는 DELETE 요청을 사용한다.

브라우저 주소 창에 URL을 타이핑하고 엔터를 누르는 작업은 일반적으로 서버로 GET 요청을 보내고 URL에 담긴 웹 페이지를 받을 수 있게 요청하는 것이다. 웹 폼Web form을 채우고 submit 버튼을 누를 때는 일반적으로 서버에 POST 요청을 보내는 것이다. 자, 그럼 애플 네트워킹 API를 사용해 HTTP GET 요청을 해보자.

HTTP GET 요청 만들기

이번 예제에서는 애플 아이튠즈 검색 API에서 Jimmy Buffett라는 검색어로 관련 항목 목록을 가져올 수 있게 GET 요청을 만들어본다.

REST 표준은 서비스로부터 데이터를 가져올 때 GET 요청을 사용하지만 웹 서비스 개발자가 GET 요청을 사용해 데이터 객체를 생성하거나 갱신하는 것을 막을 수는 없다. 이런 방식으로 GET 요청을 사용하는 것은 권장하지 않지만, REST 표준을 지키지 않은 상용 서비스들이 있다는 점에 주의하기 바란다.

애플 아이튠즈 검색 API 요청을 하고 콘솔에 결과를 출력하는 코드는 다음과 같다.

```
import Foundation //없으면 에러가 발생함

public typealias dataFromURLCompletionClosure = (URLResponse?, Data?) -> Void

public func sendGetRequest (
    _ handler: @escaping dataFromURLCompletionClosure) {

  let sessionConfiguration = URLSessionConfiguration.default;
  let urlString =
        "https://itunes.apple.com/search?term=jimmy+buffett"
  if let encodeString =
        urlString.addingPercentEncoding(
              withAllowedCharacters: CharacterSet.urlQueryAllowed), let
              url = URL(string: encodeString) {
      var request = URLRequest(url:url)
      request.httpMethod = "GET"
      let urlSession = URLSession( configuration:sessionConfiguration,
            delegate: nil, delegateQueue: nil)

      let sessionTask = urlSession.dataTask(with: request) {
        (data, response, error) in handler(response, data)
      }
      sessionTask.resume( )
```

```
    }
  }
```

먼저 DataFromURLCompletionClosure라는 이름으로 타입 앨리어스를 만들자. 15장
에서 GET과 POST 관련 예제는 모두 DataFromURLCompletionClosure 타입을 사용할
것이다. 클로저 타입을 선언할 때 사용하는 타입 앨리어스^{typealias} 객체 사용법이 익숙
하지 않다면 12장에서 자세한 정보를 참고하기 바란다.

그리고 나서 sendGetRequest( ) 함수를 만들어 애플 아이튠즈 API로 GET 요청을 보
낼 수 있게 한다. 이 함수는 인자를 하나 갖는데, 핸들러^{handler}는 DataFromURL
CompletionClosure를 따르는 클로저 타입이다. 핸들러 클로저는 요청 결과를 반환하
는 데 사용한다.

스위프트 3부터 함수 인자로 쓰는 클로저의 기본은 이스케이프 금지다. 즉, 클로저
인자는 기본적으로 함수를 벗어날 수 없다. 함수의 인자로 전달되는 클로저는 함수가
반환된 이후에 호출되는데, 이때 보통 함수 밖으로 벗어날 수^{escape} 있어야 한다. 클로
저는 함수 반환 이후에 호출되기 때문에 함수를 벗어날 수 있다는 것을 나타내기 위해
서는 파라미터 타입 앞에 @escaping 속성을 사용한다.

sendGetRequest( ) 메소드에서는 URLSessionConfiguration 클래스 인스턴스를 기
본 값으로 설정한다. 필요에 따라 세션 환경설정^{session configuration} 속성은 생성 후에 변
경할 수 있지만, 이 예제에서는 기본 구성을 사용하기로 한다.

세션 구성을 마친 후 URL 문자열을 생성한다. 이 URL은 연결하고자 하는 서비스를
가리킨다. GET 요청을 사용하면 URL 자체에 파라미터를 넣을 수 있다. 이번 예제에서
사용하는 웹 서비스 URL은 https://itunes.apple.com/search다. 그다음 물음표(?)가
따라 나오는데, 이후 문자열이 웹 서비스 파라미터로 구성된다.

각 파라미터는 키-값 쌍의 형태를 취한다. URL에서 파라미터의 키와 값은 등호 기호

(=)로 분리된다. 이 예제에서 키는 term이고 값은 jimmy+buffett다. 다음으로 URL 문자열을 제대로 인코딩하기 위해 addingPercentEncoding() 메소드를 실행한다. 유효한 URL인지 확실히 하기 위해 CharacterSet.urlQueryAllowed 캐릭터 세트를 사용해 이 메소드를 실행한다.

그러고 나서 URL 인스턴스인 url을 만들기 위해 방금 만든 URL 문자열을 사용한다. GET 요청을 만들고 있기 때문에 이 URL 인스턴스는 웹 서비스의 위치와 보내려는 파라미터를 나타낸다.

방금 만든 URL 인스턴스를 사용해 URLRequest 클래스의 인스턴스를 생성한다. 이 예제에서는 HTTPMethod 속성을 설정했지만, 타임아웃 인터벌timeout interval 속성을 설정하거나 HTTP 헤더를 추가할 수도 있다.

이제 URLSession 클래스 인스턴스를 만들기 위해 sendGetRequest() 함수에서 미리 만들어둔 sessionConfiguration을 사용한다. URLSession 클래스는 애플 아이튠즈 검색 API에 접속하는 데 사용할 API를 제공한다. 이 예제에서는 URLSessionDataTask 타입 인스턴스인 sessionTask를 반환하기 위해 URLSession 인스턴스의 dataTask (with:) 메소드를 사용한다.

sessionTask 인스턴스가 아이튠즈 검색 API로 요청을 보낸다. 서비스로부터 응답을 빈을 때 URLResponse 객체와 Data 객체 둘 다 반환하기 위해 콜백 핸들러를 사용한다. URLResponse 객체는 응답에 대한 정보information를 갖고 있고, Data 인스턴스는 응답에 대한 본문body을 포함한다.

마지막으로 URLSessionDataTask의 resume() 메소드를 호출해서 웹 서비스 쪽으로 요청을 날린다. 이전에 언급했지만 URLSessionTask 인스턴스는 resume() 메소드를 호출하기 전까지 서비스에 요청을 보내지 않는다.

이제 sendGetRequest() 함수를 호출해보자. 먼저 sendGetRequest() 함수로 넘겨줄 클로저를 만들어서 웹 서비스로부터 응답을 받으면 호출되게 한다. 이번 예제에서는

콘솔로 간단히 응답을 출력한다. 다음 코드를 살펴보자.[1]

```
let printResultsClosure: HttpConnect.dataFromURLCompletionClosure = {
    if let data = $1 {
        let sString = String(data: data,
                encoding: String.Encoding(
                        rawValue:String.Encoding.utf8.rawValue))
        print(sString)
    } else {
        print("Data is nil")
    }
}
```

printResultsClosure 클로저는 dataFromURLCompletionClosure 타입으로 정의했다. 클로저 안에서 두 번째 파라미터를 언랩^{unwrap}해서 그 값을 data 상수로 대입한다. 첫 번째 파라미터가 nil이 아니라면 데이터를 String 클래스 인스턴스로 변환해 콘솔에 출력한다.

이제 다음과 같이 sendGetRequest() 메소드를 호출한다.

```
let aConnect = HttpConnect()
aConnect.sendGetRequest(printResultsClosure)
```

이 코드는 HttpConnect 클래스 인스턴스를 생성한 후 sendGetRequest() 메소드를 호출한다. sendGetRequest() 메소드는 파라미터로 printResultsClosure 클로저 하나만 취한다. 인터넷이 연결된 상태에서 실행하면 아이튠즈의 Jimmy Buffett와 관련된 항목 목록을 포함하는 JSON 응답을 받을 것이다.

---

1. 이하 예제들은 깃허브 예제 코드 restService 폴더의 내용을 참고하기 바란다. - 옮긴이

여기까지가 간단한 HTTP GET 요청을 만드는 방법이다. 이제 웹 서비스로 HTTP POST 요청을 만드는 방법을 살펴보자.

HTTP POST 요청 만들기

애플의 iTunes API는 GET 요청을 사용해 데이터를 가져온다. 이 절에서는 무료 http://httpbin.org 서비스를 사용해 POST 요청을 하는 방법을 살펴본다. http://httpbin.org에서 제공하는 POST 서비스는 http://httpbin.org/post에서 찾을 수 있다. 이 서비스는 수신한 파라미터를 다시 에코해주기 때문에 요청이 제대로 됐는지 확인할 수 있다.

POST 요청을 만들 때는 일반적으로 서버에 보내거나 게시할 데이터가 있다. 이 데이터는 키-값 쌍의 형태를 취한다. 이 쌍은 앰퍼샌드(&) 기호로 구분되며, 각 키는 등호(=)로 값에서 분리된다. 예를 들어 다음과 같은 데이터를 구글^{Google} 서비스에 전송한다고 가정해보자.

```
firstname: Jon
lastname: Hoffman
age: 47 years
```

POST 요청의 본문은 다음과 같은 형식을 취한다.

```
firstname=Jon&lastname=Hoffman&age=47
```

적절한 형식으로 데이터를 확보하면 dataUsingEncoding() 메소드를 사용할 것이다. GET 요청 때 데이터를 적절히 인코딩했던 것과 마찬가지다.

서버로 가는 데이터는 키-값 형식을 갖고 있기 때문에 데이터를 서비스에 보내기 전이 데이터를 저장하는 가장 적절한 방법은 Dictionary 객체를 사용하는 것이다. 이를 염두에 두고 Dictionary 객체를 취하면서 POST 요청에 사용할 수 있는 문자열 객체를 반환하는 메소드를 만들어야 한다. 다음 코드를 보면 알 것이다.

```
private func dictionaryToQueryString(_ dict: [String : String]) -> String {
    var parts = [String]()
    for (key, value) in dict {
        let part : String = key + "=" + value
        parts.append(part);
    }
    return parts.joined(separator: "&")
}
```

이 함수는 Dictionary 객체의 각 키-값 쌍을 반복하면서 키와 값이 등호로 구분 된 문자열 객체를 만든다. 그런 다음 joined() 함수를 사용해 지정된 문자열로 구분된 배열의 각 항목을 붙인다. 여기서 각 문자열은 앰퍼샌드 기호로 구분하려고 한다. 그런 다음 새로 생성된 문자열을 호출한 코드로 반환한다.

이제 http://httpbin.org 서비스로 전송할 수 있는 sendPostRequest() 함수를 작성해 POST 요청을 해보자. 이 sendPostRequest() 함수는 'HTTP GET 요청 만들기' 절에서 살펴봤던 sendGetRequest() 함수와 매우 비슷하다. 다음 코드를 살펴보자.

```
public typealias dataFromURLCompletionClosure = (URLResponse?, Data?) -> Void

public func sendPostRequest(_ handler: @escaping
        dataFromURLCompletionClosure) {

    let sessionConfiguration =
            URLSessionConfiguration.default

    let urlString = "http://httpbin.org/post"

    if let encodeString =
            urlString.addingPercentEncoding(
```

```
                withAllowedCharacters: CharacterSet.urlQueryAllowed),
                let url = URL(string: encodeString) {

        var request = URLRequest(url:url)
        request.httpMethod = "POST"
        let params = dictionaryToQueryString(["One":"1 and 1", "Two":"2 and 2"])
        request.httpBody = params.data(
            using: String.Encoding.utf8, allowLossyConversion: true)

        let urlSession = URLSession(
            configuration:sessionConfiguration, delegate: nil,
            delegateQueue: nil)

        let sessionTask = urlSession.dataTask(with: request) {
            (data, response, error) in
            handler(response, data)
        }
        sessionTask.resume()
    }
}
```

이 코드는 앞에서 살펴본 sendGetRequest() 함수와 매우 비슷하다. 두 가지 주요 차이점은 URLRequest의 httpMethod가 GET이 아닌 POST로 설정된다는 점과 파라미터를 설정하는 방법이다. 이 함수에서는 URLRequest 인스턴스의 httpBody 속성을 파라미터로 넘기고 있다.

여기까지 URL 로딩 시스템URL Loading System의 사용법을 살펴봤다. 이제 포매터Formatters의 사용법을 익혀보자.

▌ 포매터

포매터[Formatter]는 사람이 인지할 수 있는 데이터를 생성하거나 변경, 검사하는 객체 인터페이스를 선언한 추상 클래스다. Formatter 클래스를 서브클래싱하는 타입은 일반적으로 Date 클래스의 인스턴스와 같은 특정 객체를 가져와서 애플리케이션 사용자가 이해할 수 있는 형태로 값을 표시하고자 할 때 사용한다.

애플은 구체적인 Formatter 클래스 몇 가지를 제공하지만, 이번 절에서는 두 가지만 살펴본다. 애플의 포매터는 애플리케이션이 실행되는 장치의 기본 로케일에 적합한 형식을 제공한다는 점을 기억하자.

DateFormatter 타입부터 살펴보자.

DateFormatter

DateFormatter 클래스는 Date 객체를 사람이 읽을 수 있는 문자열로 변환하는 데 사용하는데, Formatter 추상 클래스의 자식 클래스다. 또한 String 객체로 된 날짜 표현 값을 Date 객체로 변환하는 용도로 사용할 수 있다. 이번 절에서는 두 가지 사례를 살펴본다. Date 객체를 사람이 읽을 수 있는 문자열로 변환하는 방법부터 살펴보자.

DateFormatter 타입에는 Date 객체를 사람이 읽을 수 있는 문자열로 변환할 때 사용할 수 있는 미리 정의된 스타일이 5개가 있다. 다음 차트는 en-US 로케일의 5가지 스타일을 보여준다.

DateFormatter 스타일	날짜	시간
.none	형식 없음	형식 없음
.short	12/25/16	6:00 AM

(이어짐)

398

DateFormatter style	Date	Time
.medium	Dec 25, 2016	6:00:00 AM
.long	December 25, 2016	6:00:00 AM EST
.full	Sunday December 25, 2016	6:00:00 AM EST

다음 코드는 미리 정의된 DateFormatter 스타일의 사용법을 보여준다.

```
let now = Date( )

let formatter = DateFormatter( )
formatter.dateStyle = .medium
formatter.timeStyle = .medium

let dateStr = formatter.string(from: now)
print(dateStr)
```

string(from:)을 사용해 now 날짜를 사람이 읽을 수 있는 문자열로 변환한다. 이 예에서 en-US 로케일의 경우 dateStr 상수는 Oct 22, 2016, 4:57 PM과 유사한 텍스트가 된다.

대부분의 경우 미리 정의된 스타일이 개발자가 원하는 것과 다를 것이다. 그럴 때는 사용자 정의 형식format 문자열을 사용해 자체 스타일을 정의할 수 있다. 다음에 나오는 문자열은 DateFormatter 타입에 정의된 대표 문자인데, 표현하고 싶은 값을 나타낸다. DateFormatter 인스턴스는 이러한 대표 문자stand-in를 적절한 값으로 바꾼다. 다음 표는 Date 객체의 형식을 지정하는 데 사용할 수 있는 일부 형식 값을 보여준다.

대표 문자 형식	설명	출력 예
yy	년 – 두 자리 숫자	16, 14, 04
yyyy	년 – 네 자리 숫자	2016, 2014, 2004
MM	월 – 두 자리 숫자	06, 08, 12
MMM	월 – 영문 세 글자	Jul, Aug, Dec
MMMM	월 – 전체 표기	July, August
dd	일 – 두 자리 숫자	10, 11, 30
EEE	요일 – 세 글자 약어	Mon, Sat, Sun
EEEE	요일 – 전체 표기	Monday, Sunday
a	오전/오후 문자	AM, PM
hh	시 – 두 자리 숫자	02, 03, 04
HH	시 – 24시간 기준 두 자리 숫자	11, 14, 16
mm	분 – 두 자리 숫자	30, 35, 45
ss	초 – 두 자리 숫자	30, 35, 45

다음 코드는 이 커스텀 포매터를 어떻게 사용하는지 보여준다.

```
let now = Date()
let formatter2 = DateFormatter()
formatter2.dateFormat = "YYYY-MM-dd HH:mm:ss"

let dateStr2 = formatter2.string(from: now)
print(dateStr2)
```

string(from:)을 사용해 now 날짜를 사람이 읽을 수 있는 문자열로 변환했다. 이 예제에서 en-US 로케일의 경우 dateStr2 상수는 2016-08-19 19:03:23와 같은 텍스트 값이 된다.

이제 형식이 지정된 날짜 문자열을 사용해 Date 객체로 변환하는 방법을 살펴보자.
마지막 예제에서 사용한 것과 동일한 형식 문자열을 사용해보자.

```
formatter2.dateFormat = "YYYY-MM-dd HH:mm:ss"

let dateStr3 = "2016-08-19 16:32:02"
let date = formatter2.date(from: dateStr3)
print(date)
```

이 예제에서는 사람이 읽을 수 있는 날짜 문자열을 가져와서 date(from:) 메소드
를 사용해 Date 객체로 변환했다. 사람이 읽을 수 있는 날짜 문자열의 형식이
DateFormatter 인스턴스에 지정된 형식과 일치하지 않으면 변환이 실패하고 nil을
반환한다.

이제 NumberFormatter 타입을 살펴보자.

NumberFormatter

NumberFormatter 클래스는 숫자를 지정된 형식으로 사람이 읽을 수 있는 문자열로
변환할 때 사용하는데, Formatter 추상 클래스의 자식 클래스다. 이 포매터formatter는
숫자를 적절한 로케일 동화로 변환하므로 통화 문자열을 표시하고자 할 때 특히 유용
하다.

먼저 숫자를 통화 문자열로 변환하는 방법부터 살펴보자.

```
let formatter1 = NumberFormatter()
formatter1.numberStyle = .currency
let num1 = formatter1.string(from: 23.99)
```

이 코드에서는 숫자 스타일을 .currency로 정의했다. 이 스타일은 포매터에게 전화번호를 통화 문자열로 변환하게 요청한다. 그런 다음 string(from:) 메소드를 사용해 숫자를 문자열로 변환한다. 이 예에서 en-US 로케일의 경우 num1 상수는 $23.99 문자열을 포함한다.

이번에는 NumberFormatter 유형을 사용해 숫자를 단어로 나열할 수 있는 방법을 살펴보자. 다음 코드는 숫자를 받아 숫자 하나하나를 영어 단어로 나열한다.

```
let formatter3 = NumberFormatter()
formatter3.numberStyle = .spellOut
let num3 = formatter3.string(from: 2015)
```

이 예제에서는 numberStyle 속성을 .spellout 스타일로 설정한다. 이 스타일은 숫자를 영문자로 나열해준다. 이 예제에서 num3 상수는 문자열 two thousand fifteen이 된다.

다음은 FileManager 클래스를 사용해 파일 시스템을 조작해보자.

FileManager

파일 시스템은 복잡한 주제며, 애플리케이션 내에서 어떻게 조작할지는 일반적으로 애플리케이션이 실행되는 운영체제에 달려있다. 이는 하나의 운영체제에서 다른 운영체제로 코드를 포팅할 때 이슈가 될 수 있다. 애플은 이 문제를 코어 라이브러리 속에 FileManager 객체를 포함하는 방식으로 해결했다. FileManager 객체를 사용하면 스위프트가 지원하는 모든 운영체제에 걸쳐 동일한 방식으로 파일 시스템을 검사하거나 변경할 수 있다.

FileManager 클래스는 공유 인스턴스^{shared instance}를 제공한다. 이 인스턴스는 대부분의 파일 관련 작업에 적합하다. 공유 인스턴스는 default 프로퍼티를 사용해 액세스할 수 있다.

FileManager를 사용할 때 경로^{path}를 URL 인스턴스나 String 타입으로 제공할 수 있다. 이번 절에서는 목적상 경로 값에는 일괄적으로 String 타입을 사용할 것이다.

먼저 FileManager 객체를 사용해 디렉토리의 내용을 나열하는 방법을 살펴본다. 코드를 살펴보자.

```
import Glibc
import Foundation
let fileManager = FileManager.default

do {
    let path = "/home/hoffmanjon/"
    let dirContents = try fileManager.contentsOfDirectory(atPath: path)
    for item in dirContents {
        print(item);
    }
} catch let error {
    print("디렉토리 콘텐츠 읽기 실패 : \(error)")
}
```

 /home/hoffmanjon/ 경로를 여러분 맥의 홈 디렉토리로 교체하기 바란다.

먼저 default 속성을 사용해 FileManager 객체의 공유 인스턴스를 가져온다. 이 예제에서 만든 공유 인스턴스는 매번 재정의하지 않고 앞으로 계속 사용하려 한다. 이제 path를 정의하고 contentsOfDirectory(atPath:) 메소드에서 사용해보자. 이 메소드는 path에 있는 항목 이름을 포함하는 String 타입 배열을 반환한다. 이 항목은 for 루프를 사용해 나열한다.

다음으로 파일 매니저를 사용해 디렉토리를 생성해본다. 다음 코드를 살펴보자.

```
do {
    let path = "/home/hoffman/hoffmanjon/masteringswift/test/dir"
    try fileManager.createDirectory(atPath: path,
            withIntermediateDirectories: true)
} catch let error {
    print("Failed creating directory, \(error) ")
}
```

이 예제에서는 createDirectory(atPath: withIntermediateDirectories:) 메소드를 사용해 디렉토리를 만든다. withIntermediateDirectories 파라미터를 true로 설정하면 메소드는 누락된 상위 디렉토리를 생성한다. 이 파라미터를 false로 설정하면 부모 디렉토리를 찾을 수 없을 때 작업이 실패한다. 파일 매니저에는 또한 항목을 이동할 수 있는 메소드가 있다. 다음 코드를 살펴보자.

```
do {
    let pathOrig = "/home/hoffmanjon/masteringswift/"
    let pathNew = "/home/hoffmanjon/masteringswift3/"
    try fileManager.moveItem(atPath: pathOrig, toPath: pathNew)
} catch let error {
    print("Failed moving directory, \(error) ")
}
```

항목을 이동할 때는 moveItem(atPath: toPath:) 메소드를 사용한다. 방금 살펴본 복사 예제와 마찬가지로 move 메소드는 파일이나 디렉토리에 사용할 수 있다. 경로가 디렉토리를 지정하면 해당 경로 아래의 전체 디렉토리 구조가 이동된다. 이제 파일 시스템에서 항목을 삭제하는 방법을 살펴보자.

```
do {
    let path = "/home/hoffmanjon/masteringswift/"
    try fileManager.removeItem(atPath: path)
```

```
} catch let error {
    print("Failed Removing directory, \(error) ")
}
```

이 예제에서는 removeItem(atPath:) 메소드를 사용해 파일 시스템에서 항목을 제거한다. 경고하지만 일단 지우고 나면 되돌릴 수 없다. 다음으로 파일 시스템의 항목에 대한 사용 권한을 읽는 방법을 살펴본다. 이를 위해 경로가 가리키는 test.file이라는 파일을 만들자.

```
let path = "/home/hoffmanjon/masteringswift3/test.file"
if fileManager.fileExists(atPath: path) {
    let isReadable = fileManager.isReadableFile(atPath: path)
    let isWriteable = fileManager.isWritableFile(atPath: path)
    let isExecutable = fileManager.isExecutableFile(atPath: path)
    print("can read \(isReadable)")
    print("can write \(isWriteable)")
    print("can execute \(isExecutable)")
}
```

이번 예제에서 파일 시스템 항목에 대한 시스템 퍼미션을 읽기 위해 3가지 종류의 메소드를 사용한다. 이 메소드는 다음과 같다.

- **isReadableFile(atPath:)** 파일을 읽을 수 있으면 true
- **isWritableFile(atPath:)** 파일을 쓸 수 있으면 true
- **isExecutableFile(atPath:)** 파일을 실행할 수 있으면 true

이번 절에서는 다양한 파일 시스템 관련 함수를 다뤘다. 아직 다루지 못한 부분도 있는데, 스위프트 3.0.1 프리뷰 3 기준으로 리눅스 배포 버전에 구현되지 않았기 때문이다. 곧 구현될 것으로 보인다. 매우 유용한 함수 두 개는 copyItem(atPath: toPath:)와 isDeletableFile(atPath:)다.

▎ 요약

스위프트 코어 라이브러리를 구성하는 몇 가지 라이브러리를 살펴봤다. 이 부분은 코어 라이브러리에서 작은 부분을 차지하지만, 가장 유용한 라이브러리 중 하나다. 다른 라이브러리를 살펴보려면 애플의 깃허브 페이지 https://github.com/apple/swift-corelibs-foundation을 참고하자.

16

싱글보드 컴퓨터와 스위프트

16장은 이 책에서 내가 가장 아끼는 부분이다. 내게는 오랜 소프트웨어 개발 경험 못지않게 하드웨어와도 꽤 친숙하고, 로봇을 만드는 것이 취미다. 수년째 로봇을 만들어 왔고 로봇의 두뇌 역할을 할 다양한 싱글보드 컴퓨터를 다뤘다.

싱글보드 컴퓨터에는 비글본 블랙^{BeagleBone Black}과 Raspberry Pi, Next Thing C.H.I.P., 기타 다양한 아두이노 모델이 있다. 처음 로봇 프로젝트에서 싱글보드 컴퓨터를 사용하기 시작하면서 자바스크립트와 파이썬 C 같은 언어를 사용했지만, iachieved.it가 ARM 플랫폼에서 작동하는 스위프트 언어를 만든 이후 이러한 프로젝트에 스위프트를 사용하기 시작했다. 내가 그랬던 것처럼 여러분도 싱글보드 컴퓨터 프로젝트에 스위프트가 아주 탁월한 선택이라는 것을 알게 될 것이다. 특히 로봇 프로젝트에서 더욱 그러한 장점이 돋보일 것이다.

16장에서 다루는 내용은 다음과 같다.

- 싱글보드 컴퓨터 소개
- 비글본 블랙에 스위프트를 올리는 방법
- 싱글보드 컴퓨터에서 확장 헤더^{expansion header} 소개
- 스위프트를 이용한 외부 센서와 장치 사용
- 자율 로봇 만들기

싱글보드 컴퓨터^{SBC, Single Board Computer}는 마이크로프로세서와 메모리, 입출력 I/O를 하나의 회로기판 위에 구성한 완전한 컴퓨터를 말한다. 싱글보드 컴퓨터는 교육 목적을 비롯해 임베디드 시스템이나 개발 환경용 컨트롤러로 사용되는 등 여러 가지 목적을 갖고 있다.

개인용 컴퓨터와 SBC의 주요 차이점은 SBC가 주변 장치용 확장 슬롯에 의존하지 않는다는 점이다. 대부분의 SBC는 마우스와 키보드, 블루투스 어댑터 같은 주변 장치를 추가할 수 있는 USB 포트를 갖고 있다.

싱글보드의 구성을 이용하면 타 부품 간의 통신에 필요한 연결 부분 및 버스 회로 같은 것을 제거함으로써 시스템 비용을 아주 크게 절감할 수 있다. 또한 모든 부품이 통합돼 있기에 전체 시스템의 크기도 현격히 줄어든다.

SBC의 예로는 비글본 블랙^{BeagleBone Black}과 Raspberry Pi, Next Thing C.H.I.P.가 있다. 16장에서는 비글본 블랙에서 스위프트를 어떻게 사용할 수 있는지 살펴본다. 여기서는 비글본 블랙을 중심으로 설명하지만, Raspberry Pi와 Next Thing C.H.I.P.에서도 스위프트가 잘 작동하는 것을 확인했다. 비글본 블랙을 살펴보고 어떤 일을 할 수 있는지 알아보자.

> ℹ️ 이 책은 스위프트 개발 방법에 대한 책이다. 16장에서 하드웨어에 대한 언급이 나오더라도 핵심은 소프트웨어 개발이다. 전자공학에 대한 기본적인 이해나 부품 간 연결법 등에 대한 지식이 부족하다면 16장의 프로젝트를 수행하기 전에 이러한 주제에 대한 추가 자료를 먼저 살펴볼 것을 추천한다.

▍비글본 블랙

신용카드 크기의 싱글보드 컴퓨터였던 비글본 블랙은 2013년 8월에 처음 릴리스됐다. 당시 1기가에서 작동하는 Sitara AM335x Cortex-A8 프로세서와 512메가 램, 4기가의 eMMC 메모리가 탑재돼 있었다. 비글본 블랙의 현재 버전은 Rev C로, 2014년 5월에 릴리스됐다.

비글본 블랙은 진정한 의미의 하드웨어 및 소프트웨어 통합 오픈소스 컴퓨팅 플랫폼이다. 비글본 블랙을 구성하는 모든 부품은 비글보드 위키 페이지인 http://elinux.org/Beagleboard:BeagleBoneBlack에서 쉽게 구할 수 있다. 이 부품들을 이용하면 제품의 원래 디자인이나 변경된 시스템을 제작할 수 있다. 아마존 같은 아울렛에서 보드를 구매할 수도 있다.

이 책이 집필될 당시 기준으로 비글본 블랙를 지원하는 가장 최근 리눅스 이미지는 데비안 8.4다. 16장의 모든 예제는 데비안 8.4를 사용한다. 가장 최신 이미지는 BeagleBoard.org 사이트(https://beagleboard.org/latest-images)에서 찾을 수 있다.

비글본 블랙에는 확장 입출력을 제공하는 두 개의 확장 헤더expansion header가 있다. 확장 헤더는 모터나 LED, 버튼, 기타 센서들을 이용할 수 있게 해준다. 비글본의 남다른 기능 중 하나가 바로 입출력 기능이라 생각하는데, 단 한 번에 여러 기기를 한꺼번에 연결할 수 있기 때문이다. 16장에서는 스위프트를 사용해 다양한 외부 센서와 상호작용하는 방법을 알아보며, 자율 로봇 제작에 대한 기초 지식 또한 다룬다. 다음에 나오는 두 그림은 비글본 블랙 메인 하드웨어를 보여준다. 첫 번째 이미지는 위에서 본 모습이고, 두 번째 이미지는 아래에서 본 모습이다.

위에서 본 모습

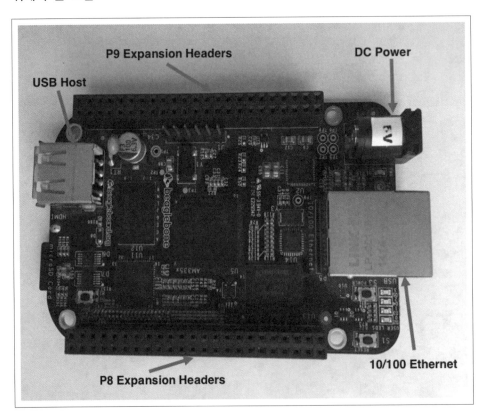

아래에서 본 모습

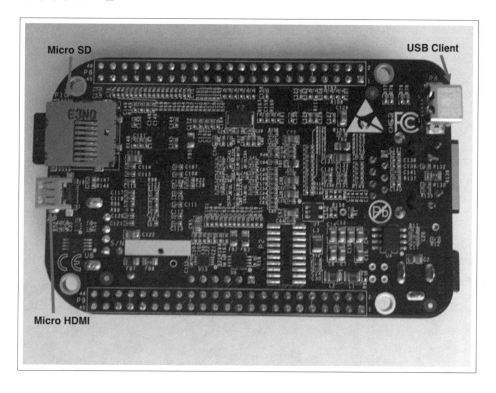

비글본 블랙의 전원은 보드 위쪽의 5V DC 커넥터나 보드 바닥 쪽의 USB Client를 이용해 공급한다. 나는 보통 USB Client를 사용하고 로보틱스 프로젝트에서는 폰 충전에 사용하는 외장형 배터리팩을 사용한다. 다음은 내가 사용하는 배터리팩 이미지다.

마이크로 SD 카드는 부팅 가능한 시스템 드라이브로 사용할 수 있다. USB 호스트를 이용하면 추가로 키보드나 마우스, 블루투스 어댑터 등을 사용할 수 있다.

앞서 언급했듯이 확장 헤더에는 수많은 핀과 여러 개의 아날로그, PWM 핀, GPIO 핀이 있는데, 이러한 특징이 비글본 블랙과 라즈베리파이 같은 타 SBC와 구분지어준다. 확장 헤더에 대해 좀 더 자세히 알아보자.

▌ 비글본 블랙의 확장 헤더

비글본 블랙에는 두 개의 확장 헤더가 P8, P9으로 표시돼 있다. 이 확장 헤더를 사용해 외부 장치나 센서를 연결할 수 있다. 이러한 장치에는 현재 온도를 측정하는 온도 센서나 방안을 돌아다닐 로봇에 사용되는 모터, 위치를 알 수 있는 GPS 센서 등이 있다. 이 외부 장치를 통해 외부 세상과 상호작용을 하거나 모니터링할 수 있다.

확장 헤더는 풍부한 입출력 기능을 제공한다. 헤더에 달린 각각의 다른 핀들은 여러 타입의 입출력을 담당한다. 16장에서는 GPIO와 아날로그 핀을 중점적으로 알아본다. 또한 확장 헤더를 통해 외부 장치 쪽으로 어떤 방식으로 전원과 접지를 제공할지 볼 것이다.

다음 차트는 제공되는 다양한 핀과 기능에 대한 설명을 보여준다.

		P8			
		Pin	PIN		
	DGND	1	2	DGND	
	GPIO_38	3	4	GPIO_39	
	GPIO_34	5	6	GPIO_35	
Timer4	GPIO_66	7	8	GPIO_67	Timer7
Timer5	GPIO_69	9	10	GPIO_68	Timer6
	GPIO_45	11	12	GPIO_44	
EHRPWM2B	GPIO_23	13	14	GPIO_26	
	GPIO_47	15	16	GPIO_46	
	GPIO_27	17	18	GPIO_65	
EHRPWM2A	GPIO_22	19	20	GPIO_63	
	GPIO_62	21	22	GPIO_37	
	GPIO_36	23	24	GPIO_33	
	GPIO_32	25	26	GPIO_61	
	GPIO_86	27	28	GPIO_88	
	GPIO_87	29	30	GPIO_89	
	GPIO_10	31	32	GPIO_11	
	GPIO_9	33	34	GPIO_81	
	GPIO_8	35	36	GPIO_80	
	GPIO_78	37	38	GPIO_79	
	GPIO_76	39	40	GPIO_77	
	GPIO_74	41	42	GPIO_75	
	GPIO_72	43	44	GPIO_73	
	GPIO_70	45	46	GPIO_71	

		P9			
		Pin	PIN		
	DGND	1	2	DGND	
	VDD_3V3	3	4	VDD_3V3	
	VDD_5V	5	6	VDD_5V	
	SYS_5V	7	8	SYS_5V	
	PWR_BUT	9	10	SYS_RESET	
	GPIO_30	11	12	GPIO_60	
	GPIO_31	13	14	GPIO_40	EHRPWM1A
	GPIO_48	15	16	GPIO_51	EHRPWM1B
	GPIO_4	17	18	GPIO_5	
	I2C2_SCL	19	20	I2C2_SDA	
EHRPWM0B	GPIO_3	21	22	GPIO_2	EHRPWM0A
	GPIO_49	23	24	GPIO_15	
	FPIO_117	25	26	SPIO_14	
	GPIO_125	27	28	GPIO_123	
	GPIO_121	29	30	GPIO_122	
	GPIO_120	31	32	VDD_ADC	
	AIN4	33	34	GNDA_ADC	
	AIN6	35	36	AIN5	
	AIN2	37	38	AIN3	
	AIN0	39	40	AIN1	
	GPIO_20	41	42	GPIO_7	ECAPPWM0
	DGND	43	44	DGND	
	DGND	45	46	DGND	

연두색 핀은 GPIO General Purpose Input Output를 사용해 디지털 입출력 기능을 제공한다. 하늘색 핀은 아날로그 핀이며, 노란색은 PWM 핀이다. 눈치 챘겠지만 일부 핀들은 또한 다른 타입으로 구성할 수 있다.[1]

16장 진도를 나가면서 핀의 기능에 대해 살펴보겠지만, 각각의 핀이 맡은 역할과 핀의 위치는 여기 이미지를 다시 참조하면 된다. 개발 언어로 스위프트를 사용하기 위해선 먼저 설치할 필요가 있다.

---

1. 한국어판은 흑백으로 인쇄돼 컬러 차트를 볼 수 없다. 컬러 차트는 https://www.packtpub.com/sites/default/files/downloads/MasteringSwift3Linux_ColorImages.pdf를 다운로드해서 볼 수 있다. – 편집자

▌ 스위프트 설치

ARM 플랫폼용 스위프트 포팅과 유지 관리는 iachieved.it 사이트(http://dev.iachieved.it/
iachievedit/swift/)에서 하고 있다. iAchieved.it LLC는 독립 소프트웨어 개발자들이고,
그룹이 진행하고 있는 프로젝트 중 하나가 이 스위프트 포팅이다. 이 책이 집필될 시점
을 기준으로 스위프트 3 설치 과정은 매뉴얼 방식인데, 언젠가 apt-get 패키지 매니저
를 사용해 자동으로 설치할 수 있기를 바란다. 설치 과정은 변경될 수 있기 때문에
최신 설치 과정은 SwiftyBones3 깃허브(https://github.com/hoffmanjon/SwiftyBones3) 페
이지 문서를 보면 된다. 이 페이지는 설치 과정이 변경될 때 업데이트 된다.

▌ SwiftyBones3

SwiftyBones3는 비글본 블랙에서 GPIO와 PWM, 아날로그 핀을 다룰 수 있게 하는
스위프트 3 프레임워크다. SwiftyBones3를 사용하면 핀들과의 상호작용을 쉽게 도와
주는데, 16장에서도 이 프레임워크를 사용한다. SwiftyBones는 비글본 블랙에서 작동
되게 작성됐는데, 라즈베리 파이 같은 다른 보드를 사용한다면 SwiftyGPIO 프레임워
크를 살펴보면 된다(https://github.com/uraimo/SwiftyGPIO).

SwiftyGPIO 프레임워크가 아닌 SwiftyBones를 선택한 이유는 SwiftyBones 프레임워
크는 아날로그와 PWM은 물론 GPIO 핀까지 지원해주기 때문이다. 다양한 센서와
상호작용을 하는 아날로그와 PWM 핀은 매우 유용하다. 또한 ARM 버전 스위프트에
는 패키지 매니저가 설치되지 않았기 때문에 SwiftyBones에서 다수의 파일을 프로젝
트 빌드할 때 도움이 되는 빌드 스크립트를 함께 제공한다.

SwiftyBones 설치 인스트럭션은 SwiftyBones 깃허브 페이지 https://github.com/
hoffmanjon/SwiftyBones3에 있다.

SwiftyBones는 다음과 같은 총 4개의 디렉토리로 구성된다.

- **Images** 깃허브의 Readme에 사용되는 그림(예, SwiftyBones 로고 그림)
- **Sources** SwiftyBones 소스 파일
- **swiftybuild** 스위프트 프로젝트 컴파일을 도와주는 스크립트
- **Examples** SwiftyBones를 처음 시작할 때 유용한 예제 프로젝트

Images 디렉토리는 Readme.md 파일에 필요한 이미지를 포함하고 있기 때문에 무시해도 된다. Examples 디렉토리에는 SwiftyBones 프레임워크 사용법을 보여주는 아주 유용한 예제들이 있다. Sources 디렉토리에는 SwiftyBones 프레임워크 소스 파일이 들어 있는데, 개별 프로젝트에서 사용할 수 있다.

Sources 디렉토리의 파일과 디렉토리를 살펴보자.

▌Sources 디렉토리

Sources 디렉토리에는 SwiftyBones 프레임워크와 SwiftyBones 컴포넌트 프레임워크를 구성하는 스위프트 소스 파일이 들어 있다. SwiftyBones 프레임워크를 구성하는 네 개의 파일은 다음과 같다.

- **SwiftyBonesCommon.swift** PWM과 아날로그 및 디지털 GPIO 핀과 상호작용에 필요한 공통 코드가 들어있다.
- **SwiftyBonesDigitalGPIO.swift** 디지털 GPIO 핀과의 상호작용에 필요한 코드가 들어있다.
- **SwiftyBonesAnalog.swift** 아날로그 IN 핀과의 상호작용에 필요한 코드ㄱ 들어있다.
- **SwiftyBonesPWM.swift** PWM 핀과의 상호작용에 필요한 코드가 들어있다.

SwiftyBones는 모듈로 사용하게끔 설계됐다. 따라서 원하는 기능을 수행하는 파일만 포함시키면 된다. SwiftyBones 프레임워크를 사용하는 모든 프로젝트에 공통으로 사용

되는 파일이 있는데, SwiftyBonesCommon.swift 파일이다. 다른 모든 파일이 이 파일을 참조하기 때문이다. 예를 들어 특정 프로젝트에서 GPIO 핀만 사용할 것이라면 프로젝트를 시작할 때 SwiftyBonesCommon.swift와 SwiftyBonesDigitalGPIO.swift만 포함시키면 된다.

16장 뒷부분에서 다룰 자율 로봇 과정에서처럼 GPIO와 아날로그 핀만 사용할 것이라면 SwiftyBonesCommon.swift와 SwiftyBonesAnalog.swift, SwiftyBonesDigitalGPIO.swift 파일만 포함시키면 된다.

Sources 디렉토리에 포함된 SwiftyBones_Components 디렉토리는 특정 컴포넌트들과 쉽게 상호작용하게 해주는 컬렉션 타입이 들어있다. 이 타입은 특정 센서와 상호작용하는 데 필요한 로직이 캡슐화돼 있다. 예를 들어 tmp36 온도 센서를 사용하고 싶을 때는 필요한 SwiftyBones 소스 파일과 함께 component 라이브러리에 있는 SBTmp36.swift와 ComponentsCommon.swift 파일을 포함시키면 된다. 그리고 나서 코드에 **SBTmp36** 타입 인스턴스를 생성하고 현재 온도를 섭씨 또는 화씨로 읽으면 된다. 이때 **SBTmp36**의 `getTempCelsius( )`나 `getTempFahrenheit( )` 함수를 사용하면 된다.

또한 SwiftyBones는 여러 개의 소스 파일 컴파일을 쉽게 하기 위한 스크립트도 제공한다. 프로젝트를 시작해보기 전에 이 스크립트가 어떤 일을 하고 어떻게 우리를 도와줄 수 있는지 살펴보자.

▌ SwiftyBuild

SwiftyBones는 모듈화 방식^{modular}으로 만들어졌기 때문에 프로젝트 내에서 필요한 모든 파일을 컴파일해야 한다. 프로젝트를 컴파일하다 보면 다음처럼 상당한 인내심이 필요한 과정을 수반한다.

```
swiftc -o myexec main.swift tempSensor.swift SwiftyBonesCommon.swift
SwiftyBonesDigitalGPIO.swift
```

이에 따라 SwiftyBones는 현재 디렉토리와 서브디렉토리를 모두 검색해 .swift 확장자를 갖는 모든 파일을 검색해주는 스크립트를 제공한다. 이 스크립트는 스위프트 컴파일러 명령어를 만들어주는데, 이를 통해 발견된 모든 스위프트 파일을 하나의 실행 파일로 컴파일해준다. 이 스크립트 이름은 swiftybuild.sh다. 이 스크립트는 딱 하나의 인자만 취하는데, 컴파일 과정에 아무 문제가 없다면 이 인자가 나중에 실행 파일명이 된다. 스크립트의 사용법은 다음과 같다.

```
./swiftybuild.sh
```

또는

```
./swiftybuild.sh myexec
```

컴파일이 성공적이라면 첫 번째 명령어는 main이라는 이름을 가진 실행 파일을 만들어준다. 두 번째 명령어도 역시 컴파일이 성공됐다고 가정할 때 myexec라는 실행 파일을 생성한다. 이제 프로젝트에서 SwiftyBones를 어떻게 사용하는지 살펴보자. SBDigitalGPIO 타입을 사용해 LED를 깜빡이게 하는 방법부터 살펴보자.

▌ SBDigitalGPIO를 이용한 LED 점멸

프로그래밍하기 전에 이번 프로젝트에 필요한 하드웨어를 미리 구해야 한다. 필요한 부품은 다음과 같다.

- 100옴 저항

- 3mm 또는 5mm LED

- 브레드보드breadboard[2]

- 점핑선

- 비글본 블랙

이번 프로젝트에서의 부품 간 연결을 보여주는 fritzing[3] 다이어그램은 다음과 같다.

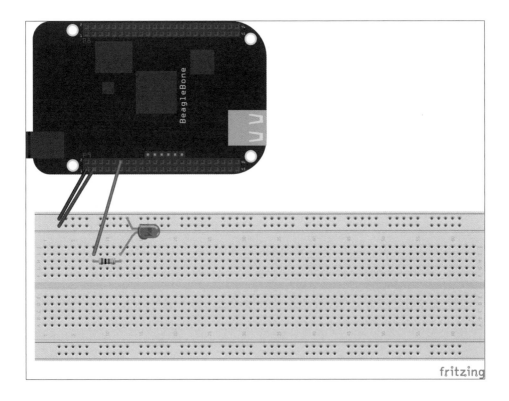

우선 그라운드에 해당하는 P9 확장 헤더의 핀 1을 브레드보드의 접지 레일에 검은색 점퍼 선으로 연결한다. 다음으로 P9 확장 헤더의 핀 3은 3.3V인데, 빨간색 점퍼 선을 사용해서 브레드보드의 전원 레일에 연결한다. 전자 부품을 연결할 때 보통 빨간색은 전원^{Power}을 검은색은 접지^{Ground}를 의미한다.

이제 LED의 음극 끝(LED의 더 짧은 다리)을 접지 레일에 연결하고 LED의 양극 끝을 100옴 저항의 한쪽 끝에 연결한다. 그런 다음 세 번째 점퍼 선으로 P9 확장 헤더의 12번 핀(GPIO60 ID)을 다른 쪽 끝 저항과 연결한다. 이번 예제에서는 전원 레일을 사용하지 않았지만 프로젝트를 시작할 때마다 브레드보드의 전원과 접지 레일 둘 다 연결하는 것이 좋다.

 fritzing 이미지에서 봤겠지만 비글본 블랙에 전원을 인가하기 전에 회로 연결이 잘못된 부분은 없는지 확실해야 한다. 잘못된 배선은 비글본 블랙을 망가뜨릴 수도 있다. 전원 연결 전에는 항상 두 번 확인하는 것이 좋다는 내 의견을 믿어주길 바란다.

배선 작업이 잘 마무리됐다면 비글본 블랙에 전원을 인가하고 LED를 점멸할 애플리케이션을 작성하면 된다. 소스코드를 포함할 새 디렉토리를 먼저 준비하자. 새로 만든 디렉토리 안에 SwiftyBonesCommon.swift와 SwiftyBonesDigitalGPIO.swift를 넣는다. swiftybuild.sh 스크립트를 사용하고 싶다면 이 파일도 같이 넣는다. 이제 새 디렉토리 안에 main.swift를 생성해서 다음 코드를 작성해보자.

```
import Glibc

if let led = SBDigitalGPIO(id: "gpio60", direction: .OUT){
    while(true) {
        if let oldValue = led.getValue() {
            var newValue = (oldValue == DigitalGPIOValue.HIGH) ?
                DigitalGPIOValue.LOW : DigitalGPIOValue.HIGH
            led.setValue(value: newValue)
```

```
        usleep(150000)
      }
    }
} else {
    print("Error init pin")
}
```

16장에 나오는 모든 코드와 마찬가지로 Glibc를 임포트하면서 시작한다. 그다음 SBDigitalGPIO(id:direction:) 이니셜라이저를 이용해서 SBDigitalGPIO 타입 인스턴스를 생성하고 led 상수에 할당한다. 해당 이니셜라이저는 실패 가능 이니셜라이저[failable initializer]이므로 인스턴스가 nil이 아닌지는 옵셔널 바인딩을 이용해야 한다. SBDigitalGPIO 이니셜라이저는 연결하고 싶은 핀 ID 및 핀 방향을 인자로 취한다. 이 예제에서 사용할 방향은 .OUT인데, 읽어 들인 후 핀에 쓰기 작업을 해야 하기 때문이다. 읽기 전용이라면 .IN을 사용하자.

핀의 현재 값을 읽으려면 getValue() 메소드를 사용한다. 이는 옵셔널 값으로 nil이나 DigitalGPIOValue 값이 될 수 있다. 핀의 상태가 high 또는 low가 되면서 DigitalGPIOValue 값은 각각 .HIGH 또는 .LOW가 될 수 있다.

핀의 현재 상태가 .HIGH인지 체크해서 값을 반전시킬 삼항 연산자[ternary operator]를 사용한다. 이 경우 newValue 값은 .LOW가 되며, 반대의 경우에는 .HIGH가 된다. 이제 setValue(value:) 메소드에 newValue 값을 이용해서 led 핀 값을 정해준다. 이렇게 해서 LED가 켜지거나 꺼진다. 마지막으로 이 작업을 반복하기 전에 잠시 멈추기 위해 usleep() 메소드를 사용한다.

비글본 블랙의 GPIO 디지털 핀은 3.3V high 상태[state] 또는 3V의 low 상태가 될 수 있다. 이번에 살펴봤던 LED 예제에서처럼 어떤 물체가 있는지 없는지 판단이 필요하거나 ON OFF를 제어할 때 이 핀을 굉장히 유용하게 사용할 수 있다. SBDigitalGPIO 타입은 디지털 GPIO 핀과의 상호작용을 매우 쉽게 할 수 있도록 설계됐다.

SBDigitalGPIO 타입은 SwiftyBonesDitialGPIO.swift 파일 안에 포함돼 있고 두 개의 이니셜라이저를 갖고 있다. 마지막 예제에서 사용한 이니셜라이저가 가장 많이 사용되지만, SBDigitalGPIO(header:pin:direction:) 또한 사용할 수 있다. 이 이니셜라이저를 이용하면 확장 헤더(.P8 또는 .P9) 및 GPIO ID 대신 핀 번호를 정해줄 수 있다. 앞 예제에서 살펴봤듯이 읽고 쓸 때는 getValue()와 setValue(value:)를 사용했다.

디지털 GPIO는 센서와 디바이스 간에 상호작용을 만들어주는 가장 흔한 방법이지만, 값의 범위를 측정해야 하는 경우도 생길 것이다. 거리 센서가 좋은 예가 될 것이다. 이를 가능하게 하는 것이 아날로그 핀이다. 그럼 SBAnalog 타입과 아날로그 핀을 어떻게 사용하는지 살펴보자.

▌ SBAnalog 타입과 TMP36 온도 센서

이번 프로젝트에서는 TMP36 온도 센서에서 아날로그 입력을 읽고, 전압에 따른 현재 온도를 계산한다. 프로젝트에 필요한 부품은 다음과 같다.

- TMP36 온도 센서
- 브레드보드
- 점퍼 선
- 비글본 블랙

다음 fritzing 다이어그램은 이 프로젝트의 구성 요소를 연결하는 방법을 보여준다.

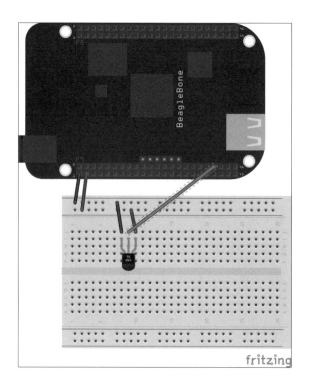

이전 예제처럼 검은색 점퍼선을 이용해 P9 확장 헤더의 1번 핀을 브레드보드의 그라운드 레일에 먼저 연결한다. 그다음 3.3V인 P9 확장 헤더의 3번 핀을 브레드보드의 파워 레일에 빨간색 점퍼 선으로 연결한다.

TMP36 온도 센서에는 3개의 다리가 있는데, 각각 전원 입력과 그라운드, 전압 출력을 담당한다. 다음 그림이 이를 보여준다.

예제에서는 TMP36 센서의 Vout 핀을 비글본 블랙의 AIN1 핀에 연결할 것이다. 이는 P9 확장 헤더 40번 핀이다. 배선도를 보면서 전원과 그라운드 역시 센서에 올바르게 연결한다.

 다시 한 번 비글본 블랙에 전원을 인가하기 전에 fritzing 이미지에서 나온 대로 회로가 잘 연결됐는지 확인하자. 잘못해서 비글본 블랙을 망가뜨리는 일이 없게 하자.

회로가 올바르게 연결됐다면 비글본 블랙에 전원을 인가하고 온도를 측정하는 애플리케이션을 작성할 수 있다. 이전 프로젝트처럼 필요한 소스 파일을 포함하는 새 디렉토리를 만들자. 이번에는 SwiftyBonesCommon.swift와 SwiftyBoneAnalog.swift가 필요하다.

프로젝트 디렉토리를 생성한 후 SwiftyBones 파일을 복사한다. main.swift라는 파일을 생성하고 다음 코드를 작성한다.

```
import Glibc

if let tmp36 = SBAnalog(id: "AIN1") {
    while(true) {
```

```
        if let value = tmp36.getValue( ) {
            let milliVolts = (value / 4096.0) * 1800.0
            let celsius = (milliVolts - 500.0) / 10.0
            let fahrenheit = (celsius * 9.0 / 5.0) + 32.0

            print("celsius: \(celsius)")
            print("Fahrenheit:  \(fahrenheit)")

            usleep(150000)
        }
    }
}
```

코드에서는 SBAnalog(id:) 이니셜라이저를 사용해 SBAnalog 타입 인스턴스를 작성하고 해당 인스턴스를 tmp36 변수에 지정한다. 이 초기화 프로그램은 연결하려는 핀의 ID를 인자로 취한다. 그다음 SBAnalog 타입의 getValue( ) 메소드를 사용해 TMP36 온도 센서 값을 읽고 온도를 계산한다.

비글본 블랙의 아날로그 IN 핀은 읽기 전용이기 때문에 SBAnalog 타입에는 setValue( ) 메소드가 없다.

SBDigitalGPIO 타입과 함께 SBAnalog 타입은 두 개의 이니셜라이저를 갖는데, 아날로그 ID 대신 확장 헤더와 핀 번호를 취한다. 이니셜라이저는 다음과 같다

```
SBAnalog(header: .P9, pin: 40)
```

아날로그 핀은 TMP36 온도 센서나 범위 값을 갖는 거리 센서에 매우 유용하다.

여기까지 SBDigitalGPIO와 SBAnalog 타입을 어떻게 사용하는지 살펴봤다. 이제 기본적이지만 아주 멋진 자율 로봇을 만들어보자.

▌ 자율 로봇

자율 로봇autonomous robot은 사람의 개입 없이 작업을 수행하는 로봇이다. 이 절에서 만들 예정인 자율 로봇은 장애물을 피할 수 있는 로봇이다. 이 로봇은 방을 돌아다니면서 앞의 물체를 인식하고 회전할 수 있다.

이 프로젝트에는 다음과 같은 구성 요소가 필요하다.

- **두 개의 DC 모터와 휠** 아마존Amazon이나 이베이eBay에서 염가로 판매하는 스마트 카 모터smart car motors를 사용할 것이다. 검색해보면 다음과 같은 노란색 모터와 휠을 찾을 수 있을 것이다.

- **모터 컨트롤러** L9110s H-Bridge 컨트롤러를 사용한다.

- **레인지 파인더(Range finders)** MaxSonar EZ1 레인지 파인더를 사용한다.

- **비글본 보드** 비글본 블랙을 사용할 것이지만, 비글본 그린 또한 거의 수정 없이 사용할 수 있다.
- **배터리 홀더** 9볼트 배터리를 사용하는데, 4개의 AA 배터리도 문제없다.
- **저항** MaxSonar 레인지 파인더에 사용할 두 개의 1K 저항, 두 개의 3.3K 저항

이 필요하다. 혹시 다른 레인지 파인더를 사용한다면 필요 없을 수도 있다.

- **회전축이 달린 바퀴(swivel castor wheel)** 로봇은 딱 두 개의 바퀴만 사용할 것이기에 수평 유지를 위해 캐스터 바퀴^castor wheel^을 사용해야 한다.

- **기타** 점퍼 선, 브레드보드, 로봇 몸체

- **3mm 나사와 너트** 구성 요소 홀더를 섀시^chassis^에 연결하는 데 사용한다.

> ⓘ 아마존에서 검색을 해보면 매우 다양한 로봇 섀시와 프레임을 볼 수 있을 것이다. 대부분의 부품은 로봇 프로젝트와 잘 어울리겠지만, 일부는 모터와 컨트롤러도 함께 제공한다. 처음 로봇을 만들 때는 부품과 함께 작동되도록 설계된 섀시를 얻는 것이 좋다. 16장의 로봇 섀시는 3D 프린터로 프린팅한 것이다. 이 책과 함께 제공되는 코드에는 STL 파일도 포함됐는데, 이를 통해 부품도 프린팅할 수 있다.

로봇을 만들 때 전체 프로젝트를 작은 프로젝트나 여러 개의 블록으로 나눠보는 것이 좋을 것이다. 다음 단계로 넘어가기 전에 각각의 소규모 프로젝트가 동작하는 것을 확인할 수 있다. 이 방식을 통해 단 한 번에 로봇을 만들려고 할 때의 부담을 줄일 수 있다. 나는 보통 모터와 바퀴가 달린 로봇을 만들 때 먼저 모터와 바퀴가 제대로 작동하는지 확인한다.

다음 그림은 모터와 바퀴가 하부 섀시 바닥에 어떻게 연결되는지 보여준다.

하단의 트레이는 스마트 카 모터를 직접 트레이에 연결할 수 있게 설계됐다. 밸런스를 맞추기 위해 회전축을 가진 캐스터 바퀴swivel castor wheel도 부착했다.

로봇 섀시를 설계할 때 트레이에 3mm 슬롯을 몇 개 넣었다. 이를 통해 로봇에 추가 부품을 연결할 수 있다. 일단 로봇을 제작하게 되면 추가 부품을 장착할 공간을 만드는 것이 중요한데, 언제든 새로운 기능을 추가할 수 있기 때문이다.

다음 그림은 하단 섀시의 상단을 보여주는데, L9110s 홀더를 하단 트레이에 어떻게 장착하는지 보여준다. 홀더에는 L9110s 모터 컨트롤러가 함께 장착돼 있다.

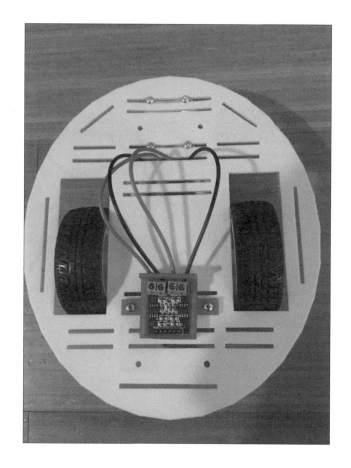

L9110s 홀더를 디자인할 때 홀더 양쪽에 3mm의 구멍을 만들었다. 이렇게 하면 3mm 나사와 너트를 사용해 홀더를 하단 트레이에 연결할 수 있다.

2개의 전선을 이용해서 DC 모터와 모터 컨트롤러를 연결한다. 이전 프로젝트에서 빨간색과 검은색 전선이 양극 및 그라운드 연결을 나타낸다고 했는데, DC 모터에 전 선을 연결할 때는 상관없다. 하나의 전선을 양극에 또 다른 전선은 그라운드에 연결하 면 모터가 한쪽 방향으로 회전할 것이다. 전선 연결을 이와 반대로 하면 모터는 반대 방향으로 회전할 것이다. 빨간색과 검은색 전선을 여기서 사용하는 것은 모터와 함께 제공되기 때문이다.

다음 그림은 비글본 블랙과 L9119s 모터 컨트롤러, 그리고 모터 컨트롤러와 DC 모터를 연결하는 방법을 보여준다.

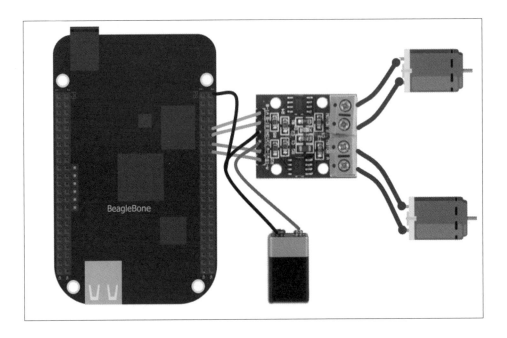

이 그림에서는 DC 모터를 L9110s 모터 컨트롤러에 직접 연결하는 것을 보여준다. 또한 P8 확장 헤더의 10, 12, 14, 16번을 L9110s 모터 컨트롤러와 연결했다. 코드를 보면서 이 핀들이 로봇 모터를 어떻게 작동시키는지 알아보자.

또한 배터리를 L9110s 모터 컨트롤러에 직접 연결한다. 그림에서는 접지선을 p8 확장 헤더의 1번 핀에 연결한 것을 볼 수 있다. 1번 핀은 디지털 그라운드^{DGND, Digital Ground}로 표기돼 있다. 부품 간에 공통 그라운드가 필요하기 때문에 이 그림을 보여줬다. 여기서 중요한 것은 하나의 접지선을 브레드보드의 그라운드 레일에 연결해야 하며, 또한 브레드보드의 그라운드 레일에 연결되는 모든 부품의 접지와도 연결해야 한다는 점이다. 이렇게 함으로써 모든 부품이 공통된 접지를 갖게 된다.

모터와 모터 컨트롤러, 비글본 블랙을 연결했으니 모두 정확히 연결됐는지 시험해보

자. 새 프로젝트를 만들고 SwiftyBonesCommon.swift와 SwiftBonesDigitalGPIO.swift, SwiftyBonesAnalog.swift, swiftybuild.sh 파일을 추가한다.

일반적으로 로봇의 각 부품을 제어하는 코드는 로봇 로직에 따라 분리해서 보관하는 것이 좋다. 이렇게 하면 제각기 다른 로직을 갖는 각 버전의 로봇을 쉽게 만들 수 있다. 이를 염두에 두고 부품을 제어하는 새로운 타입(구조체)을 생성할 것인데, 이름을 Mastering Swift Bot(MSBot)으로 하자. 모터 컨트롤러의 각 연결선은 SBDigitalGPIO 타입의 private 인스턴스로 해야 한다. 또한 이 인스턴스를 초기화하는 이니셜라이저도 필요하다. 다음 코드는 이를 보여준다.

```swift
import Glibc

struct MSBot {
    private let rMotor1: SBDigitalGPIO
    private let rMotor2: SBDigitalGPIO
    private let lMotor1: SBDigitalGPIO
    private let lMotor2: SBDigitalGPIO

    init?() {
        if let rMotor1 = SBDigitalGPIO(id:"gpio68", direction: .OUT),
           let rMotor2 = SBDigitalGPIO(id:"gpio44", direction: .OUT),
           let lMotor1 = SBDigitalGPIO(id:"gpio26", direction: .OUT),
           let lMotor2 = SBDigitalGPIO(id:"gpio46", direction: .OUT),
        {
            self.rMotor1 = rMotor1
            self.rMotor2 = rMotor2
            self.lMotor1 = lMotor1
            self.lMotor2 = lMotor2
        } else {
            return nil
        }
    }
```

이니셜라이저는 실패 가능 이니셜라이저임을 주의 깊게 보기 바란다. SBDigitalGPIO 중 어느 하나라도 초기화에 실패하면 MSBot 타입은 초기화에 실패할 것이다. 또한 각 모터에 딸린 두 개의 SBDigitalGPIO 인스턴스도 볼 수 있다. rMotor1과 rMotor2 인스턴스는 우측 모터이고, lMotor1과 lMotor2는 좌측 모터다.

모터를 회전시키려면 인스턴스 중 하나는 high 다른 하나는 low로 설정해야 한다. 예를 들어 rMotor1을 high로 설정하고 rMotor2를 low로 설정하면 모터가 한 방향으로 회전한다. 이를 반대로 하고 rMotor1을 low로 설정하고 rMotor2를 high로 설정하면 모터가 반대 방향으로 회전한다. rMotor1과 rMotor2가 같으면(둘 다 high 혹은 둘 다 low로 설정된 경우) 모터는 회전을 멈춘다. 이런 방식으로 로봇을 전후진하거나 정지, 회전 동작을 만들 수 있다. 메소드는 다음과 같다.

```
func stop() {
    _ = rMotor1.setValue(value: .LOW)
    _ = rMotor2.setValue(value: .LOW)
    _ = lMotor1.setValue(value: .LOW)
    _ = lMotor2.setValue(value: .LOW)
}

func forward() {
    _ = rMotor1.setValue(value: .HIGH)
    _ = rMotor2.setValue(value: .LOW)
    _ = lMotor1.setValue(value: .HIGH)
    _ = lMotor2.setValue(value: .LOW)
}

func reverse() {
    _ = rMotor1.setValue(value: .LOW)
    _ = rMotor2.setValue(value: .HIGH)
    _ = lMotor1.setValue(value: .LOW)
    _ = lMotor2.setValue(value: .HIGH)
}
```

```
func left() {
  _ = rMotor1.setValue(value: .LOW)
  _ = rMotor2.setValue(value: .HIGH)
  _ = lMotor1.setValue(value: .HIGH)
  _ = lMotor2.setValue(value: .LOW)
}

func right() {
  _ = rMotor1.setValue(value: .HIGH)
  _ = rMotor2.setValue(value: .LOW)
  _ = lMotor1.setValue(value: .LOW)
  _ = lMotor2.setValue(value: .HIGH)
}
```

이 메소드가 하는 일은 디지털 핀을 high 또는 low로 설정하는 것뿐이다. 당장 어떤 핀이 low이고 high인지 신경 쓰지 않아도 된다. 처음 로봇을 연결하고 코딩을 했을 때는 배선과 코드가 일치하지 않을 가능성이 있다. 즉, 처음 forward() 메소드를 호출할 때 두 모터가 서로 반대 방향으로 회전할 수도 있다. 우리의 주요 관심사는 로직이 올바른지 확인하는 데 있다. 예를 들어 stop() 메소드는 모든 핀을 high로 하거나 low로 해야 한다.

이제 로봇을 초기화하고 이리저리 움직이는 코드를 준비했다. 테스트를 해보자. 로봇 모터를 제어하는 코드를 시험할 때 나는 보통 로봇을 블록 위에 올려둔다. 마치 자동차 정비공이 하는 것처럼 말이다. 다음 그림을 보면 이해가 갈 것이다.

이제 로봇과 컨트롤러 코드를 테스트해보자. main.swift 파일을 생성해 다음과 같이
코드를 작성해보자.

```swift
import Glibc

if let bot = MSBot() {
    bot.forward()
    usleep(2500000)
    bot.left()
    usleep(2500000)
    bot.right()
```

```
    usleep(2500000)
    bot.stop()
}
```

이제 컴파일하고 실행해보자. 배선에 문제가 없다면 로봇이 회전하면서 전진할 것이다. 그리고 나서 좌회전하고 우회전, 마지막으로 정지할 것이다. 혹시 모터가 반대 방향으로 회전한다면 모터 컨트롤러로 들어오는 전선을 간단히 모터 쪽으로 거꾸로 배선해주고 다시 실행해보자.

이제 아주 잘 동작하는 모터를 완성했다. 이번엔 MaxSonar EZ1 레인지 파인더를 장착하자. 다음 그림은 비글본 블랙에 레인지 파인더를 배선하는 방법을 보여준다.

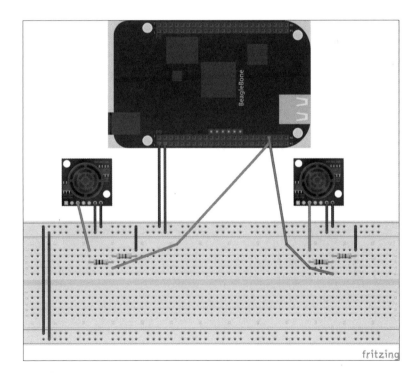

MaxSonar EZ1 센서를 비글본 블랙에 연결하려면 1K 옴 저항을 아날로그 전압 출력 핀에 연결해야 한다. 그런 다음 3.3K 옴 저장을 1K 옴 저항과 직렬로 연결하고 나서

3.3K 옴 저항을 그라운드에 연결한다. 마지막으로 그림과 같이 비글본 블랙의 아날로 그 핀을 두 개의 저항과 직렬로 연결한다. 다음으로 로봇 우측 센서를 비글본 블랙 AIN0와 연결하고 좌측 센서를 AIN1과 연결한다. 참고로 AIN0는 P9 확장 헤더의 39번 핀이며, AIN1은 P9 확장 헤더의 40번 핀이다.

이제 레인지 센서를 인식하는 코드를 추가하자. **MSBot** 타입에 다음과 같이 두 개의 프로퍼티를 추가한다.

```
private let rRange: SBAnalog
private let lRange: SBAnalog
```

이니셜라이저에서 이 프로퍼티를 초기화하자. 새 **MSBot** 이니셜라이저는 다음과 같다.

```
init?() {
    if let rMotor1 = SBDigitalGPIO(id:"gpio68", direction: .OUT),
        let rMotor2 = SBDigitalGPIO(id:"gpio44", direction: .OUT),
        let lMotor1 = SBDigitalGPIO(id:"gpio26", direction: .OUT),
        let lMotor2 = SBDigitalGPIO(id:"gpio46", direction: .OUT),
        let rRange = SBAnalog(id:"AIN0"),
        let lRange = SBAnalog(id:"AIN1")
    {
        self.rMotor1 = rMotor1
        self.rMotor2 = rMotor2
        self.lMotor1 = lMotor1
        self.lMotor2 = lMotor2
        self.rRange = rRange
        self.lRange = lRange
    } else {
        return nil
    }
}
```

코드에서는 모터 컨트롤러의 디지털 GPIO 핀과 레인지 파인더의 아날로그 핀을 초기화한다. 마지막으로 좌우의 각 레인지 파인더 값을 읽는 메소드를 추가한다.

```swift
func leftRange() -> Double {
    if let rawValue = lRange.getValue() {
        let mv = (Double(rawValue) / 4096.0) * 1.80
        return mv/0.002148
    } else {
        return 0.0
    }
}

func rightRange() -> Double {
    if let rawValue = rRange.getValue() {
        let mv = (Double(rawValue) / 4096.0) * 1.80
        return mv/0.002148
    } else {
        return 0.0
    }
}
```

 코드에서는 .148mV/in을 사용하고 있다. 데이터시트에서는 이 값이 6.4mV/in인데, 내가 여러 개의 MaxSonar 레인지 파인더로 시험할 때 측정해본 결과 2.148mV/in이 정확한 값이었다. 여러분도 레인지 파인더를 테스트하면서 다른 결과가 나온다면 이 값을 조정해보기 바란다.

모터 컨트롤러와 마찬가지로 레인지 파인더를 연결하고 제어 코드를 일단 작성했다면 잘 작동하는지 먼저 시험해보고 싶을 것이다. 이전에 만든 main.swift 파일을 삭제하고 파일을 다시 생성해 다음과 같은 코드를 만들어보자.

```
import Glibc

if let bot = MSBot() {
    while(true) {
        let rightRange = bot.rightRange()
        let leftRange = bot.leftRange()
        print("\(leftRange) .. \(rightRange)")
        usleep(250000)
    }
}
```

프로젝트를 컴파일하고 실행해보자. 거리 값이 콘솔로 출력될 때 레인지 파인더 앞쪽
에 물건을 놓아본 후 거리 값이 어떻게 바뀌는지 살펴보자. 물체까지 거리가 얼마인지
레인지 파인더가 상당히 정확한 값을 알려줄 것이다. 레인지 파인더가 제대로 동작하
는 것을 확인했다면 이제 코드를 작성하는 일만 남았다. 그런데 혹시 다운로드한 코드
에서 프린팅한 부품으로 로봇을 만들었을 때 어떤 모습인지 살펴보자. 첫 번째 이미지
가 로봇의 정면이다.

다음 이미지는 로봇의 뒷모습이다.

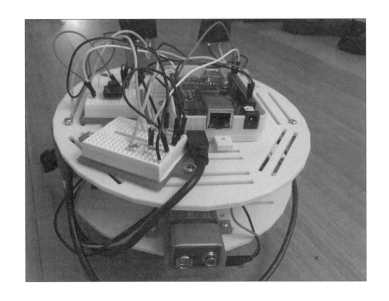

로봇 로직이 포함된 main.swift 파일을 생성하자. Glibc 모듈을 먼저 임포트하고 로봇 상태를 나타낼 열거형을 생성한다. 열거형은 다음과 같이 정의한다.

```
enum BotState {
    case STOPPED
    case FORWARD
    case REVERSE
    case TURNINGLEFT
    case TURNINGRIGHT
}
```

로봇과 물체 간의 거리가 어느 정도 가까워지면 회전하게끔 만들어야 한다. 이때 최소 상수를 정의하자. 예제에서는 18인치를 사용할 것이다.

```
private let RANGE_CHECK = 18.0
```

로봇의 현재 상태를 추적할 변수도 필요할 것이다. 다음 코드와 같이 만들 수 있다.

```
var botState = BotState.STOPPED
```

이제는 로봇 로직을 만들 수 있을 것 같다.

```
if let bot = MSBot() {
    while(true) {

        let rightRange = bot.rightRange()
        let leftRange = bot.leftRange()

        if leftRange < RANGE_CHECK || rightRange < RANGE_CHECK {
            if leftRange < rightRange && botState != .TURNINGLEFT {
                bot.right()
                botState = .TURNINGRIGHT
            } else if rightRange < leftRange && botState != .TURNINGRIGHT {
                bot.left()
                botState = .TURNINGLEFT
            } else if leftRange == rightRange && botState != .TURNINGLEFT {
                bot.right()
                botState = .TURNINGRIGHT
            }
        } else if botState != .FORWARD {
            bot.forward()
            botState = .FORWARD
        }
        if botState == .FORWARD {
            usleep(25000)
        } else {
            usleep(50000)
        }
    }
}
```

코드를 보면 먼저 MSBot 타입 인스턴스를 만든 후 프로세스가 마칠 때까지 무한 루프를 돌게 돼 있다. 루프 안에 들어오면 첫 번째 할 일은 두 개의 레인지 파인더 값을 읽는 것이고, 각 레인지 파인더 값이 회전을 트리거할 만큼 가까운지 물체까지의 거리를 재는 일이다.

회전을 트리거할 만큼 가까운 곳에 물체가 발견되면 물체가 좌 또는 우 방향 중 어느 쪽과 더 가까운지 체크한다. 두 방향 모두 동일한 거리가 측정될 수도 있다. 로봇이 물체와 가까운 방향이 어느 쪽이든 간에 반대 방향으로 회전할 것이다. 이미 회전하고 있다면 현재 방향으로 계속 회전한다.

회전 동작을 만들 만큼 물체 간의 거리가 좁혀지지 않는다면 로봇의 상태가 .FORWARD가 아닌지 검사해야 한다. 앞으로 이동하고 있지 않다면 앞으로 가게 만들어야 한다.

마지막으로 아주 짧은 동안 로봇은 멈출 것이고, 이러한 단계를 다시 시작해 반복할 것이다. 이제 프로젝트를 컴파일하고 로봇이 마음껏 돌아다니게 놔두자. 감지하는 장애물마다 피하면서 방을 돌아다닐 것이다. 다만 MaxSonar 레인지 파인더보다 키가 작은 물체나 절벽 끝은 감지하지 못하는 것만 기억해두자. 당연한 이야기지만 절벽 근처에는 로봇을 두지 말자.

▌요약

스위프트와 비글본 블랙에 대한 기본 수업을 마치겠다. 시중에 매우 다양한 센서를 판매 중이니 나머지는 여러분의 상상력과 창조 능력에 달려있다.

SBC 애플리케이션을 개발하는 데는 자바스크립트나 파이썬, C를 활용한 SBC 애플리케이션 개발 강좌가 수없이 많지만, 스위프트 역시 싱글보드 개발을 위한 최적의 언어 중 하나라 생각한다.

17

스위프트 형식과
스타일 가이드

그동안의 개발 경험을 돌아보면 새 프로그래밍 언어를 배울 때마다 보통 해당 언어에 대한 코드 작성 방법과 형식에 대한 언급이 있었다. 아주 오래전 나의 초창기 개발 시절에 이러한 권고 사항은 아주 기초적인 형식formatting에 대한 것이었다. 코드의 들여쓰기나 한 줄에 하나의 구문만 갖는 규칙들 말이다. 10~12년 전부터 언어별로 복잡하고 상세한 형식과 스타일 가이드를 보기 시작했다. 요즘은 두세 명 이상의 개발자가 근무하는 개발 회사들은 자체적으로 사용 언어에 대한 스타일이나 형식 가이드를 갖고 있는데, 이는 아주 일반적이다. 자신의 스타일 가이드를 만들지 않는 회사조차도 일반적으로 구글, 오라클Oracle 또는 마이크로소프트 같은 다른 회사에서 발표한 표준 가이드를 참조한다. 이런 스타일 가이드의 도움을 받아 팀은 일관되고 유지 보수하기 쉬운 코드를 작성할 수 있다.

프로그래밍 스타일 가이드

코딩 스타일은 매우 개인적이고, 각 개발자는 그들 나름의 선호하는 스타일을 가진다. 이 스타일은 언어마다 다르고 개인마다 제각각이며, 시대 특성도 탄다. 수많은 인원이 함께 기여하는 코드에 각자 자신의 코딩 스타일을 고수하는 경우 코드는 일관되지 못하고 가독성도 떨어진다.

대부분 개발자가 자신만의 선호하는 스타일이 있지만, 언어에 따라 권장되거나 선호하는 스타일도 다양하다. 예를 들어 C#에서는 메소드나 함수명을 지을 때 첫 글자를 대문자로 표기하는 캐멀케이스camel case를 선호한다. 반면 C 언어나 오브젝티브C, 자바 같은 대부분의 다른 언어에서는 캐멀케이스가 권장되기도 하지만, 첫 글자를 소문자로 하는 것을 권장한다.

최고의 애플리케이션은 적절히 코딩된다는 말은 올바르게 동작하는 것뿐만 아니라 유지하기 쉽고 가독성도 좋다는 의미다. 대규모의 프로젝트와 수많은 개발자가 있는 회사에서 개발자들이 자기 나름의 코딩 스타일을 고수한다면 유지 보수하기도 힘들고 읽기도 힘들다. 이것이 바로 많은 개발자가 일하는 회사나 프로젝트에서 프로그래밍 스타일 가이드를 채용하는 이유다.

프로그래밍 스타일 가이드는 프로젝트나 회사 내에서 특정 언어로 애플리케이션을 작성하는 동안 개발자가 따라야 하는 일련의 규칙과 지침을 정의한다. 이러한 스타일 가이드는 회사나 프로젝트에 따라 크게 다를 수 있으며, 회사나 프로젝트에서 원하는 코드 작성 방법을 반영한다. 이 가이드는 시간이 지남에 따라 변경될 수도 있다. 일관된 코드 기반을 유지하려면 이러한 스타일 가이드를 따르는 것이 중요하다.

많은 개발자가 자신의 코드 작성 방법이 알려지는 것을 꺼리며, 코드가 잘 작동하기만 하면 코드의 작성 형식은 중요하지 않다고 주장한다. 농구팀에 비유해보자. 모든 선수가 자신의 경기 방식만이 맞는다고 생각하고 그 방식대로 할 때 팀이 잘될 것이라 믿는다면 그 팀은 아마 대부분의 경기에서 질 것이다.

농구팀원들이 함께 하지 않는다면 대부분의 시합에서 패배할 것이다. 어떤 스포츠라도 마찬가지다. 모두가 함께 제대로 하고 있는 것을 점검해주고 같은 게임 플랜을 실행하는 것은 코치에 달려있다. 마찬가지로 모든 개발자가 채택된 스타일 가이드를 통해 코드를 작성하는 것 역시 개발 프로젝트의 팀 리더의 몫이다.

▌ 자신만의 코딩 스타일

이 책에 정의된 스타일 가이드는 단순한 안내서다. 여기 나오는 스타일 가이드는 스위프트 코드가 어떻게 작성돼야 하는지에 대한 내 의견이 반영된 것으로, 자신만의 스타일을 만들기에 좋은 출발점이 될 것이다. 언급하는 가이드라인이 정말 맘에 들어 사용한다면 영광이다. 혹시 동의하지 않는 부분이 발견돼 독자가 원하는 대로 변경하더라도 좋다. 독자와 독자의 팀이 사용하기 편하게 느끼면 그게 적합한 스타일이다. 이 책의 가이드와 다를 수도 같을 수도 있다. 스위프트는 매우 새로운 언어이고, 사람들은 여전히 적합한 스타일을 찾는 중이다. 따라서 오늘 권장하는 방식이 내일은 눈살을 찌푸리게 할 수도 있다. 필요에 따라 스타일 가이드를 바꾸는 것을 두려워하지 말자.

17장의 스타일 가이드에서 눈에 띄는 한 가지 또는 가장 좋은 가이드라인은 각 아이템이 선호하거나 선호하지 않는 것에 대한 구체적인 이유가 없다는 점이다. 스타일 가이드는 독자가 각 항목의 선호하는 방법이나 선호하지 않는 방법을 이해할 수 있게 세부 정보를 충분히 제공해야 하지만, 쉽고 빠르게 읽을 수 있게 작고 콤팩트해야 한다.

특정 방법이 선호되는 이유에 대해 개발자가 궁금한 점이 있다면 개발자는 개발 그룹에 문제를 제기해야 한다. 이를 염두에 두고 가이드를 시작해보자.

구문 끝에 세미콜론을 쓰지 마라

다른 많은 언어와 달리 스위프트에는 구문의 끝에 세미콜론이 필요 없다. 따라서 사용하지 말아야 한다. 다음 코드를 살펴보자.

```
//권장 방식
var name = "Jon"
print(name)

//권장하지 않는 방식
var name = "Jon";
print(name);
```

조건문에서 중괄호를 뺀다

다른 언어와 달리 조건문 바깥에 중괄호는 필요 없다. 따라서 특별히 조건을 명확하게 할 필요가 있는 경우가 아니라면 중괄호는 없앤다. 다음 코드를 살펴보자.

```
//권장 방식
   speed == 300000000 {
   print("Speed of light")
}

//권장하지 않는 방식
if (speed == 300000000) {
   print("Speed of light")
}
```

이름 짓기

커스텀 타입과 메소드, 변수, 상수 등의 이름에는 항상 캐멀케이스를 사용한다. 몇 가지 일반적인 명명 규칙을 살펴보자.

커스텀 타입

커스텀 타입은 어떤 타입인지를 잘 설명해주는 이름을 가져야 한다. 이름은 대문자로 시작하고 캐멀케이스를 따른다. 스타일 가이드에 따른 적절한 예와 적절치 않은 예를 살펴보자.

```
//적절한 이름
BaseballTeam
LaptopComputer

//부적절한 이름
baseballTeam        //소문자로 시작함
Laptop_Computer     //언더스코어 사용
```

함수와 메소드

함수명은 함수나 메소드를 잘 설명해야 한다. 소문자로 시작하고 캐멀케이스를 따른다. 적절한 이름과 적절치 않은 이름의 예를 살펴보자.

```
//적절한 이름
getCityName
playSound

//
//부적절한 이름
get_city_name      //언더스코어가 포함된 소문자들
PlaySound          //대문자로 시작
```

상수와 변수

상수와 변수는 서술적이어야 한다. 소문자로 시작하고 캐멀케이스를 따른다. 유일한 예외는 상수가 전역으로 쓰일 때다. 이 경우 모든 문자는 대문자이고 단어 사이에 언더스코어로 분리한다. 모두 대문자로 된 이름으로 된 종종 눈살을 찌푸리게 하는 수많은 가이드를 봤지만, 개인적으로 전역 범위에서는 대문자만으로 된 이름을 선호 한다. 로컬이나 지역이 아닌 전역 변수로서 눈에 잘 띄기 때문이다. 적절한 이름과 적절치 않은 이름의 예를 살펴보자.

```
//적절한 이름
playerName
driveSize
PLAYERS_ON_A_TEAM    //전역 범위 상수로만 사용

//부적절한 이름
PlayerName           //대문자로 시작
drive_size           //이름에 언더스코어 사용
```

들여쓰기

XCode에서 기본 들여쓰기^{indent} 값은 4칸이고, 탭 간격도 4칸으로 정의돼 있다. 이 값은 그냥 두자. 이 기본 값을 리눅스에서도 동일하게 사용하자.

함수나 메소드들 사이에는 별도의 공란이 필요하다. 또한 함수나 메소드 안에서 기능 별로 구분하려면 빈 줄을 삽입해야 한다. 즉, 함수나 메소드 내에 빈 줄을 많이 사용하 면 함수를 여러 개의 기능으로 쪼갤 수 있다는 것을 의미한다.

주석

필요할 때 해당 코드가 어떻게, 그리고 왜 작성됐는지 설명하는 주석을 사용하자. 커스텀 타입과 함수 앞에는 블록형 주석을 사용하자. 한 줄 주석이 필요하면 두 개의 슬래시를 사용하자. 주석 사용법은 다음과 같다.

```
/**
 * 클래스나 함수를 설명할 때
 * 사용하는 블록형 주석
 */
public class EmployeeClass {
    //슬래시 두 개를 이용한 한 줄 주석
    var firstName = ""
    var lastName = ""

    /**
    함수 설명을 위해서 블록형 주석을 사용함
    - parameter 파라미터 이름: 파라미터를 설명하기 위해 사용하는 태그
    - returns: 어떤 값이 반환되는지 설명
    */

    func getFullName() -> String {
        return firstName + " " + lastName
    }
}
```

메소드를 주석 처리할 때 문서화 태그^{documentation tag}를 사용해 XCode가 문서화하게 하자. 다음 예제를 살펴보자. 메소드에 적용될 때 최소한 다음의 태그는 사용해야 한다.

- **parameter** 파라미터
- **returns** 반환 값
- **throws** 던져질 수 있는 에러

리눅스 플랫폼에서 코드를 개발 중이면서 XCode를 사용하지 않는 경우에도 일관성을 유지하기 위해 여전히 XCode 주석 태그[commit tag]를 사용해야 한다.

self 키워드

스위프트에서는 속성을 엑세스하거나 객체의 메소드를 호출할 때 self 키워드가 필요 없기 때문에 인스턴스 속성과 로컬 변수를 구분할 필요가 없다면 self를 사용하지 말자. self 키워드를 사용하는 예는 다음과 같다.

```swift
public class EmployeeClass {
    var firstName = ""
    var lastName = ""
    func setName(firstName: String, lastName: String) {
        self.firstName = firstName
        self.lastName = lastName
    }
}
```

self 키워드를 사용하지 않아야 할 예는 다음과 같다.

```swift
public class EmployeeClass {
    var firstName = ""
    var lastName = ""
    func getFullName() -> String {
        return self.firstName + " " + self.lastName
    }
}
```

상수와 변수

상수와 변수의 차이점은, 상수의 값은 절대 변하지 않는 반면 변수의 값은 변할 수 있다는 점이다. 언제라도 가능할 땐 변수 대신 상수를 사용해야 한다.

가장 쉬운 방법은 모든 값의 기본 값을 상수로 정의하는 것이다. 그런 다음 변경이 필요하면 변수로 정의를 바꾸면 된다. 스위프트에서는 변수로 정의한 이후 코드 내에 아무런 변화가 없으면 경고warning를 띄운다.

옵셔널 타입

옵셔널은 반드시 필요할 때만 사용하라. 변수에 nil 값을 할당할 필요가 전혀 없다면 옵셔널로 정의하면 안 된다.

옵셔널 바인딩

옵셔널 강제 언래핑이 필요한 경우는 극히 드물기 때문에 가능하면 피하자. 강제 언래핑 대신 옵셔널 바인딩이나 옵셔널 체이닝을 선택하자. 다음 예제는 myOptional 변수가 옵셔널로 정의될 때 선호 방식과 비선호 방식을 보여준다.

```
//옵셔널 바인딩의 선호 방식
if let value = myOptional {
    //myOptional이 nil이 아닐 때
} else {
    //myOptional이 nil 일때
}

//비선호 방식
if myOptional != nil {
    //myOptional이 nil이 아닐 때
} else {
```

```
    //myOptional이 nil일 때
}
```

옵셔널을 한 번 이상 벗겨야 하는 경우 모든 줄마다 언래핑을 하지 말고 한 줄 안에서 해결하자. 예외 사항이 있다면 언래핑이 실패할 때마다 처리할 비즈니스 로직이 모두 각각 별도로 존재하는 경우다. 다음 예는 선호되는 방식과 아닌 경우를 보여준다.

```
//선호되는 옵셔널 바인딩 방법
if let value1 = myOptional1, let value2 = myOptional2 {
    //myOptional1와 myOptional2가 nil이 아닐 때 코드
} else {
    //myOptional1와 myOptional2가 nil인 경우
}

//비선호되는 옵셔널 바인딩 방법
if let value1 = myOptional1 {
    if let value2 = myOptional2 {
        //myOptional이 nil이 아닐 때
    } else {
        //myOptional2이 nil일 때
    }
} else {
    //myOptional1이 nil일 때
}
```

옵셔널 바인딩을 사용한 다중 언래핑 대신 옵셔널 체이닝 사용

여러 단계에 걸쳐 언래핑이 필요한 경우 여러 개의 옵셔널 바인딩 구문보다 옵셔널 체인을 사용하자. 다음 코드는 선호되는 방식과 아닌 경우를 보여준다.

```
//선호 방식
if let color = jon.pet?.collar?.color {
  print("The color of the collar is \(color)")
} else {
  print("Cannot retrieve color")
}

//비선호 방식
if let tmpPet = jon.pet, tmpCollar = tmpPet.collar {
  print("The color of the collar is \(tmpCollar.color)")
} else {
  print("Cannot retrieve color")
}
```

타입 추론 사용

변수 타입을 선언하는 것보다 스위프트가 타입을 추론하게 두자. 변수나 상수 타입을
정의해야 할 유일한 경우는 정의할 때 초깃값이 없는 경우다. 다음 예를 살펴보자.

```
//선호 방식
var myVar = "String Type"      //String 타입 추론
var myNum = 2.25               //Double 타입 추론

//비선호 방식
var myVar: String = "String Type"
var myNum: Double = 2.25
```

컬렉션 간편 선언

스위프트 컬렉션 타입을 선언할 때 간단 문법을 사용하고 절대적으로 필요한 경우가
아니라면 초기화를 하자. 다음 예는 선호되는 방식과 아닌 경우를 보여준다.

```
//선호 방식
var myDictionary: [String: String] = [:]
var strArray: [String] = []
var strOptional: String?

//
//비선호 방식
var myDictionary: Dictionary<String,String>
var strArray: Array<String>
var strOptional: Optional<String>
```

다중 if문 대신 switch문을 사용하라

가능한 한 여러 개의 if보다 하나의 switch문을 사용하자. 다음은 잘 사용한 예와
잘못 사용한 예를 보여준다.

```
//선호 방식
let speed = 300000000
switch speed {
case 300000000:
   print("Speed of light")
case 340:
   print("Speed of sound")
default:
   print("Unknown speed")
}

//비선호 방식
let speed = 300000000
if speed == 300000000 {
   print("Speed of light")
} else if speed == 340 {
   print("Speed of sound")
```

```
} else {
    print("Unknown speed")
}
```

주석 처리된 코드를 그대로 두지 마라

코드 교체가 필요해 코드 블록을 주석 처리한 후 변경 사항이 마음에 든다면 주석 처리했던 코드를 제거해야 한다. 커다란 주석 코드는 지저분하고 따라가기 힘들다.

▌요약

팀 환경에서 애플리케이션을 개발할 때 모든 팀원이 따를 수 있는 잘 정의된 코딩 스타일을 갖는 것은 매우 중요하다. 이렇게 해서 읽기 쉽고 유지하기 쉬운 코드 베이스를 가질 수 있다.

스타일 가이드가 너무 오랫동안 유지되면 언어의 최신 변화 사항을 따라잡지 못할 수도 있다. 너무 길다는 기준은 언어마다 다르다. C 언어를 예로 들자면 매우 안정적인 언어이기 때문에 긴 시간은 몇 년을 뜻할 수도 있다. 하지만 스위프트와 같이 새로운 언어이거나 수시로 변화가 일어나는 경우라면 이 시기는 몇 개월로 정의할 수 있을 것이다.

필요한 경우 이전 버전을 참조할 수 있게 버전 관리 시스템에 스타일 가이드를 보관하는 것이 좋다. 이렇게 하면 이전 버전의 스타일 가이드를 가져와서 이전 코드를 볼 때 스타일 가이드를 다시 참조할 수 있다.

18

스위프트에서 디자인 패턴 적용

GoF^Gang Of Four의 『Design Patterns: Elements of Reusable Object-Oriented Software』 초판이 1994년 10월에 출판됐음에도 나는 9~10년 동안 디자인 패턴에 몰두해 왔다. 대부분의 숙련된 개발자와 마찬가지로 처음 디자인 패턴에 대해 읽었을 때 그중 많은 패턴을 인지했는데, 무엇인지도 모르면서 이미 사용하고 있었기 때문이다. 처음 디자인 패턴에 대해 읽은 이후로 9~10년 동안은 내가 작성한 애플리케이션에는 적어도 하나 이상의 GoF의 디자인 패턴을 적용했다. 하지만 내가 디자인 패턴의 신봉자라는 말은 절대 아니다. 혹시라도 디자인 패턴에 관한 주제를 논의하는 자리가 있다면 자세히 살펴보지 않고 이름을 댈 수 있는 패턴은 몇 되지 않는다. 하지만 확실히 기억하는 점 하나는 각 패턴이 지닌 개념과 패턴이 풀고자 했던 문제점들이다. 이러한 방법을 통해 나는 문제에 봉착했을 때 적절한 디자인 패턴을 찾아 활용할 수 있었다. 18장을 공부하면서 디자인 패턴 자체를 암기하는 것보다는 패턴이 가진 주요 개념을 이해하는 데 많은 시간을 투자할 것을 기억하길 바란다.

18장에서 다루는 내용은 다음과 같다.

- 디자인 패턴 소개
- 어떠한 타입의 디자인 패턴이 생성, 구조, 행위 범주에 속하는가?
- 스위프트에서 빌더 패턴, 싱글턴 생성 패턴을 구현하는 방법
- 스위프트에서 브리지 패턴, 파사드 패턴, 프락시 구조 패턴을 구현하는 방법
- 스위프트에서 전략 패턴, 커맨드 행위 패턴을 구현하는 방법

▌ 디자인 패턴 소개

대부분의 경험 많은 개발자는 애플리케이션을 설계하고 작성하는 방법에 대한 비공식적인 전략을 갖고 있다. 이 전략은 각자 과거 경험과 프로젝트에서 만났던 장애물을 극복했던 경험을 기반으로 형성됐다. 개발자는 자신의 전략을 매우 신뢰할지도 모르지만, 그렇다고 이러한 전략이 완벽하게 검증됐다는 것을 의미하진 않는다. 또한 이러한 전략을 사용해서 구현하는 경우 각기 다른 프로젝트와 개발자 사이에서 일관성을 해칠 수도 있다.

디자인 패턴 개념은 80년대 중반까지 거슬러 올라가지만, GoF가 1994년에 『Design Patterns: Elements of Reusable Object-Oriented Software』를 출간하기 전까지는 별다른 인기를 얻지 못했다. 이 책의 저자인 에릭 감마, 리처드 헬름, 랄프 존슨, 존 블리시데스(Gang of Four로 알려져 있다)는 객체지향 프로그래밍의 위험성을 이야기하면서 23가지의 고전적인 소프트웨어 디자인 패턴에 대해 설명한다. 이러한 23가지 패턴은 각각 생성, 구조, 행위의 세 가지 범주로 분류된다.

디자인 패턴은 공통의 소프트웨어 개발 문제를 확인하고, 이를 다루기 위한 전략을 제공한다. 이러한 전략은 개발자들이 해결하고자 하는 문제에 대한 효과적인 해결책으로서 몇 년에 걸쳐 입증됐다. 디자인 패턴은 이미 여러 공통적인 소프트웨어 개발 문제를 해결할 수 있다는 것이 입증됐기 때문에, 이를 사용하면 개발 프로세스 속도를 크게 높일 수 있다.

디자인 패턴을 사용함으로써 얻을 수 있는 또 다른 장점은 유지하기 쉬운 일관된 코드를 얻을 수 있다는 점이다. 디자인 패턴을 사용하면 지금으로부터 몇 개월 또는 몇 년 뒤에 코드를 다시 보더라도 해당 패턴을 인지하고 코드가 어떠한 일을 하는지 이해할 수 있기 때문이다. 코드와 구현한 디자인 패턴을 적절하게 문서로 만들게 될 경우에는 다른 개발자가 해당 코드가 어떠한 일을 하는지 이해하는 데 도움을 줄 수 있을 것이다.

디자인 패턴에 담긴 두 가지 주된 철학은 바로 코드 재사용과 유연성이다. 소프트웨어 아키텍트로서 재사용이 가능하면서 유연한 코드를 작성하는 것은 필수적이다. 이는 나중에도 코드를 쉽게 유지할 수 있게 해주며, 앞으로 만날 요구 사항에 따라 애플리케이션을 쉽게 확장할 수 있게 해준다. 요구 사항이 얼마나 빨리 변하는지 우리 모두 알고 있지 않은가.

디자인 패턴에 관한 좋은 것들이 많고 그러한 것들이 분명 개발자와 아키텍트에게 도움이 됨에도 불구하고, 개발자가 세계의 빈곤으로부터 벗어나게 해줄 해결책이 되지는 못한다. 언젠가는 여러분의 개발 경력에서 디자인 패턴을 철칙으로 여기는 개발자나 아키텍트를 만나게 될지도 모른다. 이러한 개발자들은 대개 필요하지 않은 경우에도 디자인 패턴을 강제적으로 사용하려고 노력할 것이다. 경험에 비춰볼 때 문제를 수정하려고 하기 전에 수정하고자 하는 문제를 먼저 확인하는 것이 좋은 방법이다.

디자인 패턴은 공통적인 프로그래밍 문제를 피하고 해결하기 위한 시작점이다. 각각의 디자인 패턴은 레시피라고 생각할 수 있으며, 좋은 레시피처럼 특정 입맛에 따라 레시피를 수정하거나 조절할 수 있다. 그러나 대개는 원래의 레시피에서 크게 벗어나려고 하지 않는데, 자칫 음식을 망칠 수 있기 때문이다.

만들고자 하는 음식의 레시피가 없을 때가 있는 것처럼 직면한 문제를 해결하기 위한 디자인 패턴이 없는 경우도 있다. 이러한 경우에는 디자인 패턴에 관한 지식과 패턴에 담긴 근본적인 철학을 이용해 문제에 대한 효과적인 해결책을 찾을 수 있다.

디자인 패턴은 세 가지의 범주로 분류되며 다음과 같다.

- **생성 패턴(Creational patterns)** 생성 패턴은 객체의 생성을 지원한다.
- **구조 패턴(Structural patterns)** 구조 패턴은 타입과 객체 컴포지션에 관련이 있다.
- **행위 패턴(Behavioral patterns)** 행위 패턴은 타입 간의 소통을 다룬다.

GoF는 20여 가지가 넘는 디자인 패턴을 정의했지만, 18장에서는 그중에서도 유명한 몇 가지 패턴에 대한 예를 살펴본다. 먼저 생성 패턴을 살펴보자.

 디자인 패턴은 원래 객체지향 프로그래밍을 위해 정의됐다. 18장에서는 가능하면 좀 더 프로토콜 지향적인 방식으로 패턴을 구현하는 데 중점을 둘 것이다. 따라서 18장의 예제는 다른 디자인 패턴 책의 예제와 약간 다를 수 있지만 솔루션의 근본 철학은 동일하다.

▌생성 패턴

생성 패턴은 객체를 어떻게 생성하는지 다루는 디자인 패턴이다. 이러한 패턴은 특정 상황에서 적합한 방식으로 객체를 생성한다.

생성 패턴에는 두 가지 기본 개념이 있다. 첫 번째는 어떤 구체적인 타입이 생성돼야 하는지에 대한 정보를 캡슐화하는 것이며, 두 번째는 이러한 타입의 인스턴스가 어떻게 생성되는지를 숨기는 것이다.

생성 패턴 범주의 한 부분으로 널리 알려진 패턴으로는 다섯 가지가 있으며, 다음과
같다.

- **추상 팩토리 패턴(Abstract factory pattern)** 추상 팩토리 패턴은 구체적인
  타입을 명시하지 않으면서 관련된 객체를 생성하기 위한 인터페이스를 제공
  한다.
- **빌더 패턴(Builder pattern)** 빌더 패턴은 복잡한 객체의 생성과 표현을 서로
  분리해서 유사한 타입을 생성하기 위해 동일한 프로세스가 사용될 수 있게
  한다.
- **팩토리 메소드 패턴(Factory method pattern)** 팩토리 메소드 패턴은 객체(또
  는 객체의 타입)를 어떻게 생성하는지에 대한 근본적인 로직을 노출시키지 않
  으면서 객체를 생성한다.
- **프로토타입 패턴(Prototype pattern)** 프로토타입 패턴은 기존 객체를 복사하
  는 방식으로 객체를 생성한다.
- **싱글턴 패턴(Singleton pattern)** 싱글턴 패턴은 애플리케이션 주기 동안 하
  나(그리고 오직 하나 뿐인)의 클래스 인스턴스를 허용한다.

18장에서는 스위프트에서 빌더 패턴, 싱글턴 패턴을 구현하는 방법에 대한 예를 보여
준다. 먼저 가장 논란이 많으면서 남용되는 패턴인 싱글턴 디자인 패턴을 살펴보자.

싱글턴 디자인 패턴

싱글턴 패턴 사용은 개발 커뮤니티의 특정 코너 사이에서 상당히 많은 논란을 불러일
으키는 주제다. 이러한 논란에 주된 원인 중 하나는 싱글턴 패턴이 가장 많이 남용되
고 오용되기 때문일 것이다. 싱글턴 패턴이 논란이 많은 또 다른 이유는 싱글턴 패턴
이 애플리케이션에 전역 상태를 제공하기 때문이다. 전역 상태는 애플리케이션 내의
어느 지점에서나 객체를 변경시키는 능력을 제공한다. 또한 싱글턴 패턴은 숨겨진

의존성과 강한 결합을 가져온다. 개인적으로 싱글턴 패턴을 올바르게 사용한다면 사용에 있어 아무 문제가 없다고 생각하지만, 그래도 싱글턴 패턴을 오용하지 않도록 주의를 기울여야만 한다.

싱글턴 패턴은 애플리케이션 라이프사이클 동안 클래스 인스턴스화를 단일 인스턴스로 제한한다. 이 패턴은 애플리케이션에서 행위를 조직화하기 위해 하나의 인스턴스만 필요로 하는 경우에 매우 유용하다. 애플리케이션이 블루투스로 원격 장치와 통신하면서 애플리케이션 곳곳에서 연결을 유지하고 싶을 경우가 싱글턴을 사용하는 좋은 예가 된다. 누군가는 연결 클래스의 인스턴스를 한 페이지에서 다음 페이지로 전달해줄 수 있다고 이야기할 텐데, 싱글턴은 기본적으로 이러한 동작을 수행한다. 개인적으로 앞에서 설명한 인스턴스에는 싱글턴 패턴이 훨씬 깔끔한 해결책이라고 생각하는데, 싱글턴 패턴은 모든 페이지가 인스턴스를 유지하는 것을 강제하지 않으면서도 연결이 필요한 페이지에서 인스턴스를 얻을 수 있기 때문이다. 또한 싱글턴 패턴은 다른 페이지로 이동하는 경우 재연결을 할 필요 없이 연결을 유지하게 해준다.

문제점 이해

싱글턴 패턴은 애플리케이션 라이프사이클 동안 어떠한 타입에 대해 유일한 인스턴스를 필요로 하는 문제를 해결하기 위해 설계됐다. 싱글턴 패턴은 대개 내부나 외부 리소스의 집중적 관리가 필요한 경우나 접근할 수 있는 단일 전역 포인트가 필요한 경우에 사용한다. 싱글턴 패턴이 인기리에 사용되는 또 다른 분야는 애플리케이션이 작동하는 동안 상태를 유지하지 않는 연관된 행동들을 한곳으로 통합하고자 하는 경우다.

6장의 문장 유효성 예제에서는 애플리케이션 라이프사이클 동안 하나의 문장 유효성 타입의 인스턴스만 필요했기 때문에 싱글턴 패턴을 사용했다. 이 예제에서는 문장 유효성 타입에 싱글턴 패턴을 사용했다. 타입의 새로운 인스턴스를 생성하지 않고 애플리케이션의 모든 컴포넌트가 타입을 사용할 수 있는 타입의 단일 인스턴스를 생성하고 싶기 때문이다. 이러한 문장 유효성 타입은 변경이 되는 상태를 갖고 있지 않다. 그저 문장에 대한 유효성을 수행하는 메소드와 문장의 유효성을 확인하는 방법을 정의한 상수만을 갖고 있을 뿐이다. 일부는 내 의견에 동의하지 않을지도 모르지만, 이러한 타입의 인스턴스를 여러 개 생성할 이유가 없으므로 나는 이와 같은 타입이 싱글턴 패턴에 매우 적합한 후보군이라고 생각한다.

해결책 이해

스위프트에서 싱글턴 패턴을 구현하는 데는 여러 가지 방법이 있다. 여기서 소개하는 방법은 스위프트 1.2에서 소개됐던 방법으로, 클래스 상수를 사용한다. 이 메소드에서는 클래스 상수에 처음 접근할 때 클래스의 단일 인스턴스가 생성된다. 그런 다음 애플리케이션 라이프사이클 동안 이 인스턴스에 접근하는 데 클래스 상수를 사용할 수 있다. 또한 프라이빗 생성자를 생성해 클래스의 인스턴스를 추가로 생성하는 외부 코드를 막을 수 있다.

 이번 설명에서는 타입이 아니라 클래스라는 단어를 사용하고 있음을 기억하자. 클래스라는 단어를 사용하는 이유는, 싱글턴 패턴은 참조 타입에서만 구현할 수 있기 때문이다.

싱글턴 구현

스위프트에서 싱글턴 패턴을 어떻게 구현하는지 살펴보자. 다음 코드 예제는 싱글턴 클래스의 생성법이다.

```
class MySingleton {
    static let sharedInstance = MySingleton()
    var number = 0
    private init() {}
}
```

코드에서 볼 수 있듯이 MySingleton 클래스에서는 Mysingleton 클래스의 인스턴스를 가진 sharedInstance라는 이름의 정적 상수static constant를 생성했다. 정적 상수는 클래스를 인스턴스화하지 않아도 호출할 수 있다. sharedInstance를 정적 상수로 정의했기 때문에 싱글턴 패턴을 사용함으로써 애플리케이션 라이프사이클 동안 하나의 인스턴스만 존재하게 될 것이다.

또한 또 다른 MySingleton 클래스의 인스턴스를 생성하는 다른 코드를 제한하는 프라이빗 생성자를 생성했다.

이제 이 패턴이 어떻게 작동하는지 살펴보자. MySingleton 패턴은 Int 타입인 number라는 이름의 또 다른 프로퍼티를 갖고 있다. 다음 코드에서 보다시피 MySingleton 타입의 여러 변수를 생성하기 위해 sharedInstance 프로퍼티를 사용하는 경우 이 프로퍼티가 어떻게 변하는지를 모니터링해볼 것이다.

```
var singleA = MySingleton.sharedInstance
var singleB = MySingleton.sharedInstance
var singleC = MySingleton.sharedInstance

singleB.number = 2

print(singleA.number)
print(singleB.number)
print(singleC.number)

singleC.number = 3

print(singleA.number)
print(singleB.number)
print(singleC.number)
```

이 예제에서는 MySingleton 타입의 변수 세 개를 생성하기 위해 sharedInstance 프로퍼티를 사용했다. 처음에는 두 번째 MySingleton 변수(singleB)의 number 프로퍼티에 숫자 2를 대입했다. singleA, singleB, singleC의 number 프로퍼티 값을 출력하면 세 개 모두 number 프로퍼티 값이 2로 동일하다는 것을 확인할 수 있다. 그런 다음 세 번째 MySingleton 변수(singleC)의 number 프로퍼티 값을 숫자 3으로 변경한다. number 프로퍼티 값을 다시 한 번 출력하면 이번에는 세 개 모두 값이 3인 것을 확인할 수 있다. 그러므로 어떠한 인스턴스에서든 number 프로퍼티의 값을 변경하면 각각의 변수는 모두 같은 인스턴스를 가리키고 있으므로 세 개의 값이 모두 변하게 된다.

이 예에서는 애플리케이션에서 해당 타입의 인스턴스가 하나만 존재하게 보장하기 위해 참조(클래스) 타입을 사용해 싱글턴 패턴을 구현했다. 구조체나 열거형 같은 값 타입으로 이 패턴을 구현했다면 해당 타입이 인스턴스가 여러 개 생성되는 상황에 부딪혔을 것이다. 다시 호출해 매번 값 타입의 인스턴스를 전달할 때마다 실제로는 매번 해당 인스턴스의 복사본을 전달하게 되는 것이며, 이는 값 타입을 사용해 싱글턴 패턴을 구현할 경우 매번 sharedInstance 프로퍼티를 호출할 때마다 새로운 복사본을 전달받게 된다는 것을 의미한다. 그리고 새로운 복사본을 전달받는다는 것은 사실상 싱글턴 패턴이 성립되지 않는다는 것을 의미한다.

싱글턴 패턴은 애플리케이션 곳곳에서 객체의 상태를 유지해야만 하는 경우에는 매우 유용할 수 있지만, 남용하지 않도록 주의해야 한다. 싱글턴 패턴은 애플리케이션 라이프사이클 동안 클래스의 인스턴스가 단 한 개만 존재해야 하는 구체적인 요구 사항(여기서는 요구 사항이 핵심이다)이 있기 전까지는 사용하지 말아야 한다. 단순히 편의를 위해 싱글턴 패턴을 사용하고 있다면 싱글턴 패턴을 오용하고 있을지도 모른다.

애플은 개발자에게 참조 타입보다는 값 타입을 선호할 것을 추천하고 있음에도 불구하고, 싱글턴 패턴과 같이 참조 타입을 사용해야만 하는 수많은 예제들이 여전히 존재한다. 계속해서 우리 자신에게 참조 타입보다는 값 타입을 선호해야 한다고 이야기하는 경우 참조 타입이 필요한 경우가 있다는 것을 잊기 매우 쉽다. 싱글턴 패턴에서는 참조 타입을 사용해야 함을 잊지 말자.

이번에는 빌더 디자인 패턴을 살펴보자.

빌더 디자인 패턴

빌더 패턴은 복잡한 객체의 생성을 도우면서 어떻게 이러한 객체들을 생성하는지에 대한 프로세스를 강제한다. 일반적으로 빌더 패턴에서는 복잡한 타입으로부터 생성 로직을 분리시키며, 다른 타입을 추가한다. 빌더 패턴은 타입의 서로 다른 결과물을 생성하는 데 동일한 생성 프로세스를 사용하게 해준다.

문제점 이해

빌더 패턴은 타입의 인스턴스가 설정 가능한 여러 값을 요구하는 문제를 해결하기 위해 설계됐다. 클래스의 인스턴스를 생성할 때 설정 옵션을 추가할 수도 있지만, 옵션이 올바르게 설정되지 않거나 모든 옵션에 대한 적절한 값을 알지 못하는 경우에는 문제가 발생할 수 있다. 또 다른 문제는 타입의 인스턴스를 생성할 때마다 설정 가능한 모든 옵션을 설정하는 데 많은 양의 코드가 필요하다는 점이다.

해결책 이해

빌더 패턴은 빌더 타입으로 알려진 중개자를 이용해 이러한 문제를 해결한다. 빌더 타입은 원래의 복잡한 타입의 인스턴스를 생성하는 데 필요한 정보 대부분을 보유하고 있다.

빌더 패턴을 구현하는 데 사용할 수 있는 방법에는 두 가지가 있다. 첫 번째 방법은 구체적인 방법으로, 원래의 복잡한 객체를 설정하는 정보를 가진 여러 가지의 빌더 타입을 갖고 있다. 두 번째 방법에서는 모든 설정 가능한 옵션을 기본 값으로 설정하는 단일 빌더 타입을 사용해 빌더 패턴을 구현하며, 필요하다면 옵션 값을 변경할 수 있다.

각각이 어떻게 작동하는지를 이해하는 것이 중요하기 때문에 이번 절에서는 빌더 패턴을 사용하기 위한 두 가지 방법을 모두 살펴본다.

466

빌더 패턴 구현

빌더 패턴을 어떻게 사용하는지 살펴보기 전에 빌더 패턴을 사용하지 않고 복잡한 구조체를 생성하는 방법과 이로 인해 마주치게 될 문제를 먼저 살펴보자.

다음 코드에서는 BurgerOld라는 이름의 구조체를 생성하며, 빌더 패턴은 사용하지 않는다.

```
struct BurgerOld {
    var name: String
    var patties: Int
    var bacon: Bool
    var cheese: Bool
    var pickles: Bool
    var ketchup: Bool
    var mustard: Bool
    var lettuce: Bool
    var tomato: Bool
    init(name: String, patties: Int, bacon: Bool, cheese: Bool, pickles:
            Bool,ketchup: Bool,mustard: Bool,lettuce: Bool,tomato: Bool) {
        self.name = name
        self.patties = patties
        self.bacon = bacon
        self.cheese = cheese
        self.pickles = pickles
        self.ketchup = ketchup
        self.mustard = mustard
        self.lettuce = lettuce
        self.tomato = tomato
    }
}
```

BurgerOld 구조체는 어떠한 양념이 버거에 들어가는지와 버거의 이름을 정의한 프로퍼티를 여러 개 갖고 있다. 어떠한 아이템이 버거에 들어가고 들어가지 않는지를 알아야 하므로, BurgerOld 구조체의 인스턴스를 생성하는 경우에 초기화에서는 각각의 아이템을 정의할 것을 요구한다. 이는 말할 것도 없이 애플리케이션 내에서 복잡한 초기화로 이어지게 되며, 기본적인 버거(베이컨 치즈버거, 치즈버거, 햄버거 등)를 한 가지 이상 갖게 되는 경우에는 각각을 올바르게 정의해야만 한다. BurgerOld 클래스의 인스턴스를 생성하는 방법을 살펴보자.

```
//Hamburger 생성
var burgerOld = BurgerOld(name: "Hamburger", patties: 1, bacon: false,
                          cheese: false, pickles: false, ketchup: false,
                          mustard: false, lettuce: false, tomato: false)
//Cheeseburger 생성
var burgerOld = BurgerOld(name: "Cheeseburger", patties: 1,
                bacon: false, cheese: true, pickles: false,
                ketchup: false, mustard: false, lettuce: false, tomato: false)
```

보다시피 BurgerOld 타입 인스턴스 생성에는 많은 코드가 필요하다. 이제 좀 더 나은 구현 방법을 살펴보자. 이번 예제에서는 여러 빌더 타입을 사용하는 방법을 보여준다. 각각의 타입은 버거에 들어가는 양념을 정의한다. 먼저 다음 코드에서와 같이 BurgerBuilder 프로토콜을 정의하는 것부터 시작한다.

```
protocol BurgerBuilder {
    var name: String {get}
    var patties: Int {get}
    var bacon: Bool {get}
    var cheese: Bool {get}
    var pickles: Bool {get}
    var ketchup: Bool {get}
    var mustard: Bool {get}
    var lettuce: Bool {get}
    var tomato: Bool {get}
}
```

이 코드는 단순히 이 프로토콜을 구현하는 타입에게 요구되는 아홉 개의 프로퍼티를 정의하고 있다. 이 프로토콜을 구현하는 HamburgerBuilder와 CheeseBurgerBuilder 이렇게 두 개의 구조체를 생성해보자.

```swift
struct HamBurgerBuilder: BurgerBuilder {
    let name = "Burger"
    let patties = 1
    let bacon = false
    let cheese = false
    let pickles = true
    let ketchup = true
    let mustard = true
    let lettuce = false
    let tomato = false
}

struct CheeseBurgerBuilder: BurgerBuilder {
    let name = "CheeseBurger"
    let patties = 1
    let bacon = false
    let cheese = true
    let pickles = true
    let ketchup = true
    let mustard = true
    let lettuce = false
    let tomato = false
}
```

HamburgerBuilder 구조체와 CheeseBurgerBuilder 구조체에서는 각각 요구하는 프로퍼티 값을 정의한다. 좀 더 복잡한 타입에서는 추가적인 리소스를 초기화해야 할 수도 있다.

이번에는 Burger 구조체를 살펴보자. Burger 구조체는 자신의 인스턴스를 생성하는 데 BurgerBuilder 프로토콜의 인스턴스를 사용할 것이다. 다음 코드에서는 새로운 Burger 타입을 보여준다.

```swift
struct Burger {
    var name: String
    var patties: Int
    var bacon: Bool
    var cheese: Bool
    var pickles: Bool
    var ketchup: Bool
    var mustard: Bool
    var lettuce: Bool
    var tomato: Bool

    init(builder: BurgerBuilder) {
        self.name = builder.name
        self.patties = builder.patties
        self.bacon = builder.bacon
        self.cheese = builder.cheese
        self.pickles = builder.pickles
        self.ketchup = builder.ketchup
        self.mustard = builder.mustard
        self.lettuce = builder.lettuce
        self.tomato = builder.tomato
    }

    func showBurger() {
        print("Name:    \(name)")
        print("Patties: \(patties)")
        print("Bacon:   \(bacon)")
        print("Cheese: \(cheese)")
        print("Pickles: \(pickles)")
        print("Ketchup: \(ketchup)")
        print("Mustard: \(mustard)")
```

```
        print("Lettuce: \(lettuce)")
        print("Tomato:  \(tomato)")
    }
}
```

Burger 구조체와 앞에서 살펴본 BurgerOld 구조체 간에는 생성자에 차이점이 있다. BurgerOld 구조체에서 생성자는 아홉 개의 파라미터를 가지며, 각각의 상수는 구조체 내에 정의돼 있다. 새로운 Burger 구조체에서 생성자는 파라미터를 한 개만 가지며, 이 파라미터는 BurgerBuilder 프로토콜을 따르는 타입의 인스턴스다. 이 새로운 생성자는 다음과 같이 Burger 클래스의 인스턴스를 생성할 수 있게 해준다.

```
//햄버거를 생성
var myBurger = Burger(builder: HamBurgerBuilder())
myBurger.showBurger()

//토마토가 빠진 치즈버거를 생성
var myCheeseBurgerBuilder = CheeseBurgerBuilder()
var myCheeseBurger = Burger(builder: myCheeseBurgerBuilder)

//토마토를 넣는다.
myCheeseBurger.tomato = true
myCheeseBurger.showBurger()
```

새로운 Burger 구조체를 어떻게 생성하는지 앞의 BurgerOld 구조체와 비교하는 경우에는 Burger 구조체의 인스턴스를 생성하는 것이 훨씬 더 쉽다는 것을 확인할 수 있다. 또한 빌더 클래스 내부에서 값을 직접 설정하기 때문에 각 버거 타입의 프로퍼티 값을 올바르게 설정했다는 것을 알 수 있다.

앞서 이야기한 바와 같이 빌더 패턴을 구현하는 데 사용할 수 있는 두 번째 방법이 있다. 두 번째 방법에서는 여러 빌더 형태를 보이는 것과는 달리 모든 설정 가능한 값을 기본 값으로 설정한 단일 빌더 타입을 갖는다. 그리고 나서 필요에 따라 값을 변경할 수 있다. 이 방법은 기존 코드와 통합하기 쉽기 때문에 나는 오래된 코드를 업데이트하는 경우 이러한 구현 방법을 많이 사용한다.

이런 구현을 위해 단일 BurgerBuilder 구조체를 생성해야만 한다. BurgerBuilder 구조체는 BurgerOld 구조체를 생성하는 데 사용되며, 기본적으로 모든 재료를 기본 값으로 설정할 것이다. 또한 BurgerBuilder 구조체는 BurgerOld 구조체의 인스턴스를 생성하기에 앞서 버거에 어떠한 재료가 들어갈지 변경하는 기능을 제공한다. BurgerBuilder 구조체는 다음과 같이 생성한다.

```swift
struct BurgerBuilder {
    var name = "Burger"
    var patties = 1
    var bacon = false
    var cheese = false
    var pickles = true
    var ketchup = true
    var mustard = true
    var lettuce = false
    var tomato = false

    mutating func setPatties(choice: Int) {self.patties = choice}
    mutating func setBacon(choice: Bool) {self.bacon = choice}
    mutating func setCheese(choice: Bool) {self.cheese = choice}
    mutating func setPickles(choice: Bool) {self.pickles = choice}
    mutating func setKetchup(choice: Bool) {self.ketchup = choice}
    mutating func setMustard(choice: Bool) {self.mustard = choice}
    mutating func setLettuce(choice: Bool) {self.lettuce = choice}
    mutating func setTomato(choice: Bool) {self.tomato = choice}

    func buildBurgerOld(name: String) -> BurgerOld {
        return BurgerOld(name: name, patties: self.patties,
        bacon: self.bacon, cheese: self.cheese,
        pickles: self.pickles, ketchup: self.ketchup,
        mustard: self.mustard, lettuce: self.lettuce,
```

```
        tomato: self.tomato)
    }
}
```

BurgerBuilder 구조체에서는 버거를 위한 아홉 개의 프로퍼티(재료)를 정의하며, name 프로퍼티를 제외한 각각의 프로퍼티에 대해 세터 메소드를 생성한다. 또한 buildBurgerOld( )라는 이름의 메소드를 하나 생성한다. 이 메소드는 BurgerBuilder 인스턴스에 있는 프로퍼티의 값을 기반으로 하는 BurgerOld 구조체의 인스턴스를 생성한다. BurgerBuilder 구조체는 다음과 같이 사용할 수 있다.

```
var burgerBuilder = BurgerBuilder()
burgerBuilder.setCheese(choice: true)
burgerBuilder.setBacon(choice: true)
var jonBurger = burgerBuilder.buildBurgerOld(name: "Jon's Burger")
```

이 예제에서는 BurgerBuilder 구조체 인스턴스를 생성한다. 그런 다음 버거에 치즈와 베이컨을 추가하기 위해 setCheese( ) 메소드와 setBacon( ) 메소드를 사용한다. 마지막으로 BurgerOld 구조체의 인스턴스를 생성하기 위해 buildBurgerOld( ) 메소드를 호출한다.

보다시피 빌더 패턴을 구현하는 데 사용하는 두 방법 모두 복잡한 타입을 생성하기가 매우 간단하다. 또한 두 방법 모두 인스턴스가 기본 값으로 적절하게 설정됨을 보장한다. 여러분 스스로가 타입의 인스턴스를 생성하는데, 매우 길고 복잡한 생성자 커맨드를 발견하게 된다면 생성자를 단순화하는 데 사용할 수 있는지를 살펴보는 데 빌더 패턴을 검토하길 추천한다.

이번에는 구조 디자인 패턴을 살펴보자.

▌ 구조 디자인 패턴

구조 디자인 패턴은 어떻게 타입을 더 큰 구조체로 결합할 수 있는가를 서술한다. 일반적으로 더 큰 구조체는 작업하기가 더 쉽고 개별적인 타입이 가진 수많은 복잡도를 감추기에도 더 쉽다. 구조 패턴 범주에 있는 대부분의 패턴은 객체 간의 연결을 수반한다.

구조 디자인 패턴 타입으로 널리 알려진 패턴으로는 일곱 가지가 있으며, 다음과 같다.

- **어댑터(Adapter)** 어댑터 패턴은 호환되지 않는 타입들끼리 함께 작동하게 해준다.
- **브리지(Bridge)** 브리지 패턴은 구현체로부터 타입의 추상적인 요소를 분리하는 데 사용되며, 둘은 달라질 수 있다.
- **컴포지트(Composite)** 컴포지트 패턴은 객체 그룹을 하나의 객체로 다룰 수 있게 해준다.
- **데코레이터(Decorator)** 데코레이터 패턴은 객체의 기존 메소드에 행위를 추가하거나 행위를 오버라이드하게 해준다.
- **파사드(Facade)** 파사드 패턴은 더 크고 복잡한 코드를 위한 단순화된 인터페이스를 제공한다.
- **플라이웨이트(Flyweight)** 플라이웨이트 패턴은 수많은 유사 객체를 생성하거나 사용할 때 필요한 리소스를 줄여준다.
- **프락시(Proxy)** 프락시 패턴은 다른 클래스나 여러 클래스를 위해 인터페이스처럼 행동하는 타입이다.

18장에서는 스위프트에서 브리지 패턴, 파사드 패턴, 프락시 패턴을 사용하는 방법에 대한 예를 보여준다. 먼저 브리지 패턴부터 살펴보자.

브리지 패턴

브리지 패턴은 구현체와 추상화가 독립적으로 달라질 수 있게 구현체로부터 추상화를 분리시킨다. 브리지 패턴은 두 계층으로 된 추상화로 생각할 수 있다.

문제점 이해

브리지 패턴은 여러 가지 문제를 해결하기 위해 설계됐지만, 여기서 집중해서 살펴보고자 하는 것은 새로운 기능이 추가되면서 시간이 지남에 따라 새로운 요구 사항으로 나타나는 경향이 있는 문제에 대한 것이다. 새로운 요구 사항과 기능이 들어오면 기능 간에 상호작용하는 방식을 변경해야만 할 것이다. 일반적으로 결국에는 코드를 리팩토링하는 것이 요구될 것이다.

이 문제는 객체지향 프로그래밍에서는 클래스 계층 증가 현상으로 알려져 있으며, 프로토콜 지향 프로그래밍에서도 발생할 수 있다.

해결책 이해

브리지 패턴은 상호작용하는 기능을 가짐으로써, 그리고 기능 간에 서로 공유하는 능력으로부터 각 기능에 특화된 능력을 분리시킴으로써 이러한 문제를 해결한다. 그런 다음 이들을 하나로 모음으로써 공유되는 기능을 캡슐화하는 브리지 타입이 생성될 수 있다.

브리지 패턴 구현

브리지 패턴을 어떻게 사용하는지 보여주기 위해 두 가지 기능을 생성할 것이다. 첫 번째 기능은 메시지 기능으로, 보내고자 하는 메시지를 저장하고 준비하는 기능이다. 두 번째 기능은 발송 기능으로, 이메일이나 SMS 메시징과 같은 구체적인 채널을 통해 메시지를 보낸다.

이름이 각각 MessageProtocol과 SenderProtocol인 두 종류의 프로토콜을 생성하는 것부터 시작해보자. MessageProtocol은 메시지를 생성하는 데 사용되는 타입을 위한 요구 사항을 정의한다. SenderProtocol은 구체적인 채널을 통해 메시지를 보내는 데 사용되는 타입을 위한 요구 사항을 정의하는 데 사용될 것이다. 다음 코드는 이 두 가지 프로토콜을 어떻게 정의하는지 보여준다.

```
protocol MessageProtocol {
    var messageString: String {get set}
    init(messageString: String)
    func prepareMessage()
}

protocol SenderProtocol {
    func sendMessage(message: MessageProtocol)
}
```

MessageProtocol은 이름이 messageString인 문자열 타입의 저장 프로퍼티를 하나 정의한다. 이 프로퍼티는 메시지 문자열을 갖고 있으며, nil이 될 수 없다. 또한 이 프로토콜에서는 생성자 한 개와 prepareMessage() 메소드를 정의한다. 생성자는 messageString 프로퍼티에 값을 설정하고, 기타 메시지 타입에서 필요한 것을 설정하는 데 사용된다. prepareMessage() 메소드는 메시지를 보내기 전에 메시지를 준비하는 데 사용된다. 이 메소드는 메시지를 암호화하거나 포맷을 추가하거나 기타 메시지를 보내기 전에 메시지에서 하고자 하는 일에 사용할 수 있다.

SenderProtocol 프로토콜은 이름이 sendMessage()인 메소드를 하나 정의한다. 이 메소드는 프로토콜을 따르는 타입에서 정의한 채널을 통해 메시지를 보낸다. 이 함수에서는 메시지를 보내기 전에 메시지 타입에 있는 prepareMessage() 메소드를 먼저 호출하는 것이 보장돼야만 한다.

이제 MessageProtocol 프로토콜을 따르게 될 두 타입을 어떻게 정의할 것인지 살펴보자.

```swift
class PlainTextMessage: MessageProtocol {
    var messageString: String
    required init(messageString: String) {
        self.messageString = messageString
    }
    func prepareMessage() {
        //아무것도 안 함
    }
}

class DESEncryptedMessage: MessageProtocol {
    var messageString: String
    required init(messageString: String) {
        self.messageString = messageString
    }
    func prepareMessage() {
        //메시지 암호화
        self.messageString = "DES: " + self.messageString
    }
}
```

각각의 타입은 MessageProtocol 프로토콜을 따르는 데 필요한 필수 기능을 갖고 있다. 이들 타입 간에 실제로 다른 부분은 오직 prepareMessage() 메소드 내부뿐이다. PlainTextMessage 클래스에 있는 prepareMessage() 메소드는 비어 있는데, 이는 메시지를 보내기 전에 메시지에 아무 일도 할 필요가 없기 때문이다.

DESEncryptedMessage 클래스의 prepareMesssage() 메소드는 일반적으로 메시지를 암호화하는 로직을 가질 것이지만, 예제에서는 메시지 앞부분에 DES 태그를 덧붙여 이 메소드가 호출됐다는 것만을 알릴 것이다.

이번에는 SenderProtocol 프로토콜을 따르게 될 두 개의 타입을 생성해보자. 일반적으로 이러한 타입은 구체적인 채널을 통해 메시지를 보내는 일을 다룰 것이지만, 예제에서는 단순히 콘솔에 메시지를 출력할 것이다.

```
class EmailSender: SenderProtocol {
    func sendMessage(message: MessageProtocol) {
        print("Sending through E-Mail:")
        print("    \(message.messageString)")
    }
}

class SMSSender: SenderProtocol {
    func sendMessage(message: MessageProtocol) {
        print("Sending through SMS:")
        print("    \(message.messageString)")
    }
}
```

이 코드에서는 EmailSender와 SMSSender 타입 모두 sendMessage() 함수를 구현함으로써 SenderProtocol 프로토콜을 따른다.

다음 코드에서 보다시피 이제는 두 기능을 사용할 수 있다.

```
var myMessage = PlainTextMessage(messageString: "Plain Text Message")
myMessage.prepareMessage()
var sender = SMSSender()
sender.sendMessage(message: myMessage)
```

이 코드는 잘 작동할 것이며, 메시지를 생성하고 보내려는 곳에 이와 유사한 코드를 추가할 수 있다. 가까운 어느 미래에 메시지를 보내는 채널의 요구 사항을 충족시킨다는 점을 확인하기 위해 메시지를 보내기 전에 확인하는 새로운 기능을 추가해 달라는 요구 사항을 전달받았다고 가정해보자. 새로운 발송자 프로토콜은 다음과 같을 것이다.

478

```
protocol SenderProtocol {
    var message: MessageProtocol? {get set}
    func sendMessage()
    func verifyMessage()
}
```

SenderProtocol 프로토콜에서는 verifyMessage( )라는 이름의 메소드와 message라는 이름의 프로토콜을 추가했다. 또한 sendMessage( ) 메소드의 정의도 변경했다. 원래의 SenderProtocol 프로토콜은 단순히 메시지를 보내게 설계됐지만, 이제는 sendMessage( ) 함수를 호출하기 전에 반드시 메시지를 확인해야만 한다. 그러므로 앞선 정의에서 했던 것처럼 단순히 함수에 메시지를 전달할 수 없다.

이제 SenderProtocol 프로토콜을 따르는 타입을 새로운 프로토콜을 따르게 변경해야만 한다. 다음 코드는 이러한 변경을 어떻게 할 것인지 보여준다.

```
class EmailSender: SenderProtocol {
    var message: MessageProtocol?
    func sendMessage() {
        print("Sending through E-Mail:")
        print("    \(message!.messageString)")
    }
    func verifyMessage() {
        print("Verifying E-Mail message")
    }
}

class SMSSender: SenderProtocol {
    var message: MessageProtocol?
    func sendMessage() {
        print("Sending through SMS:")
        print(" \(message!.messageString)")
    }
    func verifyMessage() {
```

```
        print("Verifying SMS message")
    }
}
```

SenderProtocol 프로토콜을 따르는 타입을 변경한 것처럼 코드에서 이러한 타입을
어떻게 사용하는지에 대해서도 변경을 해야만 한다. 다음 예제에서는 이러한 코드를
어떻게 사용할 것인지 보여준다.

```
var myMessage = PlainTextMessage(messageString: "Plain Text Message")
myMessage.prepareMessage()
var sender = SMSSender()
sender.message = myMessage
sender.verifyMessage()
sender.sendMessage()
```

이러한 변경은 어려운 것은 아니지만 브리지 패턴을 사용하지 않는다면 코드 전체를
리팩토링해야 할 것이며, 메시지를 보내는 모든 구간을 변경해야 할 것이다. 브리지
패턴은 이처럼 서로가 긴밀히 상호작용을 하는 두 계층이 있는 경우에는 한곳에서
로직을 캡슐화하는 브리지 타입에 상호 연동 로직을 넣어야 한다는 것을 말해준다.
이러한 방법으로 새로운 요구 사항이나 성능 개선을 요청받았다면 해야 하는 리펙토
링을 제한함으로써 한곳에서 변경할 수 있다. 다음 예제에서 보는 바와 같이 메시지와
발송자 계층을 위한 브리지 타입을 만들 수 있다.

```
struct MessageingBridge {
    static func sendMessage(message: MessageProtocol, sender:
            SenderProtocol) {
        var sender = sender
        message.prepareMessage()
        sender.message = message
        sender.verifyMessage()
```

```
        sender.sendMessage()
    }
}
```

메시지와 발송자 계층이 어떻게 상호작용하는지에 대한 로직은 `MessagingBridge` 구조체 내부로 캡슐화했다. 그러므로 로직을 변경해야 하는 경우에는 전체 코드를 리팩토링해야 하는 것이 아니라 이 객체만 수정하면 된다.

브리지 패턴은 기억하기도 좋고 사용하기도 좋은 패턴이다. 개인적으로는 코드에 브리지 패턴을 사용하지 않은 것을 후회하곤 하는데(지금도 여전히 후회 하고 있다), 다들 잘 알다시피 요구 사항은 수시로 변하며 코드 전반에 걸쳐 변경하는 것보다 한곳에서 변경할 수 있게 하는 것이 미래에 많은 시간을 절약할 수 있다.

이번에는 구조 패턴 중 하나인 파사드 패턴을 살펴보자.

파사드 패턴

파사드 패턴은 더 크고 복잡한 코드에 간소화된 인터페이스를 제공한다. 파사드 패턴은 복잡한 것들을 숨겨 라이브러리 사용과 이해를 더 쉽게 만들어준다. 또한 파사드 패턴은 여러 API를 하나로 만들어서 사용하기 더 쉬운 API를 만들어주는데, 이번 절의 예제에서 살펴볼 것이다

문제점 이해

파사드 패턴은 대개 서로 함께 작동하게 설계된 수많은 독립적인 API를 가진 복잡한 시스템을 갖고 있는 경우에 사용된다. 때로는 애플리케이션 초기 설계 단계에서 파사드 패턴을 어디에 사용해야 하는지를 이야기하기가 어려운 경우가 있다. 이러한 이유는 일반적으로 초기에는 API 설계를 단순화하기 위해 노력하기 때문이다. 그러나 시간이 지나고 요구 사항이 변하며 새로운 기능이 추가되면 API는 점점 복잡해지고,

그렇게 되면 파사드 패턴을 사용해야 하는 구간이 분명해지게 된다. 좋은 예를 들자면 작업을 수행할 때 서로 긴밀히 작동하는 여러 API가 있는 경우에 파사드 패턴 사용을 고려할 수 있다.

해결책 이해

파사드 패턴의 핵심 개념은 단순한 인터페이스 뒤로 API의 복잡성을 숨기는 것이다. 이러한 방법은 여러 장점을 제공하는데, 그중 가장 분명한 장점은 파사드 패턴이 API와 상호작용하는 방법을 단순화시켜준다는 점이다. 또한 파사드 패턴은 느슨한 결합을 장려하며, 요구 사항이 변경되는 경우 API를 사용하는 모든 코드를 리팩토링하지 않고도 API를 변경하게 해준다.

파사드 패턴 구현

이 절에서는 HotelBooking, FlightBooking, RentalCarBooks라는 세 개의 API를 생성해 파사드 패턴을 보여준다. 이러한 API는 여행을 위해 호텔, 비행기, 렌터카를 예약하기 위해 검색하는 데 사용될 것이다. 코드에서 각각의 API는 개별적으로 쉽게 호출할 수 있겠지만, 여기서는 한 번의 호출로 API의 기능에 접근할 수 있게 해줄 TravelFacade 구조체를 생성한다.

먼저 세 개의 API를 정의하는 것부터 시작한다. 각각의 API는 호텔, 비행기, 렌터카의 정보를 저장할 데이터 저장 클래스가 필요하다. 먼저 호텔 API를 구현하는 것부터 시작하자.

```
struct Hotel {
    //호텔 객실에 대한 정보
}

struct HotelBooking {
```

```swift
    static func getHotelNameForDates(to: NSDate, from: NSDate) ->
            [Hotel]? {
        let hotels = [Hotel]()

        //호텔을 갖고 오기 위한 로직
        return hotels
    }

    static func bookHotel(hotel: Hotel) {
        //호텔 객실을 예약하기 위한 로직
    }
}
```

호텔 API는 Hotel과 HotelBooking 구조체로 이뤄져 있다. Hotel 구조체는 호텔 객실에 대한 정보를 저장하는 데 사용될 것이며, HotelBooking 구조체는 호텔 객실을 검색하고 여행을 위해 호텔 객실을 예약하는 데 사용될 것이다. 비행기와 렌터카 API는 호텔 API와 매우 유사하다. 다음 코드는 비행기와 렌터카 API에 대한 코드를 보여준다.

```swift
struct Flight {
    //비행기에 대한 정보
}

struct FlightBooking {
    static func getFlightNameForDates(to: NSDate, from: NSDate) ->
            [Flight]? {
        let flights = [Flight]()

        //비행기를 가져오기 위한 로직
        return flights
    }

    static func bookFlight(flight: Flight) {
        //비행기를 예약하기 위한 로직
    }
```

```
}

struct RentalCar {
    //렌터카에 대한 정보
}

struct RentalCarBooking {
    static func getRentalCarNameForDates(to: NSDate, from: NSDate)
            -> [RentalCar]? {
        let cars = [RentalCar]()

        //비행기를 가져오기 위한 로직
        return cars
    }

    static func bookRentalCar(rentalCar: RentalCar) {
        //렌터카를 예약하기 위한 로직
    }
}
```

각각의 API에서는 정보를 저장하기 위해 사용하는 구조체와 검색 기능을 제공하기 위해 사용하는 구조체를 갖고 있다. 초기 설계에서는 애플리케이션에서 각각의 API를 개별적으로 호출하기가 매우 쉽다. 그러나 알다시피 요구 사항은 변하게 되고, 이러한 요구 사항은 나중에 API를 변경하게 만드는 원인이 된다. 여기서는 파사드 패턴을 사용함으로써 API를 어떻게 구현했는지 숨길 수 있다. 그러므로 나중에 API가 동작하는 방식을 변경해야 하는 경우에는 코드 전체를 리펙토링하지 않고 파사드 타입만 업데이트하면 된다. 이러한 방식은 코드를 관리하고 나중에 코드를 업데이트하기 더욱 쉽게 만들어준다. 이번에는 TravelFacade 클래스를 생성함으로써 어떻게 파사드 패턴을 구현하는지 살펴보자.

```
class TravelFacade {
    var hotels: [Hotel]?
```

```
    var flights: [Flight]?
    var cars: [RentalCar]?

    init(to: NSDate, from: NSDate) {
        hotels = HotelBooking.getHotelNameForDates(to: to, from: from)
        flights = FlightBooking.getFlightNameForDates(to: to, from: from)
        cars = RentalCarBooking.getRentalCarNameForDates(to: to, from: from)
    }

    func bookTrip(hotel: Hotel, flight: Flight, rentalCar:
            RentalCar) {
        HotelBooking.bookHotel(hotel: hotel)
        FlightBooking.bookFlight(flight: flight)
        RentalCarBooking.bookRentalCar(rentalCar: rentalCar)
    }
}
```

TravelFacade 클래스는 세 개의 API를 검색하는 기능과 호텔, 비행기, 렌터카를 예약하는 기능을 갖고 있다. 이제는 호텔, 비행기, 렌터카를 검색하기 위해 API에 개별적으로 직접 접근할 필요 없이 TravelFacade 클래스를 사용해 검색할 수 있다. 또한 호텔, 비행기, 렌터카를 예약하는 데 개별적으로 API에 접근할 필요 없이 TravelFacade를 사용해 예약할 수 있다.

18장 앞부분에서 이야기했듯이 항상 초기 설계 단계에서는 파사드 패턴을 어느 부분에 사용할 수 있는지 명확하지 않다. 좋은 예를 들자면 작업을 수행할 때 서로 긴밀히 작동하는 여러 API가 있는 경우에 파사드 패턴 사용을 고려할 수 있다.

이번에는 구조 패턴의 마지막으로 프락시 디자인 패턴에 대해 살펴보자.

프락시 디자인 패턴

프락시 디자인 패턴에서는 다른 타입이나 API를 위해 인터페이스처럼 작동하는 하나의 타입이 있다. 이 래퍼 클래스는 프락시라 불리며, 객체에 기능을 추가하거나 객체를 네트워크에서 가능하게 하거나 객체의 접근을 제한시킬 수 있다.

문제점 이해

프락시 패턴은 여러 문제를 해결하는 데 사용할 수 있지만, 개인적으로는 두 가지 문제를 해결하는 데 프락시 패턴을 사용한다.

프락시 패턴을 사용해 해결하고자 하는 첫 번째 문제는 API와 코드 사이에 추상 레이어를 생성해야만 하는 경우다. API는 로컬 API나 원격 API가 될 수는 있겠지만, 내 경우에는 대개 코드와 원격 서비스 사이에 추상 레이어를 추가하기 위해 프락시 패턴을 사용한다. 이러한 방식은 코드 전반에 걸쳐 리펙토링하지 않고도 원격 API를 변경할 수 있게 해줄 것이다.

프락시 패턴을 사용해 해결하고자 하는 두 번째 문제는 API를 변경해야 하는데, 관련 코드를 갖고 있지 않거나 애플리케이션 내의 어딘가에 이미 해당 API에 대한 의존성이 있는 경우다.

해결책 이해

프락시 패턴은 이러한 문제를 해결하는데, 다른 타입이나 API와 상호작용을 하기 위해 인터페이스처럼 작동하는 타입을 생성해야 한다고 이야기한다. 예제에서는 프락시 패턴을 사용해 기존 타입에 기능을 추가하는 방법을 보여준다.

프락시 패턴 구현

이번 절에서는 건물의 각기 다른 층을 나타내는 여러 평면도를 추가할 수 있는 House 클래스를 생성해서 프락시 패턴을 보여줄 것이다. 먼저 FloorPlanProtocol 프로토콜을 생성해보자.

```
protocol FloorPlanProtocol {
    var bedRooms: Int {get set}
    var utilityRooms: Int {get set}
    var bathRooms: Int {get set}
    var kitchen: Int {get set}
    var livingRooms: Int {get set}
}
```

FloorPlanProtocol 프로토콜에서는 각 층마다 있는 방의 개수를 나타낼 다섯 가지의 프로퍼티를 정의한다. 다음과 같이 FloorPlan이라는 이름으로 FloorPlanProtocol 프로토콜의 구현체를 생성해보자.

```
struct FloorPlan: FloorPlanProtocol {
    var bedRooms = 0
    var utilityRooms = 0
    var bathRooms = 0
    var kitchen = 0
    var livingRooms = 0
}
```

FloorPlan 클래스는 FloorPlanProtocol에서 요구하는 다섯 개의 프로토콜을 모두 구현하고, 프로퍼티에 기본 값을 대입한다. 다음 단계로 이번에는 집을 나타내는 House 클래스를 생성한다.

```
class House {
    public var stories = [FloorPlanProtocol]()

    func addStory(floorPlan: FloorPlanProtocol) {
        stories.append(floorPlan)
    }
}
```

House 클래스에는 집의 한 층을 나타내는 평면도가 있는 FloorPlanProtocols 객체의
배열이 있다. 또한 addStorey()라는 함수도 있으며, 이 함수는 FloorPlanProtocols
프로토콜을 따르는 타입의 인스턴스를 받는다. 이 함수는 FloorPlanProtocols 프로
토콜의 배열에 평면도를 추가한다.

이 클래스의 로직을 살펴보다 보면 접하게 될지도 모르는 문제점이 한 가지 있다.
그 문제점은 바로 원하는 만큼 평면도를 추가할 경우 집의 층수가 60이나 70층에 이르
게 될 수도 있다는 점이다. 고층 건물을 짓는다면 괜찮겠지만, 여기서는 그저 단독
주택을 지으려고 한다. House 클래스를 변경하지 않으면서(House 클래스를 변경할 수
없거나 단순히 변경하고 싶지 않을 경우) 평면도의 개수를 제한하고 싶을 경우 프락시
패턴을 사용할 수 있다. 다음 코드에서는 집에 추가할 수 있는 평면도의 개수를 제한
하는 HouseProxy 클래스를 구현하는 방법을 보여준다.

```
class HouseProxy {
    var house = House()

    func addStory(floorPlan: FloorPlanProtocol) -> Bool {
        if house.stories.count < 3 {
            house.addStory(floorPlan: floorPlan)
            return true }
        else {
            return false
        }
```

```
    }
}
```

HouseProxy 클래스는 House 클래스의 인스턴스를 생성하는 것으로 시작된다. 그런 다음 addStory( )라는 이름의 메소드를 생성하는데, 이 메소드는 집에 새로운 층을 추가할 수 있게 해준다. addStory( ) 메소드에서는 집 안의 층수가 3층 미만인지를 점검한다. 3층 미만인 경우에는 집에 평면도를 추가한 다음 true를 반환한다. 층수가 3층보다 크거나 같을 경우에는 평면도를 추가하지 않으며, false를 반환한다. 이제 이러한 프락시를 어떻게 사용하는지 살펴보자.

```
var ourHouse = HouseProxy( )

var basement = FloorPlan(bedRooms: 0, utilityRooms: 1, bathRooms: 1,
        kitchen: 0, livingRooms: 1)
var firstStory = FloorPlan(bedRooms: 1, utilityRooms: 0, bathRooms: 2,
        kitchen: 1, livingRooms: 1)
var secondStory = FloorPlan(bedRooms: 2, utilityRooms: 0, bathRooms: 1,
        kitchen: 0, livingRooms: 1)
var additionalStory = FloorPlan(bedRooms: 1, utilityRooms: 0, bathRooms: 1,
        kitchen: 1, livingRooms: 1)

print(ourHouse.addStory(floorPlan: basement))
print(ourHouse.addStory(floorPlan: firstStory))
print(ourHouse.addStory(floorPlan: secondStory))
print(ourHouse.addStory(floorPlan: additionalStory))
```

예제 코드는 ourHouse라는 이름의 HouseProxy 클래스 인스턴스를 생성하는 것으로 시작한다. 그런 다음 서로 다른 방 개수를 갖는 네 개의 FloorPlan 클래스 인스턴스를 생성한다. 마지막으로 각각의 평면도를 ourHouse 인스턴스에 추가하는 것을 시도한다. 코드를 실행하면 첫 번째부터 세 번째까지의 FloorPlan 클래스 인스턴스는 성공적으로 집에 추가될 것이지만, 평면도는 세 개까지만 허용되므로 마지막 인스턴스는 추가가 안 되는 것을 확인할 수 있을 것이다.

프락시 패턴은 타입에 추가적인 기능이나 에러를 검사하는 기능을 추가하면서도 실제 타입 자체는 변경하지 않고자 하는 경우에 매우 유용하다. 또한 프락시 패턴은 원격 API와 로컬 API 사이에 추상 레이어를 추가하는 데도 사용할 수 있다.

이번에는 행위 디자인 패턴을 살펴보자.

▌행위 디자인 패턴

행위 디자인 패턴은 타입 간에 상호작용이 어떻게 이뤄지는지를 설명한다. 이러한 패턴은 어떠한 일을 발생시키기 위해 어떻게 서로 다른 타입의 인스턴스 간에 메시지를 보내는지 설명한다.

행위 디자인 패턴 타입으로 널리 알려진 패턴으로는 아홉 가지가 있으며, 이는 다음과 같다.

- **책임 연쇄(Chain of responsibility)** 책임 연쇄 패턴은 다른 핸들러에 위임돼 있을지 모르는 다양한 요청을 처리하기 위해 사용된다.
- **커맨드(Command)** 커맨드 패턴은 나중에 다른 컴포넌트에 의해 실행될 수 있게 행동이나 파라미터를 캡슐화한 객체를 생성한다.
- **이터레이터(Itrator)** 이터레이터 패턴은 근본적인 구조는 노출시키지 않으면서 객체의 요소에 연속적으로 접근할 수 있게 해준다.
- **미디에이터(Mediator)** 미디에이터 패턴은 서로 정보를 전달하는 타입 간의 결합도를 줄이는 데 사용된다.
- **메멘토(Memento)** 메멘토 패턴은 객체의 현재 상태를 캡처하고 나중에 복구할 수 있게 객체를 얼마간 저장하는 데 사용된다.
- **옵저버(Observer)** 옵저버 패턴은 객체의 변경 상태를 알리게 해준다. 그러면

다른 객체는 이러한 변경 사항에 대한 알림을 받기 위해 이를 구독할 수 있다.

- **스테이트(State)** 스테이트 패턴은 내부 상태가 변경될 경우 객체의 행동을 변경하기 위해 사용된다.
- **스트래티지(Strategy)** 스트래티지 패턴은 런타임에서 알고리즘군 중 하나를 선택하게 해준다.
- **비지터(Visitor)** 비지터 패턴은 객체 구조로부터 알고리즘을 분리하기 위해 사용되는 방법이다.

이번 절에서는 스위프트에서 스트래티지 패턴, 옵저버 패턴, 커맨드 패턴을 사용하는 방법에 대한 예제를 제공한다. 먼저 커맨드 패턴을 살펴보자.

커맨드 디자인 패턴

커맨드 디자인 패턴은 사용자에게 나중에 실행할 수 있는 행동을 정의하게 요구한다. 일반적으로 커맨드 패턴은 나중에 호출하거나 행동해야 하는 모든 정보를 캡슐화한다.

문제점 이해

애플리케이션에서는 커맨드 실행과 호출자를 서로 분리해야만 하는 경우가 있다. 일빈직으로 여러 액션 중 하나를 수행해야 하는 타입이지만, 런타임 시점에 결정되는 경우다.

해결책 이해

커맨드 패턴은 사용자에게 행동에 관한 로직을 커맨드 프로토콜을 따르는 타입으로 캡슐화하라고 알려준다. 그러면 이를 사용하는 호출에게 커맨드 타입의 인스턴스를 제공할 수 있다. 호출자는 필요한 행동을 실행하기 위해 프로토콜에서 제공하는 인터페이스를 사용할 것이다.

커맨드 패턴 구현

이번 절에서는 Light 타입을 생성함으로써 커맨드 패턴을 사용하는 방법을 설명한다. 이 타입에서는 lightOnCommand와 lightOffCommand 커맨드를 정의하고, 이러한 커맨드를 실행하기 위해 turnOnLight( ) 메소드와 turnOffLight( ) 메소드를 사용한다.

먼저 Command라는 이름으로 프로토콜을 생성하는 것부터 시작한다. 모든 커맨드 타입은 이 프로토콜을 따르게 될 것이다. 다음은 커맨드 프로토콜을 보여준다.

```swift
protocol Command {
    func execute( )
}
```

이 프로토콜은 execute라는 이름의 메소드를 하나 갖는데, 이 메소드는 커맨드를 실행하기 위해 사용될 것이다. 이번에는 커맨드 타입을 살펴보자. 이 커맨드 타입은 Light 타입으로 불을 켜거나 끄는 데 사용될 것이다. Light 타입은 다음과 같다.

```swift
struct RockerSwitchLightOnCommand: Command {
    func execute( ) {
        print("Rocker Switch: Turning Light On")
    }
}

struct RockerSwitchLightOffCommand: Command {
    func execute( ) {
        print("Rocker Switch: Turning Light Off")
    }
}

struct PullSwitchLightOnCommand: Command {
    func execute( ) {
        print("Pull Switch: Turning Light On")
    }
```

```
    }

struct PullSwitchLightOffCommand: Command {
    func execute() {
        print("Pull Switch: Turning Light Off")
    }
}
```

RockerSwitchLightOffCommand, RockerSwitchLightOnCommand, PullSwitchLight
OnCommand, PullSwitchLightOffCommand 커맨드는 모두 Command 프로토콜을 따르
며, execute() 메소드를 구현하고 있다. 그러므로 Light 타입에서는 이러한 커맨드를
사용할 수 있다. 이번에는 Light 타입을 구현하는 방법을 살펴보자.

```
class Light {
    var lightOnCommand: Command
    var lightOffCommand: Command

    init(lightOnCommand: Command, lightOffCommand: Command) {
        self.lightOnCommand = lightOnCommand
        self.lightOffCommand = lightOffCommand
    }

    func turnOnLight() {
        self.lightOnCommand.execute()
    }

    func turnOffLight() {
        self.lightOffCommand.execute()
    }
}
```

Light 타입은 lightOnCommand와 lightOffCommand 라는 이름의 두 변수를 생성하는
것으로 시작하며, 이 변수들은 Command 프로토콜을 따르는 타입의 인스턴스를 갖는

다. 그런 다음에는 타입을 인스턴스화하는 경우 두 커맨드를 모두 설정하게 하기 위한 생성자를 생성한다. 마지막으로 불을 켜고 끄는 데 사용할 turnOnLight( ) 메소드와 turnOffLight( ) 메소드를 생성한다.

이제 Light 타입은 다음과 같이 사용할 수 있다.

```
var on = PullSwitchLightOnCommand( )
var off = PullSwitchLightOffCommand( )
var light = Light(lightOnCommand: on, lightOffCommand: off)

light.turnOnLight( )
light.turnOffLight( )

light.lightOnCommand = RockerSwitchLightOnCommand( )
light.turnOnLight( )
```

이 예제는 이름이 on인 PullSwitchLightOnCommand 타입의 인스턴스와 이름이 off인 PullSwitchLightOffCommand 타입의 인스턴스를 생성하는 것으로 시작한다. 그리고 나서 방금 생성한 두 커맨드를 사용하는 Light 타입의 인스턴스를 생성하고, 불을 켜고 끄기 위해 Light 인스턴스의 turnOnLight( ) 메소드와 turnOffLight( ) 메소드를 호출한다. 마지막 두 줄에서는 원래 PullSwitchLgithOnCommand 클래스의 인스턴스로 설정돼 있었던 lightOnCommand 메소드를 RockerSwitchLightOnCommand 타입의 인스턴스로 변경한다. 이제부터 Light 인스턴스는 불을 켤 때마다 RockerSwifcch LightOnCommand 타입을 사용할 것이다. 이는 런타임에서 Light 타입의 기능을 변경하게 해준다.

커맨드 패턴을 사용함으로써 얻을 수 있는 장점에는 여러 가지가 있다. 그중에서 가장 주요한 장점 중 하나는 실행하는 커맨드를 런타임에서 설정할 수 있으며, 애플리케이션 라이프사이클 동안 필요에 따라 Command 프로토콜을 따르는 다른 구현체로 커맨드를 바꿀 수 있게 해준다는 점이다. 커맨드 패턴을 사용해 얻을 수 있는 또 다른 장점은 컨테이너 타입에 있는 내용이 아니라 커맨드 타입 자신에 있는 커맨드 구현체의 상세 내용을 캡슐화한다는 점이다.

이번에는 스트래티지 패턴을 살펴보자.

스트래티지 패턴

스트래티지 패턴strategy pattern은 호출하는 타입으로부터 자세한 구현 사항을 분리하고 런 타임에서 구현체를 교체시킬 수 있게 해준다는 점에서 커맨드 패턴과 매우 유사하다. 하지만 알고리즘을 캡슐화하는 경향이 있다는 점에서 커맨드 패턴과 큰 차이를 보인다. 스트래티지 패턴에서는 알고리즘을 바꿈으로써 객체가 같은 기능을 다른 방법으로 행하기를 기대하는 반면, 커맨드 패턴에서는 커맨드를 바꾸면 객체가 객체의 기능을 바꾸길 기대한다.

문제점 이해

때로는 애플리케이션에서 작업을 수행하는 데 사용하는 백엔드 알고리즘을 변경해야 하는 경우가 발생한다. 일반적으로 같은 작업을 수행하는 데 사용될 수 있는 여러 다른 알고리즘을 가진 타입을 갖고 있으면 어떠한 알고리즘을 사용해야 하는지에 대한 선택은 런타임에서 이뤄져야 하는 경우에 이러한 문제가 발생한다.

해결책 이해

스트래티지 패턴은 스트래티지 패턴을 따르는 타입에 있는 알고리즘을 캡슐화해야 한다고 이야기한다. 그러면 호출자에게 사용하기 위한 스트래티지 타입의 인스턴스를 제공할 수 있다. 호출자는 알고리즘을 실행하기 위해 프로토콜에서 제공하는 인터페이스를 사용할 것이다.

스트래티지 패턴 구현

이번 절에서는 런타임에서 압축 전략을 어떻게 변경할 수 있는지를 보여줌으로써 스트래티지 패턴을 구현한다. 각각의 압축 타입이 따르게 될 CompressionStrategy 프로토콜을 생성하는 것부터 시작해보자. 우선 다음 코드를 살펴보자.

```
protocol CompressionStrategy {
    func compressFiles(filePaths: [String])
}
```

이 프로토콜에서는 압축하고자 하는 파일의 경로를 갖고 있는 문자열 배열을 파라미터로 받는 파라미터가 한 개인 compressFiles()라는 이름의 메소드를 하나 정의한다. 이번에는 CompressionStrategy 프로토콜을 따르는 두 개의 구조체를 생성해본다. 이 구조체의 이름은 각각 ZipCompressionStrategy와 RarCompressionStrategy이며, 다음과 같다.

```
struct ZipCompressionStrategy: CompressionStrategy {
    func compressFiles(filePaths: [String]) {
        print("Using Zip Compression")
    }
}

struct RarCompressionStrategy: CompressionStrategy {
    func compressFiles(filePaths: [String]) {
        print("Using RAR Compression")
    }
}
```

두 구조체 모두 문자열 배열을 받는 compressFiles() 메소드를 가짐으로써 CompressionStrategy 프로토콜을 구현한다. 이 메소드에서는 단순하게 사용하고 있는 압축 이름을 출력한다. 일반적으로는 이 메소드에 압축 로직을 구현해야 할 것이다.

이번에는 파일을 압축하기 위해 호출하게 될 CompressContent 클래스를 살펴보자.

```
class CompressContent {
    var strategy: CompressionStrategy

    init(strategy: CompressionStrategy) {
        self.strategy = strategy
    }

    func compressFiles(filePaths: [String]) {
        self.strategy.compressFiles(filePaths: filePaths)
    }
}
```

이 클래스는 CompressStrategy 프로토콜을 따르는 타입의 인스턴스를 갖게 될 strategy라는 변수명을 정의하는 것으로 시작한다. 그런 다음 클래스를 초기화할 때 압축 타입을 설정하기 위해 사용될 생성자를 하나 생성한다. 마지막으로 압축하고자 하는 파일 목록의 경로를 갖고 있는 문자열 배열을 받는 compressFiles( )라는 이름의 메소드를 생성한다. 이 메소드는 strategy 변수에 설정한 압축 전략을 이용해 파일을 압축한다.

CompressContent 클래스는 다음과 같이 사용한다.

```
var filePaths = ["file1.txt", "file2.txt"]
var zip = ZipCompressionStrategy()
var rar = RarCompressionStrategy()

var compress = CompressContent(strategy: zip)
compress.compressFiles(filePaths: filePaths)

compress.strategy = rar
compress.compressFiles(filePaths: filePaths)
```

이 코드는 압축하고자 하는 파일을 가진 문자열 배열을 생성하는 것으로 시작한다. 또한 ZipCompresBionStrategy 타입과 RarCompressionStrategy 타입의 인스턴스 모두를 생성한다. 그리고 나서 압축 전략으로 ZipCompressionStrategy 인스턴스를 설정하는 CompressContent 클래스의 인스턴스를 생성하고, 콘솔에 Using zip compression 메시지를 출력할 compressFiles() 메소드를 호출한다. 그런 다음 압축 전략을 RarCompressionStrategy 인스턴스로 설정한 다음 Using rar compression 메시지를 콘솔에 출력할 compressFiles() 메소드를 다시 한 번 호출한다.

스트래티지 패턴은 사용할 알고리즘을 런타임 단계에서 설정하기에 매우 좋을 뿐만 아니라 애플리케이션에서 필요한 경우 다른 구현체의 알고리즘으로 교체할 수 있게도 해준다. 스트래티지 패턴의 또 다른 장점은 스트래티지 타입 자신 내부에 있는 알고리즘의 자세한 사항을 캡슐화하며, 메인 구현 타입에는 있지 않다는 점이다.

이것으로 스위프트에서의 디자인 패턴에 대한 여행을 마친다.

▌ 요약

디자인 패턴은 실생활 애플리케이션 디자인을 하면서 지속적으로 마주치게 될 소프트웨어 설계 이슈에 대한 해결책이다. 이 패턴들은 재사용성을 높이고 유연한 코드를 만드는 데 도움이 되게 설계됐다. 또한 다른 개발자들은 물론 수개월/수년 후 코드를 다시 리뷰할 때 우리 자신에게도 작성된 코드를 읽기 쉽고 이해하기 쉽게 만들어준다.

18장의 예제를 주의 깊게 살펴봤다면 디자인 패턴의 기본 골격 중 하나는 프로토콜임을 알아차렸을 것이다. 모든 디자인 패턴(싱글턴 디자인 패턴은 예외다)은 프로토콜을 사용하는 데 매우 유연하고 재사용 가능한 코드를 작성하는 데 프로토콜이 도움을 주기 때문이다.

디자인 패턴을 이번에 처음 접해봤다면 여러분이 수년 전에 작성했던 코드에 사용했던 전략과 일부 비슷한 점이 있다는 것을 눈치 챘을 수도 있다. 경험 있는 개발자들이 처음 디자인 패턴을 접한다면 그럴 것이다. 디자인 패턴은 확실히 코드를 더욱 유연하고 재사용할 수 있게 도움을 줄 것이므로, 디자인 패턴에 대해 좀 더 읽어볼 것을 권한다.

| 찾아보기 |

에이콘출판의 기틀을 마련하신 故 정완재 선생님 (1935-2004)

리눅스에서 하는 스위프트 개발

기본 문법부터 클로저, 프로토콜, HTTP 통신까지

발 행 | 2018년 2월 28일

지은이 | 존 호프만
옮긴이 | 권 석 기

펴낸이 | 권 성 준
편집장 | 황 영 주
편 집 | 조 유 나
디자인 | 박 주 란

에이콘출판주식회사
서울특별시 양천구 국회대로 287 (목동)
전화 02-2653-7600, 팩스 02-2653-0433
www.acornpub.co.kr / editor@acornpub.co.kr

한국어판 ⓒ 에이콘출판주식회사, 2018, Printed in Korea.
ISBN 979-11-6175-123-8
ISBN 978-89-6077-210-6 (세트)
http://www.acornpub.co.kr/book/swift-linux-master

이 도서의 국립중앙도서관 출판시도서목록(CIP)은 서지정보유통지원시스템 홈페이지(http://seoji.nl.go.kr)와
국가자료공동목록시스템(http://www.nl.go.kr/kolisnet)에서 이용하실 수 있습니다.(CIP제어번호: CIP2018005720)

책값은 뒤표지에 있습니다.